新文科建设教材
工商管理系列

OPERATION MANAGEMENT
SECOND EDITION

运营管理

（第二版）

仝新顺　刘芳宇　等◎编著

清华大学出版社
北京

内 容 简 介

本书围绕运营系统的构建和运营过程的控制两大主题,把运营管理分为运营管理理念、运营战略制定、运营系统设计、运营系统运行、运营系统改进五个部分,按照 OBE 教育理念,以产出为导向,整体编排,凸显了知识掌握和能力提升,具有前瞻性、科学性和实用性的特点。

本书可以用作高等学校本科及专科工商管理、市场营销、财务管理、电子商务、物流管理和供应链管理等专业的主讲教材,也可作为各类成人高等教育教学用书,以及社会各类企业的培训教材和自学参考书。

本书封面贴有清华大学出版社防伪标签,无标签者不得销售。
版权所有,侵权必究。举报: 010-62782989, beiqinquan@tup.tsinghua.edu.cn。

图书在版编目(CIP)数据

运营管理/仝新顺等编著. —2 版. —北京: 清华大学出版社,2023.12
新文科建设教材.工商管理系列
ISBN 978-7-302-65039-3

Ⅰ.①运⋯ Ⅱ.①仝⋯ Ⅲ.①企业管理-运营管理-高等学校-教材 Ⅳ.①F273

中国国家版本馆 CIP 数据核字(2023)第 244711 号

责任编辑:贺 岩
封面设计:李召霞
责任校对:宋玉莲
责任印制:杨 艳

出版发行:清华大学出版社
网　　址: https://www.tup.com.cn, https://www.wqxuetang.com
地　　址: 北京清华大学学研大厦 A 座　　邮　编: 100084
社 总 机: 010-83470000　　邮　购: 010-62786544
投稿与读者服务: 010-62776969, c-service@tup.tsinghua.edu.cn
质量反馈: 010-62772015, zhiliang@tup.tsinghua.edu.cn

印 装 者:三河市天利华印刷装订有限公司
经　　销:全国新华书店
开　　本: 185mm×260mm　　印　张: 18.75　　字　数: 432 千字
版　　次: 2013 年 1 月第 1 版　2023 年 12 月第 2 版　　印　次: 2023 年 12 月第 1 次印刷
定　　价: 59.00 元

产品编号: 098804-01

前言

　　运营管理是一门实践性很强的课程，致力于持续提升企业的效率和效益，更是多学科知识的综合应用和实践总结。本书围绕运营系统的构建和运营过程的控制两大主题，把运营管理分为运营管理理念、运营战略制定、运营系统设计、运营系统运行、运营系统改进五个部分。按照 OBE 教育理念，第二版注重以产出为导向，顺应 21 世纪运营管理人才需求，对第一版内容进行了调整和完善，凸显了前瞻性、科学性和实用性的特点。通过对本课程的学习，使学生对运营管理有一个整体认识，提升学生企业管理技能和综合素质，为社会培养急需的运营管理高层次人才。

　　本书注重理论联系实际，突出管理能力提升，其特点有以下四个方面：

　　1. 编写主线清晰。本书贯穿运营活动的"战略—策略—工具"主线，顺应了企业运营环境变化和运作管理要求。

　　2. 理论联系实际。本书在内容选取时，参阅了大量相关的经典案例和最新研究成果，力争与国内外最新教学内容基本保持同步。

　　3. 体系科学合理。每章包括"学习目标""引导案例""本章内容""本章小结""复习思考题"，彰显系统性和科学性。

　　4. 课程资源丰富。除出版纸质教材外，还配有 PPT 课件、学习指导和测试题。同时正在积极搭建数字化"运营管理"课程网站。

　　本书共有 11 章，第一、三、四章由郑州轻工业大学仝新顺教授编写，第五、六、十一章由郑州轻工业大学刘芳宇编写，第八、九章由河南科技大学王凤科教授编写，第十章由郑州轻工业大学刘翠红编写，第二、七章由中原科技学院刘妍编写。仝新顺教授负责全书结构的策划和最后的统稿。

　　修订编写过程中采纳了国内外学者的最新研究成果，以及有关企业的经典案例，在此一并致以衷心的感谢。这里要特别感谢郑州轻工业大学、中原科技学院的支持与帮助。

本书第一版于 2021 年获得首届河南省教材建设一等奖。

本书虽然有一定的编写基础,仍难免有疏漏之处,恳请各界专家、学者批评指正,以使其日臻完善。

编　者
2023 年 7 月

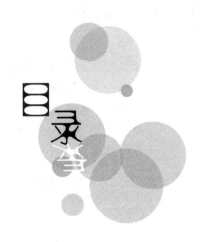

第一章 运营管理概述 ... 1

【学习要点及目标】 ... 1
核心概念 ... 1
引导案例 西贝跨界北影节 探索消费新场景 ... 1
案例导学 ... 2
第一节 运营管理的概念及其发展历程 ... 2
 一、运营管理的概念 ... 2
 二、运营管理的发展历程 ... 3
第二节 运营管理的研究对象、系统构成及其基本特征 ... 5
 一、运营管理的研究对象 ... 5
 二、运营管理的系统构成 ... 6
 三、运营管理的基本特征 ... 8
第三节 运营管理的任务 ... 10
 一、快速 ... 10
 二、高效 ... 10
 三、优质 ... 10
 四、准时 ... 11
第四节 制造业与服务业运营的区别 ... 11
 一、二者的营运对象存在区别 ... 11
 二、二者的营运能力存在区别 ... 13
 三、二者采用的综合计划策略存在区别 ... 13
 四、二者的具体营运过程存在细节差异 ... 14
第五节 运营管理的目标 ... 15
 一、持续保证和提高产品质量 ... 15
 二、保证适时、适量地将产品投放市场 ... 16
 三、确保产品的价格既为顾客所接受，又为企业带来
  一定的利润 ... 16
 四、围绕服务柔性而不断进行服务创新 ... 16

第六节　运营管理的地位与作用 ····································· 17
   一、运营管理的地位 ·· 17
   二、运营管理的作用 ·· 18
  本章小结 ·· 20
  复习思考题 ·· 21

第二章　运营战略管理 ·· 22

  【学习要点及目标】 ·· 22
  核心概念 ·· 22
  引导案例　海尔战略主线：做正确的事与正确地做事 ················ 22
  案例导学 ·· 22
  第一节　企业战略 ··· 23
   一、企业战略的概念 ·· 23
   二、企业战略的特征 ·· 24
   三、企业战略的构成要素 ·· 25
   四、企业战略管理的流程 ·· 25
   五、企业战略的层次 ·· 27
  第二节　运营战略 ··· 31
   一、运营战略的概念及特点 ······································ 31
   二、运营战略的形成过程 ·· 34
  第三节　运营战略的基本类型 ····································· 37
   一、基于成本的运营战略 ·· 37
   二、基于质量的运营战略 ·· 38
   三、基于时间的运营战略 ·· 39
   四、基于柔性的运营战略 ·· 40
   五、基于环保的运营战略 ·· 41
   六、基于服务的运营战略 ·· 43
  本章小结 ·· 43
  复习思考题 ·· 45

第三章　运营系统选址与布局 ·· 46

  【学习要点及目标】 ·· 46
  核心概念 ·· 46
  引导案例　特斯拉的新工厂，为何选在了墨西哥？ ·················· 46
  案例导学 ·· 47
  第一节　运营系统的选址 ··· 47
   一、运营系统选址的重要性 ······································ 47
   二、运营系统选址的影响因素 ···································· 48

三、运营系统选址的方法与步骤 ………………………………… 50
第二节　运营系统的布局 ……………………………………………… 54
　　一、运营系统布局的内容与层次 ………………………………… 55
　　二、运营系统布局的基本原则 …………………………………… 56
　　三、运营系统的总体布局 ………………………………………… 59
第三节　流水线的组织与布局 ………………………………………… 67
　　一、流水线 ………………………………………………………… 67
　　二、流水线的组织设计与平面布局 ……………………………… 69
本章小结 ………………………………………………………………… 78
复习思考题 ……………………………………………………………… 79

第四章　企业研发与服务设计 …………………………………………… 80

【学习要点及目标】……………………………………………………… 80
核心概念 ………………………………………………………………… 80
引导案例　华为重构商用台式机——商用PC进入智慧时代 ……… 80
案例导学 ………………………………………………………………… 81
第一节　企业研发 ……………………………………………………… 82
　　一、企业研发的内涵与对象 ……………………………………… 82
　　二、企业研发的内容 ……………………………………………… 82
　　三、企业研发的策略 ……………………………………………… 83
　　四、企业情报 ……………………………………………………… 84
第二节　新产品开发 …………………………………………………… 86
　　一、新产品的内涵与重要性 ……………………………………… 86
　　二、新产品开发的程序和内容 …………………………………… 88
　　三、新产品开发策略 ……………………………………………… 91
第三节　产品设计及其评价 …………………………………………… 92
　　一、产品设计方法 ………………………………………………… 92
　　二、价值工程 ……………………………………………………… 94
　　三、并行工程 ……………………………………………………… 97
　　四、产品设计评价 ………………………………………………… 99
第四节　服务设计 ……………………………………………………… 101
　　一、服务设计概述 ………………………………………………… 101
　　二、服务系统及设计方法 ………………………………………… 104
本章小结 ………………………………………………………………… 106
复习思考题 ……………………………………………………………… 108

第五章　运营计划与物料需求计划 …………………………………… 109

【学习要点及目标】……………………………………………………… 109

核心概念	109
引导案例　爱之初礼品有限公司的综合计划	109
案例导学	110

第一节　运营计划系统

一、运营计划体系 110
二、生产计划指标体系与期量标准 114
三、生产计划的制订步骤及滚动式计划 116

第二节　生产能力与生产任务平衡

一、生产能力 118
二、生产能力与生产任务(负荷)的平衡 119

第三节　年度综合计划的编制

一、综合生产计划的环境 120
二、综合生产计划编制策略 120
三、综合生产计划的相关成本 122
四、综合生产计划的制订技术 122

第四节　主生产计划的制订

一、主生产计划概述 123
二、主生产计划的制订 124
三、主生产计划的时界 127
四、粗生产能力计划 127

第五节　物料需求计划

一、物料需求计划的基本原理 129
二、物料需求计划的计算模型 130

第六节　企业资源计划的发展历程 135

本章小结 137
复习思考题 139

第六章　项目管理与网络计划技术　140

【学习要点及目标】 140
核心概念 140
引导案例　北京冬奥会"冰丝带"场馆项目管理 140
案例导学 141

第一节　项目管理概述

一、项目与项目管理 141
二、项目管理的发展历程和趋势 146
三、项目管理的内容 148
四、项目组织与项目经理 149

第二节　网络计划技术 157

一、网络计划技术概述 ……………………………………………………… 157
　　二、工作清单与时间估算 …………………………………………………… 159
　　三、网络图的绘制 …………………………………………………………… 160
第三节　网络计划优化 …………………………………………………………… 167
　　一、时间优化 ………………………………………………………………… 167
　　二、时间—费用优化 ………………………………………………………… 167
　　三、时间—资源优化 ………………………………………………………… 168
本章小结 …………………………………………………………………………… 169
复习思考题 ………………………………………………………………………… 169

第七章　质量管理与品牌管理 ……………………………………………… 171

【学习要点及目标】……………………………………………………………… 171
核心概念 …………………………………………………………………………… 171
引导案例　揭秘港珠澳大桥质量管理 …………………………………………… 171
案例导学 …………………………………………………………………………… 173
第一节　质量与质量管理概述 …………………………………………………… 173
　　一、质量管理的基本概念 …………………………………………………… 174
　　二、质量管理的发展历程 …………………………………………………… 176
　　三、全面质量管理 …………………………………………………………… 180
第二节　质量控制技术 …………………………………………………………… 183
　　一、质量波动与数据统计 …………………………………………………… 183
　　二、质量控制技术 …………………………………………………………… 184
　　三、最新质量控制技术 ……………………………………………………… 192
第三节　品牌管理 ………………………………………………………………… 194
　　一、品牌与品牌管理 ………………………………………………………… 194
　　二、品牌命名与设计 ………………………………………………………… 196
　　三、品牌塑造 ………………………………………………………………… 199
　　四、品牌战略 ………………………………………………………………… 200
　　五、品牌管理策略 …………………………………………………………… 202
本章小结 …………………………………………………………………………… 203
复习思考题 ………………………………………………………………………… 205

第八章　运营现场管理 ………………………………………………………… 206

【学习要点及目标】……………………………………………………………… 206
核心概念 …………………………………………………………………………… 206
引导案例　"丰田生产方式"创始人大野耐一：如何进行现场管理？ ………… 206
案例导学 …………………………………………………………………………… 207
第一节　平面布置与定置管理 …………………………………………………… 208

一、平面布置 ……………………………………………………………… 208
　　二、定置管理 ……………………………………………………………… 209
第二节　工作地 6S 管理 ……………………………………………………… 215
　　一、实施 6S 的重要性 …………………………………………………… 215
　　二、6S 的定义和推行要点 ……………………………………………… 217
　　三、6S 的实施战略 ……………………………………………………… 221
第三节　目视管理 ……………………………………………………………… 222
　　一、目视管理的优越性 …………………………………………………… 222
　　二、目视管理的内容 ……………………………………………………… 223
　　三、目视管理的工具 ……………………………………………………… 225
　　四、推行目视管理的基本要求 …………………………………………… 227
本章小结 ………………………………………………………………………… 228
复习思考题 ……………………………………………………………………… 229

第九章　准时生产制与大规模定制 …………………………………………… 230

【学习要点及目标】 …………………………………………………………… 230
核心概念 ………………………………………………………………………… 230
引导案例　海尔空调胶州互联工厂：实现用户需求驱动的大规模定制 …… 230
案例导学 ………………………………………………………………………… 233
第一节　准时生产制的内涵与基本原理 ……………………………………… 233
　　一、准时生产制的起源 …………………………………………………… 234
　　二、准时生产制的实质 …………………………………………………… 234
　　三、准时生产制目标与基本思想 ………………………………………… 235
　　四、准时生产制的实施方法 ……………………………………………… 236
　　五、实施准时生产制的管理工具——看板 ……………………………… 237
第二节　精益生产与敏捷制造 ………………………………………………… 240
　　一、精益生产 ……………………………………………………………… 240
　　二、敏捷制造 ……………………………………………………………… 242
第三节　大规模定制生产 ……………………………………………………… 244
　　一、大规模定制的产生背景 ……………………………………………… 244
　　二、大规模定制的基本内涵 ……………………………………………… 244
　　三、大规模定制的特点与类型 …………………………………………… 245
　　四、实现大规模定制的方法 ……………………………………………… 246
　　五、实施大规模定制的条件 ……………………………………………… 246
　　六、大规模定制的基本策略 ……………………………………………… 248
本章小结 ………………………………………………………………………… 249
复习思考题 ……………………………………………………………………… 250

第十章 绿色制造 ... 251

【学习要点及目标】... 251
核心概念 ... 251
引导案例 海信集团：突破革新，激发绿色制造新动能 ... 251
案例导学 ... 252

第一节 绿色技术的产生与内涵 ... 252
一、绿色技术的产生背景 ... 252
二、绿色技术的内涵 ... 253
三、绿色产品的概念与特点 ... 253

第二节 绿色制造 ... 254
一、绿色制造的研究现状 ... 254
二、绿色制造概述 ... 254
三、绿色制造的要求 ... 255

第三节 绿色设计 ... 256
一、绿色设计的概念及其特点 ... 256
二、绿色设计的种类 ... 257

第四节 绿色工艺 ... 258
一、绿色工艺的实现途径 ... 258
二、绿色工艺的主要问题 ... 258
三、绿色工艺规划技术 ... 258

第五节 绿色包装 ... 259
一、绿色包装的概念 ... 259
二、绿色包装的内容 ... 261

第六节 国际环境管理标准 ... 262
一、ISO 14000 环境管理体系标准产生的背景 ... 262
二、ISO 14000 环境管理体系标准的内容 ... 262
三、ISO 14000 的主要特点 ... 264
四、实施 ISO 14000 的意义 ... 265

第七节 再制造工程 ... 265
一、再制造工程的发展 ... 265
二、再制造工程的概念与内容 ... 266

本章小结 ... 269
复习思考题 ... 271

第十一章 企业社会责任 ... 272

【学习要点及目标】... 272
核心概念 ... 272

引导案例　鸿星尔克出圈48小时,年轻人为什么"野性消费"?······272
案例导学······273
第一节　企业社会责任概述······273
　　一、企业社会责任理论的发展······273
　　二、我国国有企业的企业社会责任······274
第二节　企业社会责任的基本理论······275
　　一、利益相关者理论······275
　　二、"三重底线"理论······276
　　三、"四层金字塔"理论······278
第三节　企业社会责任与企业绩效······279
　　一、企业社会责任的定义······279
　　二、企业履行企业社会责任的意义······279
　　三、企业社会责任与企业绩效······280
第四节　企业社会责任报告······281
　　一、企业社会责任报告的定义······281
　　二、发布企业社会责任报告的必要性······281
　　三、企业社会责任报告的编写框架······283
　　四、企业社会责任报告的编写流程······283
本章小结······284
复习思考题······285

第一章 运营管理概述

【学习要点及目标】
1. 了解运营管理的概念及其内涵。
2. 了解运营管理的发展历程。
3. 熟悉并掌握究对象、系统构成及其基本特征。
4. 理解运营管理的目标、任务及其在企业管理中的地位和作用。

核心概念

生产管理　生产运作管理　运营管理　运营系统设计　生产运营计划　准时生产

引导案例

西贝跨界北影节　探索消费新场景

"第一次感到看电影还可以'好吃'。"在第十一届北京国际电影节期间,在电影院观影的杨女士如是说。该届北京国际电影节与以往相比,一个明显不同,就是有了"官方首席味道分享官"——西贝。该届北京国际电影节的主题是"新机·新局",此次西贝与北影节的合作,观众在电影节现场可以凭影票享受西贝美食,体现出跨界探索新机遇、打开新局面的有益尝试。此举为年轻消费群体提供了全新的消费场景,成为带动餐饮、文化、旅游产业跨界融合的新探索。

据了解,这是北京电影节首次开放展映影票商务权益,将电影、电影人、影迷、美食等元素密切关联起来,构成"美食+电影"的创新尝试,成为该届电影节的一大亮点。除为影迷提供美食福利外,西贝还在该届北京国际电影节现场为明星嘉宾和工作人员提供了各类特色小食和饮品,并现场设置了"贾国龙功夫菜"专区。同时,也为欢迎晚宴提供了旗下九十九顶毡房阜石路店作为场地,以丰富地道的内蒙古特色美食招待各位与会嘉宾、明星。

西贝为何能挺进北影节?作为经营了三十多年的餐饮龙头企业,西贝从西北菜起步,如今提供的菜品品类,已涵盖川、鲁、粤、淮、扬、湘、浙、闽、徽、蒙等全国十大菜系,成为中国美食的典型代表性品牌。尤其是近年来西贝着力打造的"贾国龙功夫菜",其采用急冻锁鲜技术,锁住美食出锅时的味道,使消费者拿到菜品后,只需简单加热即可品尝到全国各菜系美食。

为实现"好吃、吃好"的既健康又美味的目标,西贝在食材、工艺等方面下足了功夫。以西贝主食莜面为例,为从源头抓起,西贝于2017年在莜麦优质产地内蒙古武川设立莜麦加工厂,在原粮上确保优质。同时,引进世界先进的瑞士布勒成套加工设备,经全程28

道制作工艺,加工实现麦香浓郁、杂质含量少、细腻、熟食口感滑润劲道等品质效果。而为了做好莜面,西贝则坚持堪称"苛刻"的标准与要求。比如,莜面的和面用水温度须在98℃,擞面须2～3分钟,实现完全柔和、表面光滑、劲道。莜面窝窝的剂子须在2.5～2.8克,长度须7.5～8厘米,宽度须3.2～3.5厘米,做成卷后内直径须1.8～2厘米,莜面鱼鱼重量须0.8～1.0克,长度须3.5～4厘米等。

经三十多年的深耕,西贝当前已在食物的种植源头管理、自有基地、供应商、厨房等环节形成统一的食品安全管理标准,并进行全流程的严格评审和监督。以在该届电影节上"收割"一众明星青睐的"贾国龙功夫菜"为例,其联合各大菜系名厨,研发推出的经典名菜,借助标准化全链条管理优势,让"一顿好饭,随时随地"的愿景落到实处。

(案例来源:https://baijiahao.baidu.com)

案例导学

国外洋快餐如麦当劳、肯德基等国际知名品牌的成功来源于数十年如一日的规范化管理,而西贝莜面村对中餐标准化做了有效的尝试,获得了顾客的认可。其实,无论肯德基还是麦当劳,无论西贝还是马兰拉面,之所以得以持续生存、永续发展,与其成功的运营管理是分不开的。从这些企业的运作情形来看,它们并不是单纯提供无形的服务,同样从事有形产品的生产和销售,其生产运作过程其实就是一个"投入原料→加工转换→形成产出→提供产品(服务)到客户"的一系列过程,即凭借"西贝"自身所拥有的人力、物料、设备、技术及从供应商那里购买的各种资源作为运营投入,将各种资源(投入)加工转换为能够满足用户需求的有形产品,同时借助无形服务和市场营销活动等生产性活动将产品和服务提供给客户。

第一节　运营管理的概念及其发展历程

一、运营管理的概念

生产劳动是人类创造一切财富的源泉,不从事生产劳动,人类将无法生存,社会也无法发展。所以,自从企业这个组织形态在人类社会出现以来,生产运营就一直是企业存续的立命之本。随着时代的发展和社会的推进,人类社会生产活动的内容、形式不断发生变化,生产活动的领域不断扩大,生产劳动的手段不断丰富,与生产活动相关的各种管理知识不断更新。因此,现在的生产管理(production management)被很多人改为生产运营管理(production/operation management)或运营管理(operation management)。在英文里production含有生产有形物质产品的意思,而operation的含义较广泛,可以既包含提供有形产品的制造活动,又包含提供无形产品的劳务活动。运营管理就是对企业生产运营过程进行的计划、组织、实施和控制,包含供应链与物流管理、生产管理、服务管理等一系列管理活动,是和企业产品生产和服务创造密切相关的各项管理活动的总称。从另一个角度来讲,运营管理也可以看作是对提供有形产品和无形服务的整个生产运营系统进行设计、运行、评价和改进的一系列管理活动的总称。

从企业生命生存延续的角度分析,运营管理其实就是一个"投入原料→加工转换→形成产出→提供产品(服务)到客户"的一系列过程,即组织凭借自身所拥有的人力、物料、设备、技术及从供应商那里购买的各种资源作为运营投入,根据用户需求将各种资源(投入)加工转换为能够满足用户需求的有形产品或无形服务(产出),借助市场营销活动、售后服务等生产性活动将产品(服务)提供给客户,同时还必须随时关注顾客的反馈,及时调整运营方向,确保产品适合市场需求。而推销产出的过程其实质是无形服务的生产过程,这样企业借助"投入—产出"流程生产出有形的产品,通过营销、售后服务等无形的服务活动,将有形产品输送到消费者手中,借助顾客的消费将产出转换为组织利润,最终实现投入的增值。如图 1-1 所示。

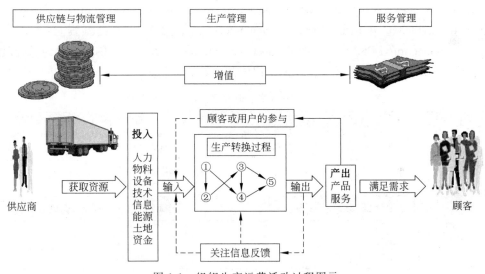

图 1-1 组织生产运营活动过程图示

二、运营管理的发展历程

由生产管理到运营管理,其发展大致经历了如下阶段。19 世纪末以前的早期管理思想阶段,主要是凭经验管理。19 世纪末到 20 世纪 30 年代,以泰勒(Taylor)的科学管理和法约尔(Fayol)的一般管理思想为代表的古典管理思想,重点是通过对工人工作动作的研究来提高劳动生产效率;这一时期出现了一系列比较有代表性的生产管理工具,如亨利·福特(Henry Ford)的"流水线生产"、亨利·劳伦斯·甘特(Henry Laurence Gantt)的"甘特图"。20 世纪 30 年代到 20 世纪 40 年代中期,以梅奥(Mayo)的人际关系理论和巴纳德(Barnard)的组织理论为代表的中期管理思想阶段,着重研究组织中人的行为和各种人际关系对生产效率的影响。20 世纪 40 年代中期以后,是以系列管理学派(管理科学派、行为科学派、系统管理学派等)为代表的现代管理思想阶段;其中运筹学的发展及其在生产管理中的应用给生产运营管理带来了惊人的变化,计算机的发展使大规模线性规划问题的解决成为可能,计算机技术推动了运营管理的飞速发展,如生产方式的变更、自动化的实现等。20世纪60年代后半期到70年代,机械化、自动化技术的飞速发展使企业面临着不断进行技术改造、引进新设备、新技术,并相应地改变工作方式的机遇和挑战,生产系统的选择、设计和调整成为生产运营管理的新内容,进一步扩大了运营管理的范围。20世纪80年代开始,技术进步日新月异,市场需求日趋多变,世界经济进入了一个市场需求多样化的新时期,多品种小批量生产方式成为主流,从而给生产运营管理带来了新的、更高的要求。从20世纪80年代后半期至今,信息技术、互联网技术的飞速发展促使企业尽快地引入信息技术、利用互联网来增强企业的竞争力。企业资源计划(enterprise resource planning,ERP)、敏捷制造(agile manufacturing,AM)、大规模定制生产(mass customization,MC)、网络化制造与服务(networked manufacturing and services,NMS)、精益生产(lean production,LP)、可持续发展(sustainable development)、绿色制造(environmentally conscious manufacturing,ECM)、知识管理(knowledge management,KM)、企业流程再造(business process reengineering,BPR)及电子商务(electronic commerce,EC)等新的管理思想、管理理念和管理模式不断充实着现代运营管理的知识体系。具体可参见表1-1和图1-2。

表1-1 20世纪以来运营管理发展演进的重大事件一览

年份(年)	概念和方法	发源地或创始人
1900—1940	科学管理原理、标准时间研究和工作研究	弗雷德里克·温斯洛·泰勒(美国)
	动作研究和工作简化	弗兰克·吉尔布雷斯(美国)、莉莲·吉尔布雷斯(美国)
	工业心理学、霍桑试验、人际关系学	闵斯特伯格、斯科特、梅奥等(美国)
	流水装配线	亨利·福特(美国)
	作业计划图(甘特图)	亨利·劳伦斯·甘特(美国)
	库存控制中的经济批量模型	F.W.哈里斯等(美国)
	统计过程控制、抽样检验方法	休哈特、道奇和罗米格等(美国)
1940—1960	处理复杂系统问题的多种训练小组方法(单纯形法)	G.B.丹尼克(美国)
	运筹学的进一步发展,出现了仿真理论、排队论、决策论、数学规划、PERT和CPM等生产管理工具	美国和西欧的许多研究人员美国杜邦公司
1960—1990	物料需求计划	美国生产与库存管理协会
	准时生产制	日本丰田公司
	全面质量管理	费根鲍姆(美国)、日本科学技术联盟
	计算机集成制造系统	约瑟夫·哈林顿(美国)
	柔性制造系统	麻省理工学院
	并行工程	美国、日本等
	精益生产	麻省理工学院
	大规模定制	斯坦·戴维斯(美国)

续表

年份(年)	概念和方法	发源地或创始人
1990年至今	车间计划、库存控制、工厂布置、预测和项目管理等	美国和欧洲
	企业资源计划	美国加特纳集团
	企业流程再造	迈克尔·哈默、詹姆斯·钱皮(美国)
	电子商务	IBM公司
	客户关系管理	美国加特纳集团
	供应链管理	SAP和ORACLE
	敏捷制造	IBM、GE、波音等公司
	知识管理	德鲁克(美国)
	企业内容管理	美国加特纳集团
	全球运筹管理	美国、日本和欧洲
	经营结果导向管理	美国

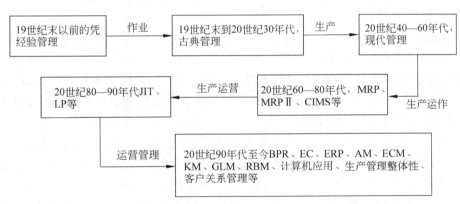

图1-2 生图产运营管理发展历程

第二节 运营管理的研究对象、系统构成及其基本特征

一、运营管理的研究对象

运营管理的研究对象是运营过程和运营系统。运营过程是一个投入、转换、产出的过程,是一个劳动过程或价值增值过程,它是运营管理研究的基本对象,企业运营必须考虑如何对这样的生产运营活动进行计划、组织和控制。运营系统是上述变换过程得以实现的手段,它的构成与变换过程中的物质转换过程和管理过程相对应,包括一个物质系统和一个管理系统。

(一) 从市场竞争的角度看

当前,激烈的市场竞争对企业提出了越来越高的要求,这种要求包括四个方面:时间(time,T)、质量(quality,Q)、成本(cost,C)和服务(service,S)。T 指满足顾客对产品和服务在时间方面的要求,即交货期要短而准;Q 指满足顾客对产品和服务在质量方面的要求;C 指满足顾客对产品和服务在价格和使用成本方面的要求,即不仅产品在形成过程中的成本要低,而且在用户使用过程中的成本也要低;S 指提供产品之外为满足顾客需求而提供的相关服务,如产品售前服务及售后服务等。

(二) 从企业生产运营活动过程的角度看

生产运营管理的研究对象可从企业生产运营活动过程的角度分析。就有形产品的生产来说,生产活动的中心是制造部分,即狭义的生产。所以,传统的生产管理学的中心内容主要是生产的日程管理、在制品管理等。但是,为了进行生产,生产之前的一系列技术准备活动是必不可少的,如工艺设计、工装夹具设计、工作设计等,这些活动可称为生产技术活动。生产技术活动基于产品的设计图纸,所以在生产技术活动之前是产品的设计活动。"设计—生产技术准备—制造"这样的一系列活动,才构成一个相对较完整的生产活动的核心部分。

随着信息技术、网络技术的飞速发展,世界经济一体化、全球化的趋势日益明显,市场需求日趋多变,产品生命周期越来越短,服务已成为国家、地区乃至单个企业利润增长的第三源泉,企业在做好有形产品的生产制造的同时,更多地关注企业售后服务,服务成为传统生产不可或缺的一个重要的利润来源。这种趋势一方面使企业必须经常地投入更大精力和更多的资源进行新产品的研究与开发;另一方面,由于技术进步和新产品对生产系统功能的要求,使企业不断面临生产系统的选择、设计与调整。这两方面的课题从企业运营决策层的角度来看,其决策范围向产品的研究与开发,生产系统的选择、设计这样的"向下"方向延伸;而从生产管理职能的角度来看,为了更有效地控制生产系统的运行,生产出能够最大限度地实现生产管理目标的产品,生产管理从其特有的地位与立场出发,必然要参与产品开发与生产系统的选择、设计,以便使生产系统运行的前提——产品的工艺可行性、生产系统的经济性能够得到保障。因此,生产管理的关注范围从传统的生产系统的内部运行管理"向前后"延伸。这种意义上的"向前"延伸是向狭义生产过程的前一阶段延伸;"向后"延伸是向制造过程的后一阶段延伸,更加关注产品的售后服务与市场。所有这些活动,构成了现代运营管理的研究对象。

二、运营管理的系统构成

按照企业生命周期理论,可以将运营管理系统划分为运营系统的设计、运行、维护与改进三个组成部分。

（一）运营系统的设计

运营系统的设计，包括产品或服务生产的选址与布局、设施的定点选择、设施布置、生产与服务交付系统的研发与设计、生产流程与流程重组设计和工作设计与测量等。运营系统的设计通常在生产设施的建造阶段进行。但是，在生产运营系统的生命周期内，不可避免地要对生产运营系统进行更新改造，包括扩建新的生产运营设施、增加新设备，或者由于产品和服务的变化、产品升级换代，需要对生产运营设施进行调整和重新布置。在这种情况下，会遇到生产运营系统设计问题。生产运营系统的设计对生产运营系统的运行有直接的影响。如果产品和服务选择不当将导致方向性错误，造成人力、物力和财力无法弥补的浪费。厂址和服务设施选址不当，将直接决定产品和服务的成本，影响生产经营活动的效果，这一点对服务业尤其重要。生产流程的设计和重组、工作设计和测量直接影响生产效率和生产成本，影响员工生产积极性的高低，进而影响生产服务质量和客户满意度高低。所以，运营系统的设计是企业运营的基础。

（二）运营系统的运行

运营系统的运行，主要解决运营系统如何适应市场的变化，按用户的需求输出合格产品和提供满意服务的问题。运营系统的运行，主要涉及运营计划、组织与控制等方面的内容。

1. 运营计划

运营计划解决生产什么、生产多少、何时生产的问题。其包括在对市场做基本调查的基础上，科学预测市场对本企业产品和服务的需求数量、规模与种类，确定产品和服务的品种与产量，设置产品交货期和服务提供方式，编制生产运营计划，做好人员班次安排，统计生产进展情况，等等。

2. 组织

制订了详细的运营计划以后，运营管理的组织功能要求对参与企业生产的原材料、机器、设备、劳动力、信息等各要素，对生产过程中的各个工艺阶段、各个方面进行合理的组织和协调，进行生产工作，保证按计划完成生产任务。这其中包括：借助项目管理和网络计划技术对生产进度进行精密管理，确保生产交货期做到短而准；借助物资与设备管理确保生产所需原料设备等各种物资及时到位，不影响生产计划的按时进行；借助现场管理保证生产秩序有条不紊。

3. 控制

在企业的生产管理实践中，为了保证计划能够顺利完成，最经济地按质、按量、按期完成生产任务，必须对分析工作得出的有关生产过程的信息及时反馈，与生产运营计划相对比，纠正偏差就是生产运营控制工作。主要包括接受订货控制、投料控制、生产进度控制、质量控制、库存控制和成本控制等。对订货生产型企业，接受订货控制是很重要的。是否接受订货，订多少货，是一项重要决策，它决定了企业生产经营活动的效果。投料控制主要是决定投什么、投多少、何时投，它关系到产品的出产期和在制品数量。生产进度控的目的是保证零件按期完工,产品按期装配和出产。库存控制包括对原材料库存、在制品库存和成品库存的控制。如何以最低的库存保证供应,是库存控制的主要目标。

总之,计划、组织和控制是企业运营系统运行管理中不可缺少的三个组成部分。计划工作着眼未来,是对生产工作各个方面、各个阶段的总体安排;组织工作围绕生产过程,保证生产计划的完成;控制工作立足现在,参照过去,根据分析得出的生产信息,对未来的生产过程进行纠偏和监督,使各生产环节相互之间紧密结合,保证生产计划按品种、按质量、按交货期完成生产任务。

(三)运营系统的维护与改进

任何系统都有生命周期,如果不加以维护和改进,系统就会终止。生产运营系统的维护与改进包括对设施的维修与可靠性管理、质量的保证、整个生产系统的不断改进和各种先进的生产方式和管理模式的采用。在无形服务方面,表现为对服务生产流程、服务内容、服务方式的创新升级。约束理论与最优生产技术、准时生产与大规模定制、企业资源计划、物流与供应链管理及绿色制造等现代运营管理技术和手段都是常用的系统维护与改进的工具,如图 1-3 所示。

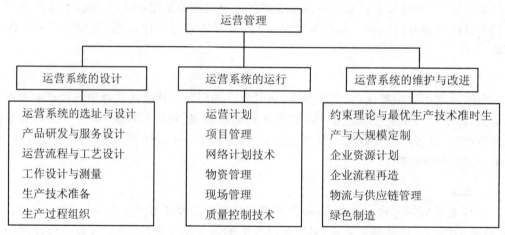

图 1-3 运营管理系统构成框架图

三、运营管理的基本特征

运营管理的发展建立在生产运作管理的基础上,与现代企业生产管理发展同步。其发展道路基本遵循了"实践→认识→再实践→再认识,循环往复,不断提升"这一人类认知规律。随着生产技术进步和现代网络技术、信息技术的飞速发展,现代企业的经营理念发生了重大的变化,企业生产规模不断扩大,经营范围不断拓展,与外界交往越发频繁,市场环境日新月异,新型生产方式不断涌现。所有这些都促使专家学者、运营管理实践者必须对运营管理的关注和应用提升到一个新的高度,不断将生产实践领域的先进生产管理理论、管理理念、管理方法和工具应用到运营管理体系中,实现理论与实践的同步,达到实践充实完善理论、理论更好地指导实践的良性循环的目的。运营管理的特征主要体现有以下几个方面。

(一) 研究领域不断扩大

目前,运营管理的研究范围已经由制造业拓展到非制造业,既关注有形产品的生产,也关注无形的服务,因此运营管理的研究领域也随之扩大。传统的生产运作管理更多地关注企业对有形产品的生产管理,而现代信息技术、网络技术使得全球经济一体化、经济全球化趋势日益明显,企业间竞争日趋激烈,产品生命周期不断缩短,产品同质化现象不断加重,所有这些迫使企业在关注有形产品生产的同时,还必须考虑无形的服务。例如,产品的售前、售中和售后服务,生产制造型企业向服务领域的拓展和创新等。可以说,在当前经济环境下,纯粹的生产型企业是无法生存的,纯粹的服务型企业也是不存在的,企业运营既离不开有形产品的生产,又离不开无形服务的提供,运营管理必须站在更高的角度、更宽的领域研究生产和服务。同时,作为第三产业的服务业的飞速发展也使得运营管理的研究必须拓展到服务领域。随着研究手段和研究方法的不断提升,在未来,科技、文化、政治、法律等也将会纳入运营管理的研究领域。

(二) 研究内容更为广阔

与传统生产运作管理相比,运营管理所涵盖的内容更为宽泛。传统生产运作管理的研究内容局限于企业生产过程的生产计划的制订、生产资源的组织实施和质量与成本的控制等方面。而运营管理已经远远超出这一范围,研究的重点已转向企业发展战略规划、生产运作策略与技巧、产品(服务)的开发设计、供应链与物流管理、客户关系管理、服务创新等方面。另外,运营管理的研究内容并不仅仅局限于企业内部,而是借助供应链和物流管理、客户关系管理等管理手段和管理工具把和企业生产发生关系的上下游企业、顾客、股东、第三方服务提供商等利益相关者群体看作一个有机的整体,站在更高的角度、更宽的领域全盘考虑群体的整体利益,目标是实现"多方合作、群体共赢"。

(三) 研究方法和研究手段不断提升

计算机技术、网络技术、信息通信技术、超容量数据存储技术的飞速发展使得运营管理研究可以利用的资源越来越多,效率越来越高,成本也日益低廉。现代科技环境客观上也逐步能够满足现代运营管理对新的研究方法和研究手段日益增长的需求。另外,管理运筹学、系统科学、决策理论、控制论、计量经济学理论等与运营管理相关学科理论的不断发展和完善都为运营管理研究奠定了良好的理论基础,提供了有效的研究手段。生产实践中,一些新的管理方法、管理模式、管理工具也不断涌现,使得运营管理的研究内容日益丰富多彩。

总之,在科学技术日新月异、市场需求日趋多变的当下,与过去相比,企业生产经营环境不断发生着变化,相应地给企业运营管理也带来了许多新课题。这就要求运营管理的研究方法、研究手段、研究内容、研究领域不断扩展和完善,要求企业管理者和运营管理的研究者必须从管理理念、组织架构、系统设计、方法手段等方面进行更为深入的研究和探讨。

第三节 运营管理的任务

运营管理的任务概括地说就是实现快速、高效、优质、准时地向社会和用户提供所需的产品和服务。

一、快速

从管理的角度看,快速也可以理解为"敏捷",即"聪敏""快捷"的意思。科技的飞速发展使得产品生命周期越来越短,客户需求的多样性和易变性表现得日益明显,这就要求企业必须能够对市场需求做出快速反应,以最快的手段、最有效的方法生产出市场上所需的产品或服务,尽早占领市场,获取利润。

二、高效

高效指有效利用生产运作资源,以尽可能少的资源投入来满足用户同样数量和质量的产品和服务需求。高效的前提是低成本,为此必须精心编制生产运营计划,合理组织生产运营过程,加强生产运营控制,达到降低资源消耗、缩短生产运营周期、减少库存的目的。企业资源计划、企业流程再造、供应链和物流管理、客户关系管理、动作研究、流水装配线、精益生产等所有这些现代生产管理手段和管理方法的目标都是为了能够快速、高效、低成本地生产出优质的产品和服务,以第一速度满足市场需求。

三、优质

产品和服务质量是企业品牌价值的基石,能体现企业的技术含量和文化底蕴,没有质量就没有名牌。2008年的"三鹿奶粉事件"、2009年的丰田汽车"召回门"事件等众多层出不穷的质量事件,时刻告诫企业运营管理者必须高度关注产品质量,必须以提高客户满意度为标准,努力生产高质量的产品和服务。高质量是企业在激烈的市场竞争中建立竞争优势、获得持续生存的一条有效途径。众所周知,质量代表企业形象,是企业根本之所在,每个企业要想生存、发展下去,就必须对产品和服务制定严格的质量标准和要求,并切实把这些标准和要求全面贯彻到生产运营过程中去。企业只有持续进行技术和服务创新,才能不断向市场推出新产品,不断提高产品的质量、知识含量和科技含量,改进生产技术、降低成本,进而提高顾客价值,提高产品的市场竞争力和市场占有率,并适时开拓新的市场领域。统计过程控制、抽样检验方法、全面质量管理、六西格玛管理及精益生产等管理手段和管理工具都是企业提升产品和服务质量,达到优质运营而开发出来的。

四、准时

准时指能够在规定的时间，按用户需要的品种、款式、数量、质量和价格水平以最低的成本、最优的服务向用户提供其所需的产品和服务。准时生产制、敏捷制造等管理手段和管理工具都是为实现这一目标而生的。

要实现上述任务和目标，企业运营管理者必须重视技术和服务创新，不仅包括对生产运营系统中的产出和所用工艺进行技术创新，更重要的是在管理思想、管理方法、管理手段，产前、产中和产后服务等方面上的创新。只有这样，才能准确地把握生产运营管理的概念、目标任务的实质含义，取得良好经济效益，促进企业长期发展。

第四节 制造业与服务业运营的区别

在当代经济中，对制造业和服务业已经很难做严格区分，就整体需求而言，任何一个需求主体同时包括产品和服务的双向需求。成功的企业只有从顾客整体需求出发，生产提供对应的产品和服务，才能在竞争中立于不败之地。麦当劳、真功夫、西贝等快餐企业，在为用户提供舒适、干净、便捷的就餐环境和就餐服务的同时，同样从事食品的生产加工活动，随时根据顾客的订单在最短的时间内为客户加工出可口的饭菜。联想、华为等公司在向市场提供计算机产品的同时，还随时为消费者提供机器的安装、升级等售后服务活动。由此可见，随着科技和信息技术的发展，单纯从事产品生产或者是单纯从事无形服务生产的企业是不存在的，企业从事有形产品生产的同时，还提供无形服务，产品和服务之间的界限变得非常模糊，有时是难以进行严格划分的。

虽然如此，公司依旧有主要提供有形产品和主要提供服务的分别。无论是生产性企业还是服务性企业，生产与运营管理都是其三大基本职能之一。而制造业与服务业在运营管理方面的区别主要体现在以下四个方面：①营运对象不同；②营运能力不同；③综合计划策略不同；④营运过程中细节差异。

一、二者的营运对象存在区别

显然，制造业的营运对象是产品，而服务业的营运对象是服务。从是否可存储的角度分析，有形的产品，能看到触摸到，并且能够储存起来供以后使用。而服务则看不到，摸不着，只能凭消费者自己亲自体验和感受，具有不可存储性。因为产品的有形性，允许用户通过产品，在消费之前直接控制质量，避免顾客用到质量较差的产品。产品的质量可以测量，并通过相关测试来保证其正常工作，例如，汽车可以进行缺陷测试，服装可以进行纺织物的缺陷测试等。完工产品可以保存在制成品仓库中，需要时再取出，或者可以运到世界各地去使用。产品可以储存起来供以后使用，因此产出率在相对短的时间内不一定和需求相匹配。原材料的提前预订、员工的聘用和培训等要与不断变动的需求和产出相匹配，而服务则不具备上述特征。

服务是为顾客完成的任务,因其无形性,所以难以计算,也不能像检验产品一样进行检验,更不能储存起来供以后使用,在顾客得到服务之前也不能检验其质量。顾客常常构成服务过程的一部分,它就是顾客的再生产过程。服务的无形性和顾客的参与性使其难于管理。服务产品的生产与有形产品的生产不同,服务生产与消费具有同时性,即生产的同时被消费掉,生产与消费是同步的,这也决定了服务具有"易逝性"特点。

与有形产品的生产不同,服务生产离不开顾客的参与。服务的生产需要顾客的全程参与,服务质量的好坏全凭顾客自己感受。所以,顾客对于服务产出结果更关心的是产出过程,因为他们在过程中花费了时间。如到公园游玩、到电影院欣赏电影等,所有这些服务的提供过程都离不开顾客的参与,需要借助顾客的全程参与完成整个交易。零售商的服务过程中,顾客通过产品的售出过程评价服务质量;理财顾问通过为顾客制订投资计划完成服务过程。在所有的服务提供过程中,顾客是参与者。有形产品的生产则是企业自己的事情,无需顾客参与,只是在产品开发过程中需要考虑顾客需求,生产过程中需要确保产品质量,产品售出后做好售后服务即可。

服务的生产与需求存在一致性。一致性对服务业来说很重要,因为人们不愿意在服务的过程中长时间等待,也不愿意接受不符合自己期望的服务。例如,顾客在麦当劳排队购买快餐,所要的快餐必须能够及时生产出来并提供到顾客手中,否则他可以很容易地到对面的肯德基、真功夫或其他快餐店接受类似的产品和服务。如果企业不能提供相应的服务,或者在特定的时间内不能保证足够的空位提供产品和服务,那么该企业的竞争力将大受影响。

此外,对服务业而言,与制造型企业不同,有形产品质量的高低在生产过程中即可对其做出基本判断。而服务则不同,只有当消费者接受服务后才能对其作做出完整的判断。制造型企业的管理者面对残次品时可以销毁或返工,但是当服务失败时,服务业的管理者只能在顾客面前赔礼道歉以尽可能挽回损失。例如,肯德基快餐发现顾客不满意时只能采取一些补救措施来弥补顾客的不满,如给顾客提供免费饮料或发放礼品卡、代金券等,很难对同一顾客重新提供服务以弥补错误。

表 1-2 对比了制造业与服务业运营的区别。

表 1-2 制造业与服务业运营的区别对比

特　性	制　造　业	服　务　业
产品形态	产品是有形的、耐久的、可触摸的	产品是无形的、易逝的、不可触摸的
可度量性	易于度量,有规定的标准	难于度量,一般很难确定固定的标准
可存储性	可长时间存储,以满足不同时期消费者对该产品的需求	不可存储,有需求就需提供,才能满足顾客不同时期的需求
一致性	生产和消费不同步,不具备一致性	生产与消费同步进行,具备一致性
可控制性	产品在提供给顾客之前可以提前控制、检验产品质量	在为顾客提供服务之前不能控制、检验服务质量

续表

特性	制造业	服务业
顾客参与性	产品的生产过程对顾客并不重要,顾客不参与产品的生产	服务的过程对顾客非常重要,服务的生产离不开顾客的参与和互动
需求响应性	顾客需求响应周期较长	顾客需求响应周期很短
区域性	可服务于地区、全国乃至国际市场	主要服务于有限区域范围内
生产规模	所需生产设施规模较大	所需生产设施规模较小
缺陷后果	对有缺陷的产品进行修理完善后可重新使用	服务出现问题一般不能修理,只有通过其他办法才能弥补缺陷挽留顾客

二、二者的营运能力存在区别

营运能力指在一定时间内,企业生产足够数量的产品和服务并能够随时满足客户需求的能力。谈到营运能力,人们所关注的首要问题是:"在给定的时间内,是否有足够的运营技术、生产技能、生产设备、生产空间,快速、高效、优质、准时地生产出足量的产品和服务。"

营运能力在生产产品和提供服务上有着显著的区别。对于制造型企业而言,营运能力可以在制品或产成品库存的形式储存起来,并在客户需要的时候随时满足他们的需求。然而,对于服务型企业而言,营运能力一般无法储存,它主要表现在有了客户现实需求时,企业能凭借自有资源,在客户需要的有限时间内,快速、高效、优质、准时地生产出足量的产品和服务,及时满足客户需求,如果无法满足客户需求,这些需求随时就会消失殆尽或转移到竞争对手那里。所以,服务型企业必须尽可能使自身营运能力与不确定的需求相匹配,一旦忽略了任何一方,那么成本便会上升而利润则随之减少甚至消失。

三、二者采用的综合计划策略存在区别

由于服务企业与制造企业运营管理对象存在较大的差异,导致了这两种不同行业的综合计划策略具有比较大的差别。服务业的综合计划策略与制造业的综合计划策略相比不同之处主要有两点。

首先,由于服务需求的波动更加动态化,需求的量和需求规模难以确定。服务企业虽然同样可以从需求和供给两个角度出发,通过"积极进取型策略"和"稳妥应变型策略"来积极主动和稳妥地面对动态的需求环境,但是由于服务与需求往往是同期的,服务能力与现实需求有时并非十分匹配,而且多数服务是不能储存的,如财务计划、税务咨询、旅游、医疗等服务均不能储存,使得服务型企业无法像制造型企业那样,在需求淡季为需求旺季建立库存。

其次,由于服务的不可存储性导致在没有需求的时候,造成服务能力存在一定程度的闲置,这种闲置实际上是一种资源浪费。然而,要使服务型企业的服务能力与服务需求相

匹配却存在一定的难度,很难实现完全匹配,也不能像制造型企业那样通过库存来延长运营能力。所以服务业不能像制造业那样可以选择多种策略,服务业可供选择的的策略就是"追逐策略",即尽可能使自己的能力符合市场需求。

四、二者的具体营运过程存在细节差异

服务型企业与制造型企业在营运对象上的差异,决定了二者的综合计划策略存在差异,在二者具体的营运细节问题上,也存在一定的差异,具体表现在企业选址和作业排序两个方面。

(一)服务型企业与制造型企业的选址差异

影响企业选址决策的因素多种多样,不同的企业所考虑的影响因素也不尽相同,而同一因素对不同类型企业的重要性也因企业性质不同而有区别。

总体而言,无论是制造型企业或是服务型企业,在做出选址决策时,大多要考虑如下因素:距离市场远近、自然环境和基础设施条件、经济和社会成本、政治、法律、经济、科技、社区及地政府政策等诸多因素。当然,并不是所有因素都是企业必须考虑的。对于饮食服务企业而言,最重要的因素是所处地理位置、周围社区居民经济条件、居民收入水平、居民消费习惯和消费支出水平、交通的便利性等。对于制造型企业而言,原料供应的方便性和及时性、动力能源的可得性和持续性、当地劳动力资源的充足性和技术水平、地方政府的支持则是必须考虑的。当然,有很多因素不论是对服务业还是对于制造业,都是企业所必须重点考虑的,例如,总成本因素和当地政府政策等。

(二)服务业与制造业作业排序差异

作业排序指为每台设备和每位员工具体确定每天的工作任务和工作顺序的过程。制造业的排序问题是解决工件在生产过程中的加工次序问题。因为产品的有形性、可储存性及易于测量等特征,再加上制造业中生产计划的相对固定性,因而制造业中的排序往往相对容易,对于不同的生产能力和生产任务也有了比较固定和完善的排序方法。例如,对于制造业中,N 种工件在 M 台设备上加工的作业排序问题,就有一套比较完整的排序方法。

服务业排序问题主要是解决如何安排服务能力以适应不确定的服务需求。从表 1-2 中可以看出,从顾客参与程度上分析,对于制造型企业而言,产品的生产过程对顾客并不重要,顾客不参与产品的生产,而对于服务型企业而言,服务的生产与提供离不开顾客的参与,服务型企业与顾客的关系远比制造型企业与客户之间的关系密切。从产品的可存储性分析,由于服务的不可存储性和顾客需求的随机性,使得服务企业的作业排序与制造型企业作业排序存在很大差异。

在整个服务提供过程中,由于离不开顾客的参与,因此服务作业排序必须考虑如何方便顾客的参与,使顾客在参与过程中活动满意。同时由于服务需求存在一定的随机性和不可预测性,这就使得服务生产很难实现标准化、程序化和规模化。这与制造业有别,有

形产品的生产无需顾客参与,生产作业排序不受最终客户的直接影响,可以借助一定的方法和手段对需求做出科学预测,所以,标准化、程序化和规模化生产是制造型企业经常追求的目标。

服务排序的基本目标是使客户需求和服务能力相互匹配。服务作业排序必须考虑顾客需求和服务能力两方面因素,常见的排序方法是将顾客需求划分为不同的阶段,根据不同阶段的需求特性,力求以不变的服务能力满足不同阶段的顾客需求。

尽管制造业与服务业在营运管理方面有着比较大的差异,但是从营运管理的未来发展方向来看,制造型企业对服务的追逐越来越明显,更多的制造型企业越发看重服务创新,已经将运营重点转向服务,力图借助更多的服务创新和服务质量提升企业持续发展能力。同时,服务型企业提供服务的过程中,对新技术、新设备的依赖性越来越大,没有制造型企业提供优质的服务设施或服务设备,服务型企业也无法生存。所以说,当前制造业和服务业的界线变得越来越模糊。企业的运营既要考虑有形产品的提供,又要考虑无形服务的生产,二者紧密联系,不可分割。

第五节 运营管理的目标

企业运营管理的主要目标是质量、成本、时间和服务的柔性(灵活性/弹性/敏捷性),它们是企业竞争力的根本源泉。因此,运营管理在企业经营中具有重要的作用,运营管理也始终围绕这几个目标而展开。

特别是近几十年来,计算机技术、信息技术和现代网络技术的飞速发展使得现代企业的生产经营规模不断扩大,经营范围不断拓宽,经营区域涉及世界各地,加上产品本身的技术和知识密集程度不断提高,产品的生产和服务过程日趋复杂,市场需求日益多样化、多变化、虚拟化,世界范围内的竞争日益激烈,这些因素使运营管理本身也在不断发生变化。随着信息技术突飞猛进的发展,为运营增添了新的有力手段,也使运营学的研究进入了一个新阶段,使其内容更加丰富,范围更加扩大,体系更加完整。无论如何发展,企业运营始终围绕如下几个目标展开:即在用户需要的时间内提供所需数量的合格产品和满意服务。为实现生产运营管理的根本任务,由此引申出生产运营管理的如下几个基本问题。

一、持续保证和提高产品质量

质量包括产品的使用功能(functional quality)、操作性能(quality of operability)、社会性能(quality of sociality,指产品的安全性能、环境性能及空间性能)和保全性能(maintainability,包括可靠性、修复性及日常保养性能)等内涵。生产运营管理要实现上述的产品质量特征,就要进行质量管理(quality management),包括产品的设计质量、制造质量和服务质量的综合管理,即围绕而展开的综合管理始终要确保产品和服务质量不断提升,满足客户不断变化的需求,做到质量高而精。

二、保证适时、适量地将产品投放市场

在这里,产品的时间价值问题转变为生产运营管理中的产品数量与交货期控制问题。在现代化大生产中,生产所涉及的人员、物料、设备、资金等资源数量庞大,如何将全部资源要素在它们需要的时候组织起来、筹措到位,是一项十分复杂的系统工程。这也是生产运营管理所要解决的一个最主要问题——时间(进度)管理(time management)。时间(进度)管理的根本目标是确保企业在合适的时间生产出合适数量的产品或服务,确保随时随地满足客户需求。

三、确保产品的价格既为顾客所接受,又为企业带来一定的利润

这涉及人、物料、设备、能源、土地等资源的合理配置和利用,涉及生产率的提高,还涉及企业资金的运用和管理,归根结底是努力降低产品的生产成本。这是生产运营管理所要解决的成本管理(cost management)问题。成本管理的目标是确保企业以最低的成本快速、高效、优质地生产出客户需要的产品和服务,实现成本低廉,质量优越。

四、围绕服务柔性而不断进行服务创新

服务(service)柔性经营之所以引起关注,首要原因是传统的服务模式受到挑战。传统的服务经营模式更多的是把顾客当作一个群体和一个细分市场,在顾客需求多样化时才需要把顾客看作独立的需求个体。同时,传统靠质量、价格和顾客满意的服务竞争战略也需要变革,需要更加突出不同层次的顾客价值,从服务组织内部寻求企业竞争优势等。突出顾客价值和提升服务企业竞争优势的最有效方法之一,是以更加快速的顾客回应时间满足顾客的需要——这是在服务领域导入柔性概念的基本出发点。正如西班牙格拉纳达大学阿兰达(Aranda)教授所指出的,当今由于环境的变化使大多数服务企业不得不把柔性当作竞争优先和重点来考虑。加拿大魁北克大学的哈维(Harvey)教授以银行业为背景研究了服务柔性问题,他认为传统的服务经营模式面临激烈的竞争挑战,主要来自两个方面:顾客需求变化和服务的不稳定性。一方面,服务业乃至一些制造型行业,都面临需求高度变换的压力,这个压力主要来自顾客需求的变化。例如,顾客希望在银行营业厅之外的其他地方(商场、办公室、家里等)完成银行交易业务,在购买新房子时不希望对抵押业务进行完全不同的流程处理,不希望长时间等待银行答复,更不希望长达 30 分钟的银行大厅排队。另一方面,服务性企业面对的服务需求具有越来越明显的不稳定性,这种不稳定性是引起服务传递过程不能快速地和经常地适应需求变化的各种不同性质变量。服务不稳定性要求服务提供商必须在准时、成本和质量等方面实实在在地给予保证。柔性服务是实现上述目标的最好方法,不断进行服务创新,追求优质高效、周到全面的精准服务就成为运营管理的一个基本目标,这一目标始终围绕前三个目标而展开。

如图 1-4 所示的四个问题简称为 QTSC 管理。保证 QTSC 四个方面的要求,是生产

运营管理的最主要目标。在企业的实际管理工作中，Q、T、C这三个方面的要求是互相联系、互相制约的。提高质量可能引起成本增加；为了保证交货期而过分赶工，可能引起成本的增加和质量的降低。所以，为了取得良好的经济效益，生产运营管理应很好地完成计划、组织、控制职能，做到综合平衡。

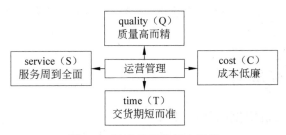

图 1-4　运营管理的基本目标

QTSC 管理是生产运营管理的基本问题，也是长期追求的根本目标，但并非生产运营管理的全部内容。生产运营管理的另一大基本内容是资源要素管理，包括设备管理、物料管理以及人力资源管理。事实上，生产运营管理中的 QTSC 价值条件管理与资源要素管理这两大类管理是相互关联、相互作用的。质量保证离不开物料质量、设备性能及人的劳动技能水平和工作态度，成本降低取决于人、物料、设备的合理利用；反过来，对设备与物料本身也有 QTSC 的要求。因此，生产运营管理中的 QTSC 管理与资源要素管理是一个有机整体，应当以系统的、集成的观点来看待和处理这些不同的管理分支之间的相互关系和相互作用。

第六节　运营管理的地位与作用

一、运营管理的地位

运营管理已突破传统的生产运作管理，是对企业所有生产经营活动进行的通盘管理，主要是解决企业内部的人、财、物等各种资源的最佳结合问题，解决企业产、供、销等各种经营活动的良好衔接问题。运营管理通过对产品和服务进行设计、生产、加工制造等一系列过程把企业的经营目标转化成为现实，通过战略计划、营销计划、供应链和物流管理、客户关系管理、电子商务等一系列管理活动将产品或服务提供给消费者实现利润的增值。然而，在市场经济条件下，尤其是生产制造技术飞速发展的今天，现代运营管理同传统生产与运作管理相比，无论从内容上，还是管理方式上都得到了充实、发展与完善，形成了新的特点。

运营管理在企业管理中的地位，首先表现为生产与运作管理是企业管理的一部分，从企业管理系统分层来看，运营管理处于经营决策（领导层：上层）之下的管理层（中层），它们之间是决策和执行的关系，运营管理在企业管理中起保证作用，处于执行的地位。其次，运营管理活动是企业管理一切活动的基础。对生产活动管理不好，企业就很难按品种、质量、数量、期限和价格向社会提供产品和服务，无法满足用户多变的要求，增强企业自身竞争力将成为一句空话。在这种情况下，企业就无法实现其经营目标。所以，在市场经济条件下的企业，在重视经营管理的同时，决不能放松运营管理。相反，应更重视它，要站在更高的角度，把产品和服务的设计、生产、质量、销售乃至售后服务等活动看作一个有机整体来进行通盘管理，确保企业经济效益的提高建立在可靠的运营管理基础之上。

二、运营管理的作用

（一）运营管理是企业价值链的核心环节

从人类社会经济发展的角度来看，物质产品的生产制造是除了天然合成之外，人类凭借自己的双手创造财富的最主要方式。工业生产制造直接决定着人们的衣食住行方式，也直接影响着农业、矿业、服务业等社会其他产业技术装备的能力。在当前，随着科技进步和生产规模的不断扩大，产品和生产技术日益复杂，市场交换活动以更为复杂、更为广泛、更为灵活的方式呈现在人们面前，一系列连接生产活动的中间媒介活动变得越来越重要，形式也越来越多样。因此，与工业生产密切相关的网络通信业、金融保险业、对外贸易业、房地产业、仓储运输业、建筑装修业、技术服务业、信息技术产业等服务行业，在现代社会生活中所占的比重越来越大，在人类创造财富的整个过程中起着越来越重要的作用，是人类创造财富的必要环节。而作为构成社会基本单位的企业，其生产与运作活动是人类最主要的生产活动，也是企业创造价值、服务社会和获取利润的主要环节，运营管理成了企业价值链的核心环节。

（二）运营管理是企业运营链的关键活动

企业生产运营活动可以概括为五大活动：财务管理、技术研发、生产运营管理、营销管理和人力资源管理。这五大活动是有机联系的一个循环往复的过程，如图1-5所示。企业为了实现自己的经营目的，首先要制定一个运营方针，决定经营什么、生产什么；然后通过财务管理，筹集到运营活动所需要的资金，即进行财务管理活动；为了适应不断变化的市场需求，企业需要持续研制开发各种新产品，设计产品生产工艺和生产流程——进行技术研发活动，研发完成后，需要购买物料和加工制造——进行生产制造活动；产品生产制造出来以后，需要通过营销活动，将产品和服务提供给消费者，实现价值的增值和利润的转换，即进行营销管理活动；而人力资源管理活动始终要围绕生产运营管理，对财务管理、技术研发和营销管理分配所需的各种人才资源，对销售以后得到的收入进行分配，其中一部分作为下一轮的生产资金，开始又一个循环，这一切的运转始终围绕运营管理而展开。

企业为了达到自己的经营目标，以上五大活动缺一不可。例如，没有资金，生产活动就无法开始，也就谈不上价值创造；又如，生产出来的有价值的产品，如果销售不出去，价值也就无从实现。而其中生产活动（包括"技术"活动在内）的重要意义在于它是真正的价

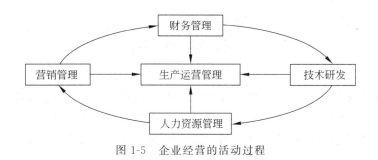

图 1-5 企业经营的活动过程

值创造过程,是产生企业利润的源泉。

(三) 运营管理是企业核心竞争力的关键构成

1990 年,美国著名管理学家普拉哈德(Prahalad)和哈默尔(Hamel)提出了核心竞争力的概念。他们认为,随着世界的发展变化、竞争加剧、产品生命周期的缩短及全球经济一体化的加强,企业的成功不再只归功于短暂的或偶然的产品开发或灵机一动的市场战略,而是企业核心竞争力的外在表现。按照他们的定义,核心竞争力是能使公司为客户带来特殊利益的一种独有技能或技术。这种能力首先能很好地实现顾客所看重的价值,例如:能显著地降低成本,提高产品质量,提高服务效率,增加顾客的效用,从而给企业带来竞争优势。京东的核心能力是强大的物流与采购能力,它给顾客的核心利益是快速送达;海底捞的核心能力是"服务好",它给顾客的核心利益是体验好。其次,核心竞争力还必须是企业所特有的,并且是竞争对手难以模仿的,也就是说它不像材料、机器设备那样能在市场上购买到,而是难以转移或复制。这种难以模仿的能力能为企业带来超过平均水平的利润。最后,核心竞争力还具有延展性,能够同时应用于多个不同的任务,使企业能在较大范围内满足顾客的需要。例如:佳能公司利用其光学镜片成像技术和微处理技术方面的核心竞争力,成功地进入了复印机、激光打印机、照相机、扫描仪及传真机等 20 多个产品领域;本田公司的核心技术是引擎设计和制造,这支撑了小汽车、摩托车、割草机和方程式赛车的制造。在市场竞争条件下,企业竞争到底靠什么?靠的就是核心竞争力。不同的企业有各自不同的核心竞争力,归纳起来,最终都体现在企业所提供的产品上,体现在产品的质量、价格和适时性上。哪个企业凭借自己的核心竞争力向市场提供质量好、价格低、市场适应性突出的产品,它就能在竞争中取胜。一个企业也许面临许多问题,如体制问题、资金问题、设备问题、技术问题、生产问题、销售问题、人员管理问题,以及企业和政府、银行、股东的关系问题等,任何一个方面的问题,都有可能影响整个企业的正常生产和经营。但消费者和用户只关心企业所提供的产品对他们的效用。因此,企业之间的竞争实际上是企业产品之间的竞争,而企业产品的竞争力,在很大程度上取决于企业生产与运作管理的绩效,即如何保证质量、降低成本、把握时间和做好服务,谁就有核心竞争力,谁就能在竞争中获胜。

本 章 小 结

本章首先论述了运营管理的概念及其发展历程,而后比较详细地讨论了运营管理的研究对象、系统构成及其基本特征,并阐述了运营管理的目标及运营管理的地位和作用。借助于运营管理发展的里程碑事件介绍了运营管理整个发展过程,以及供应链和物流管理、准时化生产、丰田生产方式、全面质量管理、企业流程再造、绿色制造等基本运营管理思想。最后,本章还讲述了运营管理在企业管理中的地位和作用、企业核心竞争力等相关内容。

本章知识结构如图 1-6 所示。

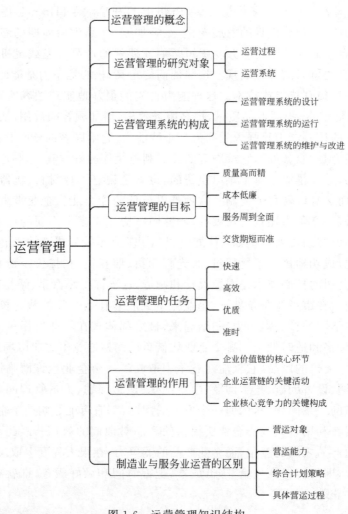

图 1-6　运营管理知识结构

复习思考题

1. 何谓运营管理？
2. 运营管理在企业管理中的地位如何？
3. 运营管理的任务有什么？
4. 运营管理的内容有哪些？
5. 运营管理理论形成和发展的代表性人物有哪些？
6. 运营管理的特征是什么？
7. 运营管理的作用有哪些？

第二章 运营战略管理

【学习要点及目标】

1. 了解企业战略管理的理论发展及意义、特征、构成要素。
2. 熟悉企业战略管理的形成过程、层次分类及三层战略之间的关系。
3. 掌握常用的公司战略、竞争战略、职能战略。
4. 熟悉运营战略的发展、特征、含义。
5. 掌握运营战略的基本构架、形成过程及类型。

核心概念

企业战略管理　公司战略　竞争战略　职能战略　运营战略

引导案例

海尔战略主线：做正确的事与正确地做事

自2020年新冠疫情暴发以来，中国商业界便开始迅速分化。一些企业因受疫情冲击而出现业绩的大幅下滑，而另外一些企业却逆势而上，实现市场份额与整体竞争力的攀升，这些企业就包括横跨智慧家庭、生物医疗、工业互联网、场景物流、创业孵化平台等多个领域的生态型企业——海尔集团。

企业战略的核心总结起来主要包括两个方面，其一是"做什么"，其二是"怎么做"。在"做什么"维度，海尔选择了实施生态品牌战略，以智慧家庭、工业互联网与大健康作为主攻方向，搭建以用户为中心的生态战略版图。而在"怎么做"维度，海尔则选择以科技创新为发展引擎，打造物联网时代引领的创新生态。自2019年进入生态品牌战略阶段后，海尔在生态品牌之路上的探索不断提速，围绕用户需求打造了衣、食、住、娱、康、养、医等全场景体验，通过构建高端品牌、场景品牌、生态品牌三级品牌体系，孵化了覆盖智慧家庭、工业互联网、大健康等不同领域的众多新物种。

如今的海尔，坚定生态品牌战略，聚焦实体经济，做大做强主业，打造物联网时代引领的创新生态，通过科技创新，为驱动生态边界拓展提供着核心动能。"战略聚焦×科技创新"，海尔无疑在用正确的方式做正确的事。

（案例来源：海尔集团官网）

案例导学

一流的公司必须具有缜密的战略和卓越的战略管理实践，才能建立并巩固其强有力的市场地位,才能不断地获得竞争优势。更为重要的是,今天的市场竞争环境比以往任何时候都更复杂,更具不可确定性,这在很大程度上导致了企业管理层对有效制定、选择、实施战略更加重视。本土化与全球化的矛盾、高科技对产业变迁趋势的深刻影响、环境动态化对变革管理模式的压力、人本意识对改善工作质量的要求等,都十分现实地迫使国内企业思考战略问题。不少国内企业均面临着这样的经营困境:如何才能尽快地从过去那种以追求短期利益为目标,只依赖战术策划的管理模式中摆脱出来,转而树立起战略意识,切实关注以追求长期利益为目标的战略规划?

第一节 企 业 战 略

有一则新寓言:兔子与乌龟赛跑输了以后,认真总结教训,提出要与乌龟重赛一次;赛跑开始后,乌龟按规定线路拼命往前爬,心想这次可输定了;可是当它到了终点,却不见兔子,正在纳闷之时,只见兔子气喘吁吁地跑了过来,原来这次兔子求胜心切,一上路就埋头狂奔;估计快到终点了,它抬头一看,发觉竟跑错了路,不得不返回重新奔跑,因此还是落在乌龟之后,又一次输掉了比赛。

这则新寓言深刻地说明,战略、方向、路线正确与否至关重要。从一定意义上来说,企业之间的竞争,在相当程度上表现为企业战略定位、运作战略选择的竞争。方向正确、战略明确,企业的投入才能获得事半功倍的收益;否则,只能是南辕北辙,投入越多损失越大。有报道说,国外的企业家花在战略研究上的时间占全部工作时间的60%。因此,认真、科学地制定企业战略,灵活、有效地运作企业资源是企业领导人的首要职责。

一、企业战略的概念

什么是战略?这个词原本是一个军事名词。在军事上对战略的定义是:"对战争全局的策划和指导,依据国际、国内形势和敌对双方政治、经济、军事、科学技术、地理等因素来确定。"但现在,这个词得到了更广泛的使用,尤其是在企业经营管理中。在一般运用中,战略泛指重大的、带全局性的或决定全局的谋划。

企业战略一词最初是由安索夫(Ansoff)在其1976年出版的《从战略规划到战略管理》一书中提出的。他认为,企业战略指将企业的日常业务决策同长期计划决策相结合而形成的一系列经营管理业务。另一位管理学家斯坦纳(Steiner)在1982年出版的《企业政策与战略》一书中提出:企业战略管理是确定企业使命,根据企业外部环境和内部经营要素确定企业目标,保证目标的正确落实并使企业使命最终得以实现的一个动态过程。

我们认为,战略指在确保实现组织使命的前提下,为了获得可持续的竞争优势,根据组织所处的外部环境变化和内部资源条件,对组织未来发展目标和实现途径所做出的一种长远性规划。企业战略是对企业各种战略的统称,其中既包括竞争战略,又包括营销战略、发展战略、品牌战略、融资战略、技术开发战略、人才开发战略、资源开发战略等。企业战略是不断发展的,例如,信息化就是一个全新的战略。企业战略虽然有多种,但基本属性是相同的,都是对企业的谋略,都是对企业整体性、长期性、基本性问题的决策。

扩展阅读 2-1　战略管理十大流派

二、企业战略的特征

企业战略是设立远景目标并对实现目标的轨迹进行的总体性、指导性谋划,属宏观管理范畴,具有指导性、全局性、长远性、竞争性、系统性、风险性六大主要特征。

1. 指导性

企业战略界定了企业的经营方向、远景目标,明确了企业的经营方针和行动指南,并筹划了实现目标的发展轨迹及指导性的措施、对策,在企业经营管理活动中起着导向的作用。

2. 全局性

企业战略着眼于未来,通过对政治、经济、文化及行业等经营环境的深入分析,结合自身资源,站在系统管理高度,对企业的远景发展轨迹进行了全面的规划。

3. 长远性

"今天的努力是为明天的收获。""人无远虑、必有近忧。"兼顾短期利益,企业战略着眼于长期生存和长远发展的思考,确立了远景目标,并谋划了实现远景目标的发展轨迹及宏观管理的措施、对策。同时,围绕远景目标,企业战略必须经历一个持续、长远的奋斗过程,除根据市场变化进行必要的调整外,制定的战略通常不能朝夕令改,要具有长效的稳定性。

4. 竞争性

竞争是市场经济不可回避的现实,也正是因为有了竞争才确立了"战略"在经营管理中的主导地位。面对竞争,企业战略需要进行内外环境分析,明确自身的资源优势,通过设计适体的经营模式,形成特色经营,增强企业的对抗性和战斗力,推动企业长远、健康地发展。

5. 系统性

立足长远发展,企业战略确立了远景目标,并要围绕远景目标设立阶段目标及各阶段目标实现的经营策略,以构成一个环环相扣的战略目标体系。

6. 风险性

企业做出任何一项决策都存在风险,战略决策也不例外。市场研究深入,行业发展趋势预测准确,设立的远景目标客观,各战略阶段人、财、物等资源调配得当,战略形态选择科学，制定的战略就能引导企业健康、快速地发展。反之，仅凭个人主观判断市场，设立目标过于理想或对行业的发展趋势预测偏差，制定的战略就会产生管理误导，甚至给企业带来破产的风险。

三、企业战略的构成要素

一般说来，企业战略由以下四个要素组成，这也是进行企业战略管理的重要依据。

1. 经营范围

经营范围是企业从事生产经营活动的领域。它既反映出企业目前与其外部环境相互作用的程度，又反映出企业计划与外部环境发生作用的要求。

2. 资源配置

资源配置指企业过去和目前资源和技能组合的水平和模式。资源配置的优劣状况会极大地影响企业实现自身目标的程度。因此，资源配置又被视为形成企业核心竞争力的基础。

3. 竞争优势

竞争优势指企业通过其资源配置的模式与经营范围的正确决策，所形成的与其竞争对手不同的市场竞争地位。

4. 协同作用

协同作用指企业从资源配置和经营范围的决策中所能发现的各种共同努力的效果。就是说，分力整体大于各力简单相加之和。在企业管理中，企业总体资源的收益要大于各部分资源收益之和，即形成"1＋1＞2"的效果。一般来说，这种协同作用可以表现在四个方面：投资协同、生产协同、销售协同、管理协同。

四、企业战略管理的流程

按照正式的战略规划制定和实施的模式，企业战略管理的流程包括战略分析、战略选择、战略实施与控制三大模块，如图 2-1 所示。

图 2-1　企业战略管理流程

（一）战略分析

战略分析在于总结影响企业目前和今后发展的关键因素，并确定在战略选择步骤中的具体影响因素，它包括以下三个主要方面。

1. 确定企业的使命和目标

把企业的使命和目标作为制定和评估企业战略的依据。

2. 对外部环境进行分析

外部环境包括宏观环境和微观环境。

3. 对内部条件进行分析

战略分析要了解企业自身所处的相对地位,具有哪些资源及战略能力;了解企业有关的利益相关者的利益期望,在战略制定、评价和实施过程中,这些利益相关者会有哪些反应。

(二) 战略选择

战略选择阶段所要解决的问题是"企业向何处发展"。其步骤分为以下三步。

1. 制定战略选择方案

根据不同层次管理人员介入战略分析和战略选择工作的程度,将战略形成的方法分为以下三种形式。

(1) 自上而下。由企业最高管理层制定企业的总体战略,然后由下属各部门根据自身的实际情况将企业的总体战略具体化,形成系统的战略方案。

(2) 自下而上。企业最高管理层对下属部门不做具体规定,但要求各部门积极提交方案。

(3) 上下结合。企业最高管理层和下属各部门的管理人员共同参与,通过上下级管理人员的沟通和磋商,制定出适宜的战略。

以上三种形式的主要区别在战略制定中对集权与分权程度的把握上。

2. 评估战略备选方案

评估战略备选方案通常使用两个标准。一是考虑选择的战略是否发挥了企业的优势,克服了劣势;是否利用了机会,将威胁削弱到最低程度。二是考虑选择的战略能否被企业利益相关者所接受。

3. 选择战略

选择战略指最终的战略决策,即确定准备实施的战略。

(三) 战略实施与控制

战略实施与控制就是将战略转化为行动。主要涉及以下问题。

(1) 在企业内部各部门和各层次间如何分配使用现有的资源。

(2) 为了实现企业目标,还需要获得哪些外部资源及如何使用。

(3) 为了实现既定的战略目标,有必要对组织结构做哪些调整。

(4) 如何处理出现的利益再分配与企业文化的适应问题,如何通过对企业文化的管理来保证企业战略的成功实施。

当然,对战略实施效果还要进行评价分析,以指导今后的战略制定。

五、企业战略的层次

对于现代社会一家典型的企业来说,企业战略在组织内部是分层的,可以划分为三个层次:公司战略、竞争战略和职能战略,如图 2-2 所示。

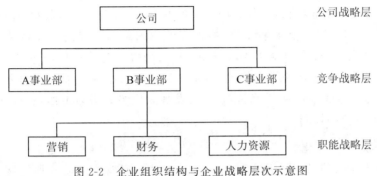

图 2-2 企业组织结构与企业战略层次示意图

(一)公司战略

公司战略的研究对象是由一些相对独立的业务组合而成的企业整体,是最高管理层指导和控制企业一切行为的最高行动纲领。公司战略的主要内容包括企业投资决策等一系列最关键的核心难题,关系到企业存在的基本逻辑关系和发展的基本框架。它的任务主要是决定企业组织的使命,不断注视动态变化的外界环境,并据此调整公司的长期计划。

公司战略的侧重点在两个方面。第一是从公司全局出发,根据外部环境的变化及企业的内部条件,选择企业所从事的经营范围和领域,即要回答这样的问题:我们的业务是什么?我们应当在什么业务上经营?例如,迪士尼公司认为自己是在"让人快乐"的行业内经营,因此,它不仅有主业游乐园,还从事卡通片电影的制作,以及其他多种与娱乐相关的业务。第二是在确定所从事的业务后,要在各项事业部门之间进行资源分配,以实现公司整体的战略意图,这也是公司战略实施的关键措施。具体来讲,公司可以选择专业化战略(专注于单一事业),也可以选择多元化战略(多种不同的事业领域);可以采用垂直一体化,也可以采用水平一体化。

1. 专业化战略

专业化战略指集中公司所有资源和能力于自己所擅长的核心业务,通过专注于某一点带动公司的成长。核心业务指在公司从事的所有经营领域中占据主导地位的业务,核心业务构成了公司的基本框架。如麦当劳、可口可乐都采用专业化战略。其优点是:集中资源(管理、技术、财务、领导精力)于单一领域,容易取得优势;避免进入不熟悉或无能力创造高附加值的领域。可口可乐曾涉足娱乐行业,发现管理娱乐事业使其宝贵的经营注意力脱离饮料这一核心事业,于是撤资。

2. 多元化战略

多元化战略又称多角化战略,是企业同时经营两种以上基本经济用途不同的产品或服务的一种发展战略。多元化战略是相对企业专业化战略而言的,其内容包括产品的多元化、市场的多元化、投资区域的多元化和资本的多元化。多元化经营,就是企业尽量增大产品大类和品种,跨行业生产经营多种多样的产品或业务,扩大企业的生产经营范围和市场范围,充分发挥企业特长,充分利用企业的各种资源,提高经营效益,保证企业的长期生存与发展。公司之所以追求多元化,最根本的原因是为了提高企业价值。但是,波特(Porter)的研究表明,多元化结果不容乐观,多元化所浪费的价值超过了其所创造的价值,其原因主要是多元化使业务大量增加,企业领导精力不够。美国通用电气公司20世纪70年代的总裁琼斯(Jones)曾经说过:"我发现无论多么努力工作,永远无法深入了解40个独立事业单位的计划。"

3. 垂直(纵向)一体化

垂直一体化是企业在两个可能的方向上扩展现有经营业务的一种发展战略,包括前向一体化和后向一体化。前向一体化战略是企业自行对本公司产品做进一步深加工,或对资源进行综合利用,又或建立自己的销售组织来销售本公司的产品、服务。例如,钢铁企业自己轧制各种型材,并将型材制成各种不同的最终产品即属于前向一体化。后向一体化则是企业自己供应生产现有产品或服务所需要的全部、部分原材料或半成品,例如:钢铁公司自己拥有矿山和炼焦设施;纺织厂自己纺纱、洗纱等。

垂直一体化的优点有:

(1)带来经济性。采取这种战略后,企业将外部市场活动内部化便产生了类如信息便捷获得、节约交易成本等经济性。

(2)有助于开拓技术。在某些情况下,垂直一体化提供了进一步熟悉上游或下游经营相关技术的机会。

(3)确保供给和需求。垂直一体化能够确保企业在产品供应紧缺时得到充足的供应,或在总需求很低时能有一个畅通的产品输出渠道。

(4)削弱供应商或顾客的价格谈判能力。

(5)提高差异化能力。垂直一体化可以通过在管理层控制的范围内提供一系列额外价值,来改进本企业区别于其他企业的差异化能力。

(6)提高进入壁垒。企业实行一体化战略,特别是垂直一体化战略,可以使关键的投入资源和销售渠道控制在自己的手中,从而使行业的新进入者"望而却步",防止竞争对手进入本企业的经营领域。

(7)防止被排斥。如果竞争者们是垂直一体化企业,一体化就具有防御的意义,因为竞争者的广泛一体化能够占有许多供应资源或者拥有许多称心的顾客或零售机会,因此,为了防御的目的,企业应该实施垂直一体化战略,否则将面临被排斥的处境。

垂直一体化的缺点包括:

(1)带来风险。垂直一体化会提高企业在行业中的投资,提高退出壁垒,从而增加商业风险,有时甚至还会使企业不能将其资源调往更有价值的地方。

(2) 代价昂贵。垂直一体化迫使企业依赖自己的场内活动而不是外部的供应源,而这样做所付出的代价可能随时间的推移而变得比外部寻源还昂贵。

(3) 不利于平衡。垂直一体化有一个在价值链的各个阶段平衡生产能力的问题,价值链上各个活动最有效的生产运作规模可能不大一样,这就使得完全一体化很不容易达到。

(4) 需要不同的技能和管理能力。尽管存在一个垂直关系,但是在供应链的不同环节可能需要不同的成功关键因素,企业可能在结构、技术和管理上各有所不同,熟悉如何管理这样一个具有不同特点的企业是垂直一体化的主要成本。

(5) 延长了时间。后向一体化进入零配件的生产可能会降低企业的生产灵活性,延长对设计和模型进行变化的时间,推迟企业将新产品推向市场的时间。

4. 水平(横向)一体化

水平一体化战略也叫横向一体化战略,指为了扩大生产规模、降低成本、巩固企业的市场地位、提高企业竞争优势、增强企业实力而与同行业企业进行联合的一种战略。其实质是资本在同一产业和部门内的集中,目的是扩大规模、降低产品成本、巩固市场地位。国际化经营是横向一体化的一种形式。

水平一体化优劣分析:

(1) 优点:采用水平一体化战略,企业可以有效地实现规模经济,快速获得互补性的资源和能力;此外,通过收购或合作的方式,企业可以有效地建立与客户之间的固定关系,遏制竞争对手的扩张意图,维持自身的竞争地位和竞争优势。

(2) 缺点:水平一体化战略也存在一定的风险,如过度扩张所产生的巨大生产能力对市场需求规模和企业销售能力都提出了较高的要求;同时,在某些横向一体化战略如合作战略中,还存在技术扩散的风险;此外,组织上的障碍也是横向一体化战略所面临的风险之一,如"大企业病"、并购中存在的文化不融合现象等。

(二) 竞争战略

竞争战略定义了特定的战略经营单位或部门将怎样参与竞争,每个战略经营单位或部门都需要根据特定市场的细分情况和生产的产品来发掘自己的竞争力。波特指出了三种基本的竞争战略:总成本领先战略、差异化战略和目标集聚战略。

1. 总成本领先(overall cost leadership)战略

这是在某一产业领域内使成本低于竞争对手而取得领先地位的战略,其着眼点是取得价格竞争优势。在这种战略下,一般是运营系统具有一定的规模优势和技术高、产量大等优势。成本领先战略要求企业加强对费用的控制,以及最大限度地减小研究开发、服务、推销、广告等方面的成本。为了达到这些目标,有必要在管理方面对成本控制给予高度重视。尽管质量、服务及其他方面也不容忽视,但贯穿于整个战略中的主题是使成本低于竞争对手。显然,处于低成本地位的企业可以获得高于行业平均水平的收益。因为它的低成本意味着当别的企业在竞争过程中已失去利润时,这个公司仍然可以获取利润。

扩展阅读 2-2 沃尔玛的总成本领先战略

2. 差异化（differentiation）战略

这种战略要求运营系统与其竞争特色的优势相适应，但也要注意成本因素。这种战略是通过公司所有部门的努力，使公司产品在一个或几个方面与竞争对手的产品有所不同。如产品特殊的功能、高超的质量、优质的服务、独特的品牌等。这种战略将增加公司在产品设计、研发等方面的投入，使产品的成本上升。但是，顾客出于对产品的偏爱而愿意接受较高的价格，这将弥补公司采用差异化战略而带来的成本上升。但在很多公司里，管理者能够把成本控制在比竞争对手低的同时，将其产品进行差异化。

扩展阅读 2-3 贝因美的差异化战略

3. 目标集聚（market focus）战略

目标集聚战略实际上是一种市场细分市场战略，这种战略的前提是企业能够以更高的效率、更好的效果为某一细分市场中的特殊顾客群服务，采用目标集聚战略的企业也具有赢得超过行业平均收益水平的潜力。采用目标集聚战略的公司通常将全力集中在某一特定区域的市场或顾客群。这类公司要么采用低成本战略，要么采用差异化战略，但仅关注于特定的目标市场。采用低成本战略的公司，将资源集中在整个市场的一个或几个细分市场，旨在成为服务于该细分市场的最低成本的公司。

（三）职能战略

企业战略的第三层是职能战略，职能战略是为贯彻、实施和支持公司战略与竞争战略而在企业特定的职能管理部门制定的战略。企业职能层战略的重点是提高企业资源的利用效率，使企业资源的利用效率最大化和成本最小化。在既定的战略条件下，企业各职能部门根据其职能战略采取行动，集中各部门的力量，支持和改进公司战略的实施，保证企业战略目标的实现。如果能够充分地发挥各职能部门的作用，加强各职能部门的合作与协同，顺利开展各项职能活动，特别是那些对战略实施至关重要的职能活动，就能有效地促进公司战略、竞争战略成功实施；反之，离开职能层战略，竞争战略和公司战略就不可能实现。

与公司战略及竞争战略相比较，企业职能层战略更为详细、具体，也更具可操作性。它是由一系列详细的方案和计划构成的，涉及企业经营管理的所有领域，包括营销战略、人事战略、财务战略、生产战略、研究与开发战略、公关战略等。

概括起来看，职能战略突出强调以下四个方面。

（1）贯彻落实事业部发展的战略目标。

（2）对职能目标做进一步分解和细化，如发展规模、生产能力、主导产品与品种目标、质量目标、技术进步目标、市场占有率与销售增长率、职工素质目标、效益和效率目标等。

（3）确定职能战略的战略重点、战略阶段和主要战略措施。

（4）战略实施中的风险分析，以及应变系统中的设计。

表2-1列出了上述三个层次战略的比较。

表2-1 不同层次战略的对比分析

层次 领域	公司战略	竞争战略	职能战略
基本性质	概念型	中间型	操作型
抽象程度	抽象	中间	具体
评价方式	定性分析	半定性半定量	定量分析
期限长短	长期	中期	短期
与现状的差距	大	中	小
风险	较大	一般	较小
资源完备程度	不尽充分	部分具备	基本具备
协调要求	高	中	低
竞争优势的参考系	与其他行业比	与竞争对手比	与产品部分比
协同作用的切入点	作用于经营业务之间	作用于职能领域之间	作用于职能领域之内
灵活性	大	中	小

资料参考：陈忠卫.战略管理[M].大连：东北财经大学出版社.

第二节 运营战略

一、运营战略的概念及特点

（一）运营战略的产生

第二次世界大战之后，美国企业通过其市场营销和财务部门来开发其企业战略。由于战争期间各种产品极为匮乏，使得战后的美国市场的需求十分旺盛，当时美国企业能够以相当高的价格出售其生产的任何产品。在这样的企业环境中，企业不注意运营战略问题，只关心大量生产产品供应市场。但是，到了20世纪60年代末期，哈佛商学院被称为"运营战略之父"的管理大师威克汉姆·斯金纳教授（Wickham Skinner）认识到美国制造业的这一隐患，建议企业开发运营战略，以作为已有的市场营销和财务战略的补充。在他的早期著作中，就提到了运营管理和企业总体战略脱节的问题，但当时并没有引起企业界注意。

由哈佛商学院的埃伯尼斯（Abernathy）、克拉克（Clark）、海斯（Hayes）和惠尔莱特（Wheelwright）进行的后续研究，继续强调了将运营战略作为企业竞争力手段的重要性，他们认为如果不重视运营战略,企业将会失去长期的竞争力。例如,他们强调利用企业生产设施和劳动力的优势作为市场竞争武器的重要性,并强调了如何用一种长期的战略眼光去开发运营战略的重要性。

(二) 运营战略的概念及内容

运营战略指在企业战略的总体框架下,根据市场要求来制定企业的各项政策、计划,最大限度地利用有限的资源,通过运营管理活动来支持和完成企业的总体战略目标。运营战略作为企业整体战略体系中的一项职能战略,主要解决在运营管理职能领域内如何支持和配合企业在市场中获得竞争优势。运营战略的目标必须源于市场,必须明确企业的细分市场、企业的顾客群在哪里,运营将以何种方式提升顾客价值;同时必须明确企业的竞争对手是谁,如何运用运营战胜竞争对手,获得市场份额。

运营战略是适应顾客不断变化的需求的能力,它涉及的内容比较广泛,主要包括生产系统定位、产品计划、工艺流程、资源配置、外包、设施计划、供应链计划等。这些都是制定运营战略必须要慎重考虑的问题。总的来讲运营战略一般分为两大类:一类是结构性战略——包括设施选址、运营能力、纵向集成和流程选择等长期的战略决策问题;另一类是基础性战略——包括劳动力的数量和技能水平、产品的质量问题、生产计划和控制及企业的组织结构等时间跨度相对较短的决策问题。

(三) 运营战略的构架

自 20 世纪 70 年代以来,国内外管理学界对运营管理的研究逐渐增多,逐渐形成了一套较为成熟的理论框架与操作程序。运营战略的构架基本包括以下三部分。

1. 竞争力排序

(1) 成本。指具有竞争性价格的产品和服务。

(2) 灵活性。包括对需求变化的应变能力、柔性和新产品开发的速度,重点指迅速改变生产产量、产品组合的能力,研制新产品所需的时间,以及建立可生产新产品的工艺流程所需要的时间。

(3) 质量。分为两类:产品质量和过程质量。产品质量包括根据面对的细分市场而建立适当的产品质量标准和功能特性;过程质量至关重要,与产品的次品率、耐用性和可靠性直接相关。

(4) 交货。包括交货速度和交货可靠性,主要是快速或按时交货的能力。

(5) 服务。包括有效的售前和售后服务,如产品支持能力、提供方便的服务网点的能力及产品定制满足顾客特殊需要的能力。

(6) 环保。这是随着经济社会的发展逐步被企业重视的另外一个竞争力。

由于企业自身的条件不同,如管理、工艺技术上的某些特长和弱点、资源的有限性等条件的限制,同时也由于顾客对产品及服务的要求不同,再加上产品特性和市场定位不同,以及企业所处环境的不同等,使得企业在上述六个方面的竞争力同时都达到最优既不可能也没必要。这样一来,就需要对竞争力发展的重点及优先顺序进行排序。显然,这一排序过程便是运营战略形成的过程。可以看出,这一生产竞争战略实际就是波特教授提出的成本领先战略、差异化战略及集中化战略在生产运营中的细分和具体化。

2. 竞争绩效目标

竞争绩效目标是与选定的优先竞争力相一致的生产绩效目标,用一套指标体系来度量。这一指标体系突破了传统的会计指标,不仅包括成本指标,还包括时间指标、质量指标及服务指标等。如表 2-2 所示,列出了这套指标体系中的一些主要指标。

表 2-2　生产绩效指标

主要产品的平均单位成本	生产周期(从原料到成品)	开发项目及时完成率
直接劳动生产率	新产品开发速度	能够生产的产品品种数量
设备准备时间	投入生产的速度	及时交货情况
采购间隔期	从用户订货到交货的间隔期	顾客对质量的综合评价
原材料库存时间	采购零件的次品率	顾客对新产品的满意度

资料参考:仝新顺.生产与运作管理[M].南京:南京大学出版社.

企业根据顾客对产品的不同需求,将那些具有相似的市场行为特征和对制造系统提出相似要求的产品组合到一起,分别选定优先竞争力,再从这套指标体系中挑选出需要的指标,通过与竞争对手的产品指标进行对比,确定每个产品组合的重点绩效目标值,从而确立满足不同竞争需要的努力方向。

3. 行动方案

行动方案指为了发展竞争力、实现竞争目标而采取的行动措施,包括各种现代的管理方法和管理技术。20 世纪 60 年代以来,新的管理方法不断涌现,诸如物料需求计划、计算机集成制造系统、制造资源计划(manufacturing resource planning,MRP Ⅱ)、准时生产、全面质量管理、供应链管理等。

行动方案是生产运作战略的一项重要内容,它的选用必须考虑到被选方案对优先竞争力及绩效目标的影响,以及企业内外部的资源。考虑这些因素,实际上既是围绕所制定的生产竞争绩效目标如何对资源合理配置的问题,又包括战略的整合问题。

(四)运营战略的特点

(1)运营战略在企业的经营活动中处于承上启下的地位。

向上要遵循企业的经营战略,通过运营战略环节把经营战略细化、具体化;向下要推动运营管理系统贯彻执行具体的实施计划,以实现经营战略的目标。

(2)运营战略与营销战略、财务战略等紧密相关。

即一方面运营战略不能脱离财务与营销战略等自我发展、自我实现,在它的运营过程中要受到另外两大管理行为的约束,另一方面它又是实现营销与财务战略的必要保证。

(3)运营战略考虑的面比较宽,时间跨度比较长,不易把握。

(4)在目前的职能管理组织结构模式下,部门之间的协调比较困难。

20 世纪 90 年代开始运营战略指导思想与传统观点相比,有了很大的差异。

(1)传统的观点认为运营战略应以成本和效率为中心,强调规模经济和高产出;而最新的战略竞争理论则强调对产品竞争实力的保障,以保障和发展竞争优势为出发点来实现企业的竞争优势。

（2）现代竞争理论是从保持竞争优势出发，把运营系统各要素（如生产类型、技术、管理系统等）有机地结合起来形成整体优势，而不是像传统观点那样，过分强调品种少、批量大、技术高、质量好，注重某个要素的优势。

二、运营战略的形成过程

（一）企业内外环境的分析

在制定运营战略和公司战略时，都要对企业的内外环境进行分析。外部环境通常包括竞争、客户、经济、技术和社会条件等。外部环境能够对运营产生显著的影响，从而影响运营战略及公司战略的形成。内部环境可以在可用的资源、现存的企业文化、劳动力的技能和能力、现存设备的位置和使用年限、使用的控制系统类型等方面来影响生产战略。对内部环境的分析通常能帮助企业识别目前运营的优劣势。运营战略就是要克服劣势、增强优势。过去的分析通常对运营中的内部效率关注太多，要求运营集中在内部发展，而脱离了对其他外部因素的关注，结果发现运营在不断变化的世界中毫无竞争力。在当今世界范围内的竞争性市场中，应该比以前更注重以下一些外部因素。

1. 客户需求

企业虽然可以通过一些营销手段在一定程度上控制需求水平，但某些市场需求的变化却是不能控制或轻易地预测到的。如经济波动引起的变化、客户偏好改变和新竞争者加入等。因此，生产计划不仅要考虑客户现在的需求，更要考虑他们将来的需求。

2. 生产技术

随着产品和工艺技术的变化，生产技术也必须改变，企业可选择作为技术领先者或跟随者，或采用其他技术战略。运营战略的作用是预测技术环境并做出相应的反应。近年来，随着机器人技术、计算机辅助技术、计算机集成制造技术和办公自动化技术的快速发展，企业未来的生存能力可能会依赖于对技术采取的战略姿态。

3. 资源条件

制定运营战略时，应该考虑原材料资源的可获得性。例如，石油危机，它是导致一些生产混乱的主要原因。所以，应该制定具体的策略以解决原材料资源匮乏问题。

4. 法律因素

目前一些法律法规的变化导致某些行业发生重大变化。例如，环境污染标准、行业相关的安全规定及《中华人民共和国反不正当竞争法》等法律法规的变化都会对运营产生重要的影响。

5. 社会因素

不断变化的社会形态和价值观念会影响运营中的劳动力和管理者。运营战略应认识到社会中的这些变化并在制定劳动力政策中做出反应。由于生产定位强调团队工作和参与方法，并吸引工人全身心投入，这很有可能成为未来变化的最重要的领域之一。

6. 竞争状况

新产品的推出速度、成本的高低、质量水平的差异等都能反映竞争状况。例如，在 20 世纪 80 年代初，日本制造一辆小汽车的成本要比同期美国的成本低 2200 美元。而成本差异的原因就在于生产。日本在自动化方面没有优势，但他们的工人工资较低，仅此就产生了 550 美元的差距，剩下的 1650 美元的差距是因为其不断提高的质量、较高的劳动生产率、在库存上的投资较低和具有同样产出的较小生产规模等。日本是凭着高质量、低库存及生产中的团队协作这样一个高度协作系统来达到这个效果的。美国在这种竞争劣势中该如何应对呢？这就要求生产的职能不仅能满足竞争的需要，而且要通过良好的生产战略来形成企业的竞争优势。当竞争性质发生变化时，就要调整运营战略以便为公司提供一个稳固的竞争优势。

（二）明确运营宗旨

运营宗旨指企业经营活动的主要目的和意图，它应说明运营目标（成本、质量、灵活性、交货）的优先顺序。下面是一个保险公司运营宗旨的典型陈述："我们保险运作的宗旨是通过提供服务来满足市场需求，从而获得保险及个人理财的市场份额，并在这些领域成为质量的领导者，这就要在合理的成本下进行产品创新，以此来提供出色的服务。"

上面特定的宗旨陈述反映了该公司是通过导入新产品来强调公司的差异化战略，而不是强调以现存产品和低成本作为它的企业战略，需要注意在生产宗旨中提到的是合理的成本而不是最低成本。运营宗旨经常是公司战略在运营层次上的翻版，它直接来源于公司战略。

（三）识别运营的特殊能力

运营的特殊能力指企业在运营领域中所拥有的，并且有竞争优势的特性或能力。特殊能力应支持运营宗旨。例如，如果宗旨要求运营在新产品开发中占有优势，运营就应该在这个特定的领域中具有很强的能力。特殊能力会形成竞争优势，因此它是运营战略的核心。大多数成功的公司都能够识别其特殊能力，并努力地保护它。特殊能力有多种形式。就运营目标来说，特殊能力可以是最低的成本、最高的质量、最好的交货服务、最大的灵活性等；就运营的资源而言，它可以是以人力为导向的资源，也可以是独占原材料的资源，还可以是与竞争对手相比有最好的技术资源，等等。然而，资源上的特殊能力应转化为客户的认同和对公司战略的实施。换句话说，当公司强调质量和新产品引进时，以低成本的制造作为优势是没有用处的。特殊能力要求运营专注于必须做到最好的方面，因为通常生产不能一下子把所有方面都做得很好。如表 2-3 所示列出了特殊能力的几个主要方面和相应的一些公司或服务。

表 2-3　特殊能力举例说明

项　目	特　殊　能　力	公司或服务
价格	低成本	美国一级邮资、邮购计算机
质量	高质量	凯迪拉克、五星级酒店

续表

项　　目	特殊能力	公司或服务
时间	迅速、准时	麦当劳、邮政特快专递服务
柔性	种类多	医院急诊、超市
服务	优良服务	国际商业机器公司、航空公司
地点	方便	超市、干洗店

资料参考：仝新顺.生产与运作管理[M].南京：南京大学出版社.

(四) 树立运营目标

运营目标就是用明确的数字和可以度量的文字来描述企业运营预期要达到的结果。运营目标是对运营宗旨的提炼，它通常表现在四个方面：成本、质量、交货和灵活性。无论从近期还是从长远观点来看，运营所期望达到的就是这些结果。

公司如果把质量作为竞争的首要优势，就要在运营中做很多工作。例如，应和客户一起工作来确定他们的特殊需求，也应该确信自己的工艺过程能满足客户需求而且可控，还应相信经过培训的工人能够提供客户所需的产品或服务，等等。这里的要点是质量目标会导致运营中的特定行动并要提供客户所需的产品或服务。

假设用低成本目标代替质量目标(实际低成本与质量目标是不矛盾的)，可能获得低成本的最好方法是将重点放在客户的需求(质量)上，消除生产中的返工、次品、检验及其他不增值的工艺过程。人们发现，防止错误和误差比发现后改正它们常常要节省很多，这种方法能够显著地节约成本。然而，低成本目标可能不仅仅要求以质量为重点，在自动化和纵向一体化上的大量投资也可用于减少成本。在这种情况下，为低成本所做的工作与为质量所做的工作有一些是一样的，有一些则不同。

如果选择交货时间作为关键目标，公司也会将改进质量作为在运作中减少时间浪费的方法。当从生产中消除返工、次品、检验和其他无附加值的工艺过程后，订货、生产、产品交货时间也会减少。但是把重心放在时间上和质量上是不同的。一般情况下，产品在转向下一个过程前，在生产线上等待和停留的时间占了整个生产时间的大部分。等待时间可能占整个生产时间的80%或90%。除提高质量之外，减少时间的最好办法是直接控制时间。通过减少机器的更换时间、把工艺过程安排得更紧凑、理顺流程及简化复杂操作都可以减少时间。也就是说，除了采取改进质量目标的措施外，还可采取这些措施。

最后，应强调一下运营中的灵活性。一方面，通过减少时间，灵活性可以自动提高。例如，假设原来生产产品要花16周，现在减少到2周。这就可以在2周内改变计划，而不是16周。因此，运营就能更加灵活地适应客户需求的变化。另一方面，通过增加能力和购买更灵活的设备也可以直接提高灵活性。从这些例子可以看出目标之间是相互联系的。如果强调改进质量，同样也能够达到降低成本、缩短时间及获得更高的灵活性的效果。因此，质量应处于起始位置。然而在需要时，可以采取特别的行动来达到其他目标。在这一系列的行动实施后，这四个目标的改善会同时促进，但这四个目标各自的提高比例应由管理者来决定。

（五）运营策略的形成

运营策略规定了如何才能达到生产的目标。应在五个决策领域中全面制定生产策略，这五个领域是：质量、工艺过程、能力、库存及劳动力。例如，某一个策略侧重于新的工艺过程技术，另一个是为了开发优良的库存控制系统，第三个是培养高技能的劳动力。当有很多种策略可以考虑，选择常常包含着权衡和冲突。例如，高技能的劳动力可能很昂贵，但能提供生产大批不同类型产品所需要的灵活性。策略最终应由确立的目标来决定。

第三节 运营战略的基本类型

为了保持竞争力，不同国家的企业有不同的竞争优势要素。运营战略成功的关键是明确竞争的重点优势要素。了解每个竞争重点优势要素的选择后果，做出必要的权衡。竞争力是企业在经营活动中超过其竞争对手的能力，是一个企业能够长期地以比其他企业（或竞争对手）更有效的方式提供市场所需要的产品和服务的能力。竞争力是决定一个企业生存、发展、壮大的重要因素，是企业取得竞争优势的保证条件。

斯金纳（Skinner）等人最初定义的"四种基本竞争优势要素"为成本、质量、时间（快速交货）和柔性。现在又增加了两种新的竞争优势要素——环保与服务。

一、基于成本的运营战略

降低成本通常是企业不懈的追求目标。成本降低可以使生产企业利润更高，产品市场价格更低，更具有市场竞争力。每个行业都存在严格遵循低成本原则的细分市场，为了在这个细分市场得以生存发展，企业必须以低成本生产，即便如此，企业也不一定能够获得成功。例如，印包企业由于竞争日益激烈，整体利润在逐步下滑，尤其是纸箱生产企业利润更低，如果不严格控制成本，企业就很难生存，更谈不上发展壮大。

基于成本的战略指通过发挥生产系统的规模经济优势，以及实行设计和生产的标准化，使得产品的成本大大低于竞争对手的同类产品，获取价格竞争优势并造成一种市场进入壁垒。此战略最为成功的实践者当数美国老一代企业家亨利·福特。1913年，福特汽车公司在人类历史上首次采用了传送带式的流水生产线，专门生产一种适合大众消费的T型车。到20世纪20年代，福特汽车公司实现了日产T型车9000辆，年销售汽车90万辆，每辆T型车售价降到3000美元以下，市场占有率高达50%以上，一跃成为当时世界上最大的汽车制造企业。巨大的成功使亨利·福特深信基于成本战略的威力，他曾说："不管顾客需要什么，我就生产黑色的T型车。"

基于成本战略的实质是不断追求生产系统的规模经济性。所谓规模经济性，即单位产品成本随着规模的增加而下降的性质。这个道理很简单，因为随着企业规模的扩大，企业内部劳动分工更加细致，使工人操作内容简化，熟练程度提高。企业可以采用高效率、大型化的专用设备和工艺装备，从而使劳动生产率大大提高，企业规模扩大也可得到借款获得、原材料采购、人才供给等方面的便利条件。这样就使企业能以相对较少的投入获得相对较多的产出,从而降低产品成本,给企业带来规模经济效益。对于某些行业,如汽车、电力、家用电器、计算机芯片、冶金、石油化工、造纸等制造业,以及金融、保险、广告、运输等服务业,存在着明显的规模经济性。即使是百货业和快餐业,由于实行连锁经营和标准化作业,也使之具有了规模经济性。

在工业经济时代,规模经济性一直是企业追求的重要目标。工业经济学家们根据产业的技术经济特性,曾测算了一些产业的最小经济规模。一般认为,啤酒工业的生产规模达到和超过年产 10 万 t 才具有规模经济性和竞争力;轿车工业年产 10 万辆以上的,才算达到经济规模;食品连锁店要超过 15 家才算具有经济规模。目前,大量巨型企业的存在原因之一正是追求规模经济性的结果。

近年来,片面追求规模经济性,盲目实施基于成本战略的企业行为也受到越来越多的批评。这除了容易造成垄断而损害市场竞争外,仅从企业管理角度看,企业也不能过分强调规模经济作用。一方面,企业规模过大,管理不便,需增加机构,使企业内部通讯、协调、监督等费用增加,从而给协调这样一个复杂的组织机构带来困难,管理效率降低;另一方面,容易造成企业生产系统的僵化,缺乏灵活性,从而无法很好地满足消费者日益多样化的需求。单凭基于成本的战略难以构筑企业强大的竞争优势。为更好地参与竞争,企业开始寻求新的生产战略。

二、基于质量的运营战略

质量意味着提供优质产品,它与用料、生产及设计密切相关,顾客是根据产品满足其目的的程度来评价质量的一般情况,顾客愿意为高质量的产品付出更高的价格。在生产运营中质量分为产品质量和工艺质量。产品的质量根据它所面对的细分市场来确定。例如,包装普通衬衣的纸箱与包装高档等离子彩电的纸箱有着很大的区别,前者使用三层普通瓦楞纸箱就可以了,后者需七层的高强度瓦楞纸箱才能满足要求。这两种纸箱是针对不同的细分市场而设计生产的,高强度的瓦楞纸箱由于其高质量决定了其高价格。工艺质量与产品的可靠性直接相关。工艺质量的目标是生产没有缺陷的产品,产品必须符合尺寸及预期性能。

基于质量的战略指企业把质量因素作为竞争优势的来源,即依靠顾客可感知到的产品或服务的相对质量的领先地位,赢得高的市场占有率和稳定的利润。这里"相对"的意思指和竞争者比较,"可感知"的意思是以用户而不是生产厂商的眼光看问题。此战略最为成功的实践者当属我国的海尔集团。1984 年,张瑞敏接手海尔的前身——青岛电冰箱总厂,这是一个产品没销路,当时亏损额达 147 万元的烂摊子企业。1985 年 12 月 6 日,海尔集团召开全体员工大会,会场上整齐地排列着从流水线下来的有质量问题的 76 台崭新的冰箱。张瑞敏结束了简短有力的讲话以后,便抡起身边的大铁锤,砸向第一台冰箱。张瑞敏这一"锤"揭开了海尔集团实施基于质量战略的序幕。1985—1994 年十年里,海尔固定资产提高了 219 倍,销售收入提高了 719 倍,人均利税提高了 361 倍。1998 年,海尔空调中国市场占有率达 30.95%,比第二名高出 22 个百分点。1999 年春节,海尔与许多国家签订了共7000万美元的订货合同,成为海尔继叩开美国市场大门后,巩固开发国际市场的又一大手笔。

根据战略计划学院进行的一项名为市场战略对利润影响的研究表明,产品的质量与其在市场中所占的份额是密切相关的。具有高质量产品的公司就会拥有更大的市场份额,同时也会从市场成长中获取更大的利益。此项研究还说明,在价格不变条件下,可感知到的产品的相对质量占前三名的厂商与占后三名的厂商的利润比为2:1。而且,这个结论实际上不因产业、地理或市场类型的不同而有太大的变化。1985年,美国质量控制协会通过盖洛普民意测验调查用户愿意为质量额外支付多少钱,其结果甚至使那些委托进行这项调查的人也感到吃惊。"大多数用户认为只要产品质量满意,就愿意花钱。一般来说,用户如果认为一辆汽车质量好,那么多花1/3的钱也愿意,为了一台质量更好的洗碗机愿意多花50%的钱。"因此,从生产战略的角度看,在市场中处于劣势的公司应该注重质量,把质量作为赢得市场份额的出路。由于质量的改善为提高投资回报提供了最大的潜力,因此,公司应该优先选择产品的质量而不是价格或销售费用作为工作重点。近年来,由于市场竞争的全球化,基于质量战略的重要性已变得十分明显。日本和德国之所以能从美国的汽车、电子、机床等许多行业中获取市场份额,靠的就是把质量作为它们的主要战略。

三、基于时间的运营战略

它主要体现在:在企业接到订单后迅速组织生产并尽快将产品交付给客户,或者是将新的(改进的)产品尽快推向市场。在很多市场上企业的交货时间是竞争的重要条件,甚至是首要条件。即便客户对交货时间要求不是很苛刻,但是更短的交货时间意味着更快的资金回笼及更快的资金周转速度,这意味着企业能获得更高的效益、更强的市场竞争力。国外资料分析表明,高质量、高功能在国际竞争中的作用逐步下降,而代之以呈上升趋势的是准时或快速交货的竞争能力。

基于时间的战略指企业把时间转化成一种关键的竞争优势来源,通过缩短产品研发周期和制造周期以提高对市场需求的反应速度,使企业具备提供众多的产品种类和覆盖更多细分市场的能力。此战略最为成功的实践者当属一批优秀的日本公司,其中尤以丰田公司最为突出。丰田公司首创的准时生产使工厂生产弹性化。所谓准时生产方式,简单地说就是:以顾客需求为起点,在必要的时间内生产必要的数量,不过多、不过早地生产不必要的产品。运用准时生产方式,可以同时兼得低成本和多品种的好处。正如准时生产的发明人大野耐一所说,丰田公司的生产方式是"为了在相同的制造程序上生产多款式、小批量汽车而诞生的"。20世纪70年代中期,许多采纳了这一生产方式的日本制造商都取得了显著的竞争优势。

把制造某种特定汽车组件的一家美国公司和其日本对手拿来比较,人们就会看到日本生产与运作管理公司竞争优势的本质和效率。这家美国公司的战略是以规模和专业化为基础的,它是这种产品全球最大的生产商,每年产量达1000万套之多,但成品部件却只有11种;日本公司的战略则是充分发挥弹性制造的效率,它的规模较小,专业化程度也较低,一年只生产350万套产品,却有38种成品部件。日本公司的规模只有美国公司的1/3,而产品种类却达到其3倍以上。这家日本公司甚至称自己的总体劳动生产率也高过美国公司一倍之多。不过有趣的是,日本公司的直接劳动力生产效率不如美国公司,这正反映了生产规模的差距。日本公司的优势来自间接劳动力(如管理人员)的生产效率,在产量只有美国公司的1/3而产品种类却达3倍的情况下,日本公司的间接劳动力只有美国公司的1/18。事实上,丰田及其他一些以多样化取胜的竞争者所倡导的是基于时间的竞争。它们对企业的结构进行变革,使各生产单位能以更快的速度执行作业程序。因此,时间成为其新的竞争优势来源。

今天,新一代的公司以弹性制造及快速反应系统参与竞争,并不断增加产品的种类,不断进行创新。依据这一循环过程来制定战略的公司,与以采用低工资、大规模和专业化生产等传统战略取胜的公司相比,具有更强的竞争力。那些基于成本战略,要求管理人员竭尽所能地压低成本,把生产转移到低工资的国家,或从这些国家采购,兴建新的设施;或是对旧厂进行合并以取得规模经济;或是把资源集中在最具经济效益的生产活动中。这种战略确实降低了成本,但牺牲了反应能力。相反,基于弹性制造、快速反应、丰富品种、增加创新的循环而构成的战略,却是以时间为基础的。其工厂设在接近顾客的地方,组织结构更有利于快速反应,而不仅仅是降低成本或加强监控。即使不能完全消除延误,那些致力于减少延误、利用自身快速反应优势的公司,将能吸引到最具消费潜力的顾客。对于采用基于时间战略的公司而言,时间已经成为衡量业绩的最高标准。这些公司减少了方方面面的业务时间消耗,从而降低了成本、提高了质量、与顾客保持了密切的联系。

四、基于柔性的运营战略

随着经济的发展、科学技术的进步和社会生活水平的提高,顾客开始追求多样化的产品和服务。因此,要求企业能够提供多样化的产品、服务以供顾客选择,品种成为影响产品竞争力的主要因素。这时,依靠单一品种的大量生产方式不能满足顾客的需要和竞争的要求,取而代之的是以多品种中小批量为特征的生产方式。多品种中小批量生产具有产品品种多样性、生产过程的多样性、能力需求不平衡性、环境不确定性因素多等特点,使其生产计划与控制的不可控因素多、难度大,采用传统工艺式生产方式,难以同时兼顾适应性和效率。因此,为提高多品种中小批量的管理效益,人们提出了柔性生产的概念。它指对变化的反应能力,变化包括产品设计特性的改变、客户需求量的增减及企业提供的产品组合的改变等。尤其是在客户需求增长的时候,企业一般能应付。当客户需求快速上升时,规模经济促使成本递减,此时在新产品研发时的投入会很快收回。但是在客户需求下降时,则能够及时减小规模或减少资产、减员,以适应市场环境变化。毋庸置疑,柔性强的企业具有竞争优势。

基于柔性的生产运作战略的实施措施主要有应用柔性制造系统(FMS)、物料需求计划(MRP)与制造资源计划(MRP Ⅱ)以及企业资源计划(ERP)等。

（一）柔性制造系统

柔性制造系统指在计算机支持下能适应加工对象的制造系统，它将微电子学、计算机技术和系统工程等技术有机地结合起来，有效地解决了机械制造高自动化和高柔性化之间的矛盾。柔性制造系统具有设备利用率高、在制品占用量少、生产能力相对稳定、产品质量高、运行灵活和产品应变能力强等诸多优点，为克服多品种中小批量生产中效率低、周期长、成本高及质量差等问题提供了新的生产模式。柔性制造系统是现代生产运作系统新的发展趋势，是决定制造企业未来发展的具有战略意义的举措。随着 FMS 的不断完善与应用，生产运作系统通过实现智能化机械与人工相互融合，柔性地全面协调从接受订单至设计、生产、销售等企业生产经营的全部活动，从而提高企业的市场应变能力，能够更迅速、更好地生产多样化的产品，满足顾客个性化、多样化的需求。

（二）物料需求计划与制造资源计划

物料需求计划是 20 世纪 60 年代发展起来的一种生产计划与控制系统。它具有广泛的适应性，不仅适用于多品种中小批量生产，而且适用于大批量生产；不仅适用于制造企业，而且适用于某些非制造企业。同时，在多品种中小批量生产的加工装配式企业中，用于围绕物料转化组织制造资源，实现按需要准时生产，MRP 的长处可以得到最有效的发挥。MRP Ⅱ是在 MRP 的基础上发展起来的一种新的生产方式，其基本思想是把企业作为一个有机整体，通过运用科学方法对企业的各种制造资源和"产、供、销、财"等各个环节进行有效的计划、组织与控制，使它们协调地发挥作用。由于 MRP Ⅱ能提供一个完整而详尽的计划，所以可使企业内各部门的活动协调一致，形成一个整体，各部门享用共同的数据，消除了重复工作和不一致，也使得各部门的联系更加密切，提高了企业整体运作效率和柔性。

（三）企业资源计划

企业资源计划是在 MRP Ⅱ基础上结合现代竞争环境、经营管理思想、IT 技术而产生的。在 ERP 系统设计中，不仅要考虑本企业的资源，还要将经营过程中的有关方面如供应商、制造工厂、分销网络、客户等纳入一个紧密的合作型虚拟企业中，有效地安排企业的产供销活动，满足企业利用全社会的资源快速地响应顾客需求的要求，以进一步提高效率和在市场上获取竞争优势；同时，也为了适应市场需求变化，不仅组织大批量生产，还要更多地组织多品种中小批量及顾客定制生产。

五、基于环保的运营战略

现在出现了两种可能为企业提供竞争优势的技术——环保工艺和环保产品的运用。消费者对环境越来越敏感，更倾向于购买对环境无害的产品。越来越多的企业意识到绿色制造对提高自身利益的竞争机制的深远意义。当各个企业提供的产品和服务在成本、质量、品种、时间和服务上的差别不大时，哪种产品和服务能够更环保地生产出来，在使用中对环境的污染最小,且报废处理由企业承担,它就能得到顾客的青睐。这时,环保就成为影响竞争的主要因素,于是就出现了基于环保的竞争。这要求企业及时调整竞争对策,制定与实施基于环保的生产运营战略。

企业基于成本的生产运营战略是一种面向内部的战略,是卖方市场的思维;基于质量的生产运作战略是初步转向买方市场的策略,是面向竞争对手的战略,但仍然是面向内部的战略;基于柔性和基于时间的生产运作战略企业逐渐摆脱内向思维,走向多企业的合作并追求对顾客需求的响应速度;基于服务的生产运作战略则要求完全按照顾客的需要来生产,是一种纯外向性思维的战略;基于环保的生产运作战略则是一次新的飞跃,它将改变以市场为导向的战略思维方式,改变顾客"主宰"一切的局面。因为,顾客的消费有时也不一定是理智的,企业的生产运作战略必须结合环境进行理智的思考,并对顾客消费进行引导,这时的生产运作才是一种高境界的、天人合一的、可持续发展的运作方式。基于环保的生产运作战略指企业为满足顾客的长远需要,以谋求人类、社会和自然的协调发展为目标,通过技术创新、管理创新和知识创新,降低资源消耗,减少环境污染,实现其生产运作系统的绿色化,从而获得持续竞争优势的一系列决策规划、程序与方法,其实施措施主要有绿色制造和绿色供应链。

(一)绿色制造

所谓绿色制造指在不牺牲产品功能、质量和成本的前提下,系统考虑产品开发、制造活动及其对环境的影响,使产品在整个生命周期中对环境的负面影响最小,资源利用率最高,并使企业经济效益和社会效益协调最优,其实质是人类社会可持续发展在现代生产运作方式中的体现。实行绿色制造,首先是绿色产品设计,产品设计不仅要考虑功能、成本和美学,还要考虑对环境造成的影响,不设计和制造对人和环境有害的产品。其次是产品制造、包装、运输和仓储过程中"三废"的控制与处理。最后是废旧产品的处理,由于居民生活水平越来越高,产品生命周期越来越短,废旧产品如电视机、电脑、电冰箱和汽车越来越多,这些废弃物的处理成为现代社会的大问题。承诺废弃物的处理成为企业义不容辞的责任,也是企业在新的条件下赢得竞争的关键。

(二)绿色供应链

绿色供应链,又称环境意识供应链,是近年来提出的一个新概念,指在整个供应链中综合考虑环境影响和资源效率的一种现代管理模式。绿色供应链以绿色制造理论和供应链管理技术为基础,涉及供应商、制造商、分销商和用户,其目的是使产品从物料获取、加工、包装、仓储、运输、使用到报废处理的整个过程中对环境的负面影响最小,资源效率最高。绿色供应链把绿色或环境意识的理念融入整个供应链,求得整个供应链的资源消耗和环境负面影响最小,而降低资源消耗本身也是降低供应链成本的一个重要手段。因此,绿色供应链能取得比单个企业绿色制造更好的效果。

六、基于服务的运营战略

在当今的企业环境中,为获取竞争优势,企业开始为客户提供"增值"服务。这不论是对提供产品还是提供服务的企业都尤为重要。原因很简单,正如范德·墨菲(Vander Murphy)所说:"市场力来源于服务,因为服务可以增加客户的价值。"在买方市场条件下,企业要赢得竞争必须有信誉,有信誉才能有忠实的顾客,要培养忠实的顾客,就要全心全意地为顾客服务。因此,当信誉成为竞争的主要因素时,要求企业满足顾客对产品和服务的个性化要求。因为,谁能够帮助顾客解决问题,能够获得顾客的信赖与选择,谁就能够赢得竞争,于是就出现了基于服务的运营战略。基于服务的运营战略,指企业以提高企业信誉、培养顾客忠诚为目标,针对不同的顾客需求,快速响应并提供高质量、价格合适的个性化的产品和服务,以提高企业的竞争优势的一系列决策规划、程序与方法。基于服务的生产运作战略的实施,要求企业建立面向顾客的全新的生产方式——大量定制生产方式。大量定制生产以现代信息技术为依托,以客户关系管理和电子商务环境为支撑,巧妙地将个性化与标准化结合在一起,既满足顾客个性化的要求,又达到大量生产的目标,使顾客在获得个性化的产品和服务时,只需支付大量生产的产品的费用。

扩展阅读 2-4　南翔大酒店的服务竞争策略

本 章 小 结

战略指在确保实现组织使命的前提下,为了获得可持续的竞争优势,根据组织所处的外部环境变化和内部资源条件,对组织未来发展目标和实现途径所作出的一种长远性规划。

企业战略具有指导性、全局性、长远性、竞争性、系统性、风险性六大主要特征。一般说来,企业战略由以下四个要素组成:经营范围、资源配置、竞争优势、协同作用。企业战略管理的流程包括战略分析、战略选择、战略实施与控制三大模块。

对于现代社会一家典型的企业来说,企业战略在组织内部是分层的,可以划分为三个层次:公司战略、竞争战略和职能战略。

运营战略指在企业战略的总体框架下,根据市场要求来制定企业的各项政策、计划,最大限度地利用有限的资源,通过运营管理活动来支持和完成企业的总体战略目标。总的来讲运营战略一般分为两大类:一类是结构性战略;另一类是基础性战略。运营战略的基本构架包括三部分:竞争力排序、竞争绩效目标、行动方案。

运营战略的形成过程：企业内外环境的分析、明确运营宗旨、识别运营的特殊能力、树立运营目标、运营策略的形成。

运营战略的基本类型可以分为基于成本的运营战略、基于质量的运营战略、基于时间的运营战略、基于柔性的运营战略、基于环保的运营战略、基于服务的运营战略。

本章知识结构如图 2-3 所示。

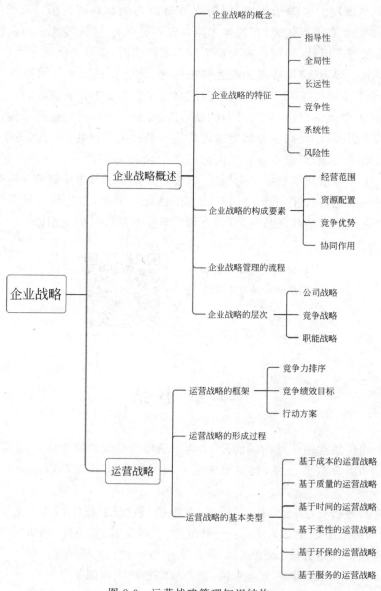

图 2-3　运营战略管理知识结构

复习思考题

1. 阐述企业战略、公司战略、竞争战略、职能战略之间的区别与联系。
2. 企业战略管理的形成过程是什么?
3. 公司战略管理有哪些类型?
4. 谈谈你对波特的三大竞争战略的理解?
5. 运营战略是如何产生的?
6. 运营战略的基本构架是什么?
7. 简述运营战略制定过程。
8. 请分别举例说明基于成本、质量、时间、柔性、环保、服务的运营战略管理。

第三章 运营系统选址与布局

【学习要点及目标】

1. 理解并运用企业选址的影响因素、选址步骤及企业选址的方法。
2. 掌握设施布置的基本原则和方法。
3. 熟悉并能组织设计流水线生产。
4. 掌握工序同期化的原理和方法。

核心概念

运营系统　运营系统选址　运营系统布局　车间布置　产品布置　工艺布置　流水线　混合流水线　成组流水线　工序同期化

引导案例

特斯拉的新工厂，为何选在了墨西哥？

目前特斯拉已经有四大整车制造工厂，分别是美国弗里蒙特工厂、美国得州工厂、中国上海工厂和德国柏林工厂。关于特斯拉的下一座超级工厂选址一直有很多猜想，包括韩国（有发达的电池产业）、印度尼西亚（有丰富的资源，尤其是三元锂电池不可或缺的镍）、加拿大（可以拿美国电动车补贴）、印度（增长潜力最大的市场），为什么最终墨西哥能够脱颖而出呢？

市场在哪里，工厂就设在哪里。根据 staista 的数据，2021 年特斯拉在纯电动中北美市场的份额已经高达 70.6%，大洋洲高达 65.8%，欧洲为 13.2%，亚洲 12.4%，南美只有区区 3.3%。在市场占比较小的亚洲和欧洲，特斯拉目前已经有上海和柏林工厂，在亚洲份额小纯粹是因为中国其他电动车品牌的竞争力太强，而南美的市场本身市场容量不小，2021 年卖了 440 万辆新车，同时目前南美各国政府正在推出政府鼓励新能源汽车。那为什么不直接把工厂建到南美，而是在墨西哥呢？

墨西哥汽车工业发达，综合成本低。墨西哥是世界上最强大的工业国之一，尤其是汽车工业。根据墨西哥汽车工业协会（AMIA）的数据，2022 年墨西哥生产了 327 万辆新车，在 2018 年的时候汽车产量还突破了 400 万台。同时墨西哥基本没有自己的本土品牌，非常欢迎外资品牌来墨西哥建厂投产，产量位列前三的品牌是通用、日产和大众。同时，相比欧美有廉价而高效的工人，根据最新数据，墨西哥制造业人均工资为 704 美元每月，折合人民币 4863 元/月。

墨西哥能享受北美贸易自由协定和 IRA 优惠。虽然说墨西哥的汽车产业发达，工人高效便宜,但美洲还有一个类似的对手——巴西,年汽车产量在 200 万出头。进一步促使特斯拉将工厂选定在墨西哥的第三大理由便是美国、墨西哥和加拿大签订了北美自由贸易协定 NAFAT,这意味着在墨西哥建厂不仅可以辐射本地和南美市场,原材料、供应链、成品都可以和美国、加拿大紧密地流通,墨西哥也被称作是美国汽车生产的"后花园"。

2022 年 8 月美国签署《通货膨胀削减法案》(IRA)之后,要想拿到 7500 美元的购车补贴,汽车的组装、电池的生产和原材料来源(一定比例,逐年提升)都要在美国本土或签署了自由贸易协定(FTA)的国家。墨西哥这方面天然就有巨大优势,比如墨西哥投产 2.5 万美元的 Model Q 后,如果卖到美国,不仅运费相对较低,而且还能享受 7500 美元的补贴,如果选择建在其他拉美国家,则无法享受这一补贴,价格一下相差了约三分之一。

(案例来源:https://baijiahao.baidu.com)

案例导学

在企业产品或服务战略确定之后,最紧迫的任务就是考虑企业在何处兴建生产或服务设施,以及怎么样完成合理的生产力布局。运营系统选址是企业的首要问题,选址决策的正确性直接影响今后企业经营成功。设施选址恰当与否,对生产力布局、城镇建设、企业投资、建设速度及建成后的生产经营状况都有重大意义。如果选址不当,会造成很大损失。而且场址一旦确定,设施建设完工,一般无法轻易改动。

第一节 运营系统的选址

生产与运营管理有两大研究对象:生产运营过程与生产运营系统。其中生产运营系统包括一个由设施、设备等物质实体构成的"硬件"系统,也包括一个由计划、组织、控制等方式构成的"软件"系统。所谓设施选址,就是将生产运营的硬件系统设置在什么地方的问题。本节介绍设施选址的基本内容、决策影响因素及一些具体的选址方法。

一、运营系统选址的重要性

生产与运营系统的布局是生产运营系统的基础,包括设施选址和设施布置。对一个企业来说,设施选址是建立和管理企业的第一步,也是事业发展的第一步,设施选址的重要性无须多述。其关键在于设施选址对以后的设施布置及投产后的生产经营费用、产品和服务质量及生产成本都有极大且长久的影响。一旦选择不当,它所带来的不良后果不是通过建成后的加强和完善管理等其他措施可以弥补的。因此,在进行设施选址时,必须充分考虑到多方面因素的影响,慎重决策。同时,除新建企业的设施选址问题以外,近 20 年以来,随着经济的发展、城市规模的扩大,以及地区之间的发展差异,很多企业面临着迁址的问题。在美国、日本以及欧洲的发达国家,企业分别把生产厂,甚至包括公司总部迁往郊外或农村地区,这一方面是为了农村丰富而廉价的劳动力资源和土地资源,另一方面是为了避开大城市高昂的生活费用、城市污染等弊病。在我国,类似的趋势也在发生。例如,在北京,随着城市规模的扩大、地价的急剧上涨和城市格局的改变,也出现了"退二进三""退三进四"的情况(退出二环路和三环路以内,迁往三环、四环之外)。很多企业都面临着选址的问题,这是现代企业生产与运营管理中的一个重要问题。

二、运营系统选址的影响因素

(一)选址的主要影响因素

企业的生产活动是一个整体,每个企业不可能孤立地存在,一系列的输出与输入活动的参与主体都影响着运营系统的选址。对于一个特定的企业,其最优选址取决于该企业的类型。工业选址决策主要是为了追求成本最小化;而零售业或专业服务性组织机构一般都追求收益最大化;至于仓库选址,可能要综合考虑成本及运输速度的问题。总之,设施选址的战略目标是给企业带来最大化的收益。但是,要找到一个满足各方面要求的设施地址是十分困难的。因此,必须较全面地分析影响企业运营系统选址的各个因素,才能为下一步权衡各个因素的重要程度打好基础,进而选出在总体上经济效益最佳的方案。

地理位置的选择受到多种因素的影响,主要有以下几方面。

1. 交通运输条件

在企业的输入和输出过程中,有大量的物料进出,交通运输条件对企业的生产运营活动有着很大的影响。交通便利能使物料和人员准时到达需要的地点,使生产活动能够正常进行,还可以使原材料产地和市场紧密联系。根据产品及原材料、零部件的运输特点,考虑应靠近铁路、海港还是其他交通运输条件较好的区域。在运输工具中,水运运载量大,运费较低;铁路运输次之;公路运载量较小,运费较高,但最具有灵活性,能实现"门到门"的运输;空运运载量小,运费最高,但速度最快。因此,选择水、陆交通都很方便的地方是最理想的。在考虑运输条件时,还要注意产品的性质。生产粗大笨重产品的工厂要靠近铁路车站或河海港口;制造出口产品的工厂,厂址要接近码头。

2. 劳动力供给条件

不同地区的劳动力,其工资水平、受教育状况等都不同,特殊情况下,某些地区更容易提供符合某些特定要求的熟练劳动力等,这也是进行设施选址时必须考虑的因素之一。实际上,当前企业生产全球化的原因之一,就是企业试图在全球范围内寻找劳动力成本最低的地区。随着现代科学技术的不断发展,只有受过良好教育的职工才能胜任越来越复杂的工作任务,单凭体力工作的劳动力越来越不受企业欢迎。对于大量需要具有专门技术员工的企业,人工成本占制造成本的比例很大,而且员工的技术水平和业务能力,又直接影响到产品的质量和产量,劳动力资源的可获性和成本就成为影响选址的重要因素。

3. 能源和原材料供给条件

没有燃料(煤、油、天然气)和动力(电),企业就不能运转,对于耗能大的企业,如钢铁、炼铝、火力发电厂,其厂址应该靠近燃料、动力供应地。原材料成本往往占产品成本的比重很大。优质的原材料与合理的价格,是企业所期望的。对原材料依赖性较强的企业应考虑尽可能地接近原材料供应地,特别是与产品相比,原材料的质量和体积更大的情况下,应尽量靠近供应地设置设施。

4. 基础设施的条件

基础设施条件主要指供电、供水、供煤气、排水、"三废"处理的可靠性和方便性,以及通信基础设施状况。某些企业,如造纸、化学工业、制糖等,用水较多,需优先考虑在水源充足的地方建厂,有时根据产品的不同,还需要考虑水质是否适用的问题;而电解铝厂等,用电比一般企业要多得多,则应优先考虑在电力供应充足的地方设置设施。

5. 政治和文化条件

政治局面稳定是发展经济的前提条件。在一个动荡不安,甚至内战的国家投资建厂,是要冒极大的风险的。有些国家或地区的自然环境很适合设厂,但其法律变更无常,资本权益得不到保障,也不宜建厂。相反,一些国家为了吸引外资,会制定建厂低价政策,保障外商的合法权益,并采取减免税收等政策,创造了一个有利的投资环境。同时,国家的政策法规等对企业选址也有很重要的影响。例如,地价和税收条件,土地价格高低,各种税费负担轻重,建筑费用高低及营业面积租金高低,建厂区所处国家的环境保护法规是否允许或是否限制所要从事的生产经营活动,环保投资和维护费用的高低。此外,还有文化因素,在某些情况下,必须考虑到民族、文化、生活习惯等方面的因素。例如,当地社区是否欢迎企业所从事的生产经营活动,当地风俗习惯对企业从事生产经营活动的影响。

6. 自然气候

根据产品的特点,有时还需要考虑温度、湿度、气压等气候因素,如精密仪器等,对这方面的要求就比较高。气温的高低还关系着员工的工作效率。通过空调来保持适宜的温度,不仅作用范围有限,而且消耗能源,增加成本。有的产业对气候条件的要求高,例如,对气候敏感的纺织厂和乐器厂。英国的曼彻斯特是世界著名的纺织业区,温度及湿度合适是一个主要原因。电影制片厂主要集中在好莱坞,是因为该地终年温和而干燥,适于室外拍片活动。

7. 产品销售条件

选址时还应考虑是否方便目标顾客群的购物或订货交易、客流量的大小、消费者的平均收入水平。工厂区接近消费市场的主要目的,是节省运费并及时提供服务。在作选址决策时,要追求单位产品的生产成本和运输成本最低,不能追求只接近消费市场,只接近原材料或材料产地。一般来说,下述情况应该接近消费者市场:产品运输不便,如家具厂、预制板厂;产品易变化和变质,如制冰厂、食品厂;大多数服务业,如商店、消防队、医院等。

8. 扩展条件

扩展条件指企业在未来进行规模扩展的时,是否有足够可以利用的空间和场所。一开始就建设到容积的极限,不留余地,显然是不明智的。地面是否平整,地质是否能满足未来设施的载重等方面的要求,也是选址时应考虑的拓展条件之一。

此外还有一些相关性的因素,不同企业,不同行业在不同社会和经济发展阶段也会给予考虑。在进行选址的过程中,企业会有很多要考虑的影响因素,甚至远远多于以上所列的因素。所以在决策时需要做好各影响因素之间的权衡和取舍,这样才能分清主次、抓住关键,做出最佳的决策。

扩展阅读 3-1　运营系统选址

(二) 各影响因素之间的权衡与取舍

对于不同性质的企业,上述影响因素的重要性次序是不同的,需要注意的是:第一,必须仔细权衡所列出的这些因素,决定哪些是与设施选址紧密相关的,哪些虽然与企业经营或者经营结果有关,但与设施位置的关系并不大;第二,在不同情况下,同一影响因素会有不同的影响作用,因此,决不可生搬硬套任何原则条文,也不可完全模仿照搬已有的经验。

对于制造业和非制造业来说,要考虑的影响因素及同一影响因素的重要程度可能有很大不同。一项在全球范围内对许多制造业企业所作的调查表明,企业认为下列五组因素(每一组中又可分为若干个因素)是进行设施选址时必须考虑的。

(1) 劳动力条件。
(2) 与市场的接近程度。
(3) 生活质量。
(4) 与供应商和资源的接近程度。
(5) 与企业其他设施的相对位置。

由此可见,制造业企业在进行设施选址时要更多地考虑地区因素;而对于服务业来说,由于服务项目难以运输到远处,那些需要与顾客直接接触的服务业的服务质量的提高有赖于对最终市场的接近与分散程度时,设施必须靠近顾客群;对于零售商业企业,则更注重销售条件、交通条件、地价、税收条件以及政治和文化条件等;而对于餐饮业,服务条件、交通条件、基础设施条件是优先考虑的条件;但对于金融证券业,尽管城市中心的地价和租金很高,但并不影响它们在那里设立营业部门甚至总部的办公部门,越是地价和租金高的黄金地段,越能显示出金融机构的经济实力,越有利于它们在顾客心目中树立安全稳健的形象。

三、运营系统选址的方法与步骤

影响运营系统的因素中,有些是量化的,但更多的是定性因素。为了使定性因素之间具有可比性,需要采用一定的方法将其定量化,其中加权评分法就是一种在选址决策中常用的定性定量相结合的方法。

（一）加权平均法

加权平均法是一种把数值分配给与所有决策选项相关的因素，以产生一个综合得分并进行比较的方法。这种方法允许决策者把自己的偏好（价值取向）加入选址决策中，并能把定性和定量的因素都包括在内。

加权平均法的计算步骤如下。

第一步，列出所有的相关因素，并对每一个因素规定统一的度量登记标度。一般采用五级标度，即很差、较差、一般、较好、很好，相应的分数为1、2、3、4、5分。

第二步，确定每个因素的权重，以反映其在决策中的相对重要性。可选择100分制，10分制或单位1制。然后对影响因素的权数进行归一化处理，计算公式如下：

$$\overline{W} = \frac{w_i}{\sum_i w_i}, \quad \sum_i \overline{w_i} = 1.00(100\%) \tag{3.1}$$

式中，w_i 为第 i 个影响因素的初始权数；$\sum w_i$ 为对所有的影响因素初始权数求和；$\overline{w_i}$ 是未归一化的影响因素权数，可采用小数制或百分制。

第三步，分别对每一个影响因素确定每个候选方案的标度等级和分数。

第四步，将每个候选方案在每种影响因素下的分数乘以该影响因素的权数，然后汇总起来，得到每个候选方案的总得分。

第五步，考虑得出的计算结果，选取总分最高的地址作为最佳选择。

表3-1是一个选址决策加权平均法的示例。应用加权平均法进行选址决策时，所考虑的影响因素数量不宜过多，这样不至于使权数的分配过于分散，有利于突出主要影响因素在方案评价中的作用。

表 3-1　选址决策加权平均法示例

影响因素	权数	候选方案			
		A	B	C	D
产品销售条件	25	5	2	3	4
提供服务条件	5	4	3	3	4
交通条件	10	3	4	2	5
劳动力供给条件	5	2	5	4	3
资源供给条件	5	1	2	4	3
基础设施条件	10	3	4	3	3
地价和税收条件	20	1	3	3	2
环境保护法规	5	3	3	2	4
政治和文化条件	5	4	5	3	3
扩展条件	10	3	2	4	3
加权总分	100	305	300	315	335

（二）重心法

重心法是一种选择分销中心的位置，从而使运输成本最低的方法。它把运输成本看作距离和运输数量的线性函数。运输到每个目的地的商品数量被假设为是已知的。

对于设施选址问题，重心计算公式如式（3.2）所示。

$$C_x = \frac{\sum_{i=1}^{n} d_{ix} w_i}{\sum_{i=1}^{n} w_i}, \quad C_y = \frac{\sum_{i=1}^{n} d_{iy} w_i}{\sum_{i=1}^{n} w_i} \tag{3.2}$$

式中：C_x 是重心的 x 坐标；C_y 是重心的 y 坐标；d_{ix} 是第 i 个地点的 x 坐标；d_{iy} 是第 i 个地点的 y 坐标；w_i 为市场 i 的需求量。

下面介绍一下重心法的应用例子。

【例 3-1】 某地区现有 4 个垃圾回收分站，坐标分别为 A(40,120)、B(65,40)、C(110,90)、D(10,130)，日回收能力分别为 200t、150t、215t、340t。为了应付环保部门的压力，该地区拟建一垃圾回收总站，负责对分站回收的垃圾进行再次处理。用重心法确定最好的垃圾回收总站的地点。该地区主管部门已经确定了两个备选地点，坐标分别为 (25,25)、(70,150)，哪个备选地点更优？

解： 重心法假定配送成本是运输量和线性距离的函数，那么以各个市场的坐标为顶点构成的一个多边形，它的重心就是最优方案。

重心的 x 的坐标 = $(200 \times 40 + 150 \times 65 + 215 \times 110 + 340 \times 10)/$
$(200 + 150 + 215 + 340) = 49.5$

重心的 y 的坐标 = $(200 \times 120 + 150 \times 40 + 215 \times 90 + 340 \times 130)/$
$(200 + 150 + 215 + 340) = 103.4$

因此，最好的垃圾回收总站地点的坐标是 (49.5,103.4)。

首先要计算出两个备选地址与 4 个垃圾处理分站的直线距离，其计算公式为

$$l = \sqrt{(x_2 - x_1)^2 + (y_2 - y_1)^2} \tag{3.3}$$

由此，直接得出结果：

对于备选地址 A，与 4 个分站的距离为：96.2、42.7、107.0、106.1；

对于备选地址 B，与 4 个分站的距离为：42.4、110.1、72.1、63.2。

接着，由于重心法的假设，计算备选地址 A 的成本为：

$96.2 \times 200 + 42.7 \times 150 + 107.0 \times 215 + 106.1 \times 340 = 84\ 724$

备选地址 B 的成本为：

$42.4 \times 200 + 110.1 \times 150 + 72.1 \times 215 + 63.2 \times 340 = 61\ 984.5$

因此，备选地址 B 要优于备选地址 A。

（三）盈亏平衡分析法

盈亏平衡分析法有利于对供选择的地点在经济上进行对比，这种比较可以用数字体现，也可以用图表表现。

在使用盈亏平衡分析法时,需要注意几个假设:产出在一定范围时,固定成本不变;可变成本与一定范围内的产出成正比;所需的产出水平能近似估计;只包括一种产品。盈亏平衡分析法的步骤如下所示。

第一步,确定每个地址的固定成本和可变成本。

第二步,给出每个地址的总成本,总成本＝固定成本＋单位变动成本×产量。

第三步,选择对于期望产量总成本最小的地址。

盈亏平衡分析方法可以用来评价不同的选址方案。任何选址方案都有一定的固定成本和变动成本,图3-1表示两种不同的选址方案的成本和收入随产量变化的情况。

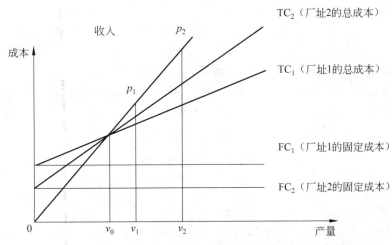

图3-1 两种不同的选址方案的成本和收入随产量变化的情况

假定无论厂址选择何处,其产品的售价是相同的,因此,收入曲线也相同。对于制造业来说,厂址不影响其销售量。只要销量大于v_0,两个选址方案都盈利。但是,由于厂址1的总成本较低,在销售量相同的情况下,其盈利较多。然而,并不能得出总成本最低的选址方案盈利最高的结论。因为,以上结论是在售价和销售量都相同的假设下才成立。如果是服务业,如零售店,不同选址方案的销售量不同。如图3-1所示,选址1的销售量为v_1,选址2的销量为v_2。可能会出现这种情况:选址2的总成本虽然比选址1的总成本高,但由于选址2的销售额高,造成选址2的盈利高($p_2 > p_1$)。这种方法也用于多个选址方案的比较,成本曲线和收入曲线也不一定像本例题一样是直线。

(四) 多设施选址的运输模型法

当选址对象的输入与输出成本是决策的主要变量时,运输模型是一个很好的决策方法。运输模型的基本思想是:通过建立一个物流运输系统,选择一个能够使整个物流运输系统的成本最小的生产或服务系统。

已知m个供应地点$A_i(i=1,2,3,\cdots,m)$可供应某种物资,供应量为a_i;有n个销售地$B_j(j=1,2,3,\cdots,n)$,销售量为b_j。从A_i到B_j的单位物资的运输成本为C_{ij},从A_i到B_j的供应量为x_{ij},则相应的数学规划模型为

$$\min = \sum_{i=1}^{m}\sum_{j=1}^{n}c_{ij}x_{ij}$$

$$\text{S.T.}\begin{cases}\sum_{i=1}^{m}x_{ij}=b_j\\ \sum_{j=1}^{n}x_{ij}=a_i\\ x_{ij}\geqslant 0\end{cases} \qquad (3.4)$$

解决这样的问题,一般采用表上作业法或利用计算机进行求解。表 3-2 所示的是某体育用品公司的例子。该公司的某产品系列在工厂 A 生产,生产能力是 400。随着市场需求的增长及公司业务量的增大,现有的三个配送中心的需求都在增长,预计分别为 200 和 300。公司正在考虑再建一个生产能力为 500 的工厂,初步考虑建在 B 地。从 A 地的工厂向三个配送中心的单位运输成本分别为 5.0、6.0 和 5.4 元,从 B 地的工厂向三个配送中心的单位运输成本分别是 7.0、4.6 和 6.6 元。现在,公司首先想运用运输表法确定在此情况下的最优运输方式和总运输成本,表 3-2 就是为这个问题所建立的运输表法模型。在这种选址情况下的最优运输方式总运输成本是 4580 元。

表 3-2 运输表法模型

工厂 \ 运量与运费 \ 配送中心	配送中心 1		配送中心 2		配送中心 3		生产能力
A	200	5.0		6.0	200	5.4	400
B		7.0	400	4.6	100	6.6	500
需求	200		400		300		900 / 900

第二节 运营系统的布局

上一节已经讨论了一个企业选址在哪里,设施布置在哪里的问题。选定地址之后,就要对运营系统进行布局。运营系统的布局最重要的是设施布置。设施布置也是与"什么、如何、在哪儿"有关的问题,并且把这些较抽象的问题进一步具体化到实实在在的人、机器、设施空间里去。在这一节,将介绍设施布置(layout)的基本概念、基本分类,设施布置中的主要考虑因素及一些布置方法。

一、运营系统布局的内容与层次

（一）工厂平面布局

工厂平面布局包括两大内容：其一，设置生产单位；其二，布置空间场所。生产单位是生产运营系统的基本组成部分，是生产运营系统的组织形式。物质形态的资源是有限的，为生产单位合理地设置空间场所，关系到各生产单位的相互协作，有利于空间总体和各生产单位内部资源的充分利用。这还涉及运输费用、仓储、保管费用等一系列生产运营的成本费用。

（二）工厂平面布局的层次

无论是设置生产单元甚至布置空间场所，都是要有层次划分或分层进行的。以较为复杂和具有代表意义的机械加工企业为例，一般分为工厂、车间、班组三个层次。规模更大、层次更多的可分为总厂、分厂、车间、工段和班组五个层次。在不同层次进行生产与运营系统的空间组织时，既有共性的一面，又有个性的一面。无论哪个层次进行生产运营系统的空间组织，都具有以下共性：都是以它下一个层次作为基本单位；都是以它上一个层次作为总体协调目标；都要遵循空间组织共同的基本原则。不同层次生产运营系统空间组织个性的一面：很显然，不同层次生产运营系统空间组织的内容不同、影响要素不同，所面临和所需要处理的问题也不同，层次越高，越倾向于粗略的问题。

设施布置指在一个给定的设施范围内，对多个经济活动单元进行位置安排。经济活动单元指需要占据空间的任何实体，也包括人。例如：机器、工作台、通道、桌子、储藏室、工具架等。所谓给定的设施范围，可以是一个车间、一间工厂或一座百货大楼等。

设施布置的目的是将企业内的各种物质设施进行合理安排，使它们组成一定的空间形式，从而有效地为企业生产运营服务，以获得更好的经济效果。设施布置在设施位置选定后进行，它是要确定组成企业的各个部分的平面或立体位置，并相应地确定物料流程、运输方式和运输路线等。设施布置要考虑以下四个问题。

1. 应包括哪些经济活动单元

这个问题取决于企业的产品、工艺要求、企业规模、企业的生产专业化水平与协作化水平等多种因素。反过来，经济活动单元的构成又在很大程度上影响生产率。例如，有些情况下一个厂集中有一个工具库就可以，但另一些情况下也许每个车间或每个工段都应有一个工具库。

2. 每个单元需要多大空间

空间太小，可能会影响到生产率，影响到工作人员的活动，有时候甚至会引起人身事故；空间太大，是一种浪费，同样会影响生产率，并且使工作人员之间相互隔离，产生不必要的疏远感。

3. 每个单元空间的形状如何

每个单元的空间大小、形状如何及应包含哪些单元，这几个问题实际上是相互关联的。例如,一个加工单元,应包含几台机器,这几台机器应该如何排列,因而占用多大空间,需要综合考虑。如空间已限定,只能在限定的空间内考虑是一字排开还是三角形排列等;若根据加工工艺的需要,必须以一排列或三角形排列,则必须在此条件下考虑需要多大空间及所需空间的形状。在办公室设计中,办公桌的排列也是类似的问题。

4. 每个单元在设施范围内的位置

这个问题包括两个含义:单元的绝对位置与相对位置。如图3-2所示,由图3-2(a)改为图3-2(b),几个单元之间的相对位置没有改变,但绝对位置变了。如A与D对调,则相对位置也发生了改变。相对位置的重要意义在于它关系到物料搬运路线是否合理,是否节省运费与时间,以及通信是否便利。此外,如内部相对位置影响不大时,还应考虑与外部的联系,例如,将有出入口的单元设置于靠近路旁。

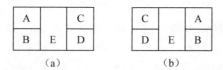

图 3-2　每个单元在设施范围内的位置示意图

二、运营系统布局的基本原则

首先,在进行运营系统布局时,须满足生产工艺过程的要求,使原材料、半成品和成品的运输路线尽可能短,避免迂回和往返运输;符合生产工艺顺序,产品能顺流而下,有单一的流向;有较短的运输路线和装卸次数,生产联系和协作密切的车间和部门应尽量布置在一起;不仅要考虑当前需要,而且要考虑长远,留有一定的扩展余地。

其次,要有利于提高经济效益,符合"最小最大"原理。"最小"就是要尽量减少人的活动量和物的运输量,要使投资费用和投产后的运营费用最小;"最大"就是要最充分地利用空间面积,使布局具有最大的灵活性和适应性。

最后,还要有利于保证安全和增进职工健康。要采取安全措施,预防火灾、潮湿、偷盗;厂房和建筑物之间留有必要的空间,要有必要的安全保护装置;生产与存放易燃、易爆物品的部门应布置在较远的地方;精密加工车间不应与有强烈振动的车间布置在一起;生产厂区和生活区域要分开;要有娱乐场所、绿化带,多种树木花草,美化厂容,促进职工身心健康。

运营系统的空间布置又可以理解为设备布置。设备布置是研究在生产场所或工作场所,如车间、店堂、办公室等,如何合理地布置各种设备和设施,使得物流能够顺畅地流动,以尽可能短的时间通过系统,缩短运输距离、减少在制品存放、提高生产效率和服务效率。合理的设备布置还可以创造良好的工作环境,提高员工的工作满意感,从而强化他们的工作主动性,提高他们的工作效率。

设备布置主要有三种类型和原则:工艺专业化原则(或称为工艺布置)、产品专业化原则(或称为产品布置)及定位布置原则。此外,还有一种成组单元布置原则,它是一种基于成组技术的混合布置原则。在讨论设备布置时,经常使用工作中心和工序的概念。工作中心是由机器设备和辅助工具构成的一个相对独立的作业单元,由于它通常要占用一定的场地面积,故又称为工作地。一般情况,在一个工作中心上连续进行的生产活动就是一道工序,超出一个工作中心的范围,那就是另一道工序了。综合性的工作中心也可能包含几道工序。

(一) 工艺布置

工艺布置又称为按工艺专业化原则布置,是将设备按功能分类,把同一类型的设备和同工种的操作人员集中在一起布置,以发挥同一功能。例如:在机械加工企业中,把车床、铣床、磨床分别集中布置成车床组、铣床组和磨床组;在医院中,按功能划分手术室、放射科、化验科、B型超声波室、心电图室和药房等。工艺布置依据的是专业化分工原则,有利于提高操作人员的专业技能、设备的利用率,适应面广,但也存在着运输路线长、在制品停放时间长、各工作中心之间协作往来频繁和生产周期长的缺点。如果观察按生产工艺布置的生产车间,会发现大量的在制品,而且都处在停放状态,尽管设备都在满负荷运转,却看不到整个系统的产出。不像按产品布置的车间和组装线,所有的零件时刻处在运动中,系统每隔几分钟就生产出一件产品或完整的部件。

在工艺导向布置的计划中,最为常见的做法是合理安排部门或工作中心的位置,以减少材料的处理成本。换句话说,零件和人员流动较多的部门应该相邻。这种方法的材料处理成本取决于:①两个部门(i 或 j)在某一时间内人员或物品的流动量;②与部门间距离有关的成本。成本可以表达为部门之间距离的一个函数。这个目标函数可以表达成以下的形式

$$最小成本 = \sum_{i=1}^{n} \sum_{j=1}^{n} X_{ij} C_{ij} \qquad (3.5)$$

式中:n 表示工作中心或部门的总数量;i,j 表示各个部门;X_{ij} 表示从部门 i 到部门 j 物品流动的数量;C_{ij} 表示单位物品在部门 i 和部门 j 之间流动的成本。

工艺导向布置尽量减少与距离相关的成本。C_{ij} 这个因子综合考虑了距离和其他成本。于是可以假定不仅移动难度相等,而且装卸成本也是恒定的。虽然它们并非总是恒定不变的,但为了简单起见,可以将这些数据(成本、难度和装卸费用等)概括为一个变量。

(二) 产品布置

产品布置又称按对象专业化原则布置。它是按照某种产品、零部件或某种业务的加工顺序来排列各种有关的设备和工作中心,最典型的例子就是流水线和生产线。产品布置适用于市场需求量大、重复性生产和标准化的产品,在汽车、食品加工、家用电器、玩具等行业中有着广泛的应用。它的优点是布置工作相对简单,在制品在加工过程中的运输距离短,可以大大减少在制品在加工过程中的停放和等候时间,减少在制品库存,缩短生产周期,节约生产面积。由于简化了协作关系,使作业管理工作比较简单;能够迅速适应市场需求的变化。产品布置的缺点是:生产线上某些设备的利用率较低,生产线中某台设备一旦出现故障,有可能影响到整个生产线的运行,故可靠性相对较低;此外,如果生产线或流水线是刚性的,则对产品结构变化的适应性较差。尽管存在这样一些缺点,产品布

置仍以其低库存、短周期的优点，成为近10年来设备布置的一种主要发展趋势。特别是结合应用成组技术和数控或计算机控制的加工设备，一种称为制造单元（manufacturing cell 或 cell manufacturing，简称蜂窝制造）的产品布置形式，近年来在制造企业中发展很快。所谓制造单元布置，就是根据零件加工的相似性，把加工一类相似零件的有关设备集中布置成一个相对封闭的单元，这样既可以缩短零件在加工中的移动距离、加工周期，又可以适应产品结构的变化，具有较广的适应性，被认为是代表着未来工厂设备布置的一种方向。

产品布置不仅适用于制造企业，也适用于服务企业。像金融企业、邮政企业、机场服务业、快餐业等，实行产品布置，实现流水作业，可以大大提高服务质量和服务效率。当然，服务企业实行流水作业也要因地制宜。笔者有一次到西安出差，曾在解放路一家著名的饺子馆就餐，发现那家餐馆的快餐饺子部采用的是流水作业法。服务员按专业化分工：收票和引导座位的、擦桌子的、摆碗筷的、上饺子的、送饺子汤的服务员各司其职，轮番作业。每一批顾客约40名，进餐时间约20min。服务的效率很高，服务员的操作也全部标准化，但就是让人感觉不像是进了餐馆，倒像是上了产品组装线。服务业到底应当如何实行产品布置和流水作业，既让顾客满意，又提高效率，的确是个值得认真研究的问题。

（三）定位布置

定位布置就是时间产品或作业对象固定不动，设备和使用的原材料按加工顺序及移动的困难程度环绕其做同心圆的布置。这种布置形式适用于产品（或作业对象）难以移动、加工数量少、工序时间长的情况，如飞机和轮船的加工等。定位布置的优点是加工对象的移动较少，节省运输费用，有利于工作程序与设计和调整。缺点是不适应大批量生产，作业的程序化和标准化程度较低。有些产品由于体积庞大、移动困难、批量很小，只适于采用定位布置方式进行生产加工，如刚刚提到的飞机、轮船，还有大型发电机、汽轮机、大型电力机车等。但有些产品如大型工程机械、载重汽车、大型农业机械等，在生产量达到一定规模后，在可能的条件下实行产品布置，实现流水生产，可以大大提高生产效率和降低生产成本。

（四）成组单元布置

为了克服单件小批量生产中按工艺原则配置加工设备的缺点，可以采用成组技术的方法，按照零部件加工表面和加工工艺上的相似性，对零部件进行分类编组。在此基础上，将不同种类的设备按一族零部件的典型工艺路线顺序布置在一个单元内，完成一族相似零件的加工。这样的加工单元称为成组加工单元。显然成组加工单元符合对象原则，而加工顺序又可根据一组零部件的内部差异在组内灵活安排。

图3-3是一个应用传统加工设备的成组加工单元的平面布置图。这种U形设备布置方式因其输送距离短和便于操作工人看管设备，而得到普遍采用。该成组加工单元是手动方式的，在可能的情况下，如果用滚动传送装置将设备联系起来，则传送装置的长度客观上规定了这个成组加工单元中所能容纳的在制品数量，这样有利于加强在制品的管理。

在图3-3所示的成组加工单元中可以引入如下改变：①加工机床为数控机床或数控加工中心；②传递装置为自动传送系统或自动抓握装置（抓握机器人）；③工件和刀具自

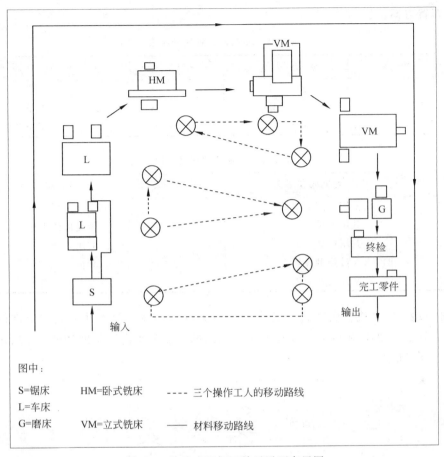

图 3-3 传统成组加工单元平面布置图

动传递、自动装卸;④采用集中数控或计算机集中控制。如果引入了这些改变,则这样的成组加工单元就成为柔性加工单元,它所能加工的零部件种类要比采用传统设备的加工范围大得多。在这种情况下,零件甚至不必采用编码法或工艺流程分析法进行详细分类,只规定零件的外形尺寸和表面加工要求就够了。

从以上分析可以看出,工艺布置和产品布置的应用最普遍。

三、运营系统的总体布局

(一)制造业布局

1. 作业相关图法

作业相关图法是根据企业各个部门之间的活动关系密切程度布置其相互位置。首先,将关系密切程度划分为 A、E、I、O、U、X 六个等级,其分类如表 3-3 所示。然后,列出导致不同关系密切程度的原因,如表 3-4 所示。使用这两种资料,将待布置的部门一一确定出相互关系,根据相互关系重要程度,按重要等级高的部门相邻布置的原则,安排出最合理的布置方案。

表 3-3 关系密切程度分类表

代　号	密切程度	代　号	密切程度
A	绝对重要	O	一般
E	特别重要	U	不重要
I	重要	X	不予考虑

表 3-4 关系密切程度原因

代　号	关系密切原因	代　号	关系密切原因
1	使用共同的原始记录	6	工作流程连续
2	共用人员	7	做类似的工作
3	共用场地	8	共用设备
4	人员接触频繁	9	其他
5	文件交换频繁		

【例 3-2】 一个快餐店欲布置其生产与服务设施。该快餐店共分成六个部门，计划布置在一个 2×3 的区域内。已知这六个部门间的作业关系密切程度如图 3-4 所示，根据该图做出合理布置。

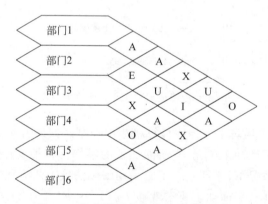

图 3-4 六部门间的作业关系密切程度

解：第一步，列出关系密切程度分类表(只考虑 A 和 X)，如表 3-5 所示。

表 3-5 关系密切程度分类

A	X
1—2	1—4
1—3	3—6
2—6	3—4
3—5	
4—6	
5—6	

第二步,根据表 3-5 编制主联系簇,如图 3-5 所示。原则是,从关系 A 出现最多的部门开始。如本例的部门 6 出现 3 次,首先确定部门 6,然后将与部门 6 的关系密切程度为 A 的——联系在一起。

第三步,考虑其他关系为 A 的部门,如能加在主联系簇上的就尽量加上去,否则画出分离的子联系簇。本例中,所有的部门都能加到主联系簇当中去,如图 3-6 所示。

图 3-5　主联系簇

第四步,画出 X 联系簇图。如图 3-7 所示。

第五步,根据联系簇图和可供使用的区域,用实验法布置所有部门。如图 3-8 所示。

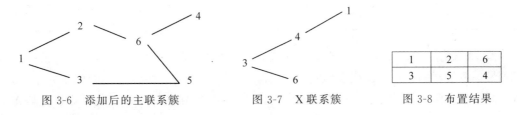

图 3-6　添加后的主联系簇　　　图 3-7　X 联系簇　　　图 3-8　布置结果

2. 物料流向及流量法

物料流向及流量法又称从-至表法(from-to)。

从-至表是一种常用的生产和服务设施布置方法。利用从-至表列出不同部门、机器或设施之间的相对位置,以对角线元素为基准计算各个工作点之间的相对距离,从而找出整个单位或生产单元物料总运量最小的布置方案。这种方法比较适合于多品种、小批量生产的情况。其基本步骤如下:

(1) 选择典型零件,设定典型零件的工艺路线,确定所用机床设备。
(2) 制定设备布置的初始方案,统计出设备之间的移动距离。
(3) 确定出零件在设备之间的移动次数和单位运量成本。
(4) 用实验法确定最满意的布置方案。

【例 3-3】 一金属加工车间有 6 台设备,已知其生产的零件品种及加工路线,并据此给出如表 3-6 所示的零件在设备之间的每月移动次数,表 3-7 给出了单位距离运输成本。请用这些数据确定该车间的最佳布置方案。

表 3-6　设备间月平均移动次数

	锯床	磨床	冲床	钻床	车床	插床
锯床		217	418	61	42	180
磨床	216		52	190	61	10
冲床	400	114		95	16	68
钻床	16	421	62		41	68
车床	126	71	100	315		50
插床	42	95	83	110	390	

表 3-7　单位距离运输成本

	锯床	磨床	冲床	钻床	车床	插床
锯床		0.15	0.15	0.16	0.15	0.16
磨床	0.18		0.16	0.15	0.15	0.15
冲床	0.15	0.15		0.15	0.15	0.16
钻床	0.18	0.15	0.15		0.15	0.16
车床	0.15	0.17	0.16	0.20		0.15
插床	0.15	0.15	0.16	0.15	0.15	

解：将运输次数矩阵与单位距离运输成本矩阵的相同位置的数据相乘,得到从一台机器到另一台机器的每月运输成本,如表 3-8 所示。然后,再按对角线对称的成本元素相加,得到两台机器间的每月总运输成本,如表 3-9 所示。接着,确定紧密相邻的系数。其确定依据就是总运输成本的大小。按总运输成本从大到小降序排列,就得出机器(或部门)之间的紧密相邻程度。如本例,根据表 3-9 中的①②③④⑤的顺序,应将锯床与冲床相邻布置,磨床与钻床相邻布置,钻床与车床相邻布置,车床与插床相邻布置,如图 3-9 所示。

表 3-8　单位距离每月月运输成本

	锯床	磨床	冲床	钻床	车床	插床
锯床		32.60	62.70	9.80	6.30	28.80
磨床	38.90		8.30	28.50	9.20	1.50
冲床	60.00	17.10		14.30	2.40	10.88
钻床	2.90	63.30	9.30		6.20	10.90
车床	18.90	12.10	16.00	63.00		7.50
插床	6.30	14.30	13.30	17.10	58.50	

表 3-9　单位距离每月总运输成本

	锯床	磨床	冲床	钻床	车床	插床
锯床		71.5 ③	122.7①	12.7	25.2	35.1
磨床			25.4	91.7②	21.3	15.8
冲床				23.6	18.4	24.8
钻床					69.2④	28.0
车床						66.0⑤
插床						

从一至表法的另一种应用是扩展成物料运量法。物料运量法是按照生产过程中物料

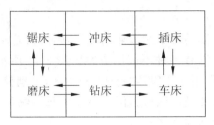

图 3-9　最佳布置方案过程图

的流向及生产单位之间的运输量布置企业的车间及各种设施的相对位置,其步骤为:

(1) 根据原材料、在制品在生产过程中的流向,初步设置各个生产车间和生产服务单位的相对位置,绘出初步物流图。

(2) 统计车间之间的物料流量,制定物料运量表,如表 3-10 所示。

表 3-10　车间之间运量表

	01	02	03	04	05	总计
01		7	2	1	4	14
02			6	2		8
03		6		5	1	10
04			4		2	8
05				2		2
总计	0	11	14	10	7	

(3) 按运量大小进行初试布置,将车间之间运输量大的部门安排在相邻位置,并考虑其他因素进行改进和调整。

最后的结果如图 3-10 所示。因为部门 01 和 02、部门 02 和 03、部门 03 和 04 之间的运量较大,所以应该相邻布置。

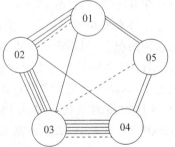

图 3-10　最佳布置方案最终图

(二) 非制造业布局

非制造行业种类繁多,难以归纳成如制造业的几种基本类型。这里仅用三种具有代表性的非制造业行业的布置为例,说明其布置方法的特点。一种是仓库布置。仓储业是非制造业中占比重很大的一个行业,通过其仓库布置来缩短存取货物的时间、降低仓储管理成本具有重要的意义。第二种是办公室布置。当今,白领在一国就业人口中所占比重越来越大,因此,如何通过合理、有效的办公室布置提高工作效率,提高白领的劳动生产率也正在日益成为一个重要的问题。最后一种具有代表性的是服务企业的平面布置。对于服务企业来说,合理有效的平面布置,有利于服务效率的提高。

1. 仓库布置

从某种意义上来说,仓库类似于制造业的工厂,因为物品需要在不同地点(单元)之间移动。因此,仓库布置也可以有多种不同的方案。图 3-11 所示的是一种最普通、最简单的仓库类型。这是一个家电用品仓库,共有 14 个货区,分别储存 7 种家电。仓库有一个出入口,进出仓库的货物都要经过该口。假设该仓库每种物品每周的存取次数如表 3-11 所示,应该如何布置不同物品的货区?

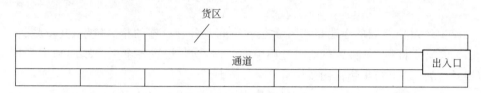

图 3-11 家电用品仓库的平面示意图

表 3-11 每种物品每周存取次数

存储物品	搬运次数	所需货区/个	存储物品	搬运次数	所需货区/个
1 电烤箱	280	1	5 电视	800	4
2 空调	160	2	6 收音机	150	1
3 微波炉	360	1	7 其他	100	2
4 音响	375	3			

这实际上就是一个典型的仓库布置问题。这个问题的关键是寻找一种布置方案,使得总搬运量最小。这个目标与很多制造业企业设施布置的目标是一致的。因此,读者可能自然会想到,可借助于类似前面所说的运输模型法。实际上,这种仓库布置的情况比制造业工厂中的经济活动单元的布置更简单,因为全部搬运都发生在出入口和货区之间,而不存在各个货区之间的搬运。

这种仓库布置可以进一步区分为两种不同的情况:①各种物品所需货区面积相同,在这种情况下,只需把搬运次数最多的物品货区布置在靠近出入口处,即可得到最小的总负荷数;②各种物品所需货区面积不同,需要首先计算某物品的搬运次数与所需货区数量之比,取该比值最大者靠近出入口,依次往下排列(请读者自己思考为什么)。如在上例中,各种物品的该比值从大到小的排列顺序为(括号中为比值数):3(360)、1(280)、5(200)、6(150)、4(125)、2(80)、7(50)。图 3-12 是根据这种排列所做出的布置方案。

图 3-12 新的布置方案

上面是以总负荷数最小为目标的一种简单易行的仓库货区的布置方法。在实际布置中,根据情况的不同,仓库布置可以有多种方案,多种考虑目标。例如,不同物品的需求经常是季节性的,因此,在上例中,在元旦、春节期间应把电视、音响放在靠近出入口处,而在春夏之际将空调放在靠近出入口处。又如,空间利用的不同方法也会带来不同的仓库布置要求,在同一面积内,高架立体仓库可存储的物品要多得多。由于拣运设备、储存记录方式等的不同,也会带来布置方法上的不同。例如:新技术的引入会带来考虑更多有效方案的可能性;计算机仓储信息管理系统可设计一套汇集不同物品于同一货车上的最佳拣出行走路线;自动分拣运输线可使仓储人员分区工作,而不必跑遍整个仓库等。总而言之,根据不同的目标,所使用技术不同,以及仓储设施本身的特点,仓库的布置方法有多种。

2. 办公室布置

办公室布置对于办公室工作效率的提高、白领人员劳动生产率的提高及改善"工作质量"具有重要作用。在现代,办公室工作人员在整个就业人员中所占的比重越来越大,因此,办公室布置的问题就显得尤为重要。近20年来,不断有新的有关研究结果出现,下面做简单介绍。

办公室与生产制造系统相比,有许多不同的特点。首先,生产制造系统加工处理的对象主要是有形的物品,因此,物料搬运是进行设施布置的一个主要考虑因素;而办公室工作的处理对象主要是信息以及组织内外的来访者,因此,信息的传递和交流方便与否,来访者办事是否方便、快捷,是其主要的考虑因素。其次,在生产制造系统中,尤其是自动化生产系统中,产出速度往往取决于设备的速度,而办公室布置,又会对人的工作速度产生极大的影响。最后,在生产制造系统中,产品的加工特性往往在很大程度上决定设施布置的基本类型,生产管理人员一般只在基本类型选择的基础上进行设施布置;而在办公室布置中,同一类工作任务可选用的办公室布置有多种,包括房间的分割方式、每人工作空间的分割方式、部门之间的相互联系和相对位置的要求都对办公室布置有更重要的影响作用,在办公室布置中要予以更多地考虑。但在办公室布置中,也有一些考虑原则与生产制造系统是相同的。例如,按照工作流程和能力平衡的要求划分工作中心和个人工作站,使办公室布置保持一定的柔性,以便于未来的调整和发展等。

办公室布置的主要考虑因素可以归纳为两个:信息传递与交流的迅速、方便,以及人员的劳动生产率。其中信息的传递与交流既包括各种书面文件、电子信息的传递,又包括人与人之间的信息传递和交流。对于需要跨越多个部门才能完成的工作,部门之间的相对位置也是一个重要问题。

办公室布置中要考虑的另一个主要因素是办公室人员的劳动生产率。当办公室人员主要是由高智力、高工资的专业技术人员所构成时,劳动生产率的提高就具有更重要的意义。而办公室布置,会在很大程度上影响办公室人员的劳动生产率。必须根据工作性质的不同、工作目标的不同来考虑什么样的布置更有利于生产率的提高。例如,在银行营业部、贸易公司、快餐公司的办公总部,开放式的大办公室布置使人们感到交流方便,可以促进工作效率的提高;而在一个出版社,这种开放式的办公室布置可能会使编辑们感到无端的干扰,无法专心致志地工作。

尽管办公室布置根据行业的不同、工作任务的不同,布局有多种,但仍然存在几种基本的模式。一种是传统的封闭式办公室,办公楼被分割成多个小房间,伴之以一堵墙、一个个门和长长的走廊。显然,这种布置可以保持工作人员足够的独立性,但不利于人与人之间的信息交流和传递,使人与人之间产生疏远感,也不利于上下级之间的沟通。而且,这种布置几乎没有调整和改变布局的余地。另一种模式是近20年来发展起来的开放式办公室布置,在一间很大的办公室内,可同时容纳一个或几个部门的十几人、几十人甚至上百人共同工作。这种布置方式不仅方便了同事之间的交流,也方便了部门领导与一般职员的交流,在某种程度上消除了等级的隔阂。但这种方式的弊病是,有时会相互干扰,职员之间容易闲聊等。因此,后来进一步发展起来的一种布置是带有半截屏风的组合办公模块。这种布置方式既利用了开放式办公室布置的优点,又在某种传递上避免了开放式布置情况下的相互干扰、闲聊等弊病。而且,这种模块式布置有很大的柔性,可随时根据情况的变化重新调整和布置。有人曾统计过,采用这种形式的办公室布置,建筑费用比传统的封闭式办公建筑能节省40%,改变布置的费用也低得多。

实际上,在很多企业中,封闭式布置和开放式布置都是结合使用的。20世纪80年代,在西方发达国家出现了一种称之为"活动中心"的新型办公室布置。在每一个活动中心,有会议室、讨论间、电视电话、接待处、打字复印、资料室等进行一项完整工作所需的各种设备。楼内有若干个这样的活动中心,每一项相对独立的工作集中在这样一个活动中心进行,工作人员根据工作任务的不同在不同的活动中心之间移动。但每人仍保留有一个小的传统式的个人办公室。显而易见,这是一种比较特殊的布置形式,较适用于项目型的工作。

20世纪90年代以来,随着信息技术的迅猛发展,一种更加新型的办公形式——"远程"办公也正在从根本上冲击着传统的办公布置方式。所谓"远程"办公指利用信息网络技术,将处于不同地点的人们联系在一起,共同完成工作。例如,人们可以坐在家里办公,也可以在出差地的另一个城市或飞机、火车上办公等。可以想象,当信息技术进一步普及,其使用成本进一步降低以后,办公室的工作方式和对办公室的需求、办公室布置等,均会发生很大的变化。

3. 其他服务业平面布置

服务业企业的布置形式也可以分为工艺专业化和产品专业化两种形式,不过以前者居多。图3-13是一张诊疗所的平面布置示意图。从图中可以看出病人要在多个部门停留。当诊所规模扩大成一所大医院,疾病的诊断和治疗越来越需要依靠先进的设备,病人在医院中要到许多部门作仪器设备检查,行走距离会很长。特别对于病情较重的住院病人,需护工运送,无疑会增加成本。这就是运输费用最小化的医院平面布置问题。

例如,百货零售商店或超市。它的平面布置有两条要求:一是能使顾客进店后很容易找到自己想要商品的柜台;二是店面的走道布置不能太拥挤,图3-14是一家超市的平面行置。

图3-14的这种成角度的布置,好处是视野更开阔,顾客进入店铺后在主干道上就可以看清通道上方的标志,查找货物比较方便。由于服务业的生产过程和消费过程合为一体,消费者会对整个服务过程提出质量要求,因此服务业还十分强调环境的布置,如家具的式样、颜色,室内的灯光,墙壁的色彩和图案等。

零售服务业布置的目的就是要使店铺的每平方米的净收益达到最大。在实际应用中,这个目标经常被转化为"最小搬运费用"或"产品摆放最多"这样的标准,同时应该考虑到还有其他许多的人性化的因素。一般而言,服务场所有三个组成部分:环境条件,空间

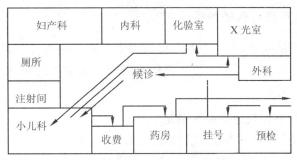

图 3-13　诊疗所平面布置示意图

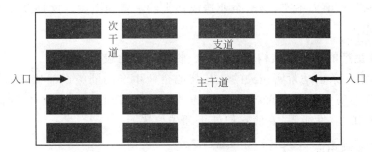

图 3-14　某超市平面布置形式

布置及其功能性、徽牌、标志和装饰品。

第三节　流水线的组织与布局

一、流水线

（一）流水生产线的概念及其特点

流水生产指劳动对象按照一定的工艺路线顺序地通过各个工作地，并按照统一的生产速度（节拍）完成工艺作业的连续的、重复的生产过程。流水线生产是连续生产形态中最具典型的生产方式。流水线生产具有以下特点：

（1）工作地专业化程度高，每一个工作地只固定完成少数制品的有限几道工序。

（2）实行封闭式生产，各工作地按照劳动加工的工艺顺序排列，工件在生产线中单向流动。

（3）各工序加工时间与工作地数量成比例关系。

（4）按节拍进行生产。

（5）生产效率高。

（二）采用流水线生产应具备的条件

在认识流水线的基础上，作为企业可以根据实际决定是否需要设计流水线。组织流水生产方式首先要考虑的问题是企业是否具备组织流水生产的条件，从理论上说企业可以下述条件作为决策基点。

1. 产品的产量足够大且生产品种稳定

组装一条流水线大都需要购置大量的设备和工具，还需要为流水线的顺利运行做好生产技术准备工作，一次性投入特别大。这就要求其产品市场需求量一定要很大或市场前景良好，只有这样设置流水线才合算，流水线才具备了生命力。否则，没安装多久，生产线就不时停产，甚至瘫痪下来，会给企业造成很大的浪费和损失。这是设置流水线至关重要的一个条件。

2. 流水线生产的产品在结构上、工艺上、性能上要比较先进

这一条与第一条也是紧密相关的。与其他企业生产的同类产品比较，结构、工艺、性能比较落后，就会使竞争力降低，失去竞争力的产品，也就失去了生命力。所以，要认真分析产品的结构、工艺、性能等，要使它们处于领先位置。

3. 提高设备利用率

工艺过程能划分为简单的工序，又能根据工序同期化的要求把某些工序适当合并和分解，各工序的单件工时不宜相差过大，这样才有利于提高流水线上设备的利用率。

4. 企业自身要具备充分条件

如布置流水线的资金筹措、技术条件是否具备、使用面积是否具备、管理制度和管理水平能否跟得上，要积极创造条件满足流水线生产。

（三）流水生产线的种类

流水线有多种形式，可以按照不同的标志分类。在图3-15中，左边栏目表明了流水线生产分类的标志，右边栏目列举了按照不同方式分类的项目。各项目之间的连线表示的是不同类别的流水线生产之间的关系，如多对象流水线下方的三条连线表示按照对象变换方式分类可分为可变流水线、成组流水线和混合流水线。

1. 按对象轮换方式分类，可分为固定流水线和移动流水线

固定流水线指加工对象在生产过程中不动，而操作人员、工具按一定顺序先后有规律地围绕加工对象进行作业。这种方式主要应用于生产一些大型、不便移动的产品，如一些大型、重型机床加工等，还有造船生产基本上都使用这种流水线。

移动流水线指加工对象在生产过程中是移动的，即加工对象顺序移动经过各个工作地才能完成全部加工过程，操作人员、工具等是相对固定的，如汽车装配流水线、电冰箱、电视机等家用电器装配流水线均属于移动流水线。

2. 按加工对象数目分类，可分为单一对象流水线和多对象流水线

在流水线上长时间只生产一种加工对象，就是单一对象流水线；多对象流水线是在流

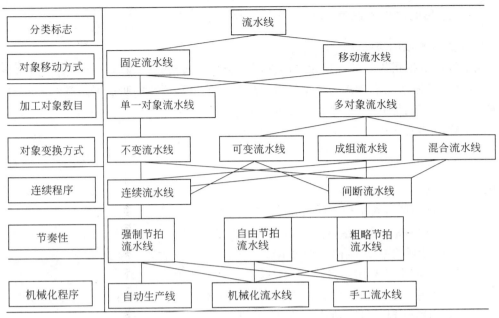

图 3-15 流水线分类

水线上能生产两种或两种以上的加工对象。

3. 按对象变换方式分类，可分为不变流水线、可变流水线、成组流水线、混合流水线

上述单一对象流水线从这个角度看就属于不变流水线，生产的加工对象是固定不变的。可变流水线、成组流水线都属于多对象流水线。可变流水线在流水线上能生产两个或两个以上加工对象；加工对象变换时，流水线要做适当调整，一般都是轮番生产。成组流水线亦能加工两个或两个以上加工对象；加工对象变换时，流水线本身无须做调整。而混合流水线和可变流水线不同之处就在于不按照轮番方式组织生产，而是每一个生产单元都按照一定的比例和预先设计好的投产顺序加工几种不同的产品。

4. 按连续程度分类，可分为连续流水线和间断流水线

连续流水线上，加工是连续不断进行的，工序之间没有等待停顿现象；反之，则为间断流水线。

5. 按节奏性分类，可分为强制节拍流水线、自由节拍流水线、粗略节拍流水线

目前大量流水线生产都是强制节拍流水线，其他节奏性流水线很少，在此不作赘述。

6. 按机械化程度分类

它可分为自动流水线、机械化流水线、手工流水线。

二、流水线的组织设计与平面布局

流水线生产的组织需要经过严格的生产设计及生产过程规划，流水线的设计就成为组织的核心工作，本节主要以单一产品流水线为例进行阐述。

(一) 单一产品流水线的设计

1. 计算流水线的节拍

流水线的节拍指投入或产出相临两件同种制品之间的时间间隔。它表明了流水线生产率的高低,是流水线最重要的工作参数。现实中节拍和节奏的叫法不是截然区分的,有时候节奏实际上就是节拍,意味着它的批量为1。

流水线节拍的计算公式为

$$r = \frac{F}{N} = \frac{F_0 K}{N} \tag{3.6}$$

式中:r——流水线节拍(min/件);
F——计划期有效工作时间(min);
N——计划期制品产量(件);
F_0——计划期制度工作时间(min);
K——时间有效利用系数。

系数 K 考虑了设备检修、设备调整、更换工具的时间,以及工人工作班内休息的时间。
产量 N 包括计划产量和预计废品量。

【例3-4】 某制品流水线计划年销售量为 20 000 件,另需生产备件 1000 件,废品率为 2%,两班制工作,每班 8h,时间有效利用系数为 95%,求流水线的节拍。

解:
$F_0 = 251 \times 2 \times 8 \times 60 = 240\ 960 \text{(min)} \quad N = 21\ 000 \div (1 - 0.02) = 21\ 429 \text{(件)}$

$r = \frac{F}{N} = \frac{F_0 K}{N} = \frac{240\ 960 \times 0.95}{21\ 429} \approx 11 \text{(min/件)}$

2. 工序同期化

工序同期化又称流水线平衡,是组织连续流水线的必要条件,就是通过各种可能的技术组织措施,调整或压缩各工序的单件时间,使它们等于流水线节拍或与节拍成整数倍。进行工序同期化,在目前的许多流水线生产中都是必需的。那么为什么要进行流水线时间平衡?因为如果各工序的加工时间存在较大差别,流水线就会因为工序时间不成比例而使得一些工序时动时停,影响流水线生产优势的发挥。例如,某装配线有6道工序,其作业顺序和工序作业时间如图3-16所示。假定节拍为5min/件,计算下一工序负荷率。

不难看出,供需负荷率最高的只有60%,即3、4道工序,而工序6的负荷率只有20%。这种现象会导致:浪费时间资源;忙闲不均匀,引起矛盾;浪费人力资源。

为了解决这些问题,必须对流水线的工序进行重新组合分析,重新组织工作地。本流水线平衡的方法主要是以适当的方式将流水线上若干个相邻工序合并成一个大工序(又称工作地),并使这些大工序的作业时间接近或等于流水线的节拍。工

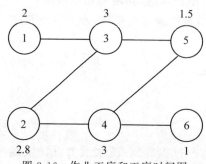

图 3-16 作业工序和工序时间图

序同期化经常采取如下的措施。

(1) 采用高效设备。
(2) 采用高效工艺装备。
(3) 改进工作地布置。
(4) 改变切削用量。
(5) 提高工人熟练水平。
(6) 工序分解与合并。

尤其在工序分解与合并时,需要综合考虑多方面的因素,最好按照以下步骤进行。

(1) 计算流水线上需要的最少工作地数,公式为

$$S_{\min} = \left[\frac{\sum t_i}{r} \right] \tag{3.7}$$

(2) 组织工作地。按以下条件向工作地分配小工序,同时要保证每个工序之间的先后顺序;每个工作地分配到的小工序作业时间之和不能大于节拍;各个工作地的作业时间应尽量接近或等于节拍;应使工作地数目尽量少。

(3) 计算工作地时间损失系数 ε_L,公式为

$$\varepsilon_L = \frac{S \cdot r - \sum_{i=1}^{s} T_{ei}}{S \cdot r} \times 100\% \tag{3.8}$$

【例3-5】 某装配线节拍8分钟13工步,逻辑关系和工时如图3-17所示,小写英文字母表示工步,数字表示时间,试进行工序同期化确定工序内容。

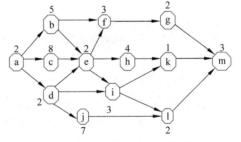

图3-17 各工位之间的逻辑关系

解:所有工步总装配时间:

$$\sum t_i = 44 \min$$

计算最少工作地数:

$$S_{\min} = \left[\frac{\sum t_i}{r} \right] = \left[\frac{44}{8} \right] = 5.5 \approx 6$$

即工序数目不超过6即为最优解,探索式安排每个工序如表3-12所示。

表3-12 工序工作内容安排

工作地	工步号	工步作业时间/min	工作地作业时间/min	空闲/min
A	a、b	2、5	7	1
B	c	8	8	0
C	d、e、h	2、2、4	7	0
D	j	7	8	1
E	f、g、i	3、2、3	8	0
F	k、l、m	1、2、3	6	2

计算工作地时间损失系数:

$$\varepsilon_L = \frac{S \cdot r - \sum_{i=1}^{s} T_{ei}}{S \cdot r} \times 100\%$$

$$= \frac{6 \times 8 - 44}{6 \times 8} \times 100\%$$

$$\approx 8.3\%$$

当然表 3-12 中的工序内容安排不见得是唯一的,但只要满足条件而且工序数不超过 6 就是可取的。

3. 计算设备数目和设备负荷系数

每道工序的设备设置数量可根据工序时间来计算,各道工序的设备需要量,可用下式计算:

$$S_i = \frac{t_i}{r} \tag{3.9}$$

式中:S_i——第 i 道工序所需工作地数(设备数);

t_i——第 i 道工序的单件时间定额(min/件),包括工人在传送带上取放制品的时间。

实际采用的工作地数与计算需要的工作地数之间的比例表明工作地的负荷程度,叫作设备负荷系数,其计算公式为

$$K_i = \frac{S_i}{S_{ei}} \tag{3.10}$$

S_{ei}——实际采用的设备数,S_{ei} 取大于等于 S_i 整数。

当设备负荷系数大于 1 时,表明工作地负荷过大,应采取措施压缩工序劳动量。

当设备负荷系数小于 1 时,表明工作地负荷不足,应采取措施提高工作地负荷。

流水线各工序的计算工作地数之和与流水线各工序实际采用的工作地数之和之间的比值表明流水线总的工作地(设备)负荷系数,其计算公式为

$$K_a = \frac{\sum_{i=1}^{m} S_i}{\sum_{i=1}^{m} S_{ei}} \tag{3.11}$$

设备负荷率是表明设备利用情况的指标,它决定着流水线生产的连续程度。在实际应用中,往往设备负荷率小于 75% 可采用间断流水线生产方式,否则应采取连续流水线方式。

4. 确定流水线上的工人数

在配备工人时,既要充分利用工人的工作时间,又要减轻工人的劳动强度。以设备操作为主的流水线,在计算工人数时,还要考虑后备工人和工人的看管定额两个因素。如果设备负荷率很高,而且以操作者手工生产为主;或设备运转起来必须由操作者始终照管,这就需要采用一人一台设备的看管。如果在流水线上,设备负荷率不高;或设备自动化程度高,尤其是在一个工作地上,同时有几台设备进行相同类型的加工,可进行多设备看管

的组织形式。

例如,有几台设备的加工工人,装夹工件、启动设备等手动时间为 2min,然后设备就可自动加工,耗时 5min。在这种情况下,操作者可以同时看管 3 台设备。如果采用一人一机的组织方式,在人力使用上就会浪费。流水线生产本身就是一种追求高效的科学的生产组织形式,因此在每一个局部环节都应研究和追求这一点。

例如以手工操作为主的生产线,其工人配备可用下式确定:

$$P_i = S_{ei} g W_i \qquad (3.12)$$

式中:P_i——第 i 道工序的工人人数;

g——每日工作班次;

W_i——第 i 道工序每台设备同时工作人数(人/台班)。

5. 选择运输方式和运输设备

在流水线上采用什么样的运输方式和运输设备,很大程度上取决于加工对象的形状、尺寸、质量、加工工艺、加工位置、精度要求及流水线的节拍(节奏)等方面。

在采用强制节拍流水线时,应使用传送带。传送带常见的有分配式传送带、连续式传送带、间歇式传送带等。分配式传送带多用于工序之间短距离的传送加工对象,允许各工序的工作时间有小的波动,解决节拍制约的办法是建立保险在制品储备;连续式加工传送带用于大量生产产品的加工传送;间歇式传送带严格执行节拍规定的运动,加工对象可放置在传送带上加工,减少装夹次数,保证加工精度,适用于工序时间较长、产量不太大,但精度要求高的产品的传送。

自由节拍流水线一般采用连续式运输传送带、滚道、滑道,这种流水线允许在工序间储存一定数量的在制品以调节生产速度的波动。

粗略节拍流水线上一般可采用滚道、重力滑道、手推车、叉车、吊车等。

6. 流水线的平面布置

流水线的平面布置,就是将已设计出来的流水线和企业实际平面结合起来分析考虑,选择采取的形式。

在进行平面布置时要注意一定要符合实际情况,不做客观条件不允许的平面布置。当然,也要积极采取措施,创造条件,给流水线的平面布置以方便。另外,要有利于操作人员的操作,从省时、省力、安全等方面去考虑;要让加工对象在整个加工过程中加工路线最短;要有利于流水线设备的检修;要充分利用生产面积等。

流水线平面布置的形状有各种各样,图 3-18 展示了流水线的一些常见形式。每种生产线组织形式有其优缺点、适用范围。例如,直线形流水线很容易进行管理,设备维修保养很方便,但它占地太长,如果生产单位内没有这么长的空间,使用它就是不可能的。每种形状的流水线的工作地布置可采用单列流水线或双列流水线。当工序与工作地数目较多时,可采用双列流水线排列。

(二)可变流水线的设计

可变流水线是在一条流水线上生产两种或两种以上的产品。在可变流水线上加工对

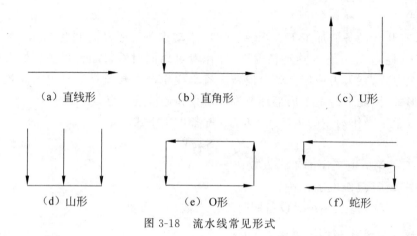

图 3-18 流水线常见形式

象是多样的,但其结构及加工工艺近似;每个加工对象在流水线上成批地、轮番地进行加工,改变加工对象,流水线要做少量适当的调整;但在计划期的各段时间内,流水线上只生产一种产品,这种产品按规定的批量完成以后,才转而生产另一种产品。

可变流水线组织设计比较复杂,但其设计过程和单一品种流水线相似,所不同的地方主要在于确定节拍。因为可变流水线上加工对象不是单一的,所以其节拍的确定要复杂一些。一般有两种方法。

一种是代表产品法。这种方法与确定生产能力的代表产品法思路是一致的,即从流水线上生产的产品中,选择一种产量大、劳动量大、工艺过程较复杂的产品作为代表产品,将其他产品按劳动量比例关系折合成代表产品的产量,然后按照有效工时和产量的关系求出可变流水线的节拍。

另一种是劳动量比重法。按制品在流水线上加工总劳动量中所占比重分配流水线有效工作时间,然后计算制品的节拍。

下面举例说明确定可变流水线的节拍的方法。

【例 3-6】 某可变流水线上 A、B、C 三种产品,其计划月产量分别为 2000 件、1875 件、1857 件,每种产品在流水线上各工序单件作业时间之和分别为 40min、32min、28min,流水线上按两班制工作,每月有效工作时间为 24 000min,现以 A 产品为代表产品,试确定其节拍。

解:(1)用代表产品法计算节拍,选择 A 作为代表产品

计划期折合为代表产品 A 的产量 $= 2000 + 1875 \times 32/40 + 1857 \times 28/40 \approx 4800$(件)

代表产品(A)的节拍 $= 24\,000/4800 = 5$(min/件)

产品 B 的节拍 $= 5 \times 32/40 = 4$(min/件)

产品 C 的节拍 $= 5 \times 28/40 = 3.5$(min/件)

(2)用劳动量比重法计算节拍

将计划期的有效工作时间按各种产品的劳动量比例进行分配,然后,根据各产品分得的有效工时和产量计算生产节拍。

A 产品劳动量占总劳动量 = $\dfrac{2000 \times 40}{2000 \times 40 + 1875 \times 32 + 1857 \times 28} \times 100\% \approx 41.67\%$

B 产品劳动量占总劳动量 = $\dfrac{2000 \times 32}{2000 \times 40 + 1875 \times 32 + 1857 \times 28} \times 100\% = 31.25\%$

C 产品劳动量占总劳动量 = $\dfrac{2000 \times 28}{2000 \times 40 + 1875 \times 32 + 1857 \times 28} \times 100\% \approx 27.08\%$

所以：A 产品的节拍 = 24 000×41.67%/2000≈5(min/件)；
   B 产品的节拍 = 24 000×31.25%/1875=4(min/件)；
   C 产品的节拍 = 24 000×27.08%/1857≈3.5(min/件)。

以上两种方法实质上是一样的,可互相转换。

(三) 混合流水线的设计

混合流水线,顾名思义就是同一流水线能同时适合多品种产品的生产,也就是将流水线上生产的多种产品,按一定的数量和顺序编成组,同组的各种产品在一定时间内按大量流水生产的方式交替生产。其既能适应市场需求,不断进行产品生产的变换,又能发挥流水线生产的效率优势,使企业效益提高。在混合流水线上,按照设定的投产程序同时生产多种产品,这对于流水线的组织设计提出很高的要求。这种高要求体现在设备、工艺、工种、操作及工序间的协调多个方面,也体现在进度计划、质量和现场控制等其他管理的环节上。

混合流水线已在发达国家被广泛采用,由于其突出的适应性和流水生产的优势相结合,可大大增强企业对市场的适应能力,在我国有广阔的发展前景。其组织设计的难点,主要在于工序同期化和投产程序方面：当几种加工对象产量相等时,每个加工对象应按一定规律实行交替性投产；当几种加工对象产量不等时,每种加工对象应按一定的规律制定的投产顺序进行生产。目前确定混合流水线投产顺序最简单的方法就是生产比倒数法。例如,某混合流水线生产 A、B、C 三种产品,计划产量分别为 3000、2000、1000 件,试应用生产比倒数法确定投产顺序。

1. 计算生产比

找出各产品产量的最大公约数,用最大公约数去除各产品产量即为各产品生产比,各产品生产比之和为生产比产量,也就是一个生产循环的总产量。

$$X_A = 3000/1000 = 3$$
$$X_B = 2000/1000 = 2$$
$$X_C = 1000/1000 = 1$$

2. 计算生产比倒数

产品生产比的倒数值即为生产比倒数。

$$m_A = \dfrac{1}{X_A} = \dfrac{1}{3}$$

$$m_B = \frac{1}{X_B} = \frac{1}{2}$$

$$m_C = \frac{1}{X_C} = 1$$

3. 按照规则投产

规则如下：生产比倒数最小的产品先投，如有多个最小生产比倒数则安排最小生产比倒数出现晚的先投，但适用该规则时应避免连续投入；更新生产比倒数值，对已选定的生产比倒数 m_j 标注"＊"并更新 m_j^*，即在所选定的产品 m_j^* 上再加上这个品种的生产比倒数 m_j；重复以上过程，直至排得的连锁中各品种的数目分别等于它们的生产比。编制步骤如表3-13所示。

表 3-13 投产顺序

计算次数	A产品	B产品	C产品	连 锁
1	1/3*	1/2	1	A
2	1/3+1/3	1/2*	1	AB
3	2/3*	1	1	ABA
4	1	1*	1	ABAB
5	1*	—	1	ABABA
6	—	—	1*	ABABAC

（四）成组技术与成组流水线

1. 成组技术的概念和内容

成组技术是组织多品种、小批量生产的一种科学管理方法。它把企业生产的各种产品和零件，按结构、工艺上的相似性原则进行分类编组，并以"组"为对象组织和管理生产。所以说成组技术是一种基于相似性原理的合理组织生产技术准备和产品生产过程的方法。

从被加工零件的工艺工序的相似性出发，考虑零件的结构、形状、尺寸、精度、光洁度和毛坯种类等不同特点，成组技术的内容为：

(1) 依照一定的分类系统进行零件的编码和划分零件组。

(2) 根据零件组的划分情况，建立成组生产单元或成组流水线。

(3) 按照零件的分类编码进行产品设计和零件选用。

2. 成组技术的优点

为了提高多品种、中小批量生产的技术经济效果，推行成组技术是一种有效措施，其优点如下几方面。

(1) 简化了生产技术准备工作。

(2) 增加了生产同类型零件的批量，有利于采用先进的加工方法，从而提高生产效率。

(3) 缩短了生产周期。

(4) 有利于提高产品质量,降低产品成本。

(5) 简化了生产管理工作。

3. 成组加工中心

成组加工中心是把一些结构相似的零件,在某种设备上进行加工的一种比较初级的成组技术的生产组织形式,如图 3-19 所示。采用此形式,由于相似零件集中加工,可以减少设备的调整时间和训练工人的时间,有利于工艺文件编制工作合理化,而且能逐步实现计算机辅助工艺设计。

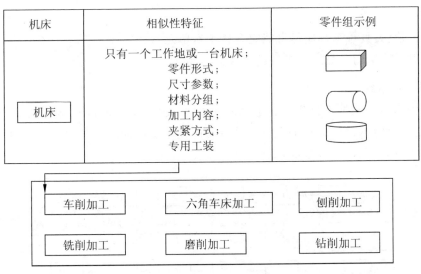

图 3-19 成组加工中心

4. 成组生产单元

成组生产单元是指按一组或几组工艺上相似零件共同的工艺路线,配备和布置设备,它是完成相似零件全部工序的成组技术的生产组织形式,在加工单元中零件的加工是按类似流水线的方式进行的。如图 3-20 所示。

一般按成组技术配备的生产单元,需具备以下特征。

(1) 生产单元中每一组工人可以独立地完成所涉及的所有操作。

(2) 工人数比机床数应尽可能少,每个工人应学会尽可能多的技能,甚至熟悉单元中全部工作。

(3) 单元在管理工作上有一定的独立性。

(4) 单元应集中在一块生产面积内,单元内基本上保证工序的流水性,生产过程尽可能不被跨组加工工序所打断。

(5) 要保证有稳定和均衡的生产任务,单元的产品品种和规模与工艺能力和生产能力相适应。

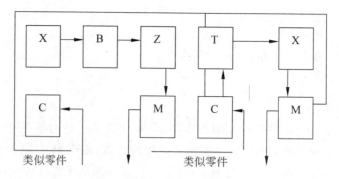

C—车床；X—铣床；B—刨床；Z—钻床；T—镗床；M—磨床。

图 3-20　成组生产单元

（6）工装、夹具等工具应尽可能完全属于本单元。

（7）单元输出的是最终加工好的零件或成品。

5. 成组流水线

成组流水线是根据零件组的工艺流程来配备设备，工序间的运输采用滚道或小车。因此，具有大批流水线所固有的特点。其主要区别是所流动的不是固定的一种零件，而是一组相似零件，工艺共性程度高，如图 3-21 所示。

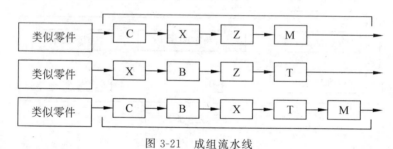

图 3-21　成组流水线

本 章 小 结

本章对运营系统的选址和布置进行了阐述。第一节主要论述了选址需要考虑的各种影响因素，并对各种因素进行了分析，在此基础上重点介绍了几种常用的选址决策的评价方法；第二节对运营系统的布局进行了详尽的叙述，重点讨论了设施布置的原则和方法，包括空间布置与时间布置，同时给出了非制造业布局的几种常见形式；第三节主要根据运营系统布局的原则详细介绍了流水线生产的组织设计，为企业管理者进行生产线组织和管理提供科学的理论依据。

运营系统选址与布局知识结构如图 3-22 所示。

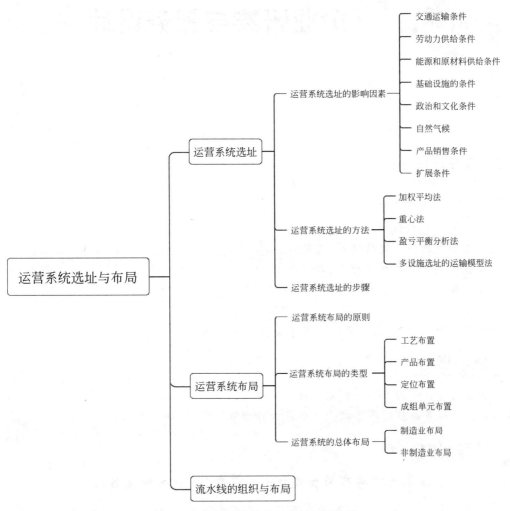

图 3-22　运营系统选址与布局知识结构

复习思考题

1. 为什么要进行选址决策？
2. 影响选址的主要因素有哪些？
3. 选址决策的一般方法有哪些？
4. 什么是工艺原则和产品原则，各有什么优缺点？
5. 如何应用从-至表法进行设备布置？
6. 如何组织流水线生产？
7. 为什么要进行装配线平衡？

第四章　企业研发与服务设计

【学习要点及目标】

1. 了解企业研发的内涵、对象和内容。
2. 掌握企业研发的策略。
3. 了解企业情报工作。
4. 理解新产品开发的内涵、重要性。
5. 掌握新产品开发的程序、内容和策略。
6. 了解产品设计方法和产品设计评价的类型。
7. 掌握价值工程技术和并行工程方法。
8. 理解服务设计、服务系统和服务设计方法。

核心概念

研究与开发　新产品　模块化设计　反求工程　稳健设计　价值工程　并行工程　服务设计　服务系统　服务蓝图　服务设计矩阵

引导案例

华为重构商用台式机——商用PC进入智慧时代

由于智能手机、智能物联网设备及移动生态的飞速发展，PC发展步伐明显落后，快速分享和内容的协同成为短板与瓶颈，呈现出"孤岛"的趋势。华为凭借对行业的敏感性已经率先洞察到商用PC智慧化这一趋势。自2020年8月进军商用PC领域以来，华为以办公场景作为重要突破点，推出了行业大客户专属的MateBook B系列商用笔记本。不久华为又进一步加深对商用市场的洞察，充分发掘行业用户的需求与痛点，正式推出HUAWEI MateStation B515商用台式计算机。为用户带来跨设备无感连接、自然人机交互、信息无缝流转的全场景智慧体验，以实现生产效率最大化。自此商用PC正式进入智慧PC时代。

1. 重构产品品类，引领行业发展新空间

技术的进步及用户的需求是社会进步的推力和拉力。华为在行业的地位不断上升，一个重要的原因就是用技术创新、模式创新重构了好几个产品品类。例如：华为推出的全新的智慧屏品类，把电视重构，带来的体验完全不同，现在越来越多的年轻人回到了大屏前面；华为使得平板电脑在更多的场景中有了全新的体验，再次受到用户的喜爱。最值得一提的就是笔记本电脑。华为将手机创新的思维应用到笔记本电脑上，一方面给笔记本电脑带来很多以前没有的体验,另一方面通过场景的打通使得用户可以在不同设备间自由穿梭,重新定义了笔记本电脑。

2. 贴和政企客户需求,引领行业进入智慧办公阶段

《未来企业效率白皮书》显示,随着企业数字化转型,未来的工作将围绕未来工作文化、未来工作空间、未来劳动力三个方向展开。未来的商用PC在企业中的定位也会发生新的变化:不仅要求商用PC具备连接协同功能,以打破地域、平台的限制,实现随时随地高效工作,带来高效交互、身临其境的未来体验;还要求商用PC要更加智能化,具备语音、图像识别等AI应用,更好地解决人机之间的互动结合;甚至要求未来商用PC要具备独特的商务个性设计,以更加时尚的外观来满足新一代数字化原生企业的文化诉求。

华为根据技术和需求两个方面的趋势相结合,给产品做了全新的定位:在保障台式机的性能、稳定性等基本能力的前提下,补强台式机在连接性、数据分享、交互体验、设计理念上的弱点,将台式机融入智慧生产力场景,扮演算力中心的角色。聚焦于领先商务设计、创新安全科技、可靠智慧体验这三方面。正如华为消费者业务平板电脑与PC产品线的总裁王银锋所说:"华为进入一个品类或者说一个领域,从来都不愿意做跟随者的角色,坚持创新和精品,是我们对待所有产品的态度,也是对消费者的最大价值。"

3. 一鸣惊人的"魔力"来自综合实力

华为商用PC的成功,并不是单一产品的成功,而是华为全场景智慧生活战略的成功。从行业的趋势来看,单一产品向多元产品、单一场景向全场景过度,所以企业的竞争力也从单一产品力向全场景融合能力过度。也就是说,未来细分产品领域的竞争力,不仅要看单一产品的能力,更要看其与其他产品互动的能力,在多场景中穿梭的能力。例如,PC是否成功,不仅要看其是否能满足办公场景的需求,还要能够与家庭场景、出行场景、运动健康场景等实现无缝连接。

商用PC是华为全场景生态体验中的重要一环。以办公场景作为重要突破点,华为商用PC希望能够打造全场景、智慧办公体验的系列产品,给政企等商用用户提供最好的使用体验。

[案例来源:华为商用台式机一鸣惊人:是产品的成功,更是战略的成功,驱动中国(www.qudong.com);华为首款商用台式机一文读懂:商用PC进入智慧时代,科技快报网(www.citreport.com)]

案例导学

近十几年来,许多巨型公司建立庞大的研发队伍,投入巨额的研发费用,非但没有结出技术创新之果,反令公司正常运营陷入困难。例如辉瑞公司在全球的研发人员已达1.5万人。仅2004年,辉瑞为其479个项目投入的资金高达每周1.52亿美元,其中96%的努力最终都付之东流。西门子公司研发人员更是高达4.5万人。摩托罗拉公司的研发投入并不低,却陷入亏损境地,几乎要破产。华为在全场景的布局中走得最快,技术积累最深,终端产品最丰富,生态的优势也越来越明显。从这个角度来看,华为商用PC可以一鸣惊人,是战略的成功,也是产品的成功。

研究与开发是组织创新的原动力。当企业发展到一定的规模,并在市场上占有了相

当的份额时,企业就需要在研究与开发上下苦功夫。研究开发的目的在于开发出更多独特的产品或服务,建立新的核心竞争力,维持企业活力。

第一节 企业研发

一、企业研发的内涵与对象

研究与开发(research and development,R&D),简称研发,又称研究与发展、研究与试验性发展等。它指为了增加知识总量,包括人类文化和社会知识的总量,探索其新的应用而进行的系统的创造性工作。

一般来说,研究与开发包括三类,即基础研究、应用研究和开发研究。

基础研究包括纯基础研究与特定目标基础研究。纯基础研究主要探索新的自然规律、创造学术性新知识,与特定的应用、用途无关。特定目标基础研究指为取得特定的应用、用途所需的新知识或新规律,运用基础研究的方法所进行的研究。一般来说,企业所进行的基础研究大都属于此类。

应用研究是将基础理论研究中的新知识、新理论应用于具体领域,其目的是探索新知识应用的可能性。

开发研究则是利用基础研究和应用研究的结果,为创造新产品、新技术、新材料、新工艺,或改变现有的产品、工艺、技术而进行的研究。这种研究是以生产为目标的,在应用研究阶段,并没有具体的产品意识,只有到了开发研究阶段,才开始与具体的新产品、新技术联系起来。这一阶段的研究成果主要表现为专利设计书、图样和样品。

随着市场竞争的日益激化,企业越来越重视研发活动。企业对研发活动的投资已从原有的开发阶段开始,逐渐向纯基础研究过度。特别是现代化国际企业,在特定目标基础研究和纯基础研究上的投资已越来越大。

二、企业研发的内容

现代企业研究与开发的主要内容有新产品开发和新技术开发。对于制造类型企业来说,研究与开发的主要目的是为保持长期的竞争优势而不断创造出能够带来高额利润的新产品。也就是说,企业的产品战略应从"制造产品"向"创造产品"改变。随着市场变化的日益频繁、产品生命周期日益缩短,新产品的开发将决定企业经营的基本特征,成为企业一切经营计划的出发点。

新产品开发在企业中的重要地位决定了新技术,即新生产工艺技术开发的重要性。众所周知,技术是企业的基本要素之一,技术具有将企业所拥有的资源转换为产品和服务的机能。新产品的竞争力除了产品本身的功能、性能特征外,还需要有优异的质量和低廉的价格来保证,而后者与生产工艺技术有着密切的关系。一项技术的机能会随着时间和环境的变化而减弱,在技术进步日新月异的今天,技术的生命周期和产品的生命周期一样正在日益缩短。因此,企业需要不断地开发及采用新技术来取代老旧的技术。对于企业来说,新产品开发和新技术开发两者是相辅相成,缺一不可的。

三、企业研发的策略

一般来说,企业进行研究与开发可采用以下五种策略。

(一)独立开发

这是当企业制定的目标可以完全依靠本企业的技术力量就能实现时所选择的方式。这种方式的优点是企业可以完全独立地对研发活动进行管理,避免了大量的协调工作,而且保密性强,可以获得自主研发成果所带来的全部经济利益。其缺点是新产品的开发周期较长,需独立承担全部的研究开发费用,风险较高。这种开发方式要求企业具备较强的科研能力、雄厚的技术力量和一定的技术储备。采用领先型开发策略的企业一般采用这种开发方式。

(二)技术引进

技术引进指企业利用国内外的先进技术从事新产品开发的方式,如直接购买专利技术。引进技术是许多企业开发产品的成功经验,利用这种方式可以节省企业的科研经费,减少开发风险,加速企业技术水平的提高,缩短产品开发周期。研究开发能力较弱的企业适合采取这种方式。

(三)技术引进与独立开发相结合

这种方式是在充分消化吸收引进技术的基础上,结合本企业的特点进行创新。其最大的优点是投资少、见效快,不仅能引进先进技术,而且还能创造出具有本企业特色的新产品。当企业具有一定的开发条件,外部又有比较成熟的新技术时,企业可以采用这种开发方式。采用追随型开发策略的企业一般采用这种开发方式。

(四)联合开发

这是利用本企业和其他企业或公共研究机构各自不同的研究基础,共同或合作进行研发的方式。采用这种方式一方面可以实现优势互补,缩短产品开发时间,降低风险,另一方面可以获得开发成果、合作企业、建立承包关系、销售网共享等利益。联合开发一般有四种形态:按生产流程(如材料—加工—组装)分工的企业的纵向合作,共同承担风险的同行业企业的水平合作,产、学、研的共同合作,在政府指导下的多方共同合作等。如采取这种研发方式,还需考虑各个企业、部门投入的资源比例、需承担的责任,以及可获得的利润分配问题。

(五)委托开发

委托开发指部分或全部借助外部的技术力量进行研发。委托方式既包括国内政府与企业、企业与企业、企业与大学和研究所等研究机构之间的委托,也包括外国政府与本国政府、外国企业(包括跨国公司)与本国企业之间的委托。委托研发方式对委托者和被委托者来说都是有利的:委托者仅提供研究开发费用,就可以借助外部的科研资源取得研发成果;而对被委托者来说,虽然研发成果归委托者,但可弥补自己研发资金的不足,并有助提高自身的研发能力,扩大技术情报来源等。

四、企业情报

(一)企业情报的收集目的

企业情报也叫商业情报、工商情报、经营情报。企业情报的收集主要有以下目的。

(1)为发展新产品提供依据。通过技术经济分析和市场调查可以使企业了解相关产品的技术经济效果、销售情况、发展趋势,从而使企业能够及时开发新产品或调整产品的发展方向,在市场上取得有利地位。

(2)为推广新技术、新工艺提供依据。如何采用技术先进、经济合理的新工艺、新技术提高产品的竞争能力,是企业普遍关注的问题。收集充足的竞争情报,可以使企业采用最新的技术、最新工艺生产出最新的产品,占领市场。

(3)为制定科技政策提供依据。情报工作在为领导制定重大技术决策服务时,可以解决产品质量低、品种少、成本高的问题,促进本企业本部门的技术改造,提高产品质量和经济效益。

(4)为企业制订供销计划,进行市场预测提供依据。在经济竞争中,市场千变万化,企业要随时掌握市场变化。企业制订供销计划,要对市场进行预测,例如,产品花色品种的选取、产品质量的上升程度、价格的波动、用户的动态、本企业产品的销售前景等。

(二)企业情报的信息来源

1. 企业内部部门和员工

企业内部信息是最为可靠和有效的情报信息来源之一,通常包括员工素质、技术应用及财务状况等信息。通过对内部部门员工的信息的收集、处理、分析,企业可以更好地了解自身实力,认识影响企业竞争实力的重要因素。

2. 竞争对手

由于竞争的针对性和对抗性,来自竞争对手的信息是企业最为关注的,也是最为难以获得的。通过收集竞争对手进行的商业活动、展览及公开的商业报表等信息,可以从中了解到对手的产品、技术、价格、销售等方面的信息。

3. 政府部门和行业机构

国家的政策、方针、法规的制定对企业参与市场竞争起着至关重要的作用,这些来自政府部门;而关于行业的发展规划、产业政策、产业特征等行业信息的初始来源是行业机构。因此来自政府部门的宏观经济信息和行业机构的行业经济信息也是企业所必需关注的。

4. 专业文献

各种载体下的专业文献是对社会生产某一方面原始信息的加工处理，包括年鉴、企业名录、专利、行业报告、科技报告、会议记录等。由于专业文献的系统性比较强，所以为信息处理的简单化和可靠性提供了保障。

5. 互联网

互联网是现代信息交流与收集的最佳平台。通过互联网，企业可以用较少的费用发布信息，同样可以用低廉的费用和有限的时间获取各种竞争性信息。特别是随着文献载体信息资源和各种专职信息机构的信息资源在网上的再现，通过互联网，将可以获取多种不同的信息。

6. 专职情报信息服务公司

从专职的情报信息公司获得信息表面上要增加收集信息的成本，但是由于服务公司的专业性和权威性，获取的信息通常会更具有针对性和及时性，尤其是对没有设置独立情报部门的企业，借助情报信息服务公司是明智而且可行的。

7. 数据库

数据库资源是现代信息资源的一种主要发展形式，数据库可以采用光盘、软磁盘、硬磁盘形式记录和传递。数据库的最大优点就是检索效率高，复制成本低，尤其是光盘载体的数据库以其低廉的复制成本深受用户的青睐。

（三）企业情报的收集原则

1. 有针对性的收集

明确要解决什么问题，解决这些问题需要哪些信息，这些信息需要的时间，它们提供给何人，该从何处获得。解决了这些问题，在后面的情报收集工作中，只要坚决贯彻就能做到有针对性了。

2. 系统性的收集

在收集情报时不仅要注意信息的质、信息的量，还应该注意信息收集的系统性。系统的信息可以提高信息的质量，使得信息的使用者可以通过信息之间的相互联系来判断信息的真伪，来进一步进行推理，得出比较合理的结论，为下一步工作打下良好的基础。

3. 全面的收集

只有收集的信息全面，才能了解所要调查的有关国家环境、行业信息、竞争对手的详细情报，使信息真正能为企业所用。

（四）企业情报的收集方法

1. 公开资料的收集

公开资料的收集指搜集同竞争对手相关的一切商业数据。应充分利用各图书馆馆藏资源,也可利用国内联机检索、国际联机检索及 INTERNET 检索;可订阅或浏览相关的报纸、杂志、行业协会出版物、各部门对外公开档案、工商企业的注册资料、上市公司的业绩报表、竞争对手的产品介绍、企业招聘广告、展销会、信用调查报告,也可购买专业调查机构出具的报告等。

2. 市场调查和实地调查

市场调查和实地调查指对现场参观访问、调查、询问、搜集实物样品等情报收集活动的总称。较常用的方法是参加各种展销会、展览会,或直接去了解竞争对手的各类信息。也可以委托合法合规的专业咨询调查公司进行。

3. 反求证法

反求证法就是通过购买竞争对手的产品进行拆卸研究。其目的首先是研究对手的产品是否有仿冒之嫌,其次是研究对手的产品中有否值得借鉴之处。

4. 专业化办事处

不少外国的跨国公司、集团公司、大商社为获取世界各地最先进的与本企业相关的科技情报,在全球广泛设立办事处。其主要职责就是搜集科技情报或最新的市场需求。在我国各主要大中城市,也不乏此类办事处。办事处广招兼职人员,如商务谈判代表、商务拓展代表、客户服务主任、市场调研主任、公关协调主任等,这些人大都是企业情报人员。他们以不起眼的身份,将触角广泛地伸向社会各个角落,伸向竞争对手的方方面面。他们的工作原则是广种薄收,只要从中获取到一两份有价值的企业情报,企业的利润就会十倍甚至百倍地增长。这些大公司、大集团会以与本公司毫不相干的名称成立一些小公司去与竞争对手搞合作、联营等。通过这种方式他们会将对手的情况摸得清清楚楚,上至领导层的基本情况,下至员工的喜怒哀乐,直至对手公司的全部运作状况,他们都了解得一丝不差。

第二节　新产品开发

一、新产品的内涵与重要性

在市场竞争日益激烈的环境下,由于消费者的需求不断变化,科学技术日新月异,产品生命周期大大缩短,所以,不断开发新产品成为企业生存与发展的唯一选择。同时,由于新产品开发过程的代价高昂,企业资金的短缺,外部环境的限制增多及开发周期的加快,所以,按照科学的新产品开发程序进行工作就显得尤为重要。

(一) 新产品的内涵

何谓新产品？从不同的角度,可以对新产品的概念做出不同的描述。一般来说,新产品应在产品性能、材料和技术性能等方面(或仅一方面)具有先进性和独创性,或优于老产品。先进性指由新技术、新材料产生的先进性,或由已有技术、经验技术和改进技术综合产生的先进性。独创性一般指产品由于采用新技术、新材料或引进技术所产生的全新产品或在某一市场范围内属于全新产品。从企业经营的角度来说,新产品必须是:①能满足市场需求;②能够给企业带来利润。后者也正是企业进行新产品开发的动机。

1. 新产品的分类

(1) 全新产品。即具有新原理、新技术、新结构、新工艺、新材料等特征,与现有任何产品毫无共同之处的产品。全新产品是科学技术上的新发明,在生产上的新应用。

(2) 改进新产品。即对现有产品改进性能,提高质量,或求得规格型号的扩展,款式花色的变化而产生出的新品种。

(3) 换代新产品。主要指适合新用途、满足新需要、在原有的产品的基础上,部分地采用新技术、新材料、新元件而制造出来的产品。例如,从电熨斗到自动调温的电熨斗,又到无线电熨斗等。

(4) 本企业新产品。即指对本企业是新的,但对市场并不新的产品。通常企业不会完全仿照市场上的已有产品,而是在造型、外观、零部件等方面作部分改动或改进后推向市场。

以上四种新产品中,换代新产品和改进新产品在市场上居多,也是企业进行新产品开发的重点。特别是在研制全新产品时,必须预先考察新产品能否满足以下条件:①具有设计的可能性;②具有制造的可能性;③具有经济性;④具有市场性。

2. 新产品的发展方向

(1) 多能化。扩大同一产品的功能和使用范围。例如,mp3 和 U 盘组合存储设备,多功能计算器等。在扩大产品功能时还应注意提高产品的精度。

(2) 复合化。把功能上相互有关联的不同单体产品发展为复合产品。例如,洗衣机和干燥机的一体化,集打字、计算、储存、印刷为一体的便携式文字处理机等。

(3) 微型化。缩小产品的体积,减轻其重量使之便于操作、携带、运输及安装。这样还可以节省材料,降低成本。

(4) 简化。改革产品的结构,减少产品的零部件,使产品的操作性能更好,更容易操作,同时也能带来成本的降低。使用新技术、新材料是使结构简化的一个方法,例如用晶体管代替电子管,用集成电路代替晶体管等。使产品的零部件标准化、系列化、通用化也是简化的一个重要途径。

(二) 新产品的重要性

创新是企业生命之所在,如果企业不致力于发展新产品,就有在竞争中被淘汰的危险。努力开发新产品,对于企业的生存发展有着极为重要的意义。

(1) 市场竞争的加剧迫使企业不断开发新产品。企业的市场竞争力往往体现在其产品满足消费者需求的程度及其领先性上。特别是现代市场上企业间的竞争日趋激烈,企业要想在市场上保持竞争优势,只有不断创新,开发新产品。否则,不仅难以开发新市场,而且会失去现有市场。因此,企业必须重视科研投入,注重新产品的开发,以新产品占领市场,巩固市场,不断提高企业的市场竞争力。

（2）产品生命周期理论要求企业不断开发新产品。产品在市场上的销售情况及其获利能力会随着时间的推移而变化。这种变化的规律就像人和其他生物的生命历程一样，从出生、成长到成熟，最终将走向衰亡。产品从进入市场开始直到被淘汰为止这一过程在市场营销学中被称为产品的市场生命周期。产品生命周期理论告诉我们，任何产品不管其在投入市场时如何畅销，总有一天会退出市场，被更好的新产品所取代。企业如果能不断开发新产品，就可以在原有产品退出市场时利用新产品占领市场。值得注意的是，在知识经济时代，新技术转化为新产品的速度加快，产品的市场寿命越来越短，企业得以生存和发展的关键在于不断地创造新产品和改造旧产品。创新是使企业长久发展的唯一途径。

（3）消费者需求的变化需要不断开发新产品。消费者市场需求具有无限的扩展性，也就是说，人们的需求是无止境的，永远不会停留在一个水平上。随着社会经济的发展和消费者收入的提高，对商品和劳务的需求也将不断地向前发展。消费者的一种需求满足了，又会产生出新的需求，循环往复。适应市场需求的变化需要企业不断开发新产品，开拓新市场。

（4）科学技术的发展推动着企业不断开发新产品。科学技术是第一生产力，是影响人类前途和命运的伟大力量。科学技术一旦与生产密切结合起来，就会对国民经济各部门产生重大的影响，伴随而来的是新兴产业的出现、传统产业的被改造和落后产业的被淘汰，从而使企业面临新的机会和挑战。由于科学技术的迅速发展，新产品开发周期大大缩短，产品更新换代加速，从而推动着企业不断寻找新科技来源和新技术专利，开发更多的满足市场需要的新产品。

二、新产品开发的程序和内容

（一）新产品开发的程序

企业新产品的开发过程是一个充满了矛盾、风险和创新的工作过程，也可以说是一项十分复杂的社会工程。从新产品的构思、筛选、设计、试制、鉴定、试销、评价直到全面上市投产，工作内容和环节相当多，涉及面也很广。因此，新产品的开发，一般总是要按照一定的阶段和程序展开。

1. 新产品构思

构思不是凭空瞎想，而是有创造性的思维活动。新产品构思实际上包括了两方面的思维活动：一是根据得到的各种信息，发挥人的想象力，提出初步设想的线索；二是考虑到市场需要什么样的产品及其发展趋势，提出具体的产品设想方案。可以说，产品构思是把信息与人的创造力结合起来的结果。新产品构思，可以来源于企业内外的各个方面，顾客则是其中一个十分重要的来源。据美国 6 家大公司调查，成功的新产品设想，有 60％～80％来自用户的建议。一种新产品的设想，可以提出许多的方案，但一个好的构思，必须同时兼备两条：

（1）构思要非常奇特，具有创造性的思维，就需要有异想天开、富有想象力的构思，才会形成具有生命力的新产品。

(2) 构思要尽可能接近于可行,包括技术和经济上的可行性,根本不能实现的设想,只能是一种空想。

2. 新产品筛选

从各种新产品设想的方案中,挑选出一部分有价值进行分析、论证的方案,这一过程就叫筛选。筛选阶段的目的不是接受或拒绝这一设想,而在于说明这一设想是否与企业目标的表述相一致,是否具有足够的实现性和合理性以保证有必要进行可行性分析。筛选要努力避免两种偏差:其一,不能把有开发前途的产品设想放弃,否则会失去成功的机会;其二,不能把没有开发价值的产品设想误选,以致仓促投产,招致失败。筛选时要根据一定的标准对各种产品的设想方案逐项进行审核。审核的程序可以是严密组织和详细规定的,也可以是随机的。筛选是新产品设想方案实现的第一关。国外有一家重要的咨询公司指出,一般企业只有 1/4 的设想方案可以通过筛选阶段,大约只有 7% 的设想方案在经过筛选后形成了新产品,并获得成功。

3. 编制新产品计划书

这是在已经选定的新产品设想方案的基础上,具体确定产品开发的各项经济指标、技术性能及各种必要的参数。它包括:产品开发的投资规模、利润分析及市场目标,产品设计的各项技术规范与原则要求,产品开发的方式和实施方案,等等。这是制订新产品开发计划的决策性工作,是关系全局的工作,需要企业的领导者与各有关方面的专业技术人员、管理人员通力合作,共同完成。这一步工作做好了,会为新产品的实际开发铺平道路。

4. 新产品设计

这是从技术经济上把新产品设想变成现实的一个重要的阶段,是实现社会或用户对产品的特定性能要求的创造性劳动。新产品的设计,直接影响到产品的质量、功能、成本、效益,影响到产品的竞争力。以往的统计资料表明,产品的成功与否、质量好坏,60%~70% 取决于产品的设计工作。因而,产品设计在新产品开发的程序中占有十分重要的地位。设计要有明确的目的,要为用户考虑,要从掌握竞争优势来考虑。现在,许多企业为了搞好新产品的设计,都十分重视采用现代化的设计方法,如价值工程、可靠性设计、优化设计、计算机辅助设计、正交设计法等。产品设计的科学性,是与科学的设计方法分不开的。

5. 新产品试制

这是按照一定的技术模式实现产品的具体化或样品化的过程。它包括新产品试制的工艺准备、样品试制和小批试制等几方面的工作。新产品试制是为实现产品大批量投产的一种准备或实验性的工作,因而无论是工艺准备、技术设施、生产组织,都要考虑实行大批量生产的可能性,否则,产品试制出来也只能成为样品、展品,只会延误新产品的开发。同时,新产品试制也是对设计方案可行性的检验,一定要避免设计与试制存在差异。不然,就会与新产品开发的目标背道而驰,最终导致失败。

6. 新产品评定

新产品试制出来以后,从技术经济上对产品进行全面的试验、检测和鉴定,这是一次重要的评定工作。对产品的技术性能的试验和测试分析是不可缺少的,主要内容包括系统模拟实验,主要零部件功能的试验及环境适应性、可靠性与使用寿命的试验测试,操作、振动、噪声的试验测试等。对产品经济效益的评定,主要是通过对产品功能、成本的分析,通过对产品投资和利润目标的分析,通过对产品社会效益的评价,来确定产品全面投产的价值和发展前途。对新产品的评价,实际上贯穿开发过程的始终。这一阶段的评定工作是非常重要的,它不仅有利于进一步完善产品的设计,消除可能存在的隐患,而且可以避免产品大批量投产后可能带来的巨大损失。

7. 新产品试销

试销实际上是在限定的市场范围内,对新产品的一次市场实验。通过试销,可以实际检查新产品正式投放市场以后,消费者是否愿意购买,制定在市场变化的条件下,新产品进入市场应该采取的决策或措施。一次必要和可行的试销,对新产品开发的作用是很明显的:

(1) 可以比较可靠地测试或掌握新产品销路的各种数据资料,从而对新产品的经营目标做出适当的修正;

(2) 可以根据不同地区进行不同销售因素组合的比较,根据市场变化趋势,选择最佳的组合模式或销售策略;

(3) 可以根据新产品的市场"试购率"和"再购率",对新产品正式投产的批量和发展规模做出进一步的决策。

8. 商业性投产

这包括新产品的正式批量投产和销售工作。在决定产品的商业性投产以前,除了要对实现投产的生产技术条件、资源条件进行充分准备以外,还必须对新产品投放市场的时间、地区、销售渠道、销售对象、销售策略的配合及销售服务进行全面规划和准备。这些是实现新产品商业性投产的必要条件。不具备这些条件,商品性投产就不可能实现,新产品的开发就难以获得最后的成功。

(二) 新产品开发的内容

企业开发新产品的内容是非常广泛的,可以概括为三方面:一是产品整体性能的开发;二是产品技术条件的开发;三是产品市场条件的开发。

1. 产品整体性能的开发

这是新产品开发活动中最重要、最基本的一部分,它直接决定着产品的成败。

(1) 质量开发。主要包括:质量标准的改进或提高;质量测试手段和保证体系的完善;对存在的质量问题的各种原因的分析;开拓产品新的质量性能的途径。

(2) 品种开发。主要包括:淘汰或改进老产品的品种;增加新品种、新花色、新式样;发展品种的新系列。

(3) 功能开发。主要包括:扩大产品功能的范围;发掘产品的新功能或新用途;增加产品的特殊功能;开辟增加功能、降低成本的新途径。

(4) 结构开发。主要包括:创造产品的新结构,新的构成原理;研制和设计产品的新造型结构;探讨缩小产品体积,减轻产品质量,向轻微型发展的可能性;改进产品包装,增加产品的艺术美,确立新的产品形象。

(5) 使用方式开发。主要包括:改进产品的落后使用方式;增加新的使用方式;研究产品使用的安全性、方便性、灵活性;提高产品自动控制、操作的能力。

2. 产品技术条件的开发

这是新产品的基础性开发活动。它为产品整体性能的开发提供了必要的条件或手段。搞好这方面的开发活动,对提高产品的素质、保证产品的成功开发具有决定性影响。

(1) 科学研究开发。主要包括:收集、整理最新科学技术发展成果的资料或情报;研究最新科学技术成果的应用途径;探讨产品发展的最新技术方向;提出和分析新一代产品的设想及设计方案。

(2) 工艺设备开发。

(3) 原材料开发。

(4) 零部件开发。

3. 产品市场条件的开发

这是新产品效益性的开发活动。它对于实现产品价值,提高产品的效益性、竞争性具有重要的作用。搞好这方面的开发活动,是保证新产品开发获得成功的重要环节。

(1) 商标开发。主要包括:为新产品设计和使用有效的商标;确立名牌商标的信誉。

(2) 广告开发。主要包括:探讨设计与新产品相适应的广告内容;扩大广告宣传的新领域、新对象;提高广告宣传的针对性和竞争力。

(3) 销售渠道开发。主要包括:针对新产品营销,增加销售网点,扩大销售能力;选择合理的销售路线;研究和采用最有效的销售方式;开拓产品新的销售市场、新的销售对象。

(4) 销售服务开发。主要包括:研究有效的销售服务形式;增加新的销售服务项目;完善销售服务的手段,提高销售服务的质量;探讨进一步为用户服务的各种可能性。

三、新产品开发策略

采取正确的新产品开发策略是使新产品开发获得成功的前提条件之一。在制定新产品开发策略时,应借鉴科技发展史及产品发展史上的宝贵经验,分析、预测技术发展和市场需要求的变化,还应做到"知己知彼",即不仅了解本企业的技术力量、生产能力、销售能力、资金能力及本企业的经营目标和战略,还应知道竞争对手的相应情况。

制定新产品开发策略时可以从以下几种不同的侧重点出发。

1. 从消费者需求出发

满足消费者需求是新产品的基本功能。消费者需求可分为两种,一种是眼前的现实的需求,即对市场上已有产品的需求,另一种是潜在的需求,即消费者对市场还没有出现的产品的需求。制定新产品开发策略,既要重视市场的现实需求,也要洞察市场的潜在需求。只看到现实需求,争夺开发热门产品,使有些短线产品很快变成长线产品,形成生能力过剩,造成人力、物力和财力的极大浪费,甚至影响到企业的整个生存和竞争能力。所以,企业开发新产品应该注重挖掘市场的潜在需求,以生产促消费,主动地为自己创造新的市场。

2. 从挖掘产品功能出发

所谓挖掘产品功能,就是赋予老产品以新的功能、新的用途。例如,调光台灯的出现就是一个很好的例子。台灯本来的功能是照明,但调光台灯不仅能照明,还可以起到保护视力和节电的作用,因此在市场上一推出就大受欢迎。近年来还又出现了一种既可调光又可测光的台灯,使光线能调到视力保护最佳的范围,这可以说是对调光台灯功能的进一步挖掘。

3. 从提高新产品竞争力出发

新产品在市场上的竞争力除了取决于产品的质量、功能及市场的客观需求外,也可采取一些其他策略来提高新产品的竞争力。例如,抢先策略,在其他企业还未开发成功,或未投入市场之前,抢先把新产品投入市场。采用这种策略要求企业有相当的开发能力及生产能力,并达到相应的新产品开发管理水平和生产管理水平。紧跟策略,即企业发现市场上出现有竞争能力的产品时,就不失时机地进行仿制,并迅速投入市场。一些中小企业常采用这种策略,这种策略要求企业有较强的应变能力和高效率的开发组织。最低成本策略,即采取降低产品成本的方法来扩大产品的销售市场,"以廉取胜"。采取这种策略要求企业具有较高的生产技术开发能力和较高的劳动生产率。

第三节　产品设计及其评价

一、产品设计方法

本节给出了产品设计的几种常用方法,包括模块化设计、计算机辅助设计(computer aided design,CAD)、反求工程和稳健设计。

1. 模块化设计

这种方法是以企业的标准件、通用件和过去生产过的零部件为基础,用组合方式(或称为堆积木方式)来设计新产品。或者是在试验研究的基础上,设计出一系列可互换的模块,然后根据需要选用不同的模块与其他部件组合成不同的新产品。在机电产品设计中,这种方法应用很普遍。

采用这种方法的前提是必须使零部件标准化、通用化,并加强对这些零部件的管理工作。应事先规定每个标准件和通用件的特征及其使用范围,在进行新产品设计时,设计人员可运用优选法,选择适当的标准化以及通用化零部件。设计时通常可以拟定几个产品组合方案,通过技术经济效果分析或采用价值工程分析方法,选择最优组合方案。因此,这种设计方法最容易实现产品设计自动化,容易实现利用计算机进行辅助设计。

2. CAD

近年来,随着计算机技术的显著发展、技术革新的进步和市场需求的日益多样化及产品寿命周期的普遍缩短,给产品设计也带来了很大的变化。曾经需依靠人力所进行的许多作业都通过计算机的应用而实现了自动化。

随着对新产品开发周期的缩短、生产制造系统的柔性也提出了越来越高的要求。CAD 正是在这样的背景下出现的一种通过计算机的应用而进行高效率、高精度产品设计的方法。

CAD 从首次用于产品设计及制造至今已有三十多年的历史,近十来年才取得了相当的进展和普及。随着计算机机能、性能的不断提高及价格的降低,CAD 的软件开发已取得了很大的进展。从自动制图开始的,现在已发展到解析、模拟、三维曲面设计、轮廓设计、曲面 NC 数据生成、焊接机器人的最佳配置等高度复杂工作。CAD 目前已广泛应用于建筑、机械、成型、电机、电子、汽车、船舶、飞机、车辆、机床、造纸等各种行业。

CAD 的主要机能是设计计算和制图。作为其附带机能,还可以用来制作管理零件一览表,进行成本估算,等等。

设计计算主要指用计算机来进行机械设计等基于工程和科学规律的计算,以及在设计产品的内部结构时,为使某些性能参数或目标达到最优而应用优化技术所进行的计算。这些计算通常很复杂,要求的精确度也很高,在以往用人工进行的设计中,往往需要花大量的时间,计算完后还需要进行反复的检查、验算。而利用计算机,用很少的人力和时间就可完成这些计算,并且计算精确度较高,不易出错。

计算机制图通过计算机的人机对话图形处理系统来实现。在这种系统中带有图形处理程序,操作人员只须把所需图形的形状(如圆、矩形等)、尺寸(如圆的半径、矩形的长和宽)及图形位置等参数输入计算机,计算机就可自动在指定的位置上绘出该图形。通用件、标准件的图纸及一些常用图形的形状、尺寸和规格等可预先存储在计算机内,以便随时调用。人机对话图形处理系统使设计人员能够在计算机屏幕上随意放大或缩小图形,可以使图形向上、下、左、右任一方向移动及转动,可以任意删除,也可以对预先存储在计算机内的不同标准图形随意进行组合,还可以将绘好的三视图在计算机上自动转换成立体图,等等。因此,极大地提高了制图速度,把设计人员从日常繁重的制图劳动中解放了出来。制图方式的这种改变对新产品开发周期的缩短起了很大的作用。由 CAD 产生的图形形状数据还可直接用来生产 NC 数据以及用来编制控制机器人的程序。

3. 反求工程

近年来,反求工程技术在我国的工业设计领域的应用发展非常快,特别是在快速成型技术中的应用范围越来越广泛。

反求工程是对已有的实物进行扫描或根据其已有影像为信息源,通过数据处理,建立实物的几何模型。反求工程的广义定义是针对消化吸收先进技术的一系列分析方法和应用技术的组合。它是以先进产品设备的实物、软件(图纸、程序、技术文件等)或影像(图片、照片等)作为研究对象,应用现代设计理论方法、生产工程学、材料学和有关专业知识进行系统深入的分析和研究,探索其关键技术,进而开发出同类的先进产品。反求工程的狭义定义是根据实物模型的坐标测量数据,构造实物的数字化模型(CAD 模型),使得能利用 CAD/CAM、RPM、PDM 及 CIMS 等先进技术对其进行处理或管理。反求工程包括形状反求、材料反求和工艺反求等,目前形状反求具有更加重要的地位和作用。

反求工程的着眼点在于对原有实物进行修改和再设计,而后制造出新的产品。这不仅避免了"侵权"的法律问题,而且满足于现代社会的实际需要。在企业竞争中,利用反求工程开发实物情报中的隐含信息对企业是非常有利的。在激烈的国际竞争中,要迅速及时地掌握国外大量的先进技术,了解竞争对手的现状和动向,除了进行技术间谍活动外,正常途径便是借助于反求工程。

也许有人会说:"反求工程就是仿形、克隆或仿制,就是依葫芦画瓢。"实际上,反求工程的应用目的并不是简单地仿形、克隆或仿制他人产品。因为仿形、克隆或仿制不需要建立几何模型,是产品到产品的模拟过程,而反求工程需要建立几何模型。反求工程并不限于样件复制,它的最终目标是在获得实物基本数据的条件下,对数据进行必要的处理,对模型进行分析、修改等。反求工程获得的不仅仅是实物具象的数字描述,更重要的是获得了从数据中抽象计算出来的几何特征和特征属性(参数、坐标等),这种特征的描述具有语义,并可以进行语义运算和其他语义操作,从而实现了和概念设计的接口。

4. 稳健设计

20 世纪 90 年代以来,设计已成为各发达工业国家的热点,越来越多的企业认识到产品质量首先是设计出来的,并把产品质量从以往被动地依靠产品检验和生产过程控制来保证,发展到主动地从产品质量设计入手,从根本上确立产品的优良品质。稳健设计就是一种有效的保证产品高质量的设计方法。

稳健设计(robust design)又称健壮设计,鲁棒设计。是 20 世纪 70 年代日本著名质量管理学家田口玄一博士提出的一种应用性很强的、行之有效的新工程设计方法,国际上称之为田口方法(Taguchi method)。田口博士把产品设计分为三个阶段进行,即系统设计、参数设计、容差设计,简称三次设计法或三段设计法(或损失模型法)。这种设计赋予产品或过程高性能和低成本,使其性能对在制造期间的变异或使用环境(包括维修、运输、储存)的变异并不敏感,并且在寿命周期内,不管其组件发生漂移或老化都能持续满意工作。由此可见,稳健设计不是通过选用高品质材料、精密制造、严格限制使用条件等来消除噪声的影响。而是在产品设计阶段通过优化设计方案,尽量减少质量波动,从而获得低成本、高性能、高可靠性的产品。

二、价值工程

价值工程(value engineering,VE)又称价值分析(value analysis,VA),是一门新兴的管理技术,是降低成本,提高经济效益的有效方法。

1. 价值工程简介

所谓价值工程,指通过集体智慧和有组织的活动对产品或服务进行功能分析,使目标以最低的总成本(寿命周期成本),可靠地实现产品或服务的必要功能,从而提高产品或服务的价值。价值工程的主要思想是通过对选定研究对象的功能及费用分析,提高对象的价值。这里的价值指反映费用支出与获得之间的比例,用数学比例式表达为:

$$价值=功能/成本$$

价值工程 20 世纪 40 年代起源于美国,劳伦斯·戴罗斯·麦尔斯(Lawrence D. Miles)是价值工程的创始人。1961 年美国价值工程协会成立时他当选为该协会第一任会长。在第二次世界大战之后,由于原材料供应短缺,采购工作常常碰到难题。经过实际工作中孜孜不倦地探索,麦尔斯发现有一些相对不太短缺的材料可以很好地替代短缺材料的功能。后来,麦尔斯逐渐总结出一套解决采购问题的行之有效的方法,并且把这种方法的思想及应用推广到其他领域。例如,将技术与经济价值结合起来研究生产和管理的其他问题,这就是早期的价值工程。1955 年这一方法传入日本后与全面质量管理相结合,得到进一步发扬光大,成为一套更加成熟的价值分析方法。麦尔斯发表的专著《价值分析的方法》使价值工程很快在世界范围内产生巨大影响。

2. 价值工程的特点

(1) 价值工程是以寻求最低寿命周期成本,实现产品的必要功能为目标。价值工程不是单纯强调功能提高,也不是片面地要求降低成本,而是致力于研究功能与成本之间的关系,找出二者共同提高产品价值的结合点,克服只顾功能而不计成本,或只考虑成本而不顾功能的盲目做法。

(2) 价值工程以功能分析为核心。在价值工程分析中,产品成本计量是比较容易的,可按产品设计方案和使用方案,采用相关方法获取产品寿命周期成本。但产品功能确定比较复杂、困难。因为功能不仅影响因素多且不易定量计量,而且由于设计案、制造工艺等的不完善,不必要功能的出现,以及人们评价产品功能方法存住差异性等,会造成产品功能难以准确界定。所以,产品功能的分析成为价值工程的核心。

(3) 价值工程是一个有组织的活动。价值工程分析过程不仅贯穿于产品整个寿命周期,而且涉及面广,需要所有参与产品生产的单位、部门及专业人员的相互配合,才能准确地进行产品的成本计量、功能评价,达到提高产品的单位成本功效的目的。所以,价值工程必须是一个有组织的活动。

(4) 价值工程分析是以产品成本、功能指标、市场需求等有关的信息数据资料为基础,寻找产品创新的最佳方案。因此,信息资料是价值工程分析的基础,产品创新才是价值工程的最终目标。

(5) 价值工程能将技术和经济问题有机地结合起来。尽管产品的功能设置或配置是一个技术问题,而产品的成本降低是一个经济问题,但价值工程分析过程通过"价值"(单位成本的功能)这一概念,把技术工作和经济工作有机地结合起来,克服了产品设计制造中普遍存在的技术工作与经济工作相互脱节的现象。

3. 提高价值的基本途径

提高价值的基本途径有五种。

(1) 提高功能,降低成本,大幅度提高价值。

(2) 功能不变,降低成本,提高价值。

(3) 功能有所提高,成本不变,提高价值。
(4) 功能略有下降,成本大幅度降低,提高价值。
(5) 大幅度提高功能,适当提高成本,从而提高价值。

4. 开展价值工作的原则

麦尔斯在长期实践过程中,总结了一套开展价值工作的原则,用于指导价值工程活动的各步骤的工作。这些原则有以下几点。

(1) 分析问题要避免一般化、概念化,要作具体分析。
(2) 收集一切可用的成本资料。
(3) 使用最好、最可靠的情报。
(4) 打破现有框架,进行创新和提高。
(5) 发挥真正的独创性。
(6) 找出障碍、克服障碍。
(7) 充分利用有关专家,扩大专业知识面。
(8) 对于重要的公差,要换算成加工费用来认真考虑。
(9) 尽量采用专业化工厂的现成产品。
(10) 利用和购买专业化工厂的生产技术。
(11) 采用专门生产工艺。
(12) 尽量采用标准。
(13) 以"我是否这样花自己的钱"作为判断标准。

这13条原则中:第1~5条是属于思想方法和精神状态的要求,提出要实事求是,要有创新精神;第6~12条是组织方法和技术方法的要求,提出要重专家、重专业化、重标准化;第13条则提出了价值分析的判断标准。

5. 价值工程的实施程序

价值工程已发展成为一门比较完善的管理技术,在实践中已形成了一套科学的实施程序。这套实施程序实际上是发现矛盾、分析矛盾和解决矛盾的过程,通常是围绕以下七个合乎逻辑程序的问题展开的。

(1) 这是什么?
(2) 这是干什么用的?
(3) 它的成本多少?
(4) 它的价值多少?
(5) 有其他方法能实现这个功能吗?
(6) 新的方案成本多少?功能如何?
(7) 新的方案能满足要求吗?

按照顺序回答和解决这七个问题的过程,就是价值工程的工作程序和步骤。即:选定对象、收集情报资料、进行功能分析、提出改进方案、分析和评价方案、实施方案、评价活动成果。

三、并行工程

并行工程产生之前,产品功能设计、生产工艺设计、生产准备等步骤以串行生产方式进行。这种生产方式的缺陷在于:后面的工序在前一道工序结束后才参与到生产链中来,它对前一道工序的反馈信息具有滞后性;一旦发现前面的工作中含有较大的失误,就需要对设计进行重新修改、对半成品进行重新加工,于是会延长产品的生产周期、增加产品的生产成本、造成不必要的浪费,产品的质量也不可避免地受到影响。

1986年,美国国防工程系统首次提出了"并行工程"的概念,初衷是为了改进国防武器和军用产品的生产,缩短生产周期、降低成本。由于该方法的有效性,不久,各国的企业界和学术界都纷纷开始研究它,并行工程也从军用品生产领域扩展到民用品生产领域。

1. 并行工程的概念

关于并行工程有很多定义,至今得到公认的是1986年美国国防分析研究所在其R-338研究报告中提出的定义:"并行工程是对产品及其相关过程(包括制造过程和支持过程)进行并行的一体化设计的一种系统化的工作模式。这种工作模式力图使开发者们从一开始就考虑到产品全生命周期(从概念形成到产品报废)中的所有因素,包括质量、成本、进度和用户需求。"

简要地来讲,并行工程(concurrent engineering,CE)是集成地、并行地设计产品及其零部件和相关各种过程(包括制造过程和相关过程)的一种系统方法。换句话说,就是融合公司的一切资源,在设计新产品时,就前瞻性地考虑和设计与产品的全生命周期有关的过程。在设计阶段就预见到产品的制造、装配、质量检测、可靠性、成本等各种因素。

并行工程使企业在设计阶段就预见到产品的整个生命周期,是一种基于产品整个生命周期的具备高度预见性和预防性的设计。需要指出的是,有人把并行工程简单地等同于并行生产或者并行工作,认为并行工程就是同时或交错地开展生产活动。这种看法是错误的。并行工程最大的一个特点是强调所有的设计工作要在生产之前完成。

2. 并行工程的实施方法

并行工程方法的实质就是要求产品开发人员与其他人员一起共同工作,在设计阶段就考虑产品整个生命周期中从概念形成到产品报废处理的所有因素,包括质量、成本、进度计划和用户的要求等。

从上述定义可以看出,要想开展并行工程,必须从如下几个方面来努力。

(1)团队工作方式

并行工程在设计开始,就应该把产品整个生命周期所涉及的人员都集中起来,确定产品性能,对产品的设计方案进行全面的评估,集中众人的智慧,得到一个优化的结果。这种方式使各方面的专才,甚至包括潜在的用户都汇集在一个专门小组里,协同工作,以便从一开始就能够设计出便于加工、装配、维修、回收、使用的产品。并行工程需要成员具备团队精神,这样不同专业的人员才能在一起协同工作(team work)。

这样的工作方式从相当大程度上克服了原来串行生产模式的弊病。过去,由于单个设计人员的知识和经验的局限性,很难全面地考虑到产品生产中各个阶段的要求;加上设备、工艺、材料的复杂性和多样性,难以对多个设计方案进行充分的评价和筛选,在时间紧迫的情况下,设计人员大多选择最方便的方案,而不是最适宜的方案。于是返工现象就在所难免。

(2) 技术平台

实施并行工程,必须有相应的技术支持,才能完成基于计算机网络的并行工程。技术平台包括:

① 一个完整的公共数据库,它必须集成并行设计所需要的诸方面的知识、信息和数据,并且以统一的形式加以表达;

② 一个支持各方面人员并行工作,甚至异地工作的计算机网络系统,它可以实时、在线地在各个设计人员之间沟通信息、发现并调解冲突;

③ 一套切合实际的计算机仿真模型和软件,它可以由一个设计方案预测、推断产品的制造及使用过程,发现所隐藏的阻碍并行工程实施的问题。

(3) 对设计过程进行并行管理

技术平台是并行工程的物质基础,各行业专家是并行工程的思想基础。并行工程是基于专家协作的并行开发。但是,并不是有了专家和技术平台,就可以自然而然地产生效益,还要对这个并行过程进行有效的管理。由于每个专业的人士受其专业知识的限制,往往对产品的某一个方面的因素考虑得较多,而忽视了产品的整体指标,因此确定一个全面的设计方案,需要各专家多次的交流、沟通和协商。在设计过程中,团队领导要定期或者不定期地组织讨论,团队成员都畅所欲言,可以随时对设计出的产品和零件从各个方面进行审查,力求使设计出的产品不仅外观美、成本低、便于使用;而且便于加工、装配、维修、运送,在产品的综合指标方面达到一个满意值。

这种并行工程方式与传统方式相比,可以保证设计出的最终原型能够集中各方面专家的智慧,是一个现行情况下最完美的模型,在很大程度上可以避免设计缺陷造成产品返工,由于设计反复修改引起人、财、物的浪费。

(4) 强调设计过程的系统性

并行设计将设计、制造、管理等过程纳入一个整体的系统来考虑,设计过程不仅出图纸和其他设计资料,还要进行质量控制、成本核算,也要产生进度计划等。例如,在设计阶段就可同时进行工艺(包括加工工艺、装配工艺和检验工艺)过程设计,并对工艺设计的结果进行计算机仿真,直至用快速原型法生产出产品的样件。

(5) 基于网络进行快速反馈

并行工程往往采用团队工作方式,包括虚拟团队。在计算机及网络通信技术高度发达的今天,工作小组完全可以通过计算机网络向各方面专家咨询,专家成员既包括企业内部的专家,也包括企业外部的专家。这样专家可以对设计结果及时进行审查,并及时反馈给设计人员。这不仅大大缩短设计时间,还可以保证将错误消灭在"萌芽"状态。计算机、数据库和网络是并行工程必不可少的支撑环境。

3. 并行工程的实施效益

实施并行工程,会为企业带来许多明显的效益。

(1) 缩短产品投放市场的时间

当前顾客要求越来越短的交货期。在产品供不应求的时代,顾客主要考虑产品的功能,要求功能的完善程度和实用性,其他的要求则放在次要的位置。随着制造技术的发展,商品充足,顾客看重产品的价格。当制造商通过诸如精益生产等方式尽力降低成本,把价格降到一定程度后,顾客又注重产品质量。市场的发展态势表明,缩短交货期将会成为下一阶段的主要特征。并行工程技术的主要作用就是可以大大缩短产品开发和生产准备时间。据报道,由于实施了并行工程的虚拟产品开发策略,福特公司和克莱斯勒公司将其新型汽车的开发周期由36个月缩短至24个月。设计和试制周期仅为原来的50%。

(2) 降低成本

并行工程可在三个方面降低成本:首先,它可以将错误限制在设计阶段。据有关资料介绍,在产品生命周期中,错误发现得愈晚,造成的损失就愈大。其次,并行工程不同于传统的"反复试制样机""反复做直到满意"的做法,其强调"一次达到目的",这种"一次达到目的"的要求是靠软件仿真和快速样件生成实现的,省去了昂贵的样机试制。最后,由于在设计时考虑到加工、装配、检验、维修等因素,强调了产品的整体成本优化,因此,产品的全生命周期成本就降低了,既有利于顾客,又有利于制造者。

(3) 提高质量

采用并行工程技术,尽可能将所有质量问题消灭在设计阶段,使所设计的产品便于制造、易于维护。这就为质量的"零缺陷"提供了基础,使得制造出来的产品甚至用不着检验就可上市。事实上,根据现代质量控制理论,质量首先是设计出来的,其次才是制造出来的,并不是检验出来的。检验只能去除废品,而不能提高质量。并行工程技术主要是从根本上保证了质量的提高。例如福特公司和克莱斯勒公司与国际商业机器公司合作开发的虚拟制造环境用于其新型车的研制。在样车生产之前,发现其定位系统的控制及其他许多设计缺陷,避免了公司以后的损失。

(4) 增强功能的实用性

由于并行工程在设计过程中,同时有销售人员参加,有时甚至还包括顾客,这样的设计方法紧贴市场趋势,反映了用户的需求,从而保证去除顾客不需要的冗余功能,降低设备的复杂性,提高产品的可靠性和实用性。另外并行工程增强了企业的市场竞争能力。由于并行工程可以较快地推出适销对路的产品并投放市场,而且设计模型合理,使生产制造成本降低,同时保证产品质量,因而,企业的市场竞争能力将会得到加强。

四、产品设计评价

按新产品的研究和开发程序,产品设计评价可分初期评价、中期评价、终期评价和事后评价四个时期。

1. 初期评价

初期评价指在新产品构想及方案的产生阶段进行的评价,往往是概略性的评价。例如:对一般机电产品的研究开发主要是方案形成和先期阶段的评价;而对于像新型战机、主战坦克的产品而言,包括战术要求和技术经济论证阶段以及总体方案设计阶段的评价。

从技术调查开始,分析现有产品的现状及其发展趋势,提出总的任务目标,进而设想为实现目标和各种可能途径,提出产品或系统的功能特性指标,初步确定各子系统的功能定义和技术要求。初期评价偏重于技术理论、设计理论、结构先进性、解决技术关键等问题的可能性,以及经费来源、时间允许等可行性论证和分析。由于其评价的要素是通过调查分析和技术预测而定的,因而带有一定的风险性。这一时期的主要评价方法是根据给定目标,提出各种可供选择的方案,以及相应的效果和费用。通过概略评价,对各方案进行粗略筛选,保留少数方案进行基本设计和实验。

2. 中期评价

中期评价主要是从设计开始至设计定型之前所进行的评价。由于这一时期较长,评价的活动较多,它的目的是实验新产品设计的正确性,包括技术和经济两个方面,对暴露出来的问题逐个解决。在这一时期,随着方案的具体化进行较为详细的评价。同样,在设想具体化的基础上,可能有多重具体方案,并可能涉及部件或零件结构、采用材料、加工工艺、装配方法及采用的设备和工艺装备等。对这些方案都要在技术、经济和社会环境等方面进行详细评价,进而对产品作出综合评价。评价的方法比较具体和仔细,为了检验方案正确与否,取得实际的技术数据和资料,可以采用各种试验方法。具体如下所示。

(1) 理论实验。即把各方案的技术条件,通过公式(或模拟)进行计算,取得比较数据,鉴定方案优劣。

(2) 模型验证。即把有希望的设计方案制成模型进行试验,取得初步资料。有的建立实物模拟台,对系统进行全尺寸或同比例缩小或放大的实物模拟试验。

(3) 样品试验。即把有希望的极少数方案做出样品,通过现场试验,取得必要的技术资料,以验证设计的正确性。

这一时期的经济评价工作也比较具体,可以对不同方案估算出制造成本和寿命周期成本,比较制造成本和顾客的经济效益,选择使两者利益平衡的最优方案。

价值工程的方法在这个时期具有更重要的应用价值,不仅可以为各种方案做出价值评价,而且帮助设计工程师改进设计工作,做到技术与经济的统一,实现方案的优化。

3. 终期评价

终期评价指在新产品样品制成之后进行的评价。重点是全面审查新产品各项性能指标与生产成本是否符合原定的各项要求,做好投产前的准备工作,防止可能出现其他问题。终期评价主要形式是设计和生产定型鉴定。它通过实际获得的技术和经济效果数据,做出研制成败与否、产品能否被顾客接受的结论。

4. 事后评价

事后评价指产品在投产一段时期之后所进行的评价。主要是为了考核新产品的实用效果。一般采用收集顾客意见、现场调查等方法。所得出的评价意见可作为进一步改进产品技术性能和经济指标的依据。

第四节 服务设计

一、服务设计概述

在某些情况下,产品设计和服务设计是同时进行的,其原因在于出售商品和提供服务有时是同时进行的。例如,为一辆车更换机油包括了提供服务(抽干残油,注入新油)和出售商品(新油)。类似的,铺装新地毯包括了提供服务(服务)和出售产品(地毯)。在某些情况下,顾客所接受的确实是单纯的服务,如理发或平整草地。但是,在大多数情况下,两者兼而有之,只不过与出售商品相比,提供服务的份额可能相对较低。即使在制造业,也有如机器维修、员工培训、安全检查之类的服务。由于商品和服务往往是交错的,为了有效进行管理,管理人员对商品和相关的服务都要有充分的了解。

1. 产品设计和服务设计的区别

(1) 一般情况下,产品是实实在在的,看得见、摸得着的。因此,服务设计通常要比产品设计更注重其不可触摸因素(如思维的清醒程度、气氛等)。

(2) 多数情况下,服务的提供和给予是同时进行的(如理发、洗车等)。在这种情况下,能够先于顾客发现和改正服务中的错误就更加困难。所以,员工培训、工作流程设计及处理好与各部门的关系就显得特别重要。

(3) 服务没有"存货",因此限制了它的可变性,这就使服务系统的设计显得非常重要。

(4) 服务对于顾客来说是"透明的",在设计中必须牢记这点。这也为服务系统的设计提出了更多的要求,而这在产品设计中是不存在的。

(5) 对某些服务业,其介入和退出非常容易,这给服务设计提出了更大的挑战,要求服务设计必须要有创新并考虑成本因素。

(6) 便利性是服务设计要考虑的一个主要因素,选址通常对服务设计有着重要影响,因此,服务设计和位置选择应同时进行考虑。

下面对两者之间的某些差异作更为细致的分析。就顾客与服务系统的接触程度来说,从无接触到高度接触。当顾客接触程度很低或没有接触时,服务设计与产品设计基本相同;顾客与服务系统的接触程度越高,服务设计与产品设计的差异就越大,服务设计就越复杂。顾客与服务系统接触意味着服务设计中必须进行相应流程的设计。在产品设计时必须要考虑产品的制造能力,这样做是允许的,也是可能的,因为产品和生产系统毕竟是两个分隔的实体。而下列有关服务设计的例子则说明了当顾客是系统的一部分时,服务和生产流程之间联系的不可分割性:冰箱制造厂改变了装配冰箱的程序,这种变化会被购买冰箱的顾客明显地感受到。相反,公交公司改变车辆调度计划或行车路线,这些变化对骑车人而言是不明显的。所以,顾客与服务系统的接触程度对服务设计有很大的影响。

2. 服务设计的概念

服务设计是基于服务策略选择的,服务策略决定了服务的性质、重点及其目标市场。这就要求管理人员要评估一种特殊服务的潜在市场和盈利能力,以及组织提供该服务的能力。一旦组织确定了服务的重点和目标市场,就应确定目标市场顾客的要求和期望。接下来,服务设计者根据这些信息设计服务传递系统(即工具、流程、提供服务所需的全体工作人员)。服务传递系统包括邮政、电话、信息服务(电脑网络、传真)及面对面的接触。

服务设计的两个关键点是服务要求的变化程度及顾客接触服务系统并渗透到传递系统的程度。这会影响到服务的标准化或必须定制的程度。顾客接触程度或服务要求的变化程度越低,服务能达到的标准化程度就越高,没有接触及很少或没有流程变化的服务设计与产品设计及其类似。相反,高可变性及高顾客接触程度通常意味着服务必须要高度定制。如图 4-1 所示说明了这一概念。

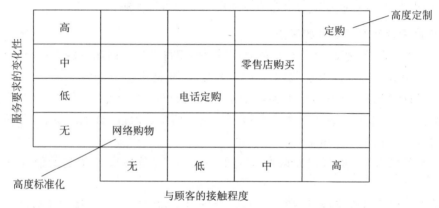

图 4-1　服务变化与顾客的接触程度对服务设计的影响

在进行服务设计时,要考虑的一个相关因素是销售机会:顾客接触的程度越大,销售的机会就越大。

3. 服务设计的原则

理查德·蔡斯(Richard Chase)在进行了大量有关认知心理学、社会行为学的研究和服务设计实践后给出了服务设计的首要原则,主要包括以下内容。

(1) 让顾客控制服务过程。研究表明,当顾客自己控制服务过程的时候,他们的抱怨会大大减少。即使是自助式的服务,当顾客在服务使用过程中操作不当时,也不会对自助系统产生过多抱怨。

(2) 分割愉快、整合不满。研究表明如果一段经历被分割为几段,那么在人们印象中整个过程就要比实际时间显得更长。因此可以利用这一结论,将使顾客感到愉快的过程分割成不同的部分,而将顾客不满(如等待)的部分组成一个单一的过程。这样有利于实现更高的服务质量。

(3) 强有力的结束。这是行为学中一个普遍的结论。在服务过程中,相对于服务开始,往往是服务结束时的表现决定了顾客的满意度。因此在服务设计中,服务结束的内容和方式应当成为一个重点考虑的问题。

4. 服务蓝图

由休斯塔克(Shostack)首先提出的服务蓝图技术,提供了一个很好的服务设计并进行深入分析服务流程的工具。

服务蓝图是一种准确地描述服务体系的工具,它借助于流程图,通过描述服务提供过程、服务接触、员工和顾客的角色及服务的有形证据来直观地展示服务。经过服务蓝图的描述,服务被合理地分解成服务提供过程的步骤、任务及完成任务的方法,使服务提供过程中所涉及的人都能直观地理解和处理它,而不管他们是企业内部员工还是外部顾客,也不管他们的出发点和目的是什么。更为重要的是顾客同服务人员的接触点在服务蓝图中被清晰地标示,从而达到通过这些接触点来控制和改进服务质量的目的。

(1) 服务蓝图的结构

服务蓝图包括顾客行为、前台员工行为、后台员工行为和支持过程。绘制服务蓝图的符号等并非一成不变,因此所有的特殊符号、蓝图中分界线的数量,以及蓝图中每一组成部分的名称都可以因其内容和复杂程度而有所不同。当深刻理解蓝图的目的,并把它当成一个有用工具而不是什么设计服务的框架时,所有问题就迎刃而解了。

整个服务蓝图被 3 条线分成 4 个部分,自上而下分别是顾客行为、前台接触员工行为、后台接触员工行为及支持过程。

① 最上面的一部分是顾客行为,这一部分紧紧围绕着顾客在采购、消费和评价服务过程中所采用的技术和评价准展开。

② 接下来是前台接触员工行为,这部分则紧围绕前台员工与顾客的相互关系展开。

③ 再接下来是后台接触员工行为,它围绕支持前台员工的活动展开。

④ 最后一部分是服务的支持过程,这一部分覆盖了在传递服务过程中所发生的支持接触员工的各种内部服务、步骤和各种相互作用。

隔开 4 个关键行动领域的 3 条水平线。最上面的一条线是"外部相互作用线",它代表顾客和服务企业之间的直接相互作用,一旦有垂直线和它相交叉,服务遭遇,即顾客和企业之间的直接接触就发生了;中间的一条水平线是"可见性线",通过分析发生在"可见性线"以上及以下的服务数量,一眼就可看到为顾客提供服务的情况,并区分哪些活动是前台接触员工行为,哪些活动是台后接触员工行为;第三条线是"内部相互作用线",它把接触员工的活动同对它的服务支持活动分隔开来,是"内部顾客"和"内部服务人员"之间的相互作用线,如有垂直线和它相交叉则意味着发生了内部服务接触。

顾客行为部分包括顾客在购买、消费和评价服务过程中的步骤、选择、行动和互动。这一部分紧紧围绕着顾客在采购、消费和评价服务过程中所采用的技术和评价展开。

与顾客行为平行的部分是服务人员行为。那些顾客能看到的服务人员表现出的行为和步骤是前台员工行为。这部分则紧密围绕前台员工与顾客的相互关系展开。

那些发生在幕后,支持前台行为的雇员行为称作后台员工行为。它围绕支持前台员工的活动展开。

蓝图中的支持过程部分包括内部服务和支持服务人员履行的服务步骤和互动行为。这一部分覆盖了在传递服务过程中所发生的支持接触员工的各种内部服务、步骤和各种相互作用。

服务蓝图与其他流程图最为显著的区别是包括了顾客及其看待服务过程的观点,每个行为部分中的方框图表示出相应水平上执行服务的人员执行或经历服务的步骤。

(2)建立服务蓝图的步骤

① 识别欲建立服务蓝图的服务过程、明确对象。

② 识别顾客对服务的经历。

③ 从顾客角度描绘服务过程。

④ 描绘前台、后台接触员工行为。

⑤ 把顾客行为、服务人员行为与支持功能相连。

⑥ 在每个顾客行为步骤上加上有形展示。

二、服务系统及设计方法

(一)服务系统

1. 服务系统的分类

通常将服务创造过程中与顾客接触的程度作为服务系统分类的主要标志。顾客服务接触度指顾客在服务系统中的时间与服务所耗费总时间的比值。按这种标志分类,可以将服务划分为以下几种基本类型。

(1)高接触度服务系统。指那些与顾客直接接触的服务运作系统。提供服务的一方与顾客之间在服务过程中保持的接触程度很高,例如,旅行社的导游服务、旅馆的接待服务、保险公司的个人服务等。这类服务系统往往注重服务的质量和适应性,即根据具体顾客的需要来提供服务,而不注重追求效率。

(2)低接触度服务系统。这是在服务过程中顾客与服务提供方的接触程度比较低或不与顾客直接接触的一种服务运作系统。例如,服务企业的行政管理、会计事务处理、银行中的支票处理业务等。由于顾客参与服务过程少,大部分工作可以借助机器和标准程序与方法完成,因此,这类服务系统较注重效率和成本。

(3)混合型服务系统。指性质和内容介于高接触度系统和低接触度系统之间的各种服务运作系统。如银行的出纳业务、火车站的服务作业等。

2. 服务系统的设计要求

(1)服务系统的一致性要求。这意味着服务系统的每一个要素都要与企业的运作核心相一致。

(2)服务系统的便利性要求。这意味着顾客可以很容易地与系统进行交流。

(3)服务系统的稳定性要求。这意味着服务系统能够有效地应付需求和可用资源的变化。

(4)服务系统的结构化要求。这意味着服务系统具有结构化特点。

3. 服务平台的构建——服务系统设计矩阵

服务系统设计的一个重要内容就是使服务系统与顾客需求相适应。服务流程的成功与失败与服务方式的选择有直接关系。即什么样的需求特征,应该有什么样的服务方式。如图 4-2 所示的服务系统矩阵给出了六种服务方式的选择。

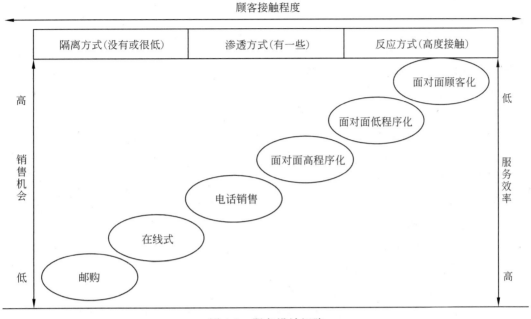

图 4-2　服务设计矩阵

服务设计矩阵的上端表示顾客与服务接触的程度:隔离方式表示顾客与系统完全分离或很少接触,顾客接触程度很低;渗透方式表示与顾客接触是利用电话或面对面沟通;反应方式既要接收又要回应顾客的要求。

服务设计矩阵的左端表示市场定位的一种逻辑,即顾客接触程度越高,销售机会也就越大,右端表示随着顾客对服务系统参与程度,服务效率变化的情况。顾客参与程度越高,对系统效率影响就越大。

(二) 服务设计方法

到目前为止,较成熟的服务设计方法有三种:工业化方法、顾客化方法和技术核分离方法。以下对这三种方法的主要特点加以概述。

1. 工业化方法

这种方法的基本思路是:将制造业的生产技术和管理方法用于标准化、大量型的服务类型。这种服务类型通常所需的服务技术较简单、规范,而且要求服务过程对所有顾客有一致性。其主要管理问题是提高服务效率,提高服务质量的稳定性,而这正是制造业企业管理方法的优势所在。20 世纪 70 年代,服务设计的工业化方法在一些技术密集型、标准化、大规模的服务行业得到了广泛应用,如餐饮、零售、银行、酒店、航空等行业,这些行业普遍采用各种自动化设备和制造业的管理思想对服务系统进行了改造,使当时的服务生产率得到了较大提高。自动售货机、自动柜员机、联合订票系统及麦当劳的标准化服务便是这一时期的典型例子。这种设计方法中要考虑的主要问题是：建立明确的劳动分工，使服务人员的行为规范化、服务程序标准化；应用各种硬技术和软技术（管理技术）来取代个人劳动。

2. 顾客化方法

顾客化方法适用于另一种服务类型，即提供给顾客的服务是一种非标准化的，或者说个性化的服务，顾客在其中的参与程度较高，所需使用的服务技术也较复杂、不规范。这种服务类型的特点是顾客的被动或主动参与会对服务结果带来一定影响；服务人员需要在服务过程中进行自主判断和自主决策。随着经济的发展和人们收入水平的提高，要求提供个性化、高档次服务的人越来越多，因此基于顾客这种要求的服务设计方法应运而生。这种设计方法中要考虑的主要问题是：把握顾客的需求偏好和心理特点；引导顾客在服务过程中的参与；授予服务人员必要的决策权利，让他们自己处理服务过程中可能出现的各种问题。

3. 技术核分离方法

对于某些服务类型来说，可分为与顾客的高接触部分和低接触部分，即前台服务和后台服务。在后台，服务运作可如同工厂一样进行，即可考虑采用工业化方法，以充分利用现代技术的威力；在前台，与顾客的接触程度较高，则采用以顾客为中心的方法，根据顾客的要求和喜好提供较为个性化的服务。基于这种思路的服务设计方法就被称为技术核分离方法。例如，在银行、邮电等行业，前后台服务的区分较为明显，就适用于这种服务设计方法。这种设计方法中要考虑的主要问题是：前台运作和后台运作之间的衔接；与顾客接触程度的区分和两种方法的结合使用；新技术的利用及其导致的前后台区分的变化。

本章小结

研究与开发指为了增加知识总量，包括人类文化和社会知识的总量，探索其新的应用而进行的系统的创造性工作。它的对象是基础研究、应用研究和开发研究。现代企业研究与开发的主要内容有新产品开发和新技术开发。企业可采用独立开发、技术引进、技术引进与独立开发相结合、联合开发和委托开发的策略，在研究与开发中，企业情报具有重要的作用。

由于新产品开发过程的高昂成本、企业资金的短缺、外部环境的限制增多及开发周期的加快，所以，按照科学的新产品开发程序进行工作，注意开发的内容并掌握开发的策略，就显得尤为重要。

产品设计的方法有许多，在产品设计中要注意运用价值工程、并行工程并进行适时的评价。

服务设计与产品设计有很大的区别，要根据服务设计的关键点和原则并运用服务蓝图对服务进行系统的设计。服务平台的构建可根据服务系统设计矩阵进行，并采用正确的方法。

本章知识结构如图 4-3 所示。

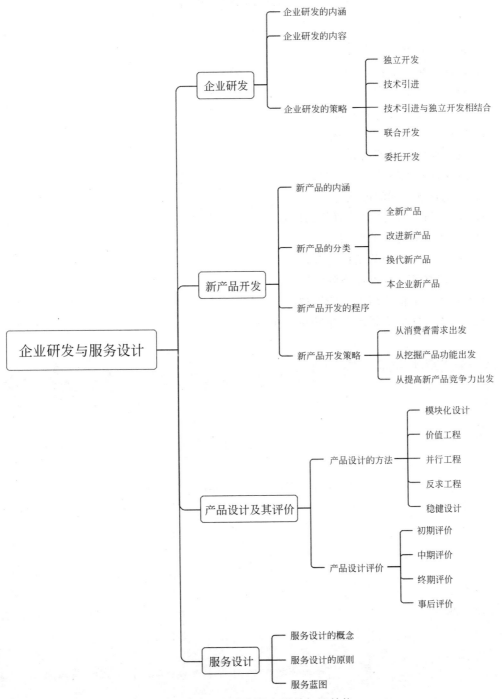

图 4-3 企业研发与服务设计知识结构

复习思考题

1. 企业研发的策略有哪些？
2. 如何收集企业情报？
3. 简述新产品的内涵。
4. 新产品开发的内容和程序是什么？
5. 新产品开发有什么策略？
6. 简述稳健设计的内涵。
7. 简述提高价值的基本途径。
8. 简述并行工程的内涵。
9. 服务设计与产品设计有什么区别？
10. 简述服务设计的原则。
11. 简述服务蓝图的结构及其建立步骤。
12. 简述服务系统设计矩阵的结构。
13. 简述技术核分离方法的思想。
14. 怎样才能提高新产品开发的成功率？

第五章　运营计划与物料需求计划

【学习要点及目标】

1. 理解综合计划和滚动计划的含义。
2. 掌握运营计划的层次体系,尤其是主生产计划和粗能力计划的含义。
3. 了解综合生产计划的环境因素及典型的综合生产计划策略。
4. 重点掌握综合计划的制定技术,如试算法、运输矩阵法。
5. 掌握主生产计划的制订方法。
6. 掌握 MRP 的运算逻辑。
7. 了解 ERP 的发展历程。

核心概念

运营计划体系　综合生产计划　滚动计划　主生产计划　粗能力计划　试算法　运输矩阵法　物料需求计划　企业资源计划

引导案例

爱之初礼品有限公司的综合计划

近年来,随着我国年轻人对七夕节和情人节的重视,爱之初礼品有限公司主管生产的副总经理王先生每年都要绞尽脑汁地想出最有效的办法来预测礼品的销售量。从销售的历史数据看,每年的礼品销售量都出现了季节性波动。在圣诞节或情人节的前一个月销售量达到高峰,这是因为各家礼品零售店纷纷储备一定量的礼品以供节日期间销售。

礼品的生产流程虽然是劳动密集型,但设计和加工制造的技术含量相对较高。该公司生产四十余种不同类型的礼品,大约聘用了 200 名正式员工,其中部分员工需要达到相当的技能才能胜任工作(如工艺礼品的制作),别人无法替代。公司每天安排 3 个班次,每天工作 24 小时,每周工作 5 天。

尽管面对诸多约束,王先生仍有几种可供选择的计划方法。

(1) 在星期六加班的员工支付 50% 的额外加班费用,加班生产的礼品的库存成本占每年库存总成本的 20%~25%,直到销售高峰期到来。

(2) 为了降低库存成本,在销售高峰期到来的前一个月的星期六和星期天都要加班,在这两天加班的员工将得到双倍的工资。然而,管理层担心的是员工因加班(每周工作 7

天)造成过度疲劳,会影响产品质量和生产率的提高,甚至会影响员工士气。

王先生面临的是典型的综合计划的决策问题。通常只要企业的产品需求呈周期性波动,很难找出一个正确的方案,因此管理层只能在质量、产出率、成本、员工士气等各种因素之间做出权衡,制定一个折中方案。

案例导学

爱之初礼品有限公司面对季节性销售波动的现状,期望保持运营系统的连续性、均衡性、准时性和适应性,确实存在很多难以解决的问题:生产能力保持在什么样的水平才算最佳?面对波动性需求如何做好生产计划?采用什么方法来适应外界的变化而保持较低的运营成本?事实上,绝大多数单位都存在这样的问题,如何权衡库存量的大小、员工人数的多少、外包加工数量的多少等问题,是一个比较复杂的问题。

计划是管理的首要职能。没有计划,企业内的一切活动都会陷入混乱。运营系统也同样需要统一的计划来指挥组织内各个部分的活动。本章重点学习运营计划体系及综合生产计划、主生产计划和粗能力计划的含义,剖析综合生产计划的环境因素及典型的综合生产计划策略,重点介绍综合计划的制订技术和方法,如试算法、运输矩阵法等,以及物料需求计划的逻辑,了解 EPR 的发展历程等问题。

第一节 运营计划系统

一、运营计划体系

计划管理是组织管理活动中的一个过程。通常包括编制计划、执行计划、检查计划完成情况和拟订改进措施四个阶段。运营计划包括企业生产经营活动的各个方面,如生产、技术、劳动力、供应、销售、设备、财务、成本等。计划管理不仅仅是计划部门的工作,所有其他部门和车间都要通过这四个阶段来实行计划管理。

1. 计划的层次

企业里有各种各样的计划,这些计划是分层次的。一般可以分成战略层计划、战术层计划与作业层计划三个层次,如图 5-1 所示。

战略层计划涉及产品发展方向、生产发展规模、技术发展水平、新生产设备的建造等。战术层计划是确定在现有资源条件下所从事的生产经营活动应该达到的目标,如产量、品种、产值和利润。作业层计划是确定日常的生产经营活动的安排。三个层次的计划有不同的特点,如表 5-1 所示。由表中可以看出,从战略层到作业层,计划期越来越短,计划的时间单位越来越细,覆盖的空间范围越来越小,计划内容越来越详细,计划中的不确定性越来越小。

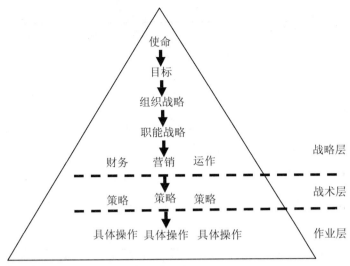

图 5-1　计划层次示意图

表 5-1　不同层次计划的特点

	战略层计划	战术层计划	作业层计划
计划期	长(≥5年)	中(一年)	短(月、旬、周)
计划的时间单位	粗(年)	中(月、季)	细(工作日、班次、小时、分)
空间范围	企业、公司	工厂	车间、工段、班组
详细程度	高度综合	综合	详细
不确定性	高	中	低
管理层次	企业高层领导	中层,部门领导	低层,车间领导
特点	涉及资源获取	资源利用	日常活动处理

2. 生产计划的层次

生产计划是一种战术性计划,是生产计划的执行计划,是指挥企业内部生产活动的计划。对于大型加工装配式企业,生产作业计划一般分成厂级生产作业计划和车间级生产作业计划两级。厂级生产作业计划的对象为原材料、毛坯和零件。从产品结构的角度来看,也可称作零件级作业计划。车间级生产作业计划的计划对象为工序,故也可称为工序级生产作业计划。如表 5-2 所示列出了不同层次计划的特征。

表 5-2　不同层次计划特征的比较

	计 划 层	执 行 层	操 作 层
计划的形式及种类	生产计划大纲 产品出产计划	零部件(毛坯)投入出产计划、原材料需求计划等	周生产作业计划、关键机床加工计划等
计划对象	产品(假定、代表、具体产品)工矿配件	零件(自制、外购、外协件)、毛坯、原材料	工序
编制计划的基础数据	企业政策、成品库存、单位成本	产品结构、制造提前期、零件、原材料、毛坯库存	加工路线、加工时间、在制品库存

续表

	计 划 层	执 行 层	操 作 层
计划编制部门	经营计划处(科)	生产处(科)	车间计划科(组)
计划期	一年	一月～一季	双日、周、旬
计划的时间单位	季(细到月)	旬、周、日	工作日、小时、分
计划的空间范围	全厂	车间及有关部门	工段、班组、工作地
采用的优化方法举例	线性规划、运输问题算法、SDR、LDR	MRP、批量算法	各种作业排序方法

按照生产计划时间跨度的长短来划分,又可分为长期计划、中期计划与短期计划三个层次,如图 5-2 所示。

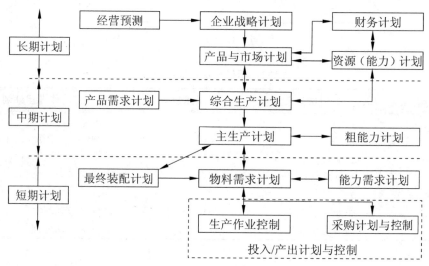

图 5-2 企业生产计划体系

(1) 长期计划

一般是确定企业 2～10 年的发展总目标,由企业战略计划、产品与市场计划、财务计划以及资源(能力)计划等组成。

企业战略计划需要做出经营预测,即根据企业内部资源和企业外部环境进行分析,确定企业发展的总目标,也就是确定企业准备生产的产品系列、体现企业竞争战略的产品质量和价格水平及市场渗透目标。

产品与市场计划则把企业的发展总目标细化为各个市场和各个产品系列的发展目标,基于对未来两年或更长时间需求的预测,可以说长期生产计划是产品与市场计划的重要组成部分。财务计划则对企业的发展总目标的可行性和经济性进行分析,主要是从资金需要量和投资回报等方面进行分析。

资源(能力)计划则确定为实现企业的发展总目标和战略计划所需要增加的设施、设备和人力资源需要量,也可以称为长期能力计划。

(2) 中期计划

一般包括综合生产计划、产品需求预测、主生产计划、粗能力计划。

综合生产计划是一种中期计划，是衔接长期战略计划和短期作业计划之间的纽带。它要处理的是将预测的产品需求转化为企业的产品产出任务计划，计划的重点是为达到最大限度地满足市场需求并取得最佳经济效益的目标，如何有效地利用资源能力。综合生产计划确定了企业在未来18个月内每个月或每个季度需要产出的、企业每一个产品系列的总产量。综合生产计划制订的主要依据是产品与市场计划及资源（能力）计划。

产品需求预测主要是对最终产品或备品的需求量进行预测，会同综合生产计划的产出总量，作为下一层次的计划——主生产计划的主要依据。产品需求预测信息的监控与整合的过程也称之为需求管理。

主生产计划确定了在每一具体时间段内每一具体的最终产品的生产数量和日期。主生产计划在短期内（一般为6～8周）一般不发生变化，比较稳定，但6～8周以后，就会出现各种变化，而6个月以后，主生产计划很有可能会发生根本性的改变。

粗能力计划也称为资源能力计划，它主要用来检查主生产计划的可行性，从而避免主生产计划的能力约束。粗能力生产计划包括核查现有的生产和仓储设施、机器设备、劳动力等资源的可用性，以及主要供应商是否有足够的能力安排供货。

(3) 短期计划

一般指物料需求计划、能力需求计划、生产作业控制、最终装配计划、采购计划与控制等。

物料需求计划指主生产计划确定之后，将主生产计划所规定的最终产品需求分解成各个自制零部件的生产计划，以及原材料和采购件的采购计划，以保证主生产计划按期完成。物料需求计划所要解决的是与主生产计划规定的最终产品相关的物料需求问题，而不是对这些物料的独立的、随机的需求问题。物料需求计划对企业来讲十分重要。因为，只要在物料需求计划中漏掉或延误一个零件，就会导致整个产品无法完成或延误。

能力需求计划用于检查物料需求计划的可行性，也称为能力需求进度计划。因为能力需求计划既可以根据物料需求计划所规定的计划订单或已下达的 MRP 订单，详细地安排每个工作中心的能力负荷大小及相应的工作时间，也可以进一步核查粗能力计划的有效性。

生产作业控制确定日常生产经营活动的安排，它是主生产计划的执行计划，是日常生产运作活动的依据，是联系供、产、销和生产技术准备工作的纽带。具体地说，就是根据物料需求计划输出的排工信息，编制车间内部的设备或加工中心的作业程序和作业完工日期。

最终装配计划确定了最终产品的生产进度。最终装配计划需要及时根据顾客的定制要求及产品的最终特征要求调整成进度计划。

采购计划与控制指根据物料需求计划输出的采购信息，编制物料采购计划，同时还需要进行物料的投入/产出计划与控制。

二、生产计划指标体系与期量标准

(一) 生产计划指标体系

生产计划的主要指标有品种、产量、质量、产值和出产期。

(1) 品种指标是企业在计划期内出产的产品品名、型号、规格和种类数,它涉及"生产什么"的决策。确定品种指标是编制生产计划的首要问题,关系到企业的生存和发展。

(2) 产量指标是企业在计划期内出产的合格产品的数量,它涉及"生产多少"的决策,关系到企业能获得多少利润。产量可以用台、件、吨表示。对于品种、规格很多的系列产品,也可用主要技术参数计量,如拖拉机用马力、电动机用于瓦等。

(3) 质量指标是企业在计划期内产品质量应达到的水平,常采用统计指标来衡量,如一等品率、合格品率、废品率、返修率等。

(4) 产值指标是用货币表示的产量指标,能综合反映企业生产经营活动成果,以便不同行业比较。

(5) 出产期指标是为了保证按期交货确定的产品出产期限。正确地决定出产期很重要。因为出产期太紧,保证不了按期交货,会给用户带来损失,也给企业的信誉带来损失;出产期太松,不利于争取顾客,还会造成生产能力浪费。

(二) 期量标准

期量标准又称作业计划标准或日历标准,是为加工对象(产品部件、零件等)在生产期限和生产数量方面所规定的标准数据。它是编制生产作业计划的重要依据。

企业的生产类型和生产组织形式不同,生产过程各个环节在生产期限和生产数量方面的联系方式也就不同,因而形成了不同的期量标准。

大量流水生产的期量标准有节拍、运送批量和节奏、在制品占用量定额、流水线工作指示图等。成批生产的期量标准有批量、生产间隔期、生产周期、生产提前期、在制品定额等。单件生产的期量标准有生产周期、提前期等。

1. 节拍、运送批量和节奏

节拍是组织大量流水生产的依据,是大量流水生产期量标准中最基本的标准。它是流水线上相邻两件相同制品投产或出产的时间间隔,是流水线最重要的工作参数。它表明流水线生产速度的快慢或生产率的高低。

节奏或运输批节拍指顺序出产两批同样制品之间的时间间隔,它等于节拍与运输批量的乘积。

2. 流水线工作指示图

在间断流水线中,由于各工序的工序节拍与流水线的节拍不同步,各道工序的生产率不协调,生产中就会出现两种情况:第一种情况是,当前道工序生产率低于后道工序时,后道工序将出现停工待料,工人和设备的能力不能充分利用;第二种情况是,当前道工序生产率高于后道工序生产率时,后道工序将出现在制品积压等待加工。为了使间断流水线能有节奏地生产,一般是规定一段时间,使流水线的各道工序能在该段时间内生产相同数量的制品。这一事先规定的能平衡工序间生产率的时间,通常称为间断流水线的看管期。因此,间断流水线的标准计划就是按看管期编制的标准工作指示图。

3. 在制品定额

在制品定额指在一定生产技术组织条件下,各生产环节上为了保证生产衔接所必需的、最低限度的在制品储备量。一定数量的在制品,是保证生产不断进行的必要条件。但是,在制品过多,又会使工作场所拥挤,产品生产周期延长,流动资金占用过多,运费保管费用增加。因此,必须合理地确定在制品定额。

企业生产类型不同,制定在制品定额的方法也不一样。

（1）大量流水生产条件下在制品定额的制定

流水线内部的在制品,按其性质和作用来划分有工艺在制品、运输在制品、周转在制品和保险在制品四种。

① 工艺在制品占用量：指正在流水线各道工序每个工作地上加工、装配或检验的在制品数量。

② 运输在制品占用量：指流水线内运输过程中的在制品数量。

③ 周转在制品占用量：指流水线上相邻两工序间由于生产率不平衡而形成的在制品。它周而复始地形成与消耗,因此叫作周转在制品,又称流动在制品。周转在制品通常只发生在间断流水线中,连续流水线没有周转在制品。

④ 保险在制品占用量：指当流水线某一环节发生意外事故时,为了保证整条流水线仍能正常工作而设置。一般在负荷较高的工序或容易发生故障的工序建立保险在制品,保险在制品的储备量通常是根据经验和统计资料来确定。

流水线之间的在制品,也有运输在制品、周转在制品和保险在制品之分。当流水线上的节拍相等时,流水线之间的在制品定额包括运输在制品和保险在制品；节拍不相等时,则只包括周转在制品和保险在制品。

（2）成批生产条件下在制品定额的制定

成批生产中的在制品,可分为车间内部在制品和库存在制品（又称库存半成品）两部分,后者又称为流动在制品和保险在制品。

由于成批生产中在制品占用量是变动的,因此占用量指月末的在制品数量。

车间在制品占用量是由成批出产而形成的,它们整批地停留在车间内。因此,应计算其批数和总量。

4. 批量和生产间隔期

批量和生产间隔期是成批生产的两个主要的期量标准。

批量是同时投入生产并消耗一次准备结束时间,所制造的同种零件、装配的同种部件或产品的数量。

生产间隔期指相邻两批相同产品（零件）投入或出产的时间间隔。生产间隔期是批量的时间表现,按生产间隔期或批量（定期或定量）生产也就是成批生产的节奏性。批量和生产间隔期的关系可用下式表示

$$批量 = 生产间隔期 \times 平均日产量$$

确定批量和生产间隔的主要方法有以下两种。

(1) 经济批量法

这是一种根据费用来确定合理批量的方法。

批量大小对费用的影响,主要有两个因素:设备调整费用和库存保管费用。批量越大,设备调整的次数就越少,分摊到每个产品(零件)的调整费用就越小;批量越小,设备调整的次数就越多,分摊到每个产品的调整费用就越大。但是,批量大,库存的保管费用会相应增加;批量小,则保管费用也相应减少。求经济批量的原理就是用数学方法求得这两项费用之和为最小时的批量,即为经济批量。

(2) 以期定量法

这种方法就是首先确定生产间隔期,然后再据此确定相应的批量。

5. 生产周期

产品生产周期指产品从原材料投入生产起一直到成品出产为止的全部日历时间(或工作日数)。

缩短生产周期,对于提高劳动生产率、节省生产面积、加速流动资金周转、减少在制品的保管费用及缩短交货周期等都有重要的作用。

确定生产周期标准,一般要分两个步骤进行。首先,要根据生产流程,确定产品(或零件)在各个工艺阶段上的生产周期;其次,在这个基础上把各个工艺阶段的生产周期汇总起来,就是产品的生产周期。由于各个零部件的装配程序比较复杂,产品生产周期的确定一般采用图表法。

6. 生产提前期

生产提前期指产品(毛坯、零部件)在各个工艺阶段出产或投入的日期比成品的日期应提前的时间。提前期分为投入提前期和出产提前期。

(1) 投入提前期

指各车间投入的日期比成品出产日期应提前的时间。

对装配车间来说,装配投入提前期就等于装配生产周期。因此,任何一个车间的投入提前期的一般公式为

$$某车间投入提前期=该车间出产提前期+该车间生产周期$$

(2) 出产提前期

某车间的出产提前期,除考虑后车间投入提前期外,还应加上必要的保险期,并考虑前后车间之间的生产间隔期之差。保险期指为防止可能发生的出产误期及为办理交库、领用、运输而预留的时间,它一般是根据经验统计数据确定的。计算某车间出产提前期的一般公式为

$$某车间出产提前期=后车间投入提前+保险期+(该车间生产间隔期-后车间生产间隔期)$$

三、生产计划的制订步骤及滚动式计划

1. 生产计划制订的步骤

制订计划的一般步骤如图 5-3 所示。

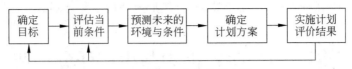

图 5-3 制订生产计划的步骤

"确定目标"要根据上期计划执行的结果确定。目标要尽可能具体,如利润指标、市场占有率等。

"评估当前条件"是要弄清楚现状与目标有多大差距。当前条件包括外部环境与内部条件。外部环境主要包括市场情况、原料、燃料、动力、工具等供应情况,以及协作关系情况。内部条件包括设备状况、工人状况、劳动状况、新产品研制及生产技术准备状况、各种物资库存情况及在制品占用量等。

"预测未来的环境与条件"是根据国内外各种政治因素、经济因素、社会因素和技术因素综合作用的结果预测未来,把握现状将如何变化,找出达成目标的有利和不利因素。

"确定计划方案"是在目标的牵引下,综合当前条件及未来环境与条件,制定各种可供选择的方案,根据前提条件和目标,权衡它们的轻重优劣,选择合适的计划方案。

"实施计划评价结果"是对计划方案进行评估,评价是否达成目标。

2. 滚动式计划的编制方法

编制滚动式计划通常将整个计划期分为几个时间段,第一个时间段的计划为执行计划,后几个时间段的计划为预计计划。执行计划较具体,要求按计划实施。预计计划比较粗略。每经过一个时间段,根据执行计划的实施情况及企业内、外条件的变化,对原来的预计计划做出调整与修改,原预计计划中的第一个时间段的计划变成了执行计划。例如,2011 年编制 5 年计划,计划期从 2011 年至 2015 年,共 5 年。若将 5 年分成 5 个时间段,则 2011 年的计划为执行计划,其余 4 年的计划均为预计计划。当 2011 年的计划实施之后,又根据当时的条件编制 2012—2016 年计划,其中 2012 年的计划为执行计划,2013—2016 年的计划为预计计划。依次类推。修订计划的间隔时间称为滚动期,它通常等于执行计划的计划期,如图 5-4 所示。

执行计划	预计计划			
2011	2012	2013	2014	2015
滚动期	2012	2013	2014	2015	2016

图 5-4 滚动计划

滚动式计划方法有以下优点:

(1) 使计划的严肃性和应变性都得到保证。因执行计划与编制计划的时间接近,内、外条件不会发生很大变化,可以基本保证完成,体现了计划的严肃性;预计计划允许修改,体现了应变性。如果不是采用滚动式计划方法,第一期实施的结果出现偏差,以后预计计划如不做出调整,就会流于形式。

(2) 提高了计划的连续性。逐年波动,自然形成新的 5 年计划。

第二节 生产能力与生产任务平衡

一、生产能力

生产能力指企业的设施,在一定时期(年、季、月)内,在先进合理的技术组织条件下所能生产一定种类产品的最大数量。对于流程式生产,生产能力是一个准确而清晰的概念。如某化肥厂年产 30 万 t 合成氨,这是设备的能力和实际运行时间决定的。对于加工装配式生产,生产能力则是一个模糊的概念。不同的产品组合,表现出的生产能力是不一样的。大量生产、品种单一,可用具体产品数表示生产能力;对于大批生产、品种数少,可用代表产品数表示生产能力;对于多品种、中小批量生产,则只能以假定产品的产量来表示生产能力。

生产能力有设计能力、查定能力和现实能力之分。设计能力是建厂或扩建后应该达到的最大年产量;查定能力是原设计能力已不能反映实际情况,重新调查核实的生产能力;现实能力为计划年度实际可达到的生产能力,是编制年度生产计划的依据。国外有的人将生产能力分成固定能力和可调整能力两种,前者指固定资产所表示的能力,是生产能力的上限;后者指以劳动力数量和每天工作时间和班次所表示的能力。

代表产品是结构与工艺有代表性,且产量与劳动量乘积最大的产品。在多品种生产企业里,产品的结构、工艺、劳动量差别很大,难以确定代表产品,这时可用假定产品。假定产品是按各种具体产品工作量比重构成的一种实际上不存在的产品。

设 t_{pj} 为假定产品在 j 机床加工的台时定额,n_i 为具体产品 i 的年计划产量,t_{ij} 为 i 产品在 j 机床加工的单位台时产品定额。设 N 为各种产品的年产量总和。则公式为

$$t_{pj} = \sum_i \frac{n_i}{N} t_{ij}$$

【例 5-1】 代表产品和假定产品的计算。

A、B、C、D 四种产品,年产量和各产品的单位产品台时定额如表 5-3 所示,以 C 为代表产品,将各产品的计划产量折算成代表产品和假定产品的产量。

表 5-3 代表产品与假定产品

产品	计划年产量/台	单位产品台时定额/台	折换成代表产品 C 的年产量/台	折换成假定产品的年产量/台
A	50	20	25	27
B	100	30	75	82
C	125	40	125	136
D	25	80	50	55
合计	300		275	300

解:代表产品的计算。

A：50×20/40 = 25
B：100×30/40 = 75
C：125
D：25×80/40 = 50

假定产品的计算。

首先，计算假定产品的台时定额：$t_{p_j}=(50×20+100×30+125×40+25×80)÷300$
$=36.67$ 台时

然后，将各产品的计划产量折算成假定产品产量。

A：50×20/36.67≈27
B：100×30/36.67≈82
C：125×40/36.67≈136
D：25×80/36.67≈55

二、生产能力与生产任务（负荷）的平衡

生产能力与生产任务平衡包括三个方面内容：将生产任务与生产能力进行比较；按比较的结果采取措施；计算生产能力利用指标。

比较生产任务与生产能力有两种方法：用产品数或台时数。后者用得较多。对于单品种生产企业，可用具体产品数进行比较，公式为

设备生产能力＝设备年有效工作小时数／单位产品台时定额

设备年有效工作小时数＝全年工作日×每天工作小时数×（1－设备停修率）。

取最小的设备生产能力（台数）作为生产线或企业的生产能力，将其与计划年产量比较。对于多品种生产，可用代表产品或假定产品，但计算较复杂，不如用台时数计算方便。

将某设备如 a 年有效工作小时数与 b 设备生产任务台时数比较，可知能力是否足够。需说明的是，这是一种能力与任务总量上的比较。由于需求不均匀，即使总量上平衡，某段时间内负荷仍可能超过能力。总量平衡还有一个问题是，无论作业计划安排得如何好，机床的空闲是不可避免的。因此，在实际应用时，有的企业将能力再打一个折扣，如任务量达到能力的 90％，就算平衡了。

当任务能力不平衡时，一种方法是增加能力，如加班加点提高产量。另一种方法是减少、调整任务或转包一部分任务给其他企业。

生产能力利用指标有多种，其中有代表性的是生产能力综合利用系数，它等于生产任务与生产能力之比。

第三节 年度综合计划的编制

综合生产计划的目标是在给定的计划期内，以最少的成本实现企业的能力资源和市场需求之间的平衡。在综合计划的决策过程中，生产运作主管更适合稳妥应变型策略，即

通过供给管理手段来调节能力资源;而市场营销主管更适合积极进取型决策策略,即通过价格诱导、广告、促销等市场营销手段来调节市场需求。更重要的是,只有通过生产运作部门和市场营销部门的紧密合作,才能制订出一个好的综合计划。

一、综合生产计划的环境

图 5-5 表明了构成综合生产计划环境的内外部环境。外部环境指综合生产计划人员不能直接控制的环境,如产品需求。但是在某些情况下,通过促销活动和降价刺激,产品需求也能受到影响。

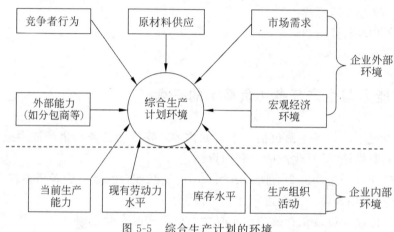

图 5-5 综合生产计划的环境

内部环境自身的可控性也不一样。企业当前的生产能力通常在短期内不会发生变化,而工会协议常常限制着劳动力的调配,所以生产能力也不能一直增长,同时高层管理者可能限制库存引用资金。当然,管理这些因素时也有一些灵活性,计划人员通常可以采用下面将要介绍的生产计划策略中的一种或几种策略的组合。

二、综合生产计划编制策略

如果需求是非常平稳的,如一些流程型工业,其生产计划的制订相对来说要简单些。计划制订的重点在于制订综合生产计划和设备的可靠性维修计划。如果在计划周期内出现季节性需求或周期性需求,则可以采取生产互补性产品,利用广告、降价等进行促销的方法,来应对这种需求。生产计划策略主要有以下几种。

1. 追逐策略——改变劳动力水平的策略

追逐策略是适时改变劳动力水平以适应需求变化的一种策略,当订货量发生变化时,要相应地雇用或解雇员工以使产量与订货量相一致。这种策略的成败取决于劳动力成本的高低,当订货量上涨时,是否有一批容易培训的、可供雇用的工人。经济发达地区劳动力成本往往很高,通常不能采取这种策略;经济欠发达地区,则通常采取追逐策略以保证能按时完成订单。这种策略的优点是库存投资小,无订单积压;缺点是容易造成劳资关系紧张,特别是当订单数量减少时,工人们可能会放慢生产速度,因为他们担心订单一旦完成,他们将会面临失业。

2. 稳定劳动力水平——变化工作时间的策略

通过柔性的工作计划或加班调整工作时间,从而调整产出速率,即通过调整工作时间使产量和订货量相匹配。这种策略使工人数量相对稳定,避免了追逐策略中雇用和解雇工人时所付出的感情代价和聘用或解聘费用。但在需求量变化时,必须增加或减少员工的工作时数,这时只能采取加减班的策略。这种策略虽然不需要另外招聘或解聘员工,节省了招聘或解聘费用,但柔性工作计划或加班会产生其他成本,加班费用往往超出正常工作的费用,受到劳动法的约束。

3. 平准策略——利用库存调节的策略

可以用变动库存量、减少订单积压和减少销售来消化缺货或剩余产品,这样可以保持稳定的劳动力数量和产出率水平。平准化生产方式着眼于保持一个平准而稳定的生产计划,雇员可以从稳定的工作时间中受益,这种策略也是存在代价的,那就是潜在的顾客服务水平有可能下降及导致库存成本的增加。还有一个问题就是,库存产品很可能会过时,造成一定的浪费。

当只采用一种策略来消化需求波动时,称为单一策略。若采用两种或两种以上的策略组合时,称为混合策略。

图 5-6(a)给出了一个单一追逐策略的例子,图中的产品的产出量是根据需求量发生变化,换句话说,每一时期产品的产出量等于或接近同时期产品的需求量。

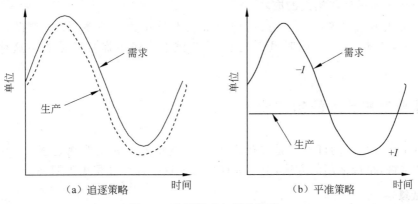

图 5-6 追逐策略与平准策略

图 5-6(b)则描述了一个单一的平准策略,图中不管产品的需求量是多少,每一时期产品的产出量都是稳定不变的。产品的需求量和产出量之间的差异可以通过产成品的"缓冲库存"来解决。当产品的需求量超过产出量时,就从库存中调拨出产成品($-I$);当产品的产出量超过需求量时,多余的产成品就存入库存中($+I$)。这里假设在产品的需求量超过产出量之前,如图 5-6(b)所示,在综合生产计划之初就有足够的库存以备超额需求。如果没有足够的库存来满足需求,那么就会出现订单拖欠和缺货状况。

无论选择什么策略,重要的是,综合计划必须反映它要达到的目标,对有关的各部门具有影响力,反映未来一段时间内企业的经营方向,成为企业有效的管理工具。

三、综合生产计划的相关成本

综合生产计划的制订实际上是一个优化过程,其目标是确定劳动力水平和库存量的最优组合,从而使计划期内的与生产相关的总成本最低。综合生产计划有四种相关成本,它们与生产成本本身有关,与库存和未完成订货的成本也有关。

1. 基本生产成本

它们是计划时期内生产某种产品的固定成本和变动成本,包括物料成本、直接和间接劳动力成本、正常工资和加班工资等。

2. 延期交货成本

通常这一类成本很难计算,它包括由于延期交货引起的加班生产成本、企业信誉丧失和销售收入下降等成本。

3. 库存成本

其主要组成部分是库存占用资金的成本,其他组成部分包括存储成本(仓库费用、管理人员费用等)、保险费、税收、库存品自然和非自然损耗(丢失、腐烂、失盗等)、损坏与折旧造成的费用、过时风险费用等。在精益生产方式中,制造过剩被认为是最大的浪费,而制造过剩意味着一定会产生大量额外的库存成本,所以应该尽量避免库存的浪费。库存不仅占用空间,而且其实质会掩盖企业中存在的许多问题,造成产品生产成本增加。

4. 与产出速率变化相关的成本

这一类成本典型的是与雇用、培训及解雇人员相关的成本、设施与设备占用的成本、人员闲置成本、兼职与临时员工成本、外包成本。雇用临时工是避免这种成本的好办法。

四、综合生产计划的制订技术

综合生产计划的制订方法通常有试算法、运输矩阵法和线性规划法。其中试算法易于理解和掌握,是最常用的方法,电子表格软件使这一计算过程更为简便。

1. 试算法

企业一般采用试算法来制订综合生产计划。试算法通过计算不同生产计划的成本来选择最佳方案。

试算法并不能保证得到最小成本的方案——整体最优方案。它所得到的最佳解只是一种局部的优化,因为实际上最小总成本所对应的可能是几种策略的组合,这就需要借用数学方法来解决。

2. 运输矩阵法

又称为图表作业法,实际上是一种表格化的线性规划方法。用运输矩阵法编制综合生产计划的基本假设是：在每一计划期内的正常生产能力、加班生产能力和外包都有一定的限制，每一期间的需求预测量是已知的；成本和产量为线性关系。这样，可以给出最优生产计划。

3. 线性规划法

线性规划是运筹学的一个重要分支，理论上最完善，实际应用也最广泛。上面讨论的运输矩阵法是线性规划法的一种特殊形式，它只以能力为约束条件。对于多品种生产的企业，在生产计划决策时，经常会遇到这样的问题，即根据对销售量的预测和企业的现有条件，如何合理地利用人力、物力、财力来决定各种产品的生产量，使企业取得最好的经济效益。这种生产计划决策问题可运用线性规划的方法来解决。运用线性规划，首先要把实际问题抽象化，建立起线性规划的数学模型，然后用图解法或单纯形法确定出各种产品的最优产量。

线性规划的基本结构要素是决策变量、约束条件和目标函数。决策变量是决策者需要考虑和控制的因素，用 $X_1, X_2, \cdots, X_n$ 来表示。约束条件是实现目标的资源限制条件，如生产能力、原材料供应量、产品销售量等。目标函数是决策者在问题明确后，对问题要达到的目标所进行的数学描述。它是一个极值问题——极大值或极小值，如产量最大、利润最大、成本最低等。

线性规划就是求一组变量 $X_1, X_2, \cdots, X_n$ 的值，在满足一组约束条件下，取得目标函数的最优解问题。因此，用于制定生产计划的线性规划模型在给定的线性目标函数和一系列线性约束条件下，可求出最优的生产计划方案。

这样的线性规划模型可处理大量变量和约束条件问题，可以决定最优库存水平、任务积压量、外协量、正常生产量、加班生产所需的临时聘用和解聘等多个问题。其局限性是各个变量之间的关系必须是线性的。

第四节 主生产计划的制订

一、主生产计划概述

综合生产计划只代表企业在计划年度内应生产的产出总量目标，要把它付诸实施，必须进一步将总产量计划分解为具体的产品产出计划，即分别按产品的品种、型号、规格编制它们在各季各月的产量任务，这就是主生产计划（master production schedule，MPS）。主生产计划是从综合计划开始的，是对综合计划的分解和细化。MPS 方案的制定是一个反复试行的过程。当一个方案制定出来后，需要与所拥有的资源作对比。如超出了资源限制，就必须修改原方案，直至得到符合资源约束条件的方案；若得出不可能满足资源条件的结论，这时需修改综合计划或增加资源。MPS 方案将作为物料需求计划的输入来制定物料需求计划，将确定每一零部件生产和装配的具体时间。

例如，某汽车公司生产某种轿车，有四种型号 A、B、C 和 D，计划年总产量为 1 万辆，这是综合生产计划预先规定的，而不必规定每一型号的轿车的产量。而主生产计划则规定每一种型号的产品生产量和生产时间,如 A 型车为 2500 辆,B 型为 3500 辆,C 型为 2000 辆,D 型为 2000 辆。图 5-7 中,通过编制汽车的综合生产计划可知第一个月的总产量为 800 辆。在此基础上,编制主生产计划时,不仅要将该产品系列分解至每一型号的汽车产量,还要将时间周期进行分解,通常分解为以周为单位。则由图 5-7 可以看出,第一周需生产 A 型汽车 200 辆;第二周需生产 B 型和 D 型汽车分别 300 辆和 150 辆;第三周需生产 C 型汽车 150 辆;第四周不生产。这样,前四周的总产量和综合生产计划相对应,即为 800 辆。

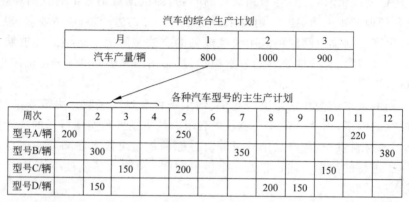

汽车的综合生产计划

月	1	2	3
汽车产量/辆	800	1000	900

各种汽车型号的主生产计划

周次	1	2	3	4	5	6	7	8	9	10	11	12
型号A/辆	200				250						220	
型号B/辆		300					350					380
型号C/辆			150		200					150		
型号D/辆		150						200	150			

图 5-7 汽车的综合生产计划与主生产计划

制订好主生产计划后,企业才能保证销售计划,并依据它进行物料、劳动力和设备的准备工作,制订出这些资源的供应和准备计划,所以说主生产计划直接与综合生产计划、需求预测及物料需求计划相联系,连接了制造、销售、工程设计及生产计划等部门。一个有效的主生产计划必须充分考虑企业的生产能力,要能够将企业的战略目标、生产和市场战略的解决方案体现出来。主生产计划的制订是否合理,将直接影响到随后的物料需求计划的计算和执行。粗能力计划将决定企业是否有足够的能力来执行主生产计划。

二、主生产计划的制订

主生产计划制订的程序主要是计算现有库存量,确定 MPS 的产品生产量与生产时间,以及计算待分配库存量等步骤。

1. 计算现有库存量(projected on-hand inventory,POH)

现有库存量指每周的需求被满足之后,库中仍有的、可以利用的库存量,它等于上周末的库存量(I_{t-1})加本周的 MPS 生产量(P_t),再减去综合计划中对本周的预计需求量(F_t)或实际订货量(CO_t)中的大数,其计算公式如下:

$$I_t = I_{t-1} + P_t - \max(F_t, CO_t)$$

式中:I_t——t 周末现有库存;

I_{t-1}——上周末现有库存;

P_t——t 周的主生产计划生产量,企业准备在 t 周完成并发送的产品数量;

F_t——t 周的预计需求量；

CO_t——t 周准备发货的顾客订货量。

上式中，在预计需求量和实际顾客订货量中取最大者是为了最大限度地满足需求。

【例 5-2】 某电视机生产企业，其产品分为不同的型号和规格。现企业要为其 SYD202 型新产品制订一个 MPS。综合生产计划提供的预测需求量为该产品 1 月份需求量为 200 台，2 月份需求量为 180 台，平均每周需求量分别为 50 台和 45 台。该企业的生产方针规定每批生产 120 台。表 5-4 记录了 MPS 的有关数据。

表 5-4　SYD202 新型产品现有库存计算

期初库存：130 台	生产批量：120 台							
	1 月				2 月			
	周　次				周　次			
	1	2	3	4	5	6	7	8
预测需求/台	50	50	50	50	45	45	45	45
顾客订货/台	60	35	35	10	0	0	0	0
现有库存量/台	70	20	−30					
主生产计划量/台								

现有库存量（期初）是 130 台，在预测需求一栏中，标明了 1 月份和 2 月份 8 周内的需求量。这些需求预测量不一定能反映实际的销售情况。顾客订货栏标明的是顾客的实际订货量，即每周应发往顾客的量。第 1 周顾客订货量为 60 台，大于需求预测量，第 1 周末的现有库存量为 130+0−60=70（台）。第 1 周的顾客订货量大于需求预测量，但 1 月份的全部订货量仍在需求预测范围内。第 2 周的现有库存量是 70+0−50=20（台），第 3 周末的现有库存量为 20+0−50=−30（台），显示将发生 30 台缺货。该负数是一个要求生产的信号，表示在该周应至少生产出 30 台产品。

2. 决定主生产计划的生产量和生产时间

制订的主生产计划生产量和生产时间应绝对保证现有库存量是非负的，即一旦现有库存量有可能变负，就应通过主生产计划来使之补上，主生产计划生产时间的决定基准之一就在于此。如果企业首先要消耗掉现有库存，则第一个主生产计划量的生产周应该是直至库存用完的那一周，如表 5-4 所示的第 3 周。第 3 周的生产量应使现有库存量大于或等于 0，然后继续计算库存的消耗，直至下次缺货发生。这一过程反复进行，直至该计划长度内各期的需求得到满足。用这种方法，可依次检索主生产计划记录的各栏，在需要的栏内填入主生产计划生产量。现假设该企业的 SYD202 新型产品的生产批量为 120 台（由企业生产方针所决定）。在 1 月份和 2 月份共两个月 8 周内，各周的期初库存、现有库存、MPS 量的计算如表 5-5 所示。

3. 计算待分配库存（available-to-promise-inventory, ATP）

待分配库存是市场营销部门用来保证在确切的时间内对顾客供货的产品数量。对于临时的、新来的订单,营销部门也可利用 ATP 来签订供货合同,确定具体的供货日期,这类典型的产品库存称为待分配库存。

表 5-5　SYD202 新型产品的主生产计划量

期初库存:130 台	生产批量:120 台							
	1 月				2 月			
	周　次				周　次			
	1	2	3	4	5	6	7	8
预测需求/台	50	50	50	50	45	45	45	45
顾客订货/台	60	35	20	10	0	0	0	0
现有库存量/台	70	20	90	40	115	70	25	100
主生产计划量/台			120		120			120

ATP 的计算在第 1 周与以后各周略有不同。第 1 周的 ATP 量等于现有的现有库存量(期初)加本周的主生产计划量减去直至第一个主生产计划量到达之前的全部订货量。在以后的各周,只在有主生产计划量时才计算 ATP,计算方法为:该周的主生产计划量减去从该周至下一期(不包括该期)主生产计划量到达为止的全部订货量。以后各周的 ATP 计算中之所以不考虑现有库存量,是因为已经在第 1 周的计算中使用了。

仍以电视机生产企业为例,假定该企业又收到了 SYD202 型产品的订单,新订单如表 5-6 所示。

表 5-6　SYD202 型产品的新订单

订单序号	订单量/台	交货时间/周序号
1	25	2
2	80	4
3	5	3
4	120	4

企业必须判断在现在这种主生产计划的安排之下能否接受这些订单,判断的主要根据是这些订单所要求的发货日期。首先需要决定该产品的 ATP 量。第 1 周的 ATP 为 $130+0-(60+35)=35$(台),即直至下一期(第 3 周)的主生产计划达到之前,现有的库存量可满足业已接受的全部订单,除此之外,还剩余 35 台,这 35 台可用来满足要求在第 1 周和第 2 周发货的新订单。第 3 周的 ATP 为 $120-(20+10)=90$(台),该 ATP 量可用来满足要求在第 3 周和第 4 周发货的新订单。由于在 2 月份,没有已接受的订单,故第 5 周和第 8 周的 ATP 就等于主生产计划量,即 120 台,可全部用来满足要求第 5 周、第 6 周、第 7 周发货的新订单。

由此可见,对于上述 4 个订单,1、2、3 号订单均可接受。满足订单 1 之后,第 1 周 ATP 量还剩 10 台($35-25=10$)。满足订单 2 之后,第 3 周的 ATP 量还剩 10 台($90-80=10$)。满足第 3 个订单后,第 3 周的 ATP 量还剩 5 台($10-5=5$)。第 4 个订单,要求在第

4周发货100台,现在第1周和第3周的ATP量总共才15台(10+5=15),少于订单要求的量,因此可与买主协商,在第5周交货,否则只好放弃。

三、主生产计划的时界

主生产计划的结果是一个分时段的计划,在不同的时间分段上,主生产计划对应的订单状态是不同的,可以将主生产计划的订单分成三类:制造订单、确认的计划订单以及计划订单。

1. 制造订单

已下达到生产系统的制造订单,授权制造订单数量的产品。这种订单通常不能更改,只有企业最高层管理人员才有权处理。

2. 确认的计划订单

计划订单的数量和时间一旦固定下来,计算机不能自动地改变它们,只有计划员才可以改变。确认计划订单是描述主生产计划的常用方法。

3. 计划订单

计划订单是系统管理的订单,随时可以更改。

主生产计划是一个分时段的生产计划,和订单的状态相对应,制造订单和确认的计划订单是以需求时界作为分界线的,而确认的计划订单和计划订单是以计划时界作为分界线的。

需求时界(demand time fence)是目前时间至计划时间中的一个时间点。在目前时间至需求时界这一段,相应的订单为制造订单,这是已经开始要制造的订单,在此期间,只有最高层领导才有权对此进行修改。一般情况下,这个阶段的主生产计划是不能随意改变的。

计划时界(plan time fence)是位于需求时界和全部计划期间之间的一个时间点。在需求时界和计划时界之间对应的订单为确认的计划订单,包含了实际订单及预测的订货,而在计划时界之后便只有预测的客户订单。通常在企业的生产控制系统中的处理策略是:在需求时界以内,根据客户的实际订单做计划;在需求时界至计划时界之间,根据客户订单和预测订货量中的最大值进行计划;如预测量超出实际订单,则表示还有订单可能没有到达或预测偏高,若实际订单超出预测量,则表示预测偏低,应以实际订单为准;而在计划时界之后,一般便可根据预测的订货量做计划。

需求时界和计划时界以及对应的订单如图5-8所示。

四、粗生产能力计划

主生产计划的初步方案产生后,生产管理部门必须根据资源约束条件来确定该方案是否可行。资源约束条件,指生产能力的约束。通常用粗生产能力计划(rough-cut capacity planning,RCCP)来检查主生产计划方案是否可行。之所以称其为粗生产能力计

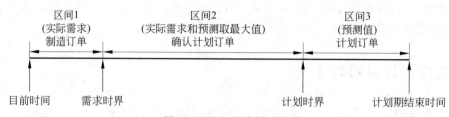

图 5-8 主生产计划时界

划,是因为它只是对实际资源需求的一个大致估计。比较了实际可用的能力和计划需求的能力之后,就可以得出目前的生产能力是否满足需求的结论,如果出现实际能力和需求的能力不匹配时,就应该修改主生产计划,如取消部分订单、延迟部分订单或将部分订单外包。一旦时界设定,一般不会改动,尤其是需求时界不会轻易改动,原因是时界表明了修改计划的困难程度和代价。但是,实际情况下的确有一些情况需要修改:①某用户变更或取消订单;②可利用的生产能力发生变化;③无法提供原计划的材料,不得不停止生产;④供方失约;⑤出现过多的废品。

主生产计划制订后,经过粗能力计划就可以确认能力是否满足实际的需求,最终确定是否同意或否定初步的主生产计划。如果同意主生产计划,则利用它来继续生成后续的物料需求计划;如果否定主生产计划,则要对能力和主生产计划进行调整和平衡。调整的方法有改变预计的负荷量或改变生产能力。可以采取重新安排订单、拖延订单、终止订单、将订单拆零、改变产品组合的措施来改变预计的负荷量。对于生产能力的改变,则可以通过改变产品的生产工艺、申请加班、外协加工、雇用临时工等措施来增加能力。

下面用一个简单的实际例子来说明粗能力计划的过程及如何实现均衡生产的计划。

【例 5-3】 某公司生产 A、B 两组主要产品,A 产品的平均存货成本为 2 元/(单位·月),B 产品为 4 元/(单位·月)。这两种产品今后 6 个月的需求预测量如表 5-7 所示。

表 5-7 今后 6 个月的需求预测

产品组别	月 份					
	1	2	3	4	5	6
A/台	750	600	800	850	900	700
B/台	350	400	500	450	300	500

这两组产品均需经过三个主要车间(X、Y、Z)加工处理。每组产品在 3 个车间的单件定额工时(小时)在表 5-8 中给出。X 车间的可用工时为 1880 小时/月。

表 5-8 每组产品在三个车间的单件定额工时

组别	车 间		
	X	Y	Z
A/h	1.5	0.8	1.2
B/h	1.7	1.4	0.9

如果该公司按照预测的需求同时生产两组产品,可以分别计算3个车间的负荷情况,若超出负荷,可以调整具体的主生产计划,使负荷平衡。

根据表5-9可以看出,3、4、6月份负荷超出了X车间可用工时,1、2、5月份生产能力未用足。生产负荷明显不均衡,可以将部分负荷调整到不足月份,以实现均衡生产。因为B组产品的库存成本是A组产品的两倍,可按照每月预测需求量生产B组产品,在余下的时间里生产产品A,以使整个生产周期中的负荷尽量均匀,如表5-10所示。

表5-9 X车间的负荷

月 份	1	2	3	4	5	6	总 数
A/台	750	600	800	850	900	700	4600
B/台	350	400	500	450	300	500	2500
生产A所需时间/h	1125	900	1200	1275	1350	1050	6900
生产B所需时间/h	595	680	850	765	510	850	4250
总的生产所需时间/h	1720	1580	2050	2040	1860	1900	11 150

表5-10 均衡生产时X车间的负荷

月 份	1	2	3	4	5	6
分配时间/h	1858	1858	1858	1858	1858	1858
生产B的数量/台	350	400	500	450	300	500
生产B所需时间/h	595	680	850	750	510	850
生产A可用时间/h	1263	1178	1008	1093	1348	1008

这样使得车间每个月的负荷均为1858个工时,实现了均衡生产。

第五节 物料需求计划

一、物料需求计划的基本原理

物料需求计划(materials requirement planning,MRP)是20世纪60年代发展起来的一种计算物料需求量和需求时间的系统,是按反工艺路线的顺序,根据最终产品出产数量和时间来确定部件、零件、毛坯直至原材料的需求量和需求时间。简单地说就是通过计算制订原材料、零部件的生产和库存计划(决定外购什么、生产什么、什么物料必须在什么时候订货或开始生产、定多少、生产多少、每次的订货量和生产批量是多少等)。

MRP的最终结果可以阐述为以下两点:

1. 采购订单的确定

即从最终产品的主生产计划导出相关物料(原材料、零部件、组件等)清单(bill of material,BOM)和库存量,通过MRP系统的计算确定采购订单。

2. 生产订单的确定

根据物料的需求时间和生产(订货)周期来确定其开始生产(订货)的时间,也就是生产订单的确定。

从图 5-9 可以清楚地看到 MRP 工作原理。

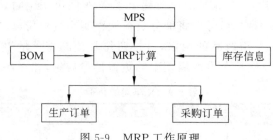

图 5-9　MRP 工作原理

按照 MRP 的基本原理，从产品销售到原材料采购，从自制零件的加工到外协零件的供应，从工具和工艺装备的准备到设备维修，从人员的安排到资金的筹措与运用，都是围绕 MRP 的基本原理进行，从而形成一整套新的生产方式。

二、物料需求计划的计算模型

从 MRP 的工作原理中可以看出，MRP 的运算是系统实施的难点及系统成败的关键。所以了解 MRP 的计算模型有助于我们了解 MRP 的工作原理。首先要弄清楚 MRP 计算的目标，即保证供应用户所需产品，也就是取得生产所需的原材料及零部件；保证尽可能低的库存水平；计划生产活动、交货进度与采购活动，使各车间生产的零部件、外购配件与装配的要求在时间和数量上精确衔接。

为了达到这些目标，我们将从 MRP 的输入、处理和输出三个方面入手。

（一）MRP 的输入信息

MRP 系统有三种输入信息，即主生产计划、库存状态与产品结构信息。

1. 主生产计划

企业主生产计划是根据需求订单、市场预测和生产能力等来确定的，它规定在计划时间内（年、月），每一生产周期（旬、周、日）最终产品的计划生产量，表示计划需求每种成品（产品）的数量和时间。主生产计划是 MRP 的主要输入，它是 MRP 运行的驱动力量。产品出产计划中所列的是最终产品项。它可以是一台完整的产品，也可以是一个作为最终项目的完整的部件，甚至是直接出售的零件。

产品生产计划根据市场预测与用户订货来确定，但它并不等同于预测，因为预测未考虑企业的生产能力，而计划则要进行生产能力的平衡后才能确定。预测的需求量可以随着时间发生变化，而计划可通过提高或降低库存水平作为缓冲，使实际各周期生产量趋于一致，以达到均衡稳定生产。产品主生产计划是 MRP 的基本输入，MRP 根据主生产计划展开，导出构成这些产品的零部件与材料在各周期的需求量。

产品主生产计划中规定的出产数量可以是总需要量，也可以是净需要量。一般来说，在产品出产计划中列出的为净需要量，即需要生产的数量。因此，由顾客订货或预测得出的总需要量不能直接列入产品出产计划,而要扣除现有库存量,算出净需要量。

有些企业除生产成品外,同时还生产(并销售)用于维修或试验用的备件、部件,它们属于独立需求。这些备件、部件的品种、数量、需求时间等也应通过预测及用户订货来确定,并输入 MRP 系统中。

如表 5-11 所示为某产品出产计划的一部分。它表示产品 A 的计划出产量为:第 5 周 10 台,第 8 周 15 台。产品 B 的计划产量为:第 4 周 13 台,第 7 周 12 台。配件 C 的计划产量为:1~9 周,每周产出 10 件。

表 5-11 产品主生产计划

周　　次	1	2	3	4	5	6	7	8	9
产品 A/台					10			15	
产品 B/台				13			12		
配件 C/件	10	10	10	10	10	10	10	10	10

产品主生产计划的计划期,即计划覆盖的时间范围,一定要比最长的产品生产周期长。否则,得到的零部件投入出产计划不可行。产品出产计划的滚动周期应该同 MRP 的运行周期一致。若 MRP 每周运行一次,则产品出产计划应每周更新一次。

另外,主生产计划从时间上可分为近期确定性计划、远期尝试性计划。这是由于近期需要的产品项目都有确定的顾客订货,而远期需要的产品只有部分是顾客订货,另一部分是预测的。确定性计划以周计划的时间为单位,尝试性计划可以以月为计划的时间单位。没有常识性计划往往会失去顾客,因为很多顾客订货较迟,而交货又要求比较急。随着时间的推移,预测的订货将逐步落实到具体顾客身上。

2. 库存状态

其内容包括当前库存量、计划接收量、提前期、订购(生产)批量、安全库存量。库存状态处于不断的变动之中,MRP 每运行一次,它就发生一次大的变化。MRP 系统与订什么、订多少、何时发出订货等重要信息都存储在库存状态文件中。

库存状态文件包含每一种物料的记录。如表 5-12 所示为部件 C 的库存状态文件记录。其中,时间是这样规定的:现有数为一周结束时的数量,总需要量、预计到货量、净需要量和计划发出定货量即为一周开始时的数量。根据实际需要,每个数据项都可以做更细的划分,如预计到货量可以细分成不同的来源,现有数可以按不同的库房列出。

表 5-12 部件 C 的库存状态文件

部件 C	周　　次										
LT=12 周	1	2	3	4	5	6	7	8	9	10	11
总需要量/件						300			300		300
预计到货量/件		400									
现有数/件	20	420	420	420	420	120	120	120	−180	−180	−480

续表

部件 C	周次										
LT=12 周	1	2	3	4	5	6	7	8	9	10	11
净需要量/件									180		300
计划订货量/件							180		300		

总需要量是由上层元件的计划发出定货量决定的。在本例中，A 产品在第 6 周、第 9 周和第 11 周的开始装配数量各为 150 台，一台 A 包含 2 件 C，则对 C 的总需要量各为 300 件预计到货量为发出的订货或开始生产的元件的预计到货或预计完成的数量。将在第 2 周得到 400 件元件 C，现有数为相应时间的当前库存量。在订计划的时候，元件 C 的当前库存量为 20 件，到第 2 周，由于预计到货 400 件，所以现有数为 420 件。到第 6 周，用去 300 件，现有数为 120 件。到第 9 周，需用 300 件，现有数已不足以支付，将欠 180 件。因此，现有数将为负值，那时需要提前发出订货。

在逐周计算净需要量时，期末现有数第一次出现负值的周期的净需要量就等于该周期末现有数的绝对值，表示累计的净需要量。对应数据如表 5-13 所示。

表 5-13　部件 C 的净需要量的计算

周次	期初现有数/件	预计到货量/件	总需要量/件	期末现有数/件
1	20	0	0	20
2	20	400	0	420
3	420	0	0	420
4	420	0	0	420
5	420	0	0	420
6	420	0	300	120
7	120	0	0	120
8	120	0	0	120
9	120	0	300	−180
10	−180	0	0	−180
11	−180	0	300	−480

3. 产品结构信息

产品结构信息又称为零件(材料)需求明细。图 5-10 中字母表示部件组件，数字表示零件，括号中数字表示装配数。最高层(0 层)的 M 是企业的最终成品，它是由部件 B(一件 M 产品需用 1 个 B)、部件 C(每件 M 产品需用 2 个 C)及部件 E(每件 M 产品需用 2 个 E)组成的。依次类推，这些部件、组件和零件中，有些是工厂生产的，有些可能是外购件。如果是外购件(如图 5-10 中的 E)，则不必再进一步分解。为了便于表达，上层物料称为"父项"，下层物料称为"子项"，在计算机存储中，只描述父项和子项，不描述各层物料。

当产品结构信息输入计算机后，计算机根据输入的结构关系自动赋予各部件、零件一

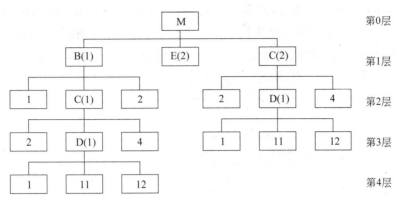

图 5-10 产品 M 的结构

个低层代码。低层代码概念的引入,是为了简化 MRP 的计算。当一个零件或部件出现在多种产品结构的不同层次,或者出现在一个产品结构的不同层次上时,该零(部)件就具有不同的层次码。如图 5-10 中的部件 C 既处于 1 层,也处于 2 层,即部件 C 的层次代码是 1 和 2。在产品结构展开时,是按层次代码逐级展开,相同零(部)件处于不同层次就会产生重复展开,增加计算工作量。因此当一个零部件有一个以上层次码时,应以它的最低层代码(其中数字最大者)为其低层代码。图 5-10 中各零部件低层代码如表 5-14 所示。一个零件的需求量为其上层(父项)部件对其需求量之和,图 5-10 按低层代码在作第 2 层分解时,每件 M 直接需要 2 件 C,B 需要 1 件 C。因此,生产 1 件成品 M 共需 3 件 C。部件 C 的全部需要量可以在第 2 层展开时一次求出,从而简化了运算过程。

表 5-14 各零部件低层代码

件 号	低 层 代 码	件 号	低 层 代 码
M	0	1	4
B	1	2	3
E	1	4	3
C	2	11	4
D	3	12	4

(二) MRP 的处理

在介绍库存状态文件时,曾提出五种库存状态数据:总需要量、预计到货量、现有数量、净需求量和计划发出订货量。这五种库存状态数据可以分成两类,一种为库存数据,另一种为需求数据。预计到货量和现有数为库存数据,这些数据要经过检查才能进入系统;总需要量、净需要量和计划发出定货量为需求数据,由系统计算得出,只有通过计算才能验证。

进行 MRP 处理的关键是找出上层物料(父项)和下层物料(子项)之间的联系。这种联系就是按父项的计划发出定货量来计算子项的总需求量,并保持时间上的一致。

要提高 MRP 的处理效率，可采用自上向下、逐层处理的方法。按照这种方法，先处理所有产品的第 0 层，然后处理第 1 层……一直到最低层，而不是逐台产品自上向下地处理，如图 5-11 所示。这样做的好处是每一项目只需检索处理一次，效率较高。为此，需要对每个元素编一个低层码。这有助于逐层处理。

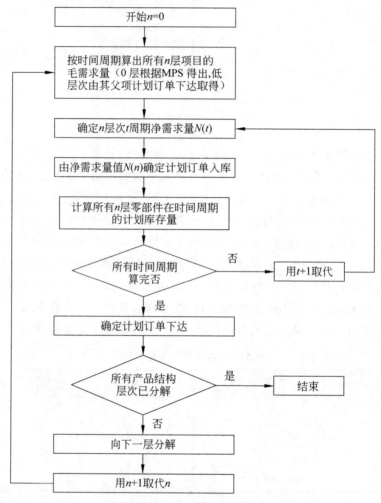

图 5-11　MRP 的运算逻辑图

MRP3 系统处理的过程中常用到的推算逻辑公式如下：

毛需求量 $G(t)$ 由父项需求推算

净需求量 $N(t)$ ＝毛需求量－预计到货量 $S(t)$ －前期库存量

预计库存 $H(t)$ ＝前期库存＋预计到货量＋计划订单产出－毛需求量

计划订单产出 $P(t)$ ＝净需求量

计划订单下达 $R(t)$ ＝一个提前期后的计划订单产出 $P(t+L)$

为了具体说明 MRP 的处理过程，以图 5-12 所示的产品为例，逐层计算。产品 X 各项信息如下：现有库存量：8；物料名称：X；安全库存量：0；提前期：1 周；批量：10。

根据图 5-12 所示,可以计算出各物料 X 的订货数量。如表 5-15 所示。

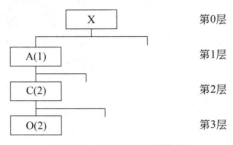

图 5-12　产品 X 的结构图

表 5-15　MRP 运算

时　　段	0期	1期	2期	3期	4期	5期	6期	7期	8期	9期	10期	11期
毛需求量		17	13	5	7	12	11	5	13	10	5	7
预计到货量		10										
预计库存量	8	1	8	3	6	4	3	8	5	5		3
净需求			12		7	6	7	2	5	5		7
计划订单产出			20		10	10	10	10	10	10		10
计划订单下达		20		10	10	10	10	10	10		10	

(三) MRP 的输出

经过 MRP 处理之后,就得到了以最终项目的主生产计划的依据,并按 BOM 库存记录确定的各零部件的需求数量和需求时间,MRP 就可输出分时段的零部件制造计划和外购件的采购计划。与"生产什么""生产多少"同等重要的是"什么时候生产"。因此,在制造订单和采购订单中要体现"时间"。订单的计划要提前做好,要有足够的时间完成最终项目的生产,同时又不使物料在进入某一生产过程前作不必要的等待。

MRP 的输出主要包括两项:①对各种物料的具体需求,包括需求量和需求时间;②订单的发出时间。这些结果被称为措施提示信息。MRP 记录的计算是针对 BOM 中的每一项进行的,这些记录的汇总就表示当前的物料需求信息。然后计划人员根据这些信息做出发放新订单、催促执行订单等决定。实际上,计划人员并不需要浏览 MRP 的全部计算结果,只要注意那些需要引起他们注意的物料项,浏览这些物料项的主生产计划记录即可。

第六节　企业资源计划的发展历程

企业资源计划(enterprise resource planning,ERP)的发展,源自于信息技术的广泛应用和管理技术的进展。ERP 的发展,经历了如下几个发展阶段,如图 5-13 所示。

```
                                              多行业、多地区、多      CRM/APS/BI
                                              业务供需链信息集成      电子商务
                                                                  Internet/Intranet
                                              ┌──────────┐      ┌──────────┐
                                              │法制条例控制│      │法制条例控制│
                                              │流程工业管理│      │流程工业管理│
                                              │运输管理   │      │运输管理   │
                                              │仓库管理   │      │仓库管理   │
                                              │设备维修管理│      │设备维修管理│
                                              │质量管理   │      │质量管理   │
                                              │产品数据管理│      │产品数据管理│
                              物流资金流      ├──────────┤      ├──────────┤
                              信息集成        │销售管理   │      │销售管理   │
                          ┌──────────┐      │财务管理   │      │财务管理   │
                          │销售管理   │      │成本管理   │      │成本管理   │
              库存计划    │财务管理   │      ├──────────┤      ├──────────┤
              物料信息集成│成本管理   │      │MPS,MRP,CRP│      │MPS,MRP,CRP│
          ┌──────────┐  ├──────────┤      │库存管理   │      │库存管理   │
          │MPS,MRP,CRP│  │MPS,MRP,CRP│      │工艺路线   │      │工艺路线   │
          │库存管理   │  │库存管理   │      │工作中心   │      │工作中心   │
          │工艺路线   │  │工艺路线   │      │BOM       │      │BOM       │
          │工作中心   │  │工作中心   │      └──────────┘      └──────────┘
          │BOM       │  │BOM       │
          └──────────┘  └──────────┘
              MRP           MRP Ⅱ              ERP              ERP Ⅱ
          20世纪70年代    20世纪80年代        20世纪90年代         21世纪
```

图 5-13 ERP 的发展阶段

1. MRP 阶段

这阶段企业的信息管理系统对产品构成进行管理,借助计算机的运算能力及系统对客户订单、库存物料、产品构成、加工工时、生产能力的管理能力,实现依据客户订单,按照产品结构清单展开并计算物料需求计划。系统以均衡生产、减少库存、优化库存为管理目标。

2. 闭环 MRP 阶段

要考虑生产能力,从内部来看必然涉及车间层的管理,从外部来看必然涉及采购。此时单靠 MRP 就不够了,于是从 MRP 发展到闭环 MRP。闭环 MRP 的"闭环"实际有双重含义。一方面,它不单考虑物料需求计划,还将与它有关的能力需求、车间生产作业计划和采购等方面考虑进去,使整个问题形成"闭环";另一方面,从控制论的观点来看,计划制订与实施之后,需要取得反馈信息,以便能够修改计划与实行控制,这样也形成了"闭环"。

3. MRP Ⅱ 阶段

MRP Ⅱ 是在闭环 MRP 的基础上产生的,而闭环 MRP 又是在 MRP 的基础上发展而来的。最初 MRP 可以将产品出产计划变成零部件投入出产计划和外购件、原材料的需求计划。但是,只知道各种物料的需要量和需要时间是不够的,如果不具备足够的生产能力,计划就会落空。考虑生产能力,从内部必然涉及车间层的管理,从外部必然涉及采购的管理。企业里其他活动单向地从 MRP 取得信息是不够的。MRP 必须从车间、供应部门和设备部门得到信息和反馈信息,才能得出切实可行的物料需求计划。正因如此,闭环

MRP 将 MRP 向前推进了一步。

4. ERP 阶段

伴随着全球信息技术的飞速发展,网络技术和电子商务的广泛应用,人们已经从工业经济时代步入知识经济时代,企业所处的商业环境发生了根本的变化。顾客需求变化、技术创新加速、产品生命周期缩短等构成了影响企业生存和发展的三股力量:顾客(customer)、竞争(competition)、变化(change)。为适应以"顾客、竞争、变化"为特征的外部环境,企业必须进行企业资源计划,将企业内部各个部门,包括财务、会计、生产、物料管理、品质管理、销售与分销、人力资源管理、供应链管理,利用信息技术整合,连接在一起。ERP 的作用是将各部门连贯起来,让企业的所有信息在网上显示,不同管理人员在一定的权限范围内,通过自己专门的账号、密码,可以从网上轻易获得与自身管理职责对应相关的其他部门的相关数据,如企业订单和出库的情况、生产计划的执行情况、库存的状况等。企业管理人员通过 ERP 可以避免资源和人事上的不必要的浪费,高层管理者也可以根据这些及时准确的信息,做出最好的决策。进入 ERP 阶段后,以计算机为核心的企业管理系统更为成熟,系统增加了包括财务预测、生产能力、调整资源调度等方面的功能,配合企业实现 JIT 全面管理、质量管理和生产资源调度管理及辅助决策的功能,成为企业进行生产管理及决策的平台工具。

5. 电子商务时代的 ERP

互联网技术的成熟使企业信息管理系统增加了与客户或供应商实现信息共享和直接交换数据的能力,从而强化了企业间的联系,形成了共同发展的生存链,这体现了企业为达到生存而竞争的供应链管理思想。ERP 系统已经实现了这方面的功能,使决策者及业务部门实现跨企业的联合作战。

本 章 小 结

本章首先从运营计划体系、生产计划指标(期量标准)、生产计划步骤及滚动计划几个方面阐述了运营计划系统;其次,在介绍生产能力的基础上,探讨了生产能力(负荷)的平衡问题;然后,重点分析了综合生产计划的环境因素及典型的综合生产计划策略,具体介绍了综合计划的制订技术和方法,如试算法、运输矩阵法等;接着,说明了主生产计划的内涵及其编制方法;最后,探讨了物料需求计划及 ERP 的发展历程等问题。

本章知识结构如图 5-14 所示。

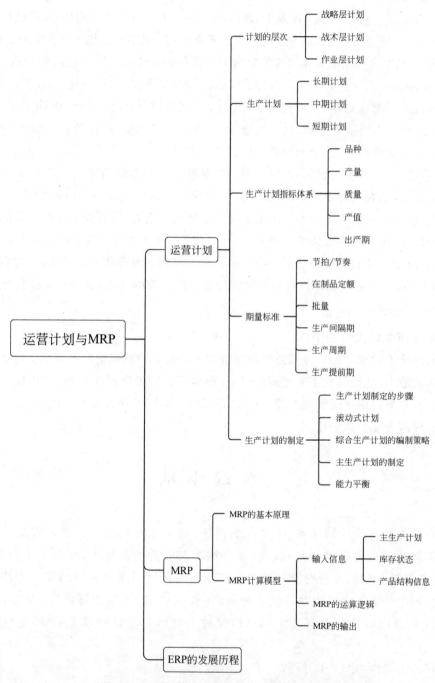

图 5-14 运营计划与物料需求计划知识结构图

复习思考题

1. 如何理解综合计划和滚动计划的含义?
2. 运营计划的层次体系是什么?主生产计划和粗能力计划的含义是什么?
3. 影响综合生产计划的环境因素是哪些?典型的综合生产计划策略有哪些?
4. 综合计划的制订技术有哪些?如何使用?
5. 主生产计划的制订方法有哪些?
6. MRP 的运算逻辑是什么?
7. ERP 的发展历程如何?

第六章 项目管理与网络计划技术

【学习要点及目标】

1. 理解项目的含义,掌握项目管理的发展历程、目标、内容。
2. 掌握项目组织形式和项目经理知识。
3. 了解网络计划技术的产生过程和优点所在。
4. 掌握应用网络计划技术的步骤。
5. 熟练掌握网络图的绘制方法和网络时间参数的计算方法。
6. 正确认识时标网络图和单代号网络图。
7. 掌握网络计划的时间优化、时间—费用优化、时间—资源优化等方法。

核心概念

项目　项目管理　项目组织　项目领导　甘特图　关键路线法　计划评审技术　时标网络图　单代号网络图　时间优化　时间—费用优化　时间—资源优化

引导案例

北京冬奥会"冰丝带"场馆项目管理

2022年冬奥会标志性场馆——国家速滑馆,有着8500吨超大跨度钢结构环桁架、全球体育场馆中规模最大的单层双向正交马鞍形索网屋面、1.2万平方米的亚洲最大冰面、3360块玻璃拼接营造出灵动飘逸的22条"冰丝带"……这些世界级的建筑技术难题均由北京城建集团一一解决。北京城建集团工程总承包部迅速调集曾经参加过鸟巢、国家体育馆、奥运村、T3航站楼、北京新机场、亚投行等重点工程建设的优秀骨干,组建起项目管理团队。

由于该工程工期紧,为解决好混凝土结构施工与钢结构环桁架拼装的矛盾,项目团队采取了分段拼装整体滑移施工技术,主场馆地上混凝土结构施工与东西侧钢桁架拼装同步进行,钢结构与混凝土结构同步平行施工,难度之大国内罕见。凭借国际一流的BIM技术应用,项目部将混凝土结构施工与钢结构拼装精准同步,并按计划顺利完成节点目标。环桁架拼装完成后,采用数控机器人整体滑移、就位、合拢、卸载,环桁架精确滑移至主体结构之上,使整体工期节约了3个月。

由于疫情影响,很多从国外进口的材料难免会有延误。项目团队积极跟供货方协调,派工作人员全程监控材料的运输进程,还有一些从国内订的材料,也需要随时跟厂商联系,甚至派专人驻厂,催促进程。在工程现场,很多施工同时进行,很多工序需要项目团队协调。以制冰系统和制冷系统的安装为例。这两个系统都需要从一个吊装口吊入,制冰系统安装在最里面。由于制冰的设备从国外进口,受疫情影响耽误了一些日子,如果这时候先装制冷系统,那么装好后,制冰系统就没法安装了。所以这两个系统就需要按项目团队开会协调,以大局为重,相互配合,制冷系统先等等,等制冰系统安装好了再作业。

每天下班后,项目团队都会组织当天的生产协调会,要实现"两清":当天的生产任务要圆满完成,第二天的生产任务要清楚。不管是人手调配、材料供应、设备机械到位程度,还是遇到施工难题,项目团队都会紧急开会商讨解决方案,晚上开协调会到九十点是常有的事。最终,"最快的冰"多次刷新奥运会和世界纪录,"冰丝带"通过调整照明系统变身"金丝带"、各国运动员为场馆卫生与设施点赞……

[案例来源:百分百匠心 百分百品质——"冰丝带"建设者讲述"国匠传奇"(https://www.baidu.com)]

案例导学

类似这样的项目有许许多多,看起来是由复杂而又无章可循的一连串事件组成,似乎难以解决。但如果我们将这些项目管理的整个过程分解,便不难发现其也只是由诸多细节管理组成的一种特殊管理方式。从项目的初始启动到最终的收尾工作,项目管理包含了人力资源管理、进度管理、成本管理、质量管理、冲突管理、物资管理、沟通管理、营销管理、采购管理、风险管理及验收管理等管理学领域的各方各面。可以说,项目管理是为了完成一个特定的目标,在一定的时间范围内通过一种临时的组织运行机制,结合管理学各个方面研究资源而形成的一种系统的管理方法。

本章首先对项目的含义与项目管理的发展历程、目标、内容、组织管理等进行了描述;接着介绍了网络计划技术的产生过程、优点和应用步骤及网络图的绘制规则与方法,详细介绍了网络时间参数的计算;最后分析了时间优化、时间—费用优化、时间—资源优化等优化方法。

第一节 项目管理概述

一、项目与项目管理

(一)项目

1. 项目的定义

从人类开始有组织的活动起,就一直执行着各种规模的"项目":史前人类的围猎是人类历史上最早的项目;中国的古长城、埃及的金字塔是古代最大型最复杂的项目;美国的"曼哈顿计划""阿波罗登月计划";中国的原子弹、氢弹"两弹计划",北京奥运会,神舟飞船登月计划等是近代最成功的项目;中国的三峡工程、英法海底隧道等是现代项目管理的绝佳范例。项目无处不在,建设桥梁、房屋、铁路、公路或其他建筑是项目;安装一条新的生产线是项目;开发一种新产品是项目;制订一个新的营销计划也是项目。在日常生活中,我们也会遇到各种项目:房屋装修、组织野餐、养育孩子、撰写书籍等。所有这些项目都有一些共同之处,例如,一次性、有较大风险和不确定性,需要协调多个具有不同性质和利益的单位的活动,有预知的寿命周期等。例如,举世闻名的长江三峡工程,是一个解决防洪、发电、航运、调水等多功能、多目标协调运行的巨型复杂工程。其中大坝最高处高181m;电站厂房共装机26台,总装机容量18 200MW;通航建筑物由双线连续五级船闸、垂直升船机、临时船闸及上、下游引航道组成。三峡工程规模宏伟,工程量巨大,其主体工程土石方开挖约1亿立方米,土石方填筑4000多万立方米,混凝土浇筑2800多万立方米,钢筋46万t,金属结构安装约26万t。工程分三期施工,持续了17年。施工准备和第一期工期5年,第二期6年,第三期6年。

项目可简单定义为:在限定条件下,为实现特定目标而执行的一次性任务。这个定义包含三层含义。

(1) 项目是一项有待完成的任务,有特定的环境与要求。这一点明确了项目自身的动态概念,即项目指一个过程,而不是指过程终结后所形成的成果。例如,人们把一个新图书馆的建设过程称为一个项目,而不把新图书馆本身称为一个项目。

(2) 项目必须在一定的组织机构内,利用有限的资源(人力、物力、财力等)在规定的时间内完成任务,任何项目的实施都会受到一定的条件约束。在众多的约束条件中,质量、进度、费用是项目普遍存在的3个主要约束条件。

(3) 项目任务必须要满足一定性能、质量、数量、技术指标的要求。这是项目能否实现,能否交付用户的必备条件。功能的实现、质量的可靠、数量的充足、技术指标的稳定,是任何可交付项目必须满足的要求,项目合同对于这些均具有严格的要求。

2. 项目的特征

通过对项目定义的理解和认识,可以归纳出项目作为一类特殊的活动(任务)所表现出来的区别于其他活动的特征,具体如下所示。

(1) 项目的一次性。项目是一次性任务。一次性是项目区别于其他活动(任务)的基本特征。这意味着每一个项目都有特殊性,不存在两个完全相同的项目。项目的特殊性可能表现在项目的目标、环境、条件、组织、过程等各个方面,两个目标不同的项目肯定有其特殊性,即使目标相同的两个项目也有其特殊性。

(2) 项目的目标性。人类有组织的活动都有其目的性。项目作为一类特别的活动,更有其明确的目标。从对项目概念的剖析可以看到,项目目标一般由成果性目标与约束性目标组成。其中,成果性目标是项目的来源,也是项目的最终目标,在项目实施过程中,成果性目标被分解成为项目的功能性要求,是项目全过程的主导目标;约束性目标通常又称限制条件,是实现成果性目标的客观条件和人为约束的统称,是项目实施过程中必须遵循的条件,是项目管理的主要目标。可见,项目的目标正是成果性目标和约束性目标两者的统一。

(3) 项目的整体性。项目是为实现目标而开展的任务的集合,它不是一项孤立的活动,而是一系列活动有机组合而形成一个完整的过程。强调项目的整体性,也就是强调项目的过程性和系统性。

3. 项目的属性

结合项目的概念,项目的属性可归纳为以下六个方面。

(1) 唯一性。又称独特性,这一属性是"项目"得以从人类有组织的活动中分化出来的根源所在,是项目一次性属性的基础。每个项目都有其特别的地方,没有两个项目会是完全相同的。建设项目通常比开发项目有更多的相同之处,显得更程序化些,但在有风险存在的情况下,项目就其本质而言,不能完全程序化,项目主管之所以被人们强调很重要,是因为他们有许多例外情况要处理。

(2) 一次性。由于项目的独特性,项目任务一旦完成,即结束,不会有完全相同的任务重复出现,即项目不会重复,这就是项目的"一次性"。但项目的一次性是对项目整体而言的,它并不排斥在项目中存在着重复性的工作。

(3) 多目标属性。项目的目标包括成果性目标和约束性目标。在项目过程中成果性目标都是由一系列技术指标来定义的,同时都受到多种条件的约束,其约束性目标往往是多重的。因此项目具有多目标属性。

(4) 生命周期属性。项目是一次性的任务,因此它是有起点也有终点的。任何项目都会经历启动、实施、结束这样一个过程,人们常把这一过程称为"生命周期"。项目的生命周期特性还表现在项目的全过程中启动阶段比较缓慢,实施阶段比较快速,而结束阶段又可能比较缓慢。

(5) 相互依赖性。项目常与组织中同时进展的其他工作或项目相互作用,但项目总是与项目组织的标准及手头的工作相抵触的。组织中各事业部门(营销、财务、制造等)间的相互作用是有规律的,而项目与事业部门之间的冲突则是变化无常的。项目主管应清楚这些冲突并与所有相关部门保持适当联系。

(6) 冲突属性。项目经理与其他经理相比,处在一个更具有冲突特征的环境中,项目之间有为资源而与其他项目进行的竞争,有为人员与其他职能部门的竞争。项目组的成员在解决项目问题时,几乎一直是处在资源和领导问题的冲突中。

4. 项目的组成要素

为了达到预期的目标,项目由以下五个要素构成:项目的范围、项目的组织结构、项目的质量、项目的费用、项目的时间进度。项目目标五要素中,项目的范围和项目的组织结构是最基本的,而质量、费用、时间进度可以有所变动,是依附于项目范围和组织的。

扩展阅读 6-1　失败的四种类型

5. 项目的生命周期

项目从开始到结束,必然要经历的几个不同的阶段,即项目的生命周期。在项目生命周期的各种理论中,项目生命周期四阶段的观点被人们广泛接受:项目生命周期分为识别需求、提出解决方案、执行项目、结束项目四个阶段。但在实际工作中又可根据不同领域或不同方法再进行具体的划分。例如,按照软件开发项目的特点,其项目生命周期可划分为需求分析、系统设计、系统开发、系统测试、运行维护几个阶段;按照建筑业的特点,一般将项目分成立项决策、计划和设计、建设、移交和运行等阶段。图 6-1 是项目生命周期四阶段及其相关的投入资源和时间的数量关系图。

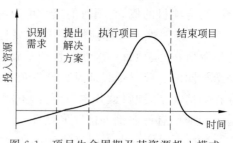

图 6-1 项目生命周期及其资源投入模式

(二)项目管理

1. 项目管理定义

"项目管理"最原始的概念是"对项目进行的管理"。学者普遍认为:项目管理指把各种系统、方法和人员结合在一起,围绕预定的目标,在规定的时间、预算和质量目标范围内,从项目的投资决策开始到项目结束的全过程进行计划、组织、指挥、协调、控制和评价的管理活动。

项目管理有四个基本目标:

P:performance,即达到预期的绩效;

C:cost,即在费用成本和预算约束内;

T:time,即必须按时完成;

S:scope,即符合指定的工作范围大小。

而且这里四个变量是相互联系的,例如,成本可以表示为绩效、时间和范围的函数。越来越多的组织正在要求项目经理寻求缩短项目完成时间的办法,同时控制甚至减少成本,还要保证绩效范围不变。

2. 项目管理的特点

项目管理与传统的部门管理相比最大的特点是项目管理注重于综合性管理,并且项目管理工作有严格的时间期限。项目管理必须通过不完全确定的过程,在确定的期限内生产出不完全确定的产品,日程安排和进度控制常对项目管理产生很大的压力。具体来讲表现在以下几个方面。

(1)项目管理的对象是项目或被当作项目来处理的作业。项目管理是针对项目的特点而形成的一种管理方式,因而其适用对象是项目,特别是大型的、比较复杂的项目。鉴于项目管理的科学性和高效性,有时人们会将重复性的"作业"中某些过程分离出来。加上起点和终点当作项目来处理,以便在其中应用项目管理的方法。

(2)项目管理的全过程都贯穿着系统工程的思想。项目管理把项目看成一个完整的系统,依据系统论"整体—分解—综合"的原理,可将系统分解为许多责任单元,由责任者分别按要求完成目标,然后汇总、综合成最终的成果;同时,项目管理把项目看成一个有完整生命周期的过程,强调部分对整体的重要性,提醒管理者不要忽视其中的任何阶段,以免造成总体的效果不佳甚至失败。

（3）项目管理的组织具有特殊性。项目管理的一个最为明显的特征即是其组织的特殊性。其特殊性表现在以下几个方面。

① "项目组织"的概念。项目管理的突出特点是以项目本身作为一个组织单元，围绕项目来组织资源。

② 项目管理的组织是临时性的。由于项目是一次性的，而项目的组织是为项目的建设服务的，项目完成，其组织的使命也就完成了。

③ 项目管理的组织是柔性的。所谓柔性即是可变的。项目的组织打破了传统的固定建制的组织形式，而是根据项目生命周期各个阶段的具体需要适时地调整组织的配置，以保障组织的高效、经济地运行。

④ 项目管理的组织强调其协调控制职能。项目管理是一个综合管理过程，其组织结构的设计必须充分考虑到利于组织各部分的协调与控制，以保证项目总体目标的实现。因此，目前项目管理的组织结构多为矩阵结构，而非直线职能结构。

⑤ 项目管理的体制是一种基于团队管理的个人负责制。由于项目系统管理的要求，需要集中权力以控制工作正常进行，因而项目经理是一个关键角色。

⑥ 项目管理的方式是目标管理。项目管理是一种多层次的目标管理。由于项目往往涉及的专业领域十分宽广，而项目管理者谁也无法成为每一个专业领域的专家，对某些专业虽然有所了解但不可能像专门研究者那样精通。因此泰勒时代，管理者对工作的操作进行具体的指导，甚至到"手指怎样动"的管理模式，对大多数项目是不可能的。现代的项目管理者只能以综合协调者的身份，组织被授权的专家执行项目，确定项目目标以及时间、经费、工作标准等限定条件，同时，经常反馈信息、检查督促并在遇到困难需要协调时及时给予各方面的有关的支持，余下的具体工作则由被受权者独立处理。可见，项目管理只要求在约束条件下实现项目的目标，其实现的方法具有灵活性。

⑦ 项目管理的要点是创造和保持一种使项目顺利进行的环境。有人认为"管理就是创造和保持一种环境，使置身其中的人们能在集体中一道工作以完成预定的使命和目标"。这一特点说明了项目管理是一个管理过程，而不是一个技术过程，处理各种冲突和意外事件是项目管理的主要工作。

⑧ 项目管理的方法、工具和手段具有先进性、开放性。项目管理采用科学先进的管理理论和方法。例如：采用网络图编制项目进度计划；采用目标管理、全面质量管理、价值工程、技术经济等理论和方法控制项目总目标；采用先进高效的管理手段和工具，主要是使用电子计算机进行项目信息处理等。

3. 项目管理的基本职能

（1）项目计划。项目计划就是根据项目目标的要求，对项目范围内的各项活动所做出的合理安排。它系统地确定项目的任务、进度和完成任务所需的资源等，使项目在合理的工期内，用尽可能低的成本和尽可能高的质量完成。

项目的成败首先取决于项目计划工作的质量，任何项目的管理都要从制订项目计划开始。项目计划是确定项目协调、控制方法和程序的基础及依据；是制定和评价各级执行人的责权利的依据；是项目经理和项目工作人员的工作依据和行动指南；是对项目进行评价和控制的标准。

(2) 项目组织。组织有两重含义,一是组织机构,二是组织行为(活动)。项目管理的组织指为进行项目管理、完成项目计划、实现组织职能而进行的项目组织机构的建立、组织运行与组织调整等组织活动。项目管理的组织职能包括五个方面:组织设计、组织联系、组织运行、组织行为与组织调整。

项目组织是实现项目计划、完成项目目标的基础条件,组织的好坏对于能否取得项目成功具有直接的影响。

(3) 项目评价与控制。项目计划只是根据预测而对未来做出的安排,由于在编制计划时难以预见的问题很多,因此在项目组织实施过程中往往会产生偏差。如何识别偏差、消除偏差或调整计划,保证项目目标的实现,这就是项目管理的评价与控制职能所要解决的。

项目评价是项目控制的基础和依据,项目控制则是项目评价的目的和归宿。

二、项目管理的发展历程和趋势

(一) 项目管理的发展历程

自从有人类社会以来,人们就在从事着项目管理,只不过以前的项目管理没有今天这样先进的工具、技术和方法,但先人们仍然完成了直至今天仍让我们叹为观止的无数经典项目。项目和项目管理的发展是工程和工程管理实践的结果。现代项目管理通常被认为是第二次世界大战的产物,其最早主要用于国防和军工项目。随着知识经济的发展和信息社会的进步,现代项目管理已成为集技术与方法论为一体的专门学科,在发达国家中已经逐步发展成为企业管理的重要分支,并广泛应用于IT、金融、服务以及工程等诸多行业,因此现代项目管理逐步成为现代社会中主要的管理领域。

近代项目管理通常被认为始于20世纪40年代。20世纪50年代美国出现的"关键路径法"(CPM)和"计划评审技术"(PERT)是近代项目管理产生的标志。项目管理最初由计划和控制技术、系统论、组织理论、经济学、管理学、行为科学、心理学、价值工程、计算机技术等与项目管理相结合,并吸收了控制论、信息论及其他学科的研究成果,最终发展成为一门较完整的独立学科体系。

用一句话来给一个学科体系下定义是十分困难的,但可以通过美国项目管理学会在《项目管理知识体系纲要》中的一段话来了解项目管理的轮廓:"项目管理就是把各种系统、方法和人员结合在一起,在规定的时间、预算和质量目标范围内完成项目的各项工作。"

项目管理的理论来自管理项目的工作实践。时至今日,项目管理已经成为一门学科,但是当前大多数的项目管理人员拥有的项目管理专业知识不是通过系统教育培训得到的,而是在实践中逐步积累的,并且还有许多项目管理人员仍在不断地重新发现并积累这些专业知识。项目管理从经验走向科学的过程,应该说经历了漫长的历程,原始潜意识的项目管理萌芽经过大量的项目实践之后才逐渐形成了现代项目管理的理念。

项目管理在其发展过程中主要经历了三个阶段。

(1) 产生阶段,即古代的经验项目管理阶段。在这个阶段项目实施的目标是完成任务,如古埃及金字塔、古罗马的供水渠、中国的长城等;还没有形成行之有效的方法和计划,没有科学的管理手段和明确的操作技术规范。

(2) 形成和发展阶段,即近代科学项目管理阶段。在这个阶段着重强调项目的管理技术,实现项目的时间、成本、质量三大目标,例如利用关键路线法(CPM)和计划评审技术(PERT)对美国军事计划及阿波罗登月计划的成功管理。

(3) 现代项目管理阶段,也是项目发展的成熟阶段,项目管理除了实现时间、成本、质量这三大目标,管理范围不断扩大,应用领域进一步扩宽,与其他学科的交叉渗透和相互促进不断增强,还强调面向市场和竞争,引入人本管理及柔性管理的思想,以项目管理知识体系所包含内容为指导,向全方位的项目管理方向发展。

总的来讲,项目管理科学的发展是人类生产实践活动发展的必然产物。从最原始的实践活动来看,人的本能及潜意识行为是以完成所给定的项目任务为其最终目标,然而为了完成任务,人们的活动常常受到一定的限制,即对项目的实现需要在时间、费用与可交付物之间进行综合平衡。传统项目管理的概念就是基于实现项目的三维坐标约束而提出的一套科学管理方法,它追求的目标是在给定的费用限额下,在规定的时间内完成给定的项目任务。在这一界定下,传统项目管理着重在项目实施的环节,并且更多的是站在项目实施方的立场上,分析如何才能更好地完成项目。然而,项目管理涉及的关系人非常广泛,有投资方、设计方、承包方、监理方及用户方等,为此项目管理工作中就必须包含多赢的思想,这也就是现代项目管理的理念。现代项目管理已经为项目管理的应用提供了一套完整的学科体系,其追求的目标是使项目参与方都得到最大的满意及项目目标的综合最优化。当代项目与项目管理是扩展了的广义概念,项目管理更加面向市场和竞争、注重人的因素、注重顾客、注重柔性管理,是一套具有完整理论和方法基础的学科体系。

项目管理在我国已有数十年的发展历史。20世纪50年代,在新中国恢复经济建设时期,我国成功地管理了苏联援助的156个项目,奠定了我国工业化的基础。20世纪60年代,我国成功地完成了大庆油田、红旗渠、原子弹、氢弹、人造卫星和南京长江大桥等项目。20世纪80年代以来,随着我国恢复在世界银行的合法席位和改革开放,现代项目管理理论和实践在我国得到广泛应用。1991年6月中国项目管理委员会(Project Management Research Committee China,PMRC)正式成立,促进了我国项目管理与国际项目管理专业领域的沟通与交流,促进了我国项目管理专业化和国际化的发展。

(二) 项目管理的发展趋势

1. 项目管理的全球化

知识经济时代的一个重要特点是知识与经济的全球化。因为竞争的需要和信息技术的支撑,促使了项目管理的全球化发展,使国际间的项目合作日益增多,国际化的专业活动日益频繁,项目管理专业信息实现了前所未有的国际共享。

2. 关于项目管理的多元化发展

由于人类社会的大部分活动都可以按项目来运作,因此当代的项目管理已深入到各行各业,以不同的类型,不同的规模而出现。

3. 项目管理的专业化学科发展

近十年来,项目管理的专业化也有了明显的进展,主要反映在以下三个方面。

(1) 项目管理知识体系在不断发展和完善之中。美国项目管理协会(Project Management Institute,PMI)从 1984 年提出 PMBOK(Project Management Body of Knowledge)至今,数易其稿,并已将其作为该组织专业证书制考试的主要内容。欧洲和其他各国的项目管理组织也纷纷提出了自己的体系。

(2) 相关的学历教育从学士、硕士到博士,非学历教育从基层项目管理人员到高层项目经理形成了层次化的教育体系。

(3) 对项目与项目管理的学科探索正在积极进行之中。有分析性的,也有综合性的;有原理概念性的,也有工具方法性的。这是项目管理学科正逐渐走向成熟的标志。

三、项目管理的内容

从项目管理对象看,其主要内容如下。

(1) 项目范围管理是为了实现项目的目标,对项目的工作内容进行控制的管理过程。它包括范围的界定、范围的规划、范围的调整等。

(2) 项目时间管理是为了确保项目最终的按时完成的一系列管理过程。它包括具体活动界定、活动排序、时间估计、进度安排及时间控制等项工作。很多人把"竭尽所能"(getting things done,GTD)时间管理引入其中,大幅提高了工作效率。

(3) 项目成本管理是为了保证完成项目的实际成本、费用不超过预算成本、费用的管理过程。它包括资源的配置,成本、费用的预算及费用的控制等项工作。

(4) 项目质量管理是为了确保项目达到客户所规定的质量要求所实施的一系列管理过程。它包括质量规划、质量控制和质量保证等。

(5) 项目人力资源管理是为了保证所有项目关系人的能力和积极性都得到最有效地发挥和利用所做的一系列管理措施。它包括组织的规划、团队的建设、人员的选聘和项目的班子建设等一系列工作。

(6) 项目沟通管理是为了确保项目的信息的合理收集和传输所需要实施的一系列措施,它包括沟通规划、信息传输和进度报告等。

(7) 项目风险管理涉及项目可能遇到各种不确定因素。它包括风险识别、风险量化、制订对策和风险控制等。

(8) 项目采购管理是为了从项目实施组织之外获得所需资源或服务所采取的一系列管理措施。它包括采购计划、采购与征购、资源的选择及合同的管理等项目工作。

(9) 项目集成管理指为确保项目各项工作能够有机地协调和配合所展开的综合性和全局性的项目管理工作和过程。它包括项目集成计划的制订、项目集成计划的实施、项目变动的总体控制等。

项目管理是基于被接受的管理原则的一套技术方法,这些技术或方法用于计划、评估、控制工作活动,以按时、按预算、依据规范达到理想的最终效果。

从项目管理的具体工作看,主要包括以下内容。

(1) 对项目进行前期调查、收集整理相关资料,制定初步的项目可行性研究报告,为决策层提供建议,协同配合制定和申报立项报告材料。
(2) 对项目进行分析和需求策划。
(3) 对项目的组成部分或模块进行完整系统设计。
(4) 制订项目目标及项目计划、项目进度表。
(5) 制订项目执行和控制的基本计划。
(6) 建立项目管理的信息系统。
(7) 项目进程控制,配合上级管理层对项目进行良好的控制。
(8) 跟踪和分析成本。
(9) 记录并向上级管理层传达项目信息。
(10) 管理项目中的问题、风险和变化。
(11) 项目团队建设。
(12) 各部门、各项目组之间的协调并组织项目培训工作。
(13) 项目及项目经理考核。
(14) 理解并贯彻公司长期和短期的方针与政策,用以指导公司所有项目的开展。

四、项目组织与项目经理

一个项目一经确立,就必须要有人去实施,而多个人按照一定的结构组合在一起,就构成了组织。组织一般包括两方面内容:组织结构和工作制度。组织结构即管理活动中各种职能的横向分工和层次划分(最基本的高层结构和扁平结构);工作制度即组织运行和职能分工的规则。

项目组织指为了完成某个特定的项目任务而由不同部门、不同专业的人员所组成的一个特别工作组织,这个组织既具有相对独立性,又不能完全脱离母体公司。

项目的组织和传统的组织有许多相似之处,有领导、下属,有分工、合作。项目组织与传统组织最大的不同之处在于组织形式的灵活性和柔性:一是根据不同项目的特点采用不同的组织形式;二是组织的临时性,项目结束,组织会随之解散。另外,项目组织更强调团队的合作精神。

项目的组织形式除了要遵循一般组织的设计原则(目标任务原则、专业分工与协作原则、统一指挥原则、有效管理幅度原则、责权利相结合原则等)之外,还需要服从一些特殊的组织原则。

(1) 项目的性质和规模。开发项目研发职能越完善,施工项目协调职能越完善;规模越大,各种职能相对都要比较完善。

(2) 项目在公司中的地位与重要性,特别重要的项目,公司会调用各方面的力量来保证其目标的实现;相反,对于那些重要性不大的项目,则可能只委托某一部分人或某一部门去自行组织。

(一)项目的组织形式

目前存在多种项目组织形式,但没有万能的组织形式。因为如上文所述,项目的组织形式除了要遵循一般组织的设计原则之外,还需要根据项目的性质和规模以及项目在公司中的地位与重要性来设计。所以,每一种组织形式都有其适用的场合,我们在进行项目组织设计时,要采取具体问题具体分析的方法,选择适合的满意的组织形式。

下面介绍一般项目的几种组织形式。

1. 职能式项目组织形式

职能式项目组织形式其实并没有一个专门的组织,一般由企业主管根据项目任务需要从各职能部门抽调人力及其他资源组成项目实施组织,其成员仍在原来的职能部门内完成项目任务;同时这种项目组织没有明确的项目主管或项目经理,项目中各项协调工作由职能部门主管或位于职能部门顶部的执行主管来进行。如果项目性质较单一、涉及职能部门较少,且有某个职能部门对项目的实施影响最大或涉及面最多,项目组织可以直接划归该职能部门管理。

职能式组织的优点主要有:

(1) 有利于企业技术水平的提高。同一部门的专业人员在一起易于交流知识和经验,有利于积累经验和提高业务水平。

(2) 资源利用的灵活性和低成本。职能式组织中的人员或其他资源仍归职能部门领导,因此职能部门可以根据需要分配所需资源,这些人员可以被临时地调配给项目,也可以同时被不同的项目所使用,可以降低人员及资源的闲置成本。

(3) 有利于从整体协调企业活动。每个部门主管直接向企业主管负责,企业主管从企业全局出发进行协调与控制。

(4) 有利于员工的职业发展。如果成立一个专门的项目组织,员工被抽调走时间较长的话,则不利于其本身的职业发展。

职能式组织的缺点主要有:

(1) 协调较困难。由于项目实施组织没有明确的项目经理,而每个职能部门由于职能的差异性及本部门的局部利益,因此容易从本部门的角度去考虑问题,发生部门的冲突时,部门经理之间很难进行协调,这会影响项目整体目标的实现。

(2) 项目不能受到足够的重视。由于职能部门自身的日常工作使得项目及客户的利益易被忽视。

(3) 项目组成员缺乏热情。项目不被看作是他们的主要工作,有些人甚至将项目任务当成是额外的负担。这种形式不能保证项目责任的完全落实。

(4) 工作效率不高。没有热情,自然效率不高。另外,因为缺乏横向的、直接的沟通,项目的信息与决策在常规的管理渠道内传递,也会导致效率不高。

2. 项目式项目组织形式

项目式组织形式是按项目来划归所有资源,项目组从公司组织中分离出来,作为独立的单元,有自己的技术人员和管理人员,由全职的项目经理对项目负责。

项目式组织形式的优点：

（1）目标明确及统一指挥。圆满完成项目任务是项目组织的首要目标，同时项目成员只受项目经理领导。

（2）运作简单。项目式组织相对受母体组织的束缚较少，项目工作者的唯一任务就是完成项目，易于在进度、成本和质量等方面进行控制。

（3）组织效率高。项目团队成员的凝聚力强。

（4）有利于全面型人才的成长。项目实施涉及多种职能，同时有利于不同领域的专家相互交流学习，更需要团队成员强烈的参与意识和创造能力，这些都为团队成员的能力开发提供了良好的场所。

项目式组织形式的缺点：

（1）机构重复及资源的闲置。项目式组织按项目所需来设置机构及获取相应的资源，每个项目都有自己的一套机构，同时，为了保证在项目需要时能马上得到所需的专业技术人员及设备等，项目经理往往会将这些关键资源储备起来，当这些资源闲置时，其他项目也很难利用，造成闲置成本很高。

（2）不利于企业专业技术水平的提高。项目式组织并没有给专业技术人员提供同行交流与互相学习的机会，而往往注重于项目中所需的技术水平，在其他一些与项目无关的领域则可能会落后。

（3）不稳定性。因项目的临时性特点，对项目成员来说，缺乏一种事业的连续性和保障，当项目快结束时，成员们都会为自己的未来而做出相应的考虑。

（4）项目与母体组织间的矛盾。项目团队意识较浓，但项目成员与公司的其他部门之间将会不自觉地产生某种抵触与界线，这种界线不利于项目与外界的沟通，同时也容易引起一些不良的矛盾和竞争，而且还会在项目完成后小组成员回归本职单位时，影响他们与本部门之间的融合。

3. 矩阵式项目组织形式

矩阵式的组织构架是目前应用最为广泛的组织形式，它既兼有职能式与项目式的优点，又能避免它们的缺点。矩阵式组织形式的项目成员可以从不同的职能部门来支持项目经理，这些人同样可以支持参与别的项目，所以他们可能同时为几个项目服务。项目参与者需要同时向职能部门与项目经理两方汇报工作。项目经理在项目活动的内容和时间方面对职能部门行使权力，而职能部门负责人决定"如何"支持。每个项目经理要直接向最高管理层负责，职能部门负责人既要对他们的直线上司负责，也要对项目经理负责。

要使矩阵组织能有效地运转，必须考虑和处理好以下几个问题：

（1）应该如何创造一种能将各种职能综合协调起来的环境，由于存在每个职能部门从其职能出发只考虑项目的某一方面的倾向，考虑和处理好这个问题就是很必要的。

（2）一个项目中哪个要素比其他要素更为重要是由谁来决定的，考虑这个问题可以使主要矛盾迎刃而解。

（3）纵向的职能系统应该怎样运转才能保证实现项目的目标，而又不与其他项目发生矛盾。

矩阵组织的几种形式。

(1) 强矩阵形式。它类似于项目式组织,但项目并不从公司组织中分离出来作为独立的单元。有专门的项目经理,并一般直接向总经理或某个副总裁汇报。

(2) 弱矩阵形式。它与职能式组织类似,但是为了更好地实施项目,建立了相对明确的项目实施班子。这样的项目实施班子由各职能部门下的职能人员所组成,职能经理负责其项目部分的管理,并未明确对项目目标负责的项目经理,即使有项目负责人,他的角色只不过是一个项目协调者或项目监督者,而不是真正意义上的项目管理者。项目经理督促项目的权力是非直接的,职能经理负责大部分这方面的工作,并决定哪些人做哪些工作,以及何时完成工作。

(3) 平衡式矩阵形式。平衡矩阵形式是介于上述两个极端形式之间的矩阵形式,是为了加强对项目的管理而对弱矩阵组织形式的改进,与弱矩阵形式的区别是在项目实施班子中任命一名对项目负责的管理者,即项目经理,为此项目经理被赋予完成项目任务应有的职权和责任。

项目经理负责设定需要完成的工作,而职能经理则关心完成的方式。更具体地讲,项目经理制订项目的总体计划、整合不同领域、制定时间表、监督工作进程;职能经理则根据项目经理设定的标准及时间表负责人事的安排并执行其所属项目部分的任务。

矩阵组织的优点:

(1) 项目目标明确。有专门的人即项目经理负责管理整个项目,负责在规定的时间、经费范围内完成项目的要求。

(2) 资源利用灵活及有效。由于项目组织是覆盖在职能部门上的,它可以临时从职能部门抽调所需的人才,所以项目可以分享各个部门的技术人才储备,充分利用了人才资源。当有多个项目时,这些人才对所有项目都是可用的。

(3) 具有相对独立性,运作管理方便。

(4) 适用性强。职能部门可以为项目提供人员,也可以只为项目提供服务,从而使得项目的组织具有很大的灵活性。

矩阵组织的缺点:

(1) 违背统一命令、统一指挥的管理原则。

(2) 不利于组织全局性目标的实现。多个项目在进度、费用和质量方面取得平衡,这是矩阵组织的优点,又是它的缺点,因为资源在项目之间流动容易引起项目经理之间的争斗,每个项目经理都更关心自己项目的成功,而不是整个公司的目标。

(3) 项目协调较难。因项目经理主管项目的行政事务,职能经理主管项目的技术问题,但实践中对二者的责任及权力却不易划分明确。

4. 混合式组织形式

考虑到项目的性质、规模与重要性,在一个公司中可能同时存在职能式组织的项目和项目式组织的项目。另外,许多公司先将刚启动尚未成熟的小项目放在某个职能部门的下面,然后当其逐渐成熟并具一定地位以后,将其作为一个独立的项目,最后也有可能会发展成一个独立的部门。

这种混合式组织结构使公司在建立项目组织时具有较大的灵活性,但也存在一定的风险。同一公司的若干项目采取不同的组织方式,由于利益分配上的不一致性,容易产生资源的浪费和各种矛盾。

（二）项目组织结构形式的选择

（1）三种组织结构形式的比较（表 6-1）。

表 6-1　三种组织结构形式的比较

组织结构形式	优　点	缺　点
职能式	没有重复活动	狭隘、不全面
	职能优异	反应缓慢
		不注重客户
项目式	能控制资源	成本较高
	向客户负责	项目间缺乏知识信息交流
矩阵式	有效利用资源	双层汇报关系
	职能部门的专业知识可供所有项目使用	需要平衡权力
	促进学习、交流知识	
	沟通良好	
	注重客户	

（2）项目组织结构形式及其对项目的影响（表 6-2）。

表 6-2　项目组织结构形式及其对项目的影响

组织结构形式 特征	职能式	矩阵式			项目式
		弱矩阵	平衡矩阵	强矩阵	
项目经理的权限	很少或没有	有限	小到中等	中等到大	很高,甚至全权
全职工作人员的比例	几乎没有	0～25%	15%～60%	50%～95%	85%～100%
项目经理投入的时间	半职	半职	全职	全职	全职
项目经理的常用头衔	项目协调员	项目协调员	项目经理	项目经理	项目经理
项目管理行政人员	兼职	兼职	半职	全职	全职

从中可以看出,职能式组织和弱矩阵式组织具有兼职的项目协调员,而平衡矩阵式和项目式组织具有全职的项目经理。项目协调员和项目经理的不同,表现为综合协调项目与实际做出决策之间的差别。职能式组织中项目几乎没有自己的全职工作人员,而项目式组织中,绝大多数都是全职工作于项目的成员。

（3）组织结构形式选择的影响因素（表 6-3）。

表 6-3　影响组织结构选择的关键因素

组织结构形式 影响因素	职　能　式	矩　阵　式	项　目　式
不确定性	低	高	高
所用技术	标准	复杂	新

续表

组织结构形式 影响因素	职能式	矩阵式	项目式
复杂程度	低	中等	高
持续时间	短	中等	长
规模	小	中等	大
重要性	低	中等	高
客户类型	各种各样	中等	单一
对内部依赖性	弱	中等	强
对外部依赖性	强	中等	弱
时间限制性	弱	中等	强

在具体的项目实践中,究竟选择体积项目组织结构形式没有一个可循的公式,一般在充分考虑各种组织结构的特点、企业特点、项目的特点和项目所处的环境等因素的条件下,才能做出较为适当的选择。

一般来说,职能式组织在理论及实践上都不是理想的组织形式。但如果项目的规模较小、有主要工作集中在某个重点部门、不同职能部门间的影响很小时,职能式组织的选择不失为一种考虑。

如果一个公司中包括多个相似项目,如多个建筑项目,则应选择项目式组织结构;如果是长期的、大型的、重要的和复杂的项目,需要充分发挥组织团队的高效率、高速度及高创造性时,更应采用项目式组织结构。

如果一个项目需要利用多个职能部门的资源而且技术比较复杂,但又不需要技术人员全职为项目工作,这时,矩阵式组织结构是最好的选择,特别是当几个项目需要同时共享这些技术人员时。

(三) 项目经理

一个项目能否取得成功受到很多因素的影响:项目团队、项目经理、行政支持团体、职能经理、高层管理人员、项目发起人、承包商、政府机构、其他组织、客户等。因此,项目经理要有能力减缓客户的担忧,保证组织高层人士对项目的支持,快速地鉴别危及项目工作的问题,与此同时,还要维护项目的完整性以及项目参与者的利益。要做到这一点,需要有相当的沟通技巧、政治见解及广泛的影响力。因此,项目经理的管理素质、组织能力、知识结构、经验水平、领导艺术等对项目管理的成败有决定性的影响。

1. 扮演五种角色

(1) 领导者。能在错综复杂的环境中做出正确的决策,具有明显的表率作用、强大的凝聚作用,以保证团队走向成功。

(2) 管理者。项目经理必须具备一般管理者的能力,即计划、组织、监督、激励和控制等具体细节活动。

(3) 追随者。项目经理在对项目全权负责时也必须对公司领导负责,这种追随者特征也决定了项目经理权力的有限性,若没有公司领导层的支持就不能保证项目的顺利完成。

(4) 协调者。如前所述，一个项目会牵涉到有关切身利益的多个项目干系人，因此，项目经理必须充分扮演协调者的角色，以协调各种冲突，平衡各方利益。

(5) 沟通者。要做好协调工作，沟通必不可少。

2. 承担三层责任

(1) 项目经理对企业所应承担的责任：保证项目的目标与企业的经营目标相一致；对企业分配给项目的资源进行适当的管理，保证在资源约束条件下所得资源能够被充分有效地利用；与企业高层领导进行及时有效地沟通，及时汇报项目的进展状况、成本、时间等资源的花费、项目实施可能的结果，以及对将来可能发生的问题的预测。

(2) 项目经理对项目所应承担的责任：对项目的成功负有主要责任，保证项目在实施过程中自始至终以实现项目目标为最终目的。

(3) 项目经理对项目小组成员所应承担的责任：为项目小组成员提供良好的工作环境与工作氛围；对项目小组成员进行绩效考评；为项目小组成员的将来考虑。

3. 享有的权利

项目经理权力的大小取决于项目在组织中的地位以及项目的组织结构形式。另外，项目经理权力的大小也与项目的重要性及项目本身的规模有关。其包括：

(1) 对项目进行组织，挑选项目组成员的权力。

(2) 制定项目有关决策的权力。

(3) 对项目所获得的资源进行分配的权力。

4. 应具备的能力

(1) 人际关系能力。

(2) 领导及管理能力，其领导的特殊性在于：有清楚的领导意识和清楚的行动方向；能辅助项目成员解决问题；能使新成员尽快地融入团队；具有较强的沟通能力；能够权衡方案的技术性、经济性及其与人力因素之间的关系。

(3) 系统观念及战略管理的能力。项目经理必须具有全局观念，必须保证项目目标与公司总体战略目标的一致性，不仅要考虑项目的经济目标，还应看到项目的其他目标。项目目标的成功必须以大系统的最优为基础。项目目标具有多重性，如项目具有时间目标、成本目标及技术性能目标，这三者之间往往存在着权衡关系，而且在项目寿命周期的不同阶段，项目各目标的相对重要性也不同。另外，项目目标与企业目标及个人目标之间也存在着权衡关系。如果项目经理同时负责几个项目，则项目经理就需要在不同项目之间进行权衡。总之，在项目实施过程中，处处存在着这种权衡关系，项目经理应该具备权衡能力，保证大系统的最优实现。

(4) 应付危机及解决冲突的能力。

(5) 技术能力。项目经理不必是技术领域的带头人，但对有关技术要求比较精通，否则无法实现组织与各项目干系人的有效沟通及正确决策，从而不能保证项目目标的实现。

5. 应具备的素质

(1) 乐观的态度。

(2) 承担风险、制定决策的勇气。

(3) 持之以恒的信念。

(4) 信任,充分信任团队成员的创造力,并授权给他们。

6. 项目经理的挑选与培养

所选的项目经理除了要具备前述的能力及具备的素质外,还必须要有敏感性和抗压能力。敏感性具体指三个方面,即对企业内部权力的敏感性、对项目小组及成员与外界之间冲突的敏感性及对危险的敏感性。对权力的敏感性,使得项目经理能够充分理解项目与企业之间的关系,保证其获得高层领导必要的支持。对冲突的敏感性能够使得项目经理及时发现问题及解决问题。对危险的敏感性,使得项目经理能够避免不必要的风险。

当然,项目的性质、特点、技术复杂程度、项目在该企业规划中所占的地位等也会影响项目经理的挑选。

(1) 避免选择不合适的项目经理

① 外表成熟的候选人不等于成熟的项目管理者。成熟的项目经理应该是参与过几个不同类型的项目,而且在项目组织内担任过不同的职位。

② 项目经理不应该是强硬的管理作风。

③ 技术专家不适合做项目经理。大多数技术专家难于从项目的技术方面分身而成为一个好的项目经理,让高级技术专家充当项目经理有一定的危险性。

④ 不能过多地屈服于用户的要求。高层管理人员可能会应用户的要求而任命一个项目经理,但是能与用户很好地沟通并不一定能够保证项目成功。如果屈服于用户的要求,那么同时就要建立一个强有力的支持团队。

⑤ 不要用项目来培养人才,选择没有经验的人。

(2) 项目经理的挑选方式与程序

① 企业高层领导委派。这种方式的一般程序是,由企业高层领导提出人选或由企业职能部门推荐人选,由企业人事部门听取各方面的意见,进行资质考察,若合格则经由总经理委派。企业内部项目一般采取这种方式。

② 由企业和用户协商选择。这种方式的一般程序是,分别由企业内部及用户提出项目经理的人选,然后双方在协调的基础上加以确定。企业外部项目,如为用户装修房屋、为客户咨询等,一般采取这种方式。

③ 竞争上岗的方式。

(3) 项目经理的培养与培训

① 项目经理的培养。一般来说,作为项目经理人选,其基层实际工作的阅历不应少于5年,才能打下坚实的实际经验基础。没有足够深度和广度的项目管理实际阅历,项目经理就会不足。取得了实际经验和经过基本训练之后,对比较理想和有培养前途的对象,应在经验丰富的项目经理的带领下,让其以助理的身份协助项目经理工作,或者令其独立承担单项专业项目、小项目的项目管理,并给予适时的指导和考察。

② 项目经理的培训内容包括:项目管理基本知识,主要有项目及项目管理的特点、规律、管理思想、管理程序、管理体制及组织机构,项目沟通及谈判等;项目管理技术,主要有网络计划技术、项目预算、质量检验、成本控制、项目合同管理、项目协调技术等。培训

方法包括在职培训和概念培训、学校培训等。

第二节　网络计划技术

一、网络计划技术概述

网络计划技术(network planning technique, NPT)是现代化科学管理的重要组成部分,它把一个项目作为一个系统,系统由若干项作业组成,作业和作业之间存在着相互制约、相互依存的关系,通过网络计划图的形式对作业及作业间的相互关系加以表示,并在此基础上找出项目的关键作业和关键路径,并以此为基础对资源进行合理的安排,达到以最短的时间和最少的资源消耗来实现整个系统的预期目标,以取得良好的经济效益。

(一) 网络计划技术的产生

20世纪初,甘特创造了"横道图法",也叫"甘特图",之后人们都习惯于用横道图表示工程项目进度计划。随着现代化生产的不断发展,项目的规模越来越大,影响因素越来越多,项目的组织管理工作也越来越复杂。

1958年,NPT诞生于美国,主要有两种起源说法。一个是"关键线路法",杜邦公司于1952年注意到数学在网络分析计算上的成就,认为可以在工程规划方面加以应用。1955年,便设想将每一工作规定起讫时间并按工作顺序绘制成网状图形以指导生产。1956年,他们设计了电子计算机程序,用计算机编制出了生产网络计划。1957年,将此法应用于新工厂建设的研究工作,形成了"关键线路法"。1958年初,他们将关键线路法应用于价值1000万美元的建厂工作计划安排,接着又将此法应用于一个200万美元的施工计划的编制。由于认识到了关键线路法的潜力,杜邦公司便把此法应用于设备检修工程,使设备应检修而停产的时间从过去的125h缩短到74h,仅一年时间就用此法节约了100万美元。另一个是"计划评审技术",简称PERT法,是由美国海军部1958年发明成功的。当时,由于对象复杂、厂家众多,既要造潜艇,又要造导弹,还要造原子能发动机。美国海军部深感传统管理方法的低效,因而征求方法,产生了计划评审技术。此法应用后,使"北极星"导弹的研制的时间缩短了3年,并节约了大量资金。

关键线路法和计划评审技术大同小异,都是用网络图表达计划,故统称为网络计划技术。

(二) 网络计划技术的发展

NPT产生后,每两三年就会出现一些新的模式,使NPT发展成为一个模式繁多的"大家族",主要分为三大类。

第一类是非肯定型网络计划,是时间或线路或两者都不肯定的计划,包括:

(1) 计划评审技术(PERT);

(2) 图示评审技术(GERT);
(3) 随机网络计划技术(QERT);
(4) 风险型随机网络计划技术(VERT)。

第二类是肯定型网络计划技术,即图形和时间都确定,包括:
(1) 关键线路法(CPM);
(2) 决策关键线路法(DCPM);
(3) 决策树型网络等。

第三类是搭接网络,包括:
(1) 前导网络计划(MPM);
(2) 组合网络计划(HMN)等。

在我国还有流水网络计划,是将流水作业技术和网络计划技术结合在一起的一种网络计划模型。在许多项目中应用取得了良好效果。

美国是 NPT 的发源地,应用网络计划技术取得成功后,美国政府 1962 年规定,凡与政府签订工程合同的企业,都必须采用 NPT,以保证工程的进度和质量。根据对美国 400 家大建筑企业的调查,1970 年网络计划技术的使用者达到 80%。1974 年麻省理工学院的调查指出,绝大部分美国建筑公司采用网络计划技术编制施工计划。美国已经用 NPT 实现了计划工作和项目管理计算机化。日本 1961 年从美国引进了 NPT,1963 年肯定了 NPT 的实用价值。1968 年 10 月日本建筑学会发表了网络施工进度计划和管理指南,在建筑业推广应用。日本的许多超高层建筑都采用 NPT 组织施工。德国从 1960 年开始应用 NPT,并广泛使用单代号搭接网络。主要应用于工程项目管理,进行工期和费用的系统控制、有国家统一的网络规范,并大量使用标准网络。英国普遍推广使用网络计划技术于施工、设计、规划等领域。

我国是从 20 世纪 60 年代开始运用网络计划的,著名数学家华罗庚教授结合我国实际,在吸收国外网络计划技术理论的基础上,将 CPM、PERT 等方法统一定名为统筹法。网络计划技术现在在我国已广泛应用于国民经济各个领域的计划管理中。

(三) 网络计划技术的优点

网络计划技术的主要有优点如下所示。

(1) 利用网络计划技术能清楚地表达各工作之间的相互依存和相互制约的关系,使人们对复杂项目及难度大的项目的制造与管理作出有序而可行的安排,从而产生良好的管理效果和经济效益。阿波罗登月计划就是应用此法取得成功的著名实例。

(2) 利用网络计划图,通过计算,可以找出网络计划的关键线路和次关键线路。关键线路上的工作,花费时间长、消耗资源多,在全部工作中所占比例小,大型的网络计划只占工作总量的 5%～10%,便于人们认清重点,集中力量抓住重点,确保计划实现。避免"平均使用力量,盲目抢工"而造成浪费。对于每项工作的机动时间做到心中有数,这样做有利于在实际工作中利用这些机动时间,合理分配资源、支援关键工作、调整工作进程、降低成本、提高管理水平。

(3) 网络计划能提供项目管理的许多信息,有利于加强管理。例如,除总工期外,它还可提供每项工作的最早开始时间和最迟开始时间、最早完成时间和最迟完成时间、总时差和自由时差等,提供管理效果等信息。总之,足够的信息是管理工作得以进行的依据和支柱,网络计划的这一特点,使它成为项目管理最典型、最有用的方法,并通过网络计划的应用,极大地提高了项目管理的科学化水平。

网络计划是应用计算机进行全过程管理的理想模型。绘图、计算、优化、调整、控制、统计与分析等管理过程都可由计算机完成。所以在信息化时代,NPT 是理想的项目管理工具。

二、工作清单与时间估算

1. 工作清单

使用网络计划技术前,必须对项目进行工作分解,也就是将一个项目分解成各种活动(作业、工序、任务)。在进行项目分解时,可采用任务分解结构(work breakdown structure, WBS)。WBS 类似于产品结构,它将整个项目分解成任务包(work package),再将任务包分解成主要成分,最后再分解成具体活动,这就构成了项目清单。WBS 有助于管理人员确定所要做的工作,便于管理人员编制预算和作业计划。

在把一个项目分解之前,必须确定分解的详细程度。项目分解的详细程度按需要决定。给上级领导使用的网络计划较粗略,项目可分解成一些较大的活动,如设计、制造、安装等,这样做的目的是便于他们从总体上把握进度。给具体施工单位使用的网络计划较细,项目可分解成一些较细的活动,如挖地基、浇灌水泥等,这样便于具体应用。

2. 时间估算

活动所需的时间指在一定的技术组织条件下,为完成一项任务或一道工序所需要的时间,是一项活动的延续时间。活动时间以 t 表示,其时间单位可以是小时、日、周、月等,可按具体工作性质及项目的复杂程度以及网络图使用对象而定。

根据活动性质的不同,活动时间有两种估算方法。

(1) 单一时间估计法

单一时间估计法指对各种活动的时间,仅确定一个时间值,它适用于有同类活动或类似活动时间做参考的情况,例如,过去进行过且偶然性因素的影响又较小的活动。

(2) 三点时间估计法

三点时间估计法是对活动时间预估三个时间值,然后求出可能完成的平均值。这三个时间值是:最乐观时间(optimistic time),指在最有利的条件下顺利完成一项活动所需要的时间,常以 a 表示;最可能时间(most likely time),指在正常情况下完成一项活动所需要的时间,常以 m 表示;最悲观时间(pessimistic time),指在最不利的条件下完成一项活动所需要的时间,常以 b 表示。

三点时间估计法常用于带探索性的工程项目。如航天飞船工程,其中有很多工作任务是从未做过的,需要研究、试验,这些工作任务所需的时间也很难估计,只能由一些专家估计最乐观的时间、最悲观的时间和最可能的时间,然后对这三种时间进行加权平均。计算活动平均时间的公式为

$$t(i,j) = \frac{a + 4m + b}{6} \qquad (6.1)$$

三、网络图的绘制

（一）网络图的构成要素

1. 箭线（工序、工作）

在网络图中，带箭头的线段，称箭线，可表示一项具体工作，其详略程度取决于项目管理的需要。箭线代表整个工作的全过程、要消耗的时间及各种资源，一般在网络图上表注的是消耗时间的数量。根据需要，网络图中可以引入虚箭线，它表示的是一项虚设的工作，其作用是为了正确地反映各项工作之间的关系，虚工作既不占用时间，也不消耗资源。

2. 节点

前后两工作（序）的交点，表示工作的开始、结束和连接关系，是瞬间概念，不消耗时间和资源。图中第一个节点，称为始节点；最后一个节点称为终节点；其他节点称为中间节点。节点沿箭线由左到右从小到大。其他工作的箭头与某工作的始节点衔接，该工作称紧前工作。其他工作的箭尾与某工作的终节点衔接，该工作称紧后工作。

3. 线路

指网络图中从原始节点到结束节点之间可连通的线路。需工作时间最长的线路，称关键线路；位于关键线路上的工作称关键工作。

（二）网络图的绘制方法

1. 网络图的绘制规则

（1）正确反映各工序之间的先后顺序和相互逻辑关系。
（2）一个网络图只能有一个始节点，一个终节点。
（3）一对节点间只能有一条箭线。
（4）网络图中不允许出现闭合回路。
（5）网络图中不允许出现双箭线。
（6）两箭线相交时，宜采用过桥式。

2. 网络图的绘制步骤

（1）认真调查研究，熟悉施工图纸。
（2）制定施工方案，确定施工顺序。
（3）确定工作名称及其内容。
（4）计算各项工作的工程量。
（5）确定劳动力和施工机械需要量。
（6）确定各项工作的持续时间。
（7）计算各项网络时间参数。
（8）绘制网络计划图。

(9) 网络计划的优化。

(10) 网络计划的执行、修改和调整。

3. 绘图示例

【例 6-1】 设有结构尺寸相同的涵洞两座,每座分为挖槽、砌基、安管、洞口四道工序。绘制各工序关系图和网络图。

解：各工序的关系如图 6-2 所示。

图 6-2　例 6-1 各工序的关系图

对应网络图如图 6-3 所示。

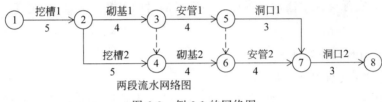

图 6-3　例 6-1 的网络图

（三）网络图的参数计算

1. 关键线路及总工期

持续时间最长的线路为关键线路,其持续的时间称为总工期。

【例 6-2】 已知某项目工作代号和作业关系及作业时间如表 6-4 所示,试绘制网络图。

表 6-4　某项目工作代号和作业关系及作业时间

工作代号	A	B	C	D	E	F	G	H
紧后工作	C、D	E、F	E、F	G、H	G、H	H	—	—
工作时间	1	5	3	2	6	5	5	3

解：首先根据逻辑关系绘制网络图,如图 6-4 所示。

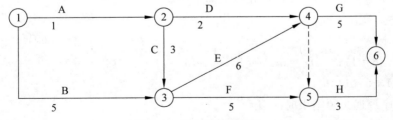

图 6-4　例 6-2 的网络图

寻找从始节点①至终节点⑥的线路如下所示：

①②③④⑤⑥：　　$t=1+3+6+3=13$；

①②④⑥：　　　$t=1+2+5=8$；

①②④⑤⑥：　　$t=1+2+3=6$；

①②③④⑥：　　$t=1+3+6+5=15$；

①②③⑤⑥：　　$t=1+3+5+3=12$；

①③④⑥：　　　$t=5+6+5=16$；

①③④⑤⑥：　　$t=5+6+3=14$；

①③⑤⑥：　　　$t=5+5+3=13$。

可以看出关键线路是①③④⑥的时间 $t=16$。这是计算网络图关键线路的方法之一，即从网络图的若干条线路中找出工作时间最长的线路。但是这种计算方法容易产生漏线、出错。而实际设计中通常采用计算网络图的时间参数的方法，确定其关键线路和总工期。

2. 网络图的时间参数计算

(1) 工序最早可能开工时间 es_{ij}。

一个工序具备了一定的工作条件、资源条件后，才是可以开始工作的最早时间。要求：必须在其所有紧前工作都完成的基础上才能开始。

① 规则。第一，计算 es_{ij}，应从网络图的始节点开始，顺箭线方向，由左向右至终节点；第二，与网络图始节点相连的工序 $es_{ij}=0$；第三，es_{ij} 等于所有紧前工序最早可能开始时间 es_{hi}，加上 hi 工序的工作时间 t_{hi} 之和取大值，即 $es_{ij}=\max\{es_{hi}+t_{hi}\}$。

② 计算示例：计算图 6-4 的工序最早开工时间。

$es_{12}=0$；$es_{13}=0$；$es_{23}=es_{12}+t_{12}=0+1=1$；$es_{24}=es_{23}=1$；

$es_{34}=\max\{es_{23}+t_{23},es_{13}+t_{13}\}=\max\{1+3,0+5\}=5$；

$es_{35}=es_{34}=5$；

$es_{46}=\max\{es_{24}+t_{24},es_{34}+t_{34}\}=\max\{1+2,6+5\}=11$；

$es_{45}=es_{46}=11$；

$es_{56}=\max\{es_{45}+t_{45},es_{35}+t_{35}\}=\max\{11+0,5+5\}=11$；

$t=\max\{es_{46}+t_{46},es_{56}+t_{56}\}=\max\{11+5,11+3\}=16$。

(2) 工序的最早可能结束时间 ef_{ij}。

规则同最早可能开工时间，计算示例如下所示。

$ef_{ij}=es_{ij}+t_{ij}$

$ef_{12}=0+1=1$；　　$ef_{13}=0+5=5$；　　$ef_{23}=1+3=4$；　　$ef_{24}=1+2=3$；

$ef_{34}=5+6=11$；　$ef_{35}=5+5=10$；　$ef_{46}=11+5=16$；　$ef_{45}=11+0=11$；

$ef_{56}=11+3=14$

(3) 工序最迟必须结束时间 lf_{ij}。

lf_{ij} 指该工序不影响整个网络计划按期完成的工序结束时间。

① 原则。第一，lf_{ij} 的计算从网络图的终节点开始，逆箭线方向自右向左由终节点至

始节点。第二,与终节点相连的工序,以总工期 t 作为工序最迟必须完成时间。第三,lf_{ij} 等于所有紧后工序的最迟必须结束时间 lf_{jk},减去 jk 工序的工作时间 t_{jk},取小值。即:
$lf_{ij} = \min\{lf_{jk} - t_{jk}\}$。

② 计算图 6-5 的工序最迟必须结束时间。

$lf_{56} = t = 16 ; lf_{46} = lf_{56} = 16 ; lf_{45} = lf_{56} - t_{56} = 16 - 3 = 13 ;$

$lf_{35} = lf_{56} = 13 ;$

$lf_{34} = \min\{lf_{45} - t_{45}, lf_{46} - t_{46}\} = \min\{13 - 0, 16 - 5\} = 11 ;$

$lf_{24} = lf_{34} = 11 ;$

$lf_{23} = \min\{lf_{34} - t_{34}, lf_{35} - t_{35}\} = \min\{11 - 6, 13 - 5\} = 5 ;$

$lf_{12} = \min\{lf_{24} - t_{24}, lf_{23} - t_{23}\} = \min\{11 - 2, 5 - 3\} = 2 ;$

$lf_{13} = \min\{lf_{34} - t_{34}, lf_{35} - t_{35}\} = \min\{11 - 6, 13 - 5\} = 5$

(4) 工序最迟必须开始时间 ls_{ij}。

ls_{ij} 指不影响整个网络计划按期完成的工序开始时间。规则同 lf_{ij},图 6-5 的示例如下所示。

$ls_{ij} = lf_{ij} - t_{ij}$

$ls_{56} = t - t_{56} = 13 ;$ $ls_{46} = t - t_{46} = 16 - 5 = 11 ;$ $ls_{45} = lf_{45} - t_{45} = 13 ;$

$ls_{35} = lf_{35} - t_{35} = 13 - 5 = 8 ;$ $ls_{34} = lf_{34} - t_{34} = 11 - 6 = 5 ;$

$ls_{24} = lf_{24} - t_{24} = 11 - 2 = 9 ;$ $ls_{23} = lf_{23} - t_{23} = 5 - 3 = 2 ;$

$ls_{12} = lf_{12} - t_{12} = 2 - 1 = 1$

(5) 工序总时差 tf_{ij}。

不影响任何一项紧后工作的最迟必须开始时间条件下,该工作所拥有的最大机动时间。

$tf_{ij} = ls_{ij} - es_{ij} = lf_{ij} - ef_{ij}$

$tf_{12} = 1 \quad tf_{13} = 0 \quad tf_{23} = 1 \quad tf_{24} = 8 \quad tf_{34} = 0 \quad tf_{35} = 3 \quad tf_{46} = 0 \quad tf_{56} = 2$

在上面的计算中,总时差等于零的工序为关键工序,由关键工序组成的线路为关键线路。此为确定关键线路的第二种方法。

(6) 自由时差 ff_{ij}。

在不影响后续工作的最早开始时间的条件下,工序所拥有的机动时间。计算公式为
$ff_{ij} = es_{jk} - ef_{ij} = es_{jk} - es_{ij} - t_{ij}$

$ff_{12} = 0 \quad ff_{13} = 0 \quad ff_{23} = 1 \quad ff_{24} = 8 \quad ff_{34} = 0 \quad ff_{35} = 1 \quad ff_{46} = 0 \quad ff_{45} = 0 \quad ff_{56} = 2$

在对自由时差的计算可以看出,只要总时差 $tf = 0$ 的工序其自由时差 ff 必然为零。而相反自由时差为零的工序其总时差却不一定为零。这是因为,自由时差是保证紧后工序最早开工所拥有的机动时间,而总时差是保证紧后工作最迟开始所拥有的机动时间。

在上述的计算过程中,对每一个时间参数都列出了计算公式。这样做是很麻烦的,在公式记熟后,可直接在网络图上进行其时间参数的计算。

3. 网络图时间参数的图上计算法

计算公式为

$es_{ij} = \max\{es_{hi} + t_{hi}\} \quad ef_{ij} = es_{ij} + t_{ij} \quad tf_{ij} = lf_{ij} - ef_{ij} = ls_{ij} - es_{ij}$

$$\mathrm{lf}_{ij} = \min\{\mathrm{lf}_{jk} - t_{jk}\} \qquad \mathrm{ls}_{ij} = \mathrm{lf}_{ij} - t_{ij} \qquad \mathrm{ff}_{ij} = \mathrm{es}_{jk} - \mathrm{es}_{ij} - t_{ij} = \mathrm{es}_{jk} - \mathrm{ef}_{ij}$$

将 tf=0 的工序,用双箭线标出,获得网络计划的关键线路。

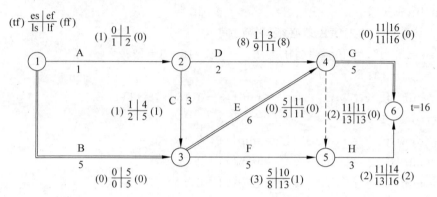

图 6-5 例 6-2 的网络图时间计算

(四) 时标网络图的绘制

时标网络图指网络图中各工序的箭线在横坐标上的投影长度要等于该工序的持续时间。其特点是:

(1) 工序工作时间一目了然、直观易懂;
(2) 可直接看出网络图的时间参数;
(3) 可在网络图的下面绘制资源需要量曲线;
(4) 修改、调整较麻烦。

带时间坐标网络计划图的绘制方法有两种。

(1) 按工序最早可能开始时间绘制带时标的网络图(图 6-6)。

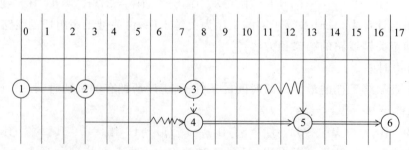

图 6-6 按工序最早可能开始时间绘制带时标的网络图

① 确定坐标线所代表的时间,绘于图的上方;
② 确定各工序最早可能开始时间的节点位置;
③ 将各工序的持续时间用实线沿起始节点后的水平方向绘出,其水平投影长度等于该工序的作业持续时间;
④ 用水平波形线把实线部分与该工序的完工节点连接起来,波形线水平投影长度是该工序的自由时差;

⑤ 虚工作不占用时间,因此用虚箭线连接各相关节点以表示逻辑关系;
⑥ 把时差为零的箭线从开始节点到结束节点连接起来得到关键线路。
(2) 按工序最迟必须结束时间绘制带时间坐标的网络计划图(图 6-7)。

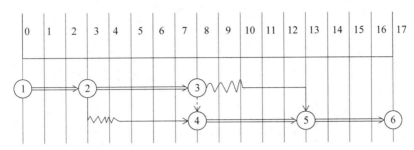

图 6-7 按工序最迟必须结束时间绘制带时间坐标的网络计划图

① 确定各工序的最迟必须结束节点位置;
② 实箭线水平投影长度为工序工作时间;
③ 实箭线箭尾为工序最迟开工时间;
④ 箭尾未达开工节点的用波形线连接。

说明:首先计算各工序的最早开工时间或最迟必须结束时间,按工序工作时间与该工序的始(或终)节点相连。空格用波形线连接。

(五) 单代号网络图的绘制与计算

单代号网络图中节点表示一项具体的工作,有时间和资源的消耗。工作的名称、节点的编号和工作时间都标注在圆圈内。箭线表示工作间的逻辑关系,不消耗时间和资源。代号表示节点的编号,一个代号表示一项工作,箭头节点编号要大于箭尾节点的编号。

1. 单代号网络图绘图规则

(1) 在网络图的开始和结束需增加虚拟的始节点和终节点;
(2) 不出现闭合回路;
(3) 不出现重复的编号,且后续编号要大于前导的编号;
(4) 除始节点和终节点外,其余各中间节点必须有向内和向外的箭线。

单代号网络图绘图步骤:①列出逻辑关系;②计算相关参数;③绘制网络图。

【例 6-3】 已知项目工作代号和作业关系及作业时间如表 6-5 所示,试绘制单代号网络图。

表 6-5 某项目工作代号和作业关系及作业时间

工作代号	A	B	C	D	E	F
紧后工作	D	D、E	E、F	E	—	—
工作时间	3	2	2	2	4	6

解：绘图如图 6-8 所示。

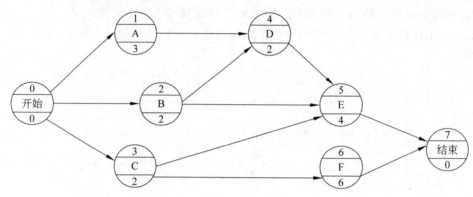

图 6-8 例 6-3 的单代号网络图

2. 时间参数的计算

(1) 工序的最早可能开工时间：$es_j = \max\{ef_i\}$。j 工序的最早可能开工时间为其紧前工序的最早可能完成时间的最大值。

(2) 工序的最早可能完成时间：$ef_i = es_i + t_i$。

(3) 工序的最迟必须完成时间：$lf_i = \min\{ls_j\}$。i 工序的最迟必须完成时间等于其后续工序的最迟必须开始时间的最小值。

(4) 工序的最迟必须开始时间：$ls_i = lf_i - t_i$。终节点的最迟必须完成时间为计划的总工期 t。

(5) 工序总时差：$tf_i = ls_i - es_i$。不影响任何一项紧后工作的最迟必须开始时间条件下，该工作所拥有的最大机动时间。

(6) 自由时差：$ff_i = es_j - ef_i$。在不影响后续工作的最早开始时间的条件下，工序所拥有的机动时间。

在对自由时差的计算可以看出，只要总时差 $tf=0$ 的工序其自由时差 ff 必然为零。而相反自由时差为零的工序其总时差却不一定为零。这是因为，自由时差是保证紧后工序最早开工所拥有的机动时间，而总时差是保证紧后工作最迟开始所拥有的机动时间。

【例 6-4】 已知项目工作代号和作业关系及作业时间如表 6-6 所示，试绘制单代号网络图，并计算时间。

表 6-6 某项目工作代号和作业关系及作业时间

工作代号	A	B	C	D	E	F
紧后工作	C,D	C,E	D,E,F	F	F	—
工作时间	2	4	5	4	6	3

解：绘制单代号网络图，如图 6-9 所示。

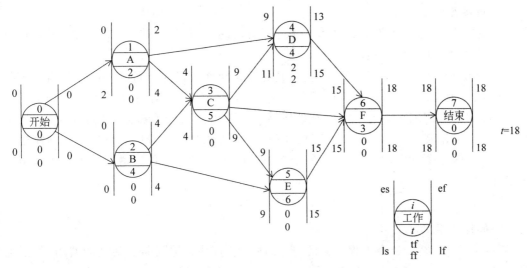

图 6-9 例 6-4 的单代号网络图和时间计算

第三节 网络计划优化

网络计划优化,就是在满足一定条件下,利用时差来平衡时间、资源与费用三者的关系,寻求工期最短、费用最低、资源利用最好的网络计划过程。目前还没有使这三个方面同时优化的数学模型,只能分别进行时间优化、时间—费用优化和时间—资源优化。

一、时间优化

时间优化就是不考虑人力、物力、财力资源的限制,寻求最短工期。这种优化通常使用在任务紧急、资源有保障的情况下。

由于工期由关键路线上活动的时间所决定,压缩工期的关键在于如何压缩关键路线上活动的时间。缩短关键路线上活动时间的途径是引用平行、交叉作业缩短关键活动的时间或在关键路线上赶工。

由于压缩了关键路线上活动的时间,会导致原来不是关键路线的路线成为关键路线。若要继续缩短工期,就要在所有关键路线上赶工或进行平行交叉作业。

二、时间—费用优化

时间—费用优化就是在使工期尽可能短的同时,使费用尽可能低。工程总费用一般分为直接费用和间接费用两部分,这两部分费用随工期变化而变化的趋势是相反的。

1. 直接费用 C_D

直接费用 C_D 是指能够直接计入成本计算对象的费用,如直接工人工资、原材料费用等。直接费用随工期的缩短而增加。

一项活动如果按正常工作班次进行,其延续时间称为正常时间,计为 t_Z;所需费用称为正常费用,计为 C_Z。若增加直接费用投入,就可以缩短这项活动所需的时间,但活动所需时间不可能无限缩短。赶工时间条件下活动所需最少时间为极限时间,计为 t_g;相应所需费用为极限费用,计为 C_g。为简化处理,可将活动时间—费用关系视为一种线性关系。在线性假定条件下,活动每缩短一个单位时间所引起直接费用增加称为直接费用变化率,计为 e。

$$e = (C_g - C_Z)/(t_Z - t_g) \tag{6.2}$$

2. 间接费用 C_I

间接费用 C_I 是与整个工程有关的、不能或不宜直辖分摊给某一活动的费用,包括工程管理费用、拖延工期罚款、提前完工的奖金等,间接费用与工期成正比关系,即工期越长,间接费用越高,反之则越低。通常将间接费用与工期的关系作为线性关系处理。总费用先随工期缩短而降低,然后又随工期进一步缩短而上升,其间必有一最低费用点,它对应的工程周期就是最佳工期。时间—费用优化的过程,就是寻求总费用最低的过程。

在进行时间—费用优化时,需要把握以下三条规则:

(1) 必须对关键路线上的活动赶工;
(2) 选择直接费用变化率最小的活动赶工;
(3) 在可赶工的时间范围内赶工。

三、时间—资源优化

时间—资源优化的含义:

(1) 在有限的资源约束下,如何调整网络计划是工期最短;
(2) 在工期一定的情况下,如何调整网络计划使资源利用充分。

前者称为有限资源下的工期优化问题,后者称为工期规定下的资源均衡问题。

1. 资源有限,工期最短问题

由于人力、物力和财力有限,使一些活动不能同时进行,一些活动必须推迟进行。在这种条件下,要使工期最短,只能采用试算的方法。为了使工期最短,首先要尽可能保证关键活动准时进行;然后,保证时差最小的活动先进行。

2. 工期规定,资源均匀问题

如果工期不能变动,如何使资源得到尽可能充分的利用?

在工期一定的条件下,通过资源平衡,求得工期与资源的最佳结合。通常按每天的需要量,根据资源对完成项目计划的重要性,对不同资源分别进行安排与调配。

本章小结

本章第一节主要讲述项目的含义和项目管理的发展历程、目标、内容、组织管理等；第二节分析了网络计划技术的产生过程、优点、应用步骤以及网络图的绘制规则与方法，并对网络图时间参数和活动的时间参数进行计算，重点分析了时标网络图和单代号网络图绘制方法；第三节是从时间优化、时间—费用优化、时间—资源优化等方面讲解了进行网络计划优化的方法。

本章知识结构图如图6-10所示。

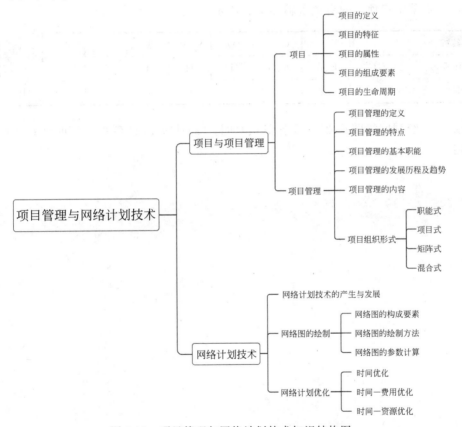

图6-10　项目管理与网络计划技术知识结构图

复习思考题

1. 何谓网络计划技术？
2. 网络图的优点主要有哪些？

3. 网络计划进行时间—费用优化时要注意哪些问题?

4. 在制定项目的 WBS 时,要注意哪些问题?某品牌全自动滚筒洗衣机研制项目工作分解表如下,请通过归类画出该项目的结构分解图,并进行编号。

总体方案	传动装置制造	电动机试制	滚筒制造
总体设计	电脑控制系统	电动机测试	电动机设计
单元定义	电脑控制系统测试	总装与测试	电动机
机体	电脑控制系统设计	总装	壳体制造
机体设计	电脑控制系统试制	测试	

5. 已知某工程项目的有关资料如下表所示。

作业名称	A	B	C	D	E	F	G	H	I	J
紧后作业	D、F、G	E、I	F、G	I	H	I	J			
作业时间/天	8	4	5	4	8	6	6	2	10	1

求:(1)绘制网络图;(2)计算各节点时间;(3)计算 E、F、G 的工序时间;(4)确定关键线路。

第七章 质量管理与品牌管理

【学习要点及目标】

1. 了解质量管理的发展历程。
2. 熟悉并掌握质量管理的概念及其内涵,全面质量管理的基本内容。
3. 理解一些基本的质量控制技术和质量控制工具,并能够熟练应用这些技术。
4. 理解品牌管理的重要性,并了解品牌管理。

核心概念

产品　服务　质量　质量管理　全面质量管理　质量目标　质量方针　质量策划　质量保证　质量控制　品牌管理

引导案例

揭秘港珠澳大桥质量管理

作为粤港澳大湾区建设的先导工程及交通强国的标志性工程,港珠澳大桥工程的建设领导团队在建设前期就旗帜鲜明地确定了"建设世界级的跨海通道"的目标。

(一)品质管理策略:巅峰阵容,巅峰工程

港珠澳大桥实现"世界级"品质,是从质量的"人、机、料、法、环"五大因素逐一去提升的。

1. 世界级人才。对于工程项目管理,"人"就是指项目建设的团队。港珠澳大桥的业主方充分利用香港和澳门两大地域的优势,整合全球资源,通过国际招标、中外联合等合作模式,引入国外专业的、有经验的工程设计及顾问公司参与建设。

2. 世界级设备。由于大桥的建设出现了很多新的结构和工艺,必须依靠大型信息化装备予以实施。因此,港珠澳大桥管理局协同设计和施工单位,依托项目的宽广平台,以需求指导设计,以施工工艺配置设备,研发了项目适用的、具有国产自主产权的新设备。

3. 世界级材料。港珠澳大桥"就高不就低"的技术标准,使得项目出现了一系列特殊的技术要求,国内部分原材料或构件生产厂家一时还无法实现。为此,大桥的建设团队进行全球采购。

4. 世界级方法。港珠澳大桥的长寿命、大规模,集合了新材料、新设备、新方法和新技术,是一座技术创新、突破传统、承上启下的桥梁建设里程碑。大桥在开工前就寻找业内权威人士,集合交通运输行业的资深专家,共同组成项目专家委员会,定期和不定期地审查项目重大设计和施工方案,在技术攻关方面出谋划策。对于一些行业技术瓶颈,则通过国家科技支撑计划寻求国家层面的资金和技术支持。此外,还联合部级(省级)科技创新激励机制以及业主自身资助的科研项目,有针对性地开展产品开发、材料性能优化、质量提升等活动。

5. 世界级环境。工程项目环境包括所在地点的水文、地质和气象等自然环境,也包括施工现场的通风、照明、安全卫生防护设施等劳动作业环境,以及由多单位、多专业交叉协同施工带来的管理关系。其中水文、地质和气象等自然环境的影响,已经由设计单位在构造物设计方案中予以综合考虑。建设期间的防台风、防灾害措施,也由业主统筹指挥。施工现场的通风、照明、安全卫生防护设施等,则由业主在"施工标准化"措施中加以统筹,由施工单位予以实施。

(二)品质管理的措施:彰显特色,推陈出新

港珠澳大桥品质工程的实现过程可总结为"四化""三集中""两准入"及"首件制"。

1. "四化"。大桥建设者在项目初期就提出"大型化、标准化、工厂化、装配化",即将大桥分解为大型的标准尺寸的构件,然后在陆地上将这些构件按照产品进行工厂化的生产,进而使用大型设备在海上进行安装。

2. "三集中"。即实现混凝土(混合料)、钢筋(钢板)、构件的集中生产,也是行业内执行"施工标准化""双标"等活动的核心内容。这种管理模式不仅杜绝了多点分散、管理分离、施工环境脏乱差的现象,而且减少了临时用地、材料消耗和劳力人员配置,促进了施工活动的机械自动化生产,提高了生产效率和产品质量,充分体现了现代工程品质管理的效果。

3. "两准入"。指混凝土认证准入及材料供应审查准入。其实质就是将混凝土视为标准产品进行认证,对于主要工程材料选择和供应资格实行统一的评审和报备流程,每种材料确认三家符合资格的"短名单",并在供应过程中结合材料质量情况予以调整和控制。

4. "首件制"。实质是以首件工程引导后续同类工程的标准化施工。在"首件制"施工过程中,业主会召集设计、监理、检测等多方单位共同监控,"首件制"实施后,还会组织参建单位、专家进行评审和总结,直至各方评审认为工艺成熟后,才批准后续工程批量生产。

(三)品质管理的系统:独有体系,量身匹配

对一个工程项目而言,除前期和设计阶段提出的项目定位、品质策略和措施外,还必须具备传统项目中的全面质量管理系统,即从对项目"外在品位"的追求,回归到对实体"内在质量"的管理。港珠澳大桥依照国际上通行的全面质量管理理念和PDCA方法,结合工程法律法规、工程建设既定程序,逐步建立健全了建设工程项目特有的质量管理体系。

1. 质量管理体系的构成与文件体系

大桥在策划阶段,将技术风险最大、施工难度最高的岛隧工程采取设计施工总承包模式,桥梁则按照里程、结构形式分为三个土建工程标段、两个钢箱梁制作标段及两个钢桥面铺装标段,每个标段按照国家法规均有对应的设计、监理及施工单位。同时,将业主、监

理需要进行的工程检测任务、测量控制任务统筹合并,委托专业单位进行,成立专业的检测中心及测量控制中心。由此就构成了项目质量主体:业主、设计方、监理方、施工方、检测中心、测量中心及其他供应商。各主体均为法人机构,其内部质量管理均自成体系,同时又对工程项目依法承担相应责任。

2. 质量管理体系的建立与实施

这些质量责任主体明确后,业主的品质管理则是通过发布项目质量管理制度、实施管理细则来规范业主与各参与方之间的指挥、协调、监督检查及改进等一系列工作。港珠澳大桥管理局的质量管理提醒文件架构分为五个层次,分别为:质量目标、质量管理纲要、质量管理制度、专项工程质量管理细则、合同方总体质量计划。质量管理体系文件是品质管理过程中各种活动的执行依据,它使得各种管理行为"有法可依、有章可循、有据可查"。港珠澳大桥管理局的项目质量管理体系,按照国际通用的 PDCA 循环,结合工程项目管理特点而建立,与 ISO 通用的体系并不一致,其使用者为建设工程的项目法人单位。该体系共分为四个阶段:质量策划、实施、检查、改进。

(案例来源:鲁华英.揭秘港珠澳大桥品质管理[J].中国公路,2019(16).)

案例导学

作为粤港澳大湾区建设的先导工程及交通强国的标志性工程,港珠澳大桥工程项目集成融合了多学科、多专业、多层次技术与管理方法,其建设与运营融合了先进品质管理理念来实现优质建设、安全高效运营的使命与公共期望。

质量管理的一项主要工作是通过收集数据、整理数据,借助科学的管理工具和质量控制技术找出质量波动的规律,把正常波动控制在最低限度,消除系统性原因造成的异常波动。把实际测得的质量特性与相关标准进行比较,并对出现的差异或异常现象采取相应措施进行纠正,从而使工序处于控制状态,这一过程就叫作质量控制。

第一节 质量与质量管理概述

什么是质量?世界著名的质量管理专家朱兰(Joseph M.Juran)博士,从消费者角度出发,把质量的定义概括为产品的"适用性"(fitness for use)即"产品和服务满足规定或潜在需求能力的特征和特征总和,质量就是产品和服务的适用性";美国的另一位质量管理专家克劳斯比(Crosby)从生产者角度出发,把质量概括为产品符合规定要求的程度。在国际标准化组织 1994 年颁布的 ISO 8402—1994《质量管理和质量保证术语》中,把质量定义为:"反应实体满足明确和隐含需要的能力的特性总和",这里的实体指可以单独描述和研究的事物,可以是活动或过程、产品、组织、体系、人或他们的任何组合。这个定义非常广泛,可以说包括了产品的实用性和符合性的全部内涵。还应说明的是:第一,质量定义中的"需要"在合同环境或法规环境下(如在核安全性领域中)是明确规定的,而在其他环境中隐含的需要则应加以识别并规定;第二,需要通常可转化成用指标表示的特性。因此,产品质量的好坏和高低是根据产品所具备的质量特性能否满足人们的需要及其满足的程度来衡量的。一般有形产品的质量特性主要有以下几方面。

1. 性能

指产品满足使用目的所具备的技术特性。例如：手机接发信号能力强，音质、图像清晰；汽车起步快且稳，省油、省力，噪声低、污染小等。

2. 寿命

指产品在规定的使用条件下完成规定功能的工作总时间。例如：汽车行驶能够达到规定的里程数；电视机可以使用且保持性能稳定的年限等。

3. 可靠性

指产品在规定的时间内，在规定的条件下，完成规定功能的能力。例如：汽车平均无故障工作时间达到产品规定要求；机床在规定期限内精度稳定等。

4. 安全性

指产品在制造、储存和使用过程中保证人身与环境免遭危害的程度。例如：各种家用电器在故障状态下自动切断电源，确保不发生漏洞、短路和伤人事故。

5. 经济性

指产品从设计、制造到整个产品使用寿命周期的成本大小，具体表现为用户购买产品的售价和使用成本。如汽车的耗油量、维护保养费用等。

相对于有形产品，服务的质量特性一般包括功能性、经济性、安全性、时间性、舒适性、文明性及心理方面的特性等，它强调服务产品能及时、完整、准确与友好地满足客户消费需求。显然，确定无形服务质量的优劣比确定有形产品质量的优劣难度要大得多。首先，在多数情况下，服务的无形性、易逝性、依赖性及不可存储性使得服务质量变得比较模糊，难以量化，同一服务，不同的消费者对它会有不同的消费体验和消费评价；其次，对有形产品来说，用户只有在使用过该产品以后才能对其做出优劣的评价，而对于服务来说，顾客不但要对亲身体验到的服务内容进行评价，还要对整个服务提供流程做出评价。例如，一名在银行柜台接受理财咨询服务的顾客，他不但要对咨询内容进行质量评价，而且要对理财经理的服务态度、服务方式及服务技巧等服务提供自我感受。

一、质量管理的基本概念

质量管理就是为了实现组织的质量目标而进行的一系列与质量有关的诸如计划、组织、领导、控制等质量管理活动。与质量有关的管理活动通常包括：质量方针和质量目标的确定，质量管理职责的制定和执行，质量策划、质量控制、质量保证和质量改进等活动。做好质量管理必须考虑如下因素。

（1）质量管理是各级管理者的职责，但必须由最高管理者来领导。

（2）质量管理包括确定质量方针和目标、确定岗位职责和权限、建立质量体系等方面的所有活动。

（3）质量管理是通过质量策划、质量控制、质量保证和质量改进来实现的。

(4) 应在质量要求基础上,充分考虑质量成本等经济因素。

1. 质量目标和质量方针

质量目标指"组织在质量方面所追求或作为目的事物"。可理解为在一定的时间范围内或限定的范围内,组织所规定的与质量有关的预期应达到的具体要求、标准或结果。质量方针是"由组织的最高管理者正式颁布的、该组织总的质量宗旨和方向"。例如,郑州宇通公司的质量目标是"提高顾客满意度、提高产品质量、提高市场占有率、降低产品成本",质量方针是"系心于人,用心于车",并始终围绕这一目标和方针致力于提升企业质量管理的标准。对这两点的坚持使得宇通率先在国内客车行业同时拥有"中国名牌"和"中国驰名商标"两项殊荣,2011年宇通品牌价值位居亚洲品牌500强第422名。

2. 质量策划

质量策划(quality planning)是质量管理的一部分,是"质量管理的一部分,致力于制定质量目标并规定必要的运行过程和相关资源,以实现质量目标"(ISO 9000—2021)。质量策划是企业质量管理中的筹划活动,是企业最高管理者和质量管理部门的质量职责之一。质量策划主要包括以下内容。

(1) 产品策划。指对产品质量特性进行识别、分类和比较,建立其目标、质量要求和约束条件,并规定相应的作业过程和相关资源以实现产品质量目标。

(2) 管理和作业策划。指对实施质量体系进行准备,包括组织和安排。企业为了不断完善质量管理体系并使之有效运作,必须对人员进行培训,包括学习质量管理理论、方法和ISO 9000标准;确定质量管理体系的过程内容;提出质量管理体系各过程的控制目标、控制方法、控制手段和控制要求等。

(3) 编制质量计划和做出质量改进规定。指为满足消费者质量要求,企业要根据自身的条件开展一系列的质量筹划和组织活动,提出明确的质量目标和质量要求等,并制订相应的质量管理体系要素和管理资源的文件。

3. 质量控制

质量控制(quality control)是"质量管理中致力于达到质量要求的部分,是致力于满足质量要求的活动"。企业实施质量控制的目标是确保产品质量能满足企业自身、顾客及社会三方面所提出的质量要求。质量控制的范围涉及产品质量形成的全过程,其目的是通过一系列作业技术和活动对全过程影响质量的人、机器设备、物料、方法、规格/测量、监控和环境(man\machine\material\method\measurement\monitor\environment,6M1E)等因素进行控制,并排除那些有可能使产品质量受到损害而无法满足质量要求的各种原因,以减少经济损失,取得经济效益。

4. 质量保证

质量保证(quality assurance)指"致力于提供质量要求会得到满足的信任"(ISO 9000—2021)。质量保证与质量控制是相互关联的。质量保证以质量控制为基础,进一步引申到提供信任的目的。由目的出发,企业的质量保证分为内部质量保证和外部质量保证两类。内部质量保证的主要目的是使企业最高管理者确信本企业提供的产品和服务能满足质量要求而展开的所有活动。为此,企业中有一部分管理人员专门从事监督、验证和质量审核活动,以便及时发现质量控制中的薄弱环节,提出改进措施,促使质量控制能更有效地实施,从而使企业最高管理者放心。内部质量保证是企业最高管理者实施质量活动的一种重要管理手段。外部质量保证是组织向顾客或第三方提供信任,即使顾客或第三方确信本企业已建立完善的质量管理体系,也要有一整套完善的质量控制方案、控制办法,使用户确信本企业提供的产品能达到规定的质量要求。因此,企业质量保证的主要工作是要促使完善质量控制活动,以便准备好客观证据,并根据顾客的要求,有计划、有步骤地开展提供证据的活动。

5. 质量改进

2021 版 ISO 9000 标准对质量改进(quality improvement)的定义是:"质量管理的一部分,致力于增强满足质量要求的能力。"质量管理活动可划为两个类型。一类是维持现有的质量,其方法是"质量控制"。另一类是改进目前的质量,其方法是主动采取措施,使质量在原有的基础上有突破性的提高,即"质量改进"。质量是企业在竞争中取胜的重要手段,为了增强企业竞争力,进行持续的质量改进是关键。为此,企业必须确保质量管理体系能推动和促进产品和服务质量持续提升,借助质量管理工作的有效性和效率持续增加顾客满意度,并为企业带来持久的效益。所以说,企业的质量管理活动必须追求持续的质量改进。

美国质量管理学家朱兰指出:

(1) 质量改进的对象是产品(或服务)质量及与它有关的工作质量,也就是通常所说的产品质量和工作质量两个方面。前者如宇通公司生产的客车质量,银行的服务质量等;后者如企业中供应售后服务部门的工作质量,研发部门的工作质量等。因此质量改进的对象是全面质量管理中所叙述的"广义质量"概念。

(2) 质量改进的最终效果是按照比原计划目标高得多的质量水平进行工作。质量改进与质量控制效果不一样,但二者关系紧密,质量控制是质量改进的前提,质量改进是质量控制的发展方向,控制意味着维持其质量水平,改进的效果则是突破或提高。可见,质量控制是确保产品和服务符合"今天"的要求,而质量改进则是想办法使质量符合"明天"的需要。

(3) 质量改进是一个持续变革或者偶然突破的过程,该过程应该遵循 PDCA(plan、do、check、act)循环的规律。

二、质量管理的发展历程

质量管理的发展过程是漫长的,自人类生产活动开始,就有质量管理。根据历史文献记载,我国早在 2400 年以前,周朝的工匠在铸造青铜武器的过程中就使用了质量检验制度。在我国古代的城墙中,建造于明代的南京城墙,不仅是当时世界上最长的城墙,也是迄今世界上最坚固的城墙之一,历经 600 多年风雨至今仍屹立不倒、安若磐石,其中的秘密就在于整个城墙修建过程中严格的质量管理。随着社会生产的发展,科学技术的进步,人类解决质量问题的手段和方式在不断演变。现代质量管理是 19 世纪 70 年代开始的,经历了一个多世纪的发展过程,已逐步形成一门新的学科。从质量管理的实践来看,按照解决质量问题的手段和方式,它的发展过程大致可以划分为以下四个历史阶段,如表 7-1 所示。

表 7-1　质量管理四个阶段的对比

阶　段	质量检验阶段	统计质量控制阶段	全面质量管理阶段	社会质量管理阶段
时间	20 世纪 20—40 年代	20 世纪 40—60 年代	20 世纪 60 年代至今	未来
主要特征及其管理思想	强调事后把关,检验人员的职责就是把生产出来的合格品和不合格品分开	由以前的事后把关转变为事前预防,由专业质量工程师和技术员控制使得质量管理目标更为明确,控制手段更为科学	具有全面性,控制产品质量的各个环节、各个阶段;是全过程、全员参与和全社会参与的质量管理	质量受到政治、经济、科技、文化、自然环境的制约而同步发展,质量系统作为一个子系统而在更大的社会系统中发展
管理对象	产品质量	生产工序及产品质量	生产工序、产品质量及工作质量	整个质量系统
管理目标	使产品质量符合既定的质量标准和规范	使产品质量控制在既定的质量标准范围内	客户满意是全面质量管理追求的永恒目标	质量必须符合社会要求,受多种社会因素影响
管理手段	技术检验	技术检验和统计控制	现代化多种管理工具综合交叉应用	把质量管理提高到全社会高度进行系统管理
管理人员	质量检验人员	质量检验加技术检验	全员参与质量管理	全社会参与

1. 质量检验阶段

质量检验阶段也叫事后检验阶段,是现代质量管理发展史上的最初阶段。这段时间大致是 20 世纪 20—40 年代。质量检验所使用的手段是各种检测设备和仪器、仪表,检验方式是严格把关,进行 100% 的检验,确保转入下道工序或出厂的产品符合质量要求。这其中以美国泰勒的"科学管理运动"为代表。"科学管理"将管理的计划职能和执行职能分开,在二者中间增加了一个检验环节,形成了设计、操作、检验三方面各有专人负责的职能管理体制(泰勒制),成立一支专职的质量检查队伍,并逐渐从其他部门中独立出来,发展成一个质量检验部门,专职实施质量检验。这种质量管理的主要特点是三权分立,即专人专职制定标准、专人专职负责制造、专人专职按照标准检验产品。在这个发展阶段,质量管理主要强调事后把关,检验人员的职责就是把生产出来的合格品和不合格品分开。这种质量管理被后人称为"检验员的质量管理"。

但采用事后把关的办法来管理产品质量存在以下三个问题。

(1) 如何制定经济、科学的质量检验标准。如果所制定的质量标准在经济上不合理,使用上不能满足用户要求,那么即使已通过检验,也难以保证产品质量就一定能给企业带来预期的收益。

(2) 如何防止在制造过程中生产出不合格品。因为质量检验是对产品生产出来以后所作的检验,只能起把关作用,起不到预防、控制作用,无法阻止在制造过程中产生不合格品。而一旦生产出了不合格品,势必会造成人力、物力和财力的浪费,而质量管理的目标应该是减少或消除这种浪费。

(3) 对全部成品进行检验是否可行。很明显,对于小规模、小批量生产的企业,生产的所有产品进行全面检验或许可行,但对于生产规模大或大批量生产的企业,对其所生产的全部产品进行检验是很难做到的,所耗费的检验费用势必增加生产成本。这是不可行的,尤其是对那些不破坏就无法进行检验其质量的产品,更行不通。

2. 统计质量控制阶段

面对质量检验所存在的诸多弊端,一些质量管理专家和数理统计学家开始尝试将数理统计学的基本原理和方法引入到质量管理中来,设法运用数理统计的原理来消除这些弊端,并力图使质量检验经济准确。1924年,美国的休哈特(Shewhart)博士提出了"事先控制,预防废品"的概念,并成功地创造了"控制图",把数理统计方法引入到质量管理中,使质量管理推进到新阶段。1931年,他还总结出版了《工业产品质量的经济控制》一书,对统计质量控制作了系统的论述。1929年道奇(H.F.Dodge)和罗米克(H.G.Romig)发表了《挑选型抽样检查法》论文,创立了抽样检验表,从而为解决产品质量检验问题,尤其是产品的破坏性质量检验问题提供了科学依据和手段。随后的几年里,统计质量控制在美国迅速普及,并得到逐步发展和完善。与此同时,西欧各工业国、澳大利亚和日本,为了快速从战后的废墟中恢复和发展起来,提升本国产品在国际市场上的竞争力,相继从美国引进统计质量控制的理论和方法。从此,统计质量控制开始在世界各工业国竞相推行。

统计质量控制是质量管理发展过程中的一个重要阶段。它的主要特点是:在指导思想上,它由以前的事后把关转变为事前预防,并很好地解决了全数检验和破坏性检验的问题;在控制方法上,它广泛深入地应用数理统计的思考方法和检验方法,控制手段更为科学;在管理方式上,从专职检验人员把关转移到由专业质量工程师和技术员控制使得质量管理的目标更为明确。因此,统计质量控制与单纯的质量检验相比,不论是指导思想,还是使用方法和管理方式上,都实现了理论和实践一次飞跃。但是,其由于过多地强调统计方法的作用,却忽视了其他方法和组织管理对质量的影响,使人们误认为质量管理就是统计方法,而且这种方法又"高深莫测",让人们望而生畏,质量管理成了统计学家的事情,限制了统计方法的推广发展,也限制了质量管理的使用范畴(将质量的控制和管理局限在制造和检验部门)。

3. 全面质量管理阶段

20世纪60年代,随着社会生产力迅速发展,科学技术日新月异,质量管理也出现了很多新情况。这些情况主要反映在以下几个方面。

(1) 人们对产品质量的要求更高更多了。过去,对产品的要求一般注重于产品的使用性能,现在又增加了耐用性、美观性、可靠性、安全性、可信性、经济性等要求。

(2) 在生产技术和质量管理活动中广泛应用系统分析的概念。它要求用系统的观点分析研究质量问题,把质量管理看成是处于较大系统(例如,企业管理,甚至整个社会系统)中的一个子系统。

（3）管理科学理论又有了一些新发展，其中突出的一点就是重视人的因素，职工参与管理，强调要依靠广大职工搞好质量管理。

（4）保护消费者权益运动的兴起。20世纪60年代初，许多国家的广大消费者为保护自己的利益，纷纷组织起来同伪劣商品的生产销售企业进行抗争。朱兰博士认为，保护消费者权益运动是质量管理学在理论和实践方面的重大发展动力。

（5）随着市场竞争，尤其是国际市场竞争的加剧，各国企业越来越重视产品责任（product liability，PL）和质量保证（quality assurance，QA）问题。

此时，仅仅依赖质量检验和运用统计方法是很难保证与提高产品质量的。同时，把质量职能完全交给专门的质量控制工程师和技术人员，显然也是不妥的。因此，广大质量管理工作者都积极开展调查研究，希望能建立一套有效的质量管理理论和方法。

最早提出全面质量管理概念的是美国通用电气公司质量经理费根鲍姆（Feigenbaum）。1961年，他的著作《全面质量管理》出版。该书强调执行质量职能是公司全体人员的责任，应该使企业全体人员都具有质量意识和承担质量的责任。他指出："全面质量管理是为了能够在最经济的水平上并考虑到充分满足用户要求的条件下进行市场研究、设计、生产和服务，把企业各部门研制质量、维持质量和提高质量的活动构成为一体的有效体系。"

20世纪60年代以后，费根鲍姆的全面质量管理概念逐步被世界各国所接受，不过，在具体运用全面质量管理概念时，每个国家都是根据本国的实际情况，使其形成具有该国特色的质量管理模式，且在运用时各有所长。全面质量管理在日本被称为全公司的质量控制（company wide quality control，CWQC）或一贯质量管理（新日本制铁公司），在加拿大被总结制定为四级质量大纲标准（即CSAZ 299），在英国被总结制定为三级质量保证体系标准（BS 5750）等。1987年，国际标准化组织（ISO）又在总结各国全面质量管理经验的基础上，制定了 ISO 9000《质量管理和质量保证》系列标准。

全面质量管理的理论虽然发源于美国，但真正取得成效却是在日本等国。我国自1987年推行全面质量管理以来，在实践和理论上都发展较快。全面质量管理正从工业企业逐步推行到交通运输、邮电、商业企业和乡镇企业，甚至有些金融、卫生等方面的企事业单位也已积极推行全面质量管理。质量管理的一些概念和方法先后被制定为国家标准。广大企业在认真总结全面质量管理经验与教训的基础上，通过宣传和贯彻 GB/T 19000 系列标准，进一步全面深入地推行了这种现代国际通用质量管理方法。

在全面质量管理阶段，为了进一步提高和保证产品质量，人们又从系统观点出发，提出若干新理论，如质量保证理论、产品质量责任理论、质量经济学、质量文化、质量控制理论、质量改进理论等。

4. 社会质量管理阶段

美国著名质量管理专家朱兰博士指出："20世纪是生产率的世纪，21世纪将是质量的世纪。"这意味着21世纪将是高质量的世纪，质量管理科学将有更蓬勃的发展。全面质量管理阶段的突出特点就是强调全局观点、系统观点。21世纪，不仅质量管理的规模会更大，而更重要的是质量将作为社会诸要素——政治、经济、科技、文化、自然环境、质量等中的一个重要因素来发展。这意味着质量将受到政治、经济、科技、文化、自然环境的制约而同步发展,质量系统将作为一个子系统在更大的社会系统中发展。因此,21 世纪将使质量管理进入一个新的发展阶段,即第四阶段——社会质量管理(social quality management, SQM)阶段。该阶段质量管理将有以下特征。

(1) 产品和服务的质量将越来越具有社会化、国际化的性质。质量体系所包含的规模将越来越大,超越企业、集团公司、行业、民族、地区和国家。

(2) 社会质量监督系统和质量法规将更加完善和严密,与之相应的国际性质量管理组织将发挥更大的作用。为世界各国所接受的通用国际标准,如 ISO 9000 这类国际标准,将会进一步增加和完善。

(3) 质量将随着政治、经济、科技、文化的发展而同步发展。

(4) 质量文化在 21 世纪将会高度发展,将会代表更高水平的全面质量管理而出现。

(5) 质量控制与抽样检验理论将沿着多元化、小样本化、模糊化、柔性化等方向继续深入发展。这些理论的具体实施与电子计算机的应用将是不可分割的。此外,质量控制与抽样检验也有可能用统一的理论进行描述和处理。质量诊断理论将来有可能与其他行业的诊断,如设备故障诊断、人体诊断等统一成一个综合的诊断理论。诸如田口质量理论等理论也将进一步得到发展。

三、全面质量管理

1956 年,美国通用电气公司的费根鲍姆发表了题为 *Total Quality Control* 的论文,首次提出了全面质量管理(total quality management,TQM)的概念。在随后的几十年中,全面质量管理的观点在世界范围内得到了广泛的重视和传播。虽然全面质量管理的概念在美国提出,但是应用全面质量管理使用最好的却是日本企业。日本企业与 20 世纪 60 年代末开始引入全面质量管理的理论和方法,并结合日本的国情和企业的实际,形成了具有日本特色的全面质量控制(total quality control,TQC)系统,并在提高企业管理水平和产品质量方面发挥了巨大作用。依靠全面质量管理,日本很快摆脱了第二次世界大战造成的经济影响,实现了经济腾飞,进入了世界经济强国行列。一直到目前,全面质量管理仍然是日本现代企业质量管理的基石和主要内容。

1. 全面质量管理的定义

国际标准 ISO 8402—1994《质量管理和质量保证术语》曾经对全面质量管理下了如下的定义:一个组织以质量为中心,以全员参与为基础,目的是通过让顾客满意和本组织所有成员及社会受益而达到长期成功的管理途径。

这一定义意味着,企业要想在激烈的市场竞争中保持长期的优势地位,在顾客心目中塑造良好的品牌形象,就必须把质量作为一切工作的重心,借助全面质量管理理念,引导全体员工积极参与质量管理和质量控制等与质量管理有关的各种质量管理活动,以高质量的产品和服务获得顾客的最大满意度。而高的顾客满意度是企业获取最大经济效益和社会效益的源泉,唯有如此,企业才能获得持续发展、永续经营。反之,凡是那些不重视产品和服务质量的企业,其经营都难维持长久。

我国一些学者给全面质量管理的定义是:全面质量管理是工业企业发动全体员工,综合运用各种现代管理技术、专业技术及各种计算手段与方法,通过产品寿命循环全过程、全因素的控制,保证用最经济的方法生产出用户和社会满意的优质产品并提供优质服务的一套科学管理技术。

上述两种定义在叙述上略有区别,但内容基本一致。核心思想都是要求企业的一切活动都要围绕产品和服务质量而展开,目标都是通过提升顾客满意度实现经济效益和社会效益双丰收。二者集中体现了现代质量管理的理论体系和工作方法。尽管目前多数企业都在贯彻实施 2021 版 ISO 9000 族标准,但是在质量管理体系的建立和运行过程中,并没有忽略全面质量管理的思想,相反,从某种程度上讲,ISO 9000 质量管理体系是对全面质量管理理论和方法的标准化。

2. 全面质量管理的特点

全面质量管理的特点主要体现在全员参加、全过程控制、管理对象的全面性、管理方法的全面性和企业效益的全面性等几个方面。

(1) 全员参与的质量管理

全员参与的质量管理即要求全部员工,无论高层管理者还是基层员工,都要参与质量改进活动。参与"改进工作质量管理的核心机制",是全面质量管理的主要原则之一。之所以如此,原因在于产品和服务质量的优劣,是对各个生产环节和各项管理工作的综合反馈。企业生产流程中的每道工序、每个员工的工作质量,都会不同程度地直接或间接影响产品和服务质量。全面质量管理中的"全面",指质量管理并不只是质量管理人员的事,它是企业各部门、各工序全体人员都要共同参与的管理活动。企业全体人员应围绕"为实现共同目的,全体员工应有系统地协作搞好质量管理"。因此,质量管理活动必须是使企业所有部门的人员共同参与、组织内部"有机的"系统性管理活动。要求必须加强企业内各职能部门、不同的业务部门之间纵向和横向的合作,这种合作甚至延伸到包括企业外部用户、物流配送商和原料供应商。

(2) 全过程控制的质量管理

全过程控制的质量管理是从产品创意产生和形成开始,对产品和服务创意的甄别筛选、产品选型、研究实验、工艺设计、原料采购、生产制造、检验、储运配送、市场营销乃至售后服务等一系列过程进行全过程的控制,建立从市场调研、产品设计研发、生产制造、质量检验、销售及售后服务等一整套完善的、系统的质量保证体系。全过程控制的质量管理使得产品质量产生、形成和实现的全过程从原来的制造和检验过程向前延伸到市场调研、产品创意的甄别和筛选、设计研发、原料采购、生产准备等;向后延伸到产品包装、物流配送、客户使用、用后处理、售前售后服务等所有环节;向上延伸到经营战略管理;向下延伸到辅助生产过程。全过程控制的质量管理已经将传统的产品和服务生产演化为一个包含市场调研、新产品或新服务创意的甄别筛选、设计研发、生产制造、市场营销及售后服务等一系列管理活动的有机管理系统。这一管理系统最明显的特征是具有动态性和循环性。此外,实现全过程的质量管理,要求企业必须建立完善的质量管理体系,将企业的所有员工和各个部门的质量管理活动有机地组织起来,将产品质量的产生、形成和实现全过程的各种影响因素和环节都纳入质量管理的范畴,把全面质量管理理念灌输到每个员工的理念中,实现员工的一举一动处处体现质量意识,处处把质量放在第一位。

(3) 管理对象的全面性

全面质量管理的对象是质量,实现质量的是员工,所以不仅要包括对产品质量的管理,还要包括对人的管理,不仅包括产品和服务质量,还包括每道工序的工作质量,是广义的质量管理。全面质量管理始终将下道工序看作上道工序的客户,要求上道工序必须为下道工序提供拥有完美质量的产品,唯有如此,才能生产出符合质量要求的完美的产品和服务。另外,管理对象全面性的另一个含义指对影响产品和服务质量的各种因素实施全面控制。影响产品质量的因素很多,包括人员、机器设备、材料、工艺方法、检测手段和环境等方面(即 5M1E,如图 7-1 所示),只有对这些因素进行全面控制,才能真正提高产品和服务质量。

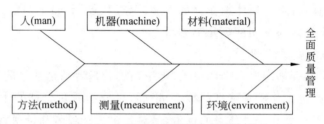

图 7-1 全面质量管理关注因素构成

(4) 管理方法的全面性

虽然在全面质量管理的各个阶段,管理方法上应用最多的是数理统计技术,但是根据前面的分析可知,由于影响产品质量因素的复杂性和多样性,既有物质方面的因素,又有人的因素;既有技术方面的因素,又有管理方面的因素。所以,要做好全面质量管理,仅仅依靠数理统计技术是无法实现的。管理者还应根据具体情况、针对不同因素,灵活运用各种现代化管理方法和管理手段,将众多的影响因素系统地控制起来,实现统筹化、系统化管理。在全面质量管理中,除数理统计方法外,还经常用到各种质量设计技术、工艺过程的反馈控制技术、最优化技术、网络计划技术、现代电子技术、通信技术行、预测和决策技术,以及计算机辅助质量管理技术等。

(5) 企业效益的全面性

企业是个经济实体,在市场经济条件下,它的主要目的是取得最大经济效益。但全面质量管理中效益不只是经济方面的效益,还应包含社会方面的效益,体现一定的社会责任。全面质量管理除了保证企业取得最大的经济效益外,还应从社会角度、从产品寿命循环全过程的角度、维护生态平衡的角度等方面考虑如何实现经济效益和社会效益的"双赢"问题。即要以企业全面效益最大为目的,使供应链上的生产者、物流配送者、销售公司、消费者、社会、生态环境等受益主体的效益全面实现最大化,体现企业全面的社会责任。

第二节 质量控制技术

一、质量波动与数据统计

(一) 质量波动

生产实践证明,无论用多么精密的测量设备和生产工具,采用多么高超的操作技术,即使由同一操作工、在同一台设备上、采用相同的生产工具和方法、制造相同材料的同种产品,其加工出来的产品的质量特性(如体积、质量、尺寸规格等)总是有一定的差异,这种差异称为质量波动,公差制度实际上就是对这个事实的客观承认。质量波动可分为正常的质量波动和异常的质量波动两类。正常的质量波动是由普通(偶然)原因造成的。如操作方法的微小变动、机床的微小振动、刀具的正常磨损、夹具的微小松动、材质上的微量差异等。正常波动引起的工序质量微小变化,难以查明或难以消除,它不能被操作工人控制,只能由技术、管理人员控制在公差范围内。异常的质量波动是由特殊(异常)原因造成的。如原材料不合格、设备出现故障、工夹具不良、操作者不熟练等。异常波动造成的波动较大,容易发现,应该由操作人员发现并纠正。消除质量波动不是质量控制技术的目的,但是借助数据统计和质量控制技术可以对质量波动进行预测和控制。

造成质量波动的原因可分为普通原因和特殊原因两类。普通原因指随着时间推移具有稳定的且可重复的分布过程中的变差的原因,称之为:"处于统计控制状态""受统计控制",或有时称"受控"。普通原因表现为一个稳定系统的偶然原因。只有变差的普通原因存在且不改变时,过程的输出才可以预测。特殊原因指不是始终作用于过程的变差的原因,即当它们出现时将造成(整个)过程的分布改变。除非所有的特殊原因都被查找出来并且采取了措施,否则它们将继续用不可预测的方式来影响过程的输出。如果系统内存在变差的特殊原因,随时间的推移,过程的输出将不稳定。

(二) 数据统计

众所周知,数据(data)在质量管理中起着至关重要的作用,是质量管理体系中一个最基本的元素,而数据分析则是质量管理体系中"测量、分析、改进"过程中最重要的一环,它为组织质量管理体系的改进和产品或服务质量的提升奠定了坚实的基础。数据统计就是借助一定的统计手段和统计工具,对生产过程中的质量数据进行收集、记录,整理和分析数据变异并以此进行质量推断的一系列过程。在 2021 版 ISO 9000 族标准《质量管理体系基础和术语》中认为"使用数据统计技术可以帮助组织了解变异,从而有助于组织解决质量问题并提高效率和效益,这些技术也有助于更好地利用可获得的统计数据进行决策"。借助数据统计和数据分析,可以反映产品或服务的质量特征、比较质量波动的差异、分析造成波动的各种原因、不同原因之间的关系及其对质量的影响程度。无论是传统的质量管理"老七种工具"(因果图、排列图、直方图、检查表、散布图、控制图和分层法)或是

"新七种工具"(关联图、系统图、KJ 法、矩阵图法、矩阵数据分析法、PDPC 法和矢线图），都建立在数据统计的基础上，离开数据统计，这些质量管理工具将失去其基础。

二、质量控制技术

质量管理的一项主要工作是通过收集数据、整理数据等数据统计工作，找出波动的规律，把正常波动控制在最低限度，消除系统性原因造成的异常波动。把实际测得的质量特性与相关标准进行比较，并对出现的差异或异常现象采取相应措施进行纠正，从而使工序处于受控制状态，这一过程就叫作质量控制。质量控制大致可以分为七个步骤。

（1）选择需要进行质量控制的对象。
（2）选择需要监测的质量特性值。
（3）确定规格标准，详细说明质量特性。
（4）选定能准确测量该特性值的监测仪表或自制测试手段。
（5）进行实际测试并做好数据记录。
（6）分析实际与规格之间存在差异的原因。
（7）采取相应的纠正措施。

在上述七个步骤中，最关键的有两点：质量控制系统的设计和质量控制技术的选用。常见的质量控制技术主要有直方图、控制图、因果图、排列图等。各种控制技术具体如下所示。

（一）直方图

1. 直方图用途

直方图是用于质量控制的一种质量数据分布图形。它把从工序中收集来的数据的离散状态分布情况用竖条在图表上标出，以帮助人们根据显示出的质量数据的频数分布形态，在不断缩小的范围内寻找出现质量问题的区域，从中得知数据平均水平偏差并判断总体质量分布情况。

2. 直方图的绘制方法

下面通过例子介绍直方图如何绘制。

【例 7-1】 某轧钢厂生产某种厚度的钢板，要求厚度 h 为 15.0 ± 1.0 mm，从生产的批量中随机取样，测得数据如表 7-2 所示。试用直方图对生产过程进行统计分析。

表 7-2　50 块样本钢板厚度

	1	2	3	4	5	6	7	8	9	10	L_i	S_i
1	15.0	15.8	15.2	15.1	15.9	14.7	14.8	15.5	15.6	15.3	15.9	14.7
2	15.1	15.3	15.0	15.6	15.7	14.8	14.5	14.2	14.9	14.9	15.7	14.2
3	15.2	15.0	15.3	15.6	15.1	14.9	14.2	14.6	15.8	15.2	15.8	14.2
4	15.9	15.2	15.0	14.9	14.8	14.5	15.1	15.5	15.5	15.5	15.9	14.5
5	15.1	15.0	15.3	14.7	14.5	15.5	15.0	14.7	14.6	14.2	15.5	14.2

(1) 收集数据。在 5M1E(人、机、法、测量和生产环境)充分固定并加以标准化的情况下,从该生产过程收集 n 个数据。n 应不小于 50,最好在 100 以上。本例测得 50 块钢板的厚度如表 7-2 所示。其中 L_i 为第 i 行数据最大值,S_i 为第 i 行数据最小值。

(2) 找出数据中最大值 L、最小值 S 和极差 R。公式为

$$L = \max L_i = 15.9, \quad S = \min S_i = 14.2, \quad R = S - L = 1.7 \quad (7.1)$$

区间 $[S, L]$ 称为数据的散布范围。

(3) 确定数据的大致分组数 k。分组数可以按照经验公式 $k = 1 + 3.322 \lg n$ 确定。本例取 $k = 6$。

(4) 确定分组组距 h。公式为

$$h = \frac{R}{k} = \frac{1.7}{6} \approx 0.3 \quad (7.2)$$

(5) 计算各组上下限。首先确定第一组下限值,应注意使最小值 S 包含在第一组中,且使数据观测值不落在上下限上。故第一组下限值取为 $S - \frac{h}{2} = 14.2 - 0.15 = 14.05$。

然后依次加入组距 h,便可得各组上下限值。第一组的上限值为第二组的下限值,第二组的下限值加上 h 为第二组的上限值,其余类推。各组上下限值如表 7-3 所示。

表 7-3 频数分布表

组 序	组 界 值	组中值 b_i	频数 f_i	频率 p_i
1	14.05~14.35	14.2	3	0.06
2	14.35~14.65	14.5	5	0.10
3	14.65~14.95	14.8	10	0.20
4	14.95~15.25	15.1	15	0.32
5	15.25~14.55	15.4	9	0.16
6	14.55~15.85	15.7	6	0.12
7	15.85~16.15	16.0	2	0.04
合计			50	100%

(6) 计算各组中心值 b_i、频数 f_i 和频率 p_i。

$b_i = ($第 i 组下限值 + 第 i 组上限值$)/2$,频数 f_i 就是 n 个数据落入第 i 组的数据个数,而频数 $p_i = f_i / n$。

(7) 绘制直方图

以频数(或频率)为纵坐标,数据观测值为横坐标,以组距为底边,数据观测值落入各组的频数 f_i(或频率 p_i)为高,画出一系列矩形,这样就得到图形为频数(或频率)直方图,简称为直方图,如图 7-2 所示。

3. 直方图的观察与分析

从直方图可以直观地看出产品质量特性的分布形态,便于判断过程是否出于控制状态,以决定是否采取相应对策措施。直方图从分布类型上来说,可以分为正常型和异常型。正常型指整体形状左右对称的图形,此时过程处于稳定(统计控制状态),如图 7-3(a)

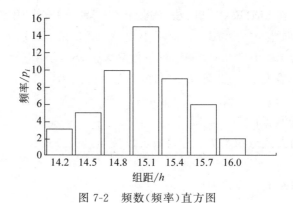

图 7-2 频数(频率)直方图

所示。如果是异常型,就要分析原因,加以处理。常见的异常型主要有六种。

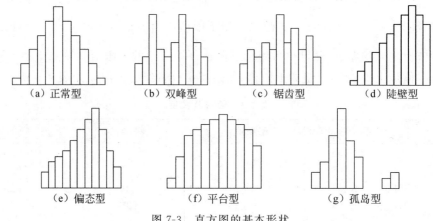

图 7-3 直方图的基本形状

(1) 双峰型[图 7-3(b)]:直方图出现两个峰。主要原因是观测值来自两个总体,两个分布的数据混合在一起造成的,此时数据应加以分层。

(2) 锯齿型[图 7-3(c)]:直方图呈现凹凸不平现象。这是由于作直方图时数据分组太多,测量仪器误差过大或观测数据不准确等造成的。此时应重新收集和整理数据。

(3) 陡壁型[图 7-3(d)]:直方图像峭壁一样向一边倾斜。主要原因是进行全数检查,使用了剔除了不合格品的产品数据作直方图。

(4) 偏态型:[图 7-3(e)]:直方图的顶峰偏向左侧或右侧。当公差下限受到限制(如单侧形位公差)或某种加工习惯(如孔加工往往偏小)容易造成偏左;当公差上限受到限制或轴外圆加工时,直方图呈现偏右形态。

(5) 平台型[图 7-3(f)]:直方图顶峰不明显,呈平顶型。主要原因是多个总体和分布混合在一起,或者生产过程中某种缓慢的倾向在起作用(如工具磨损、操作者疲劳等)。

(6) 孤岛型[图 7-3(g)]:在直方图旁边有一个独立的"小岛"出现。主要原因是生产过程中出现异常情况,如原材料发生变化或突然变换不熟练的工人。

（二）控制图

控制图是对生产过程中产品质量状况进行实时控制的统计工具，是质量控制中最重要的方法，是用来分析和判断生产过程是否处于稳定状态的一种图形工具。其基本思想是把要控制的质量特性值用点描在图上，若点全部落在上、下控制界限内，且没有什么异常状况时，就可判断生产过程处于控制状态。否则，就应根据异常情况查明并设法排除。通常，点越过控制线就是报警的一种方式。

控制图的基本样式如图 7-4 所示。横坐标代表样本序号，纵坐标表示产品质量特性，图中三条平行线分别为：实线 CL——中心线（central line）；虚线 UCL——上控制界限线（upper central line）；虚线 LCL——下控制界限线（lower central line）。在生产过程中，定时抽取样本，把测得的数据点一一描在控制图中。如果数据点落在两条控制界限之间，且排列无缺陷，则表明生产过程正常，过程出于控制状态，否则表明生产条件发生异常，需要对过程采取措施、加强管理，使生产过程恢复正常。

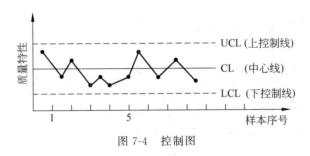

图 7-4　控制图

1. 控制图的基本原理

控制图的基本原理是把生产中引起产品质量波动的各种因素（5M1E）分为两类：第一类是随机性（偶然性）因素；第二类是非随机性（系统性）因素。其利用统计计量检验母体平均值 μ 和标准偏差 σ 是否发生显著性变化的原理进行控制。

（1）正态性假设：控制图假定当生产过程处于控制状态时，则该生产过程生产出来的产品质量特性值在生产过程中的波动服从某个确定的正态分布 $N(\mu,\sigma^2)$。

（2）3σ 准则：若质量特性值 X 服从正态分布 $N(\mu,\sigma^2)$，由概率论与数理统计可知，不论平均值 μ 和标准偏差 σ 取何值，质量特性值落在 $\mu\pm3\sigma$ 之间的概率为 99.73%，即

$$P\{\mu-3\sigma<X<\mu+3\sigma\}=99.73\% \tag{7.3}$$

所以 $(\mu-3\sigma,\mu+3\sigma)$ 是 X 的实际取值范围。据此原理，若对 X 设计控制图，则中心线 $CL=\mu$，上下控制界限分别为 $UCL=\mu-3\sigma$，$LCL=\mu+3\sigma$。

（3）小概率原理：小概率原理认为小概率的事件一般不会发生。由 3σ 准则可知，质量特性值落在控制界限以外的概率只有 0.27%。因此，在生产过程正常的情况下，质量特性值是不会超过控制界限的，如果超出，则认为生产过程发生了异常变化。

2. 控制图的基本种类

（1）按产品质量的特性分类，控制图可分为计量值控制图和计数值控制图，每一类又可分成若干种，常用的控制图如表 7-4 所示。

表 7-4 常用控制图种类

类别	参数	名称	用途
计量值控制图	x	单值控制图	用于产品质量特性为计量值的情形,如长度、厚度、重量、强度等连续型变量且不易分组
	$\bar{x}-R$	均值与极差控制图	用于产品质量特性为计量值的情形,如长度、厚度、重量、强度等连续型变量
	$\bar{x}-S$	均值与标准差控制图	
	$\tilde{x}-R$	中位数(中值)与极差控制图	
	$x-R_S$	单值与移动极差控制图	
计数值控制图	P_n	不合格品数控制图	用于产品质量特性为不合格品个数的离散型变量
	P	不合格品率控制图	用于产品质量特性为不合格品率的离散型变量
	u	单位缺陷数控制图	用于产品质量特性为单位面积、单位长度上的缺陷数等离散型变量
	c	缺陷数控制图	用于产品质量特性为缺陷个数等离散型变量

(2) 按控制图的用途来分,可以分为分析用控制图和控制用控制图。

① 分析用控制图。分析用控制图用于分析生产过程是否处于统计控制状态。若经分析后,生产过程处于控制状态且满足质量要求,则把分析用控制图装化为控制用控制图;若经分析后,生产过程处于非统计控制状态,则应查找原因并加以消除。

② 控制用控制图。控制用控制图由分析控制图转化而来,用于对生产过程进行连续监控。生产过程中,按照确定的抽样间隔和样本大小抽取样本,在控制图上描点,判断是否处于受控状态。

3. 控制图的判别规则

(1) 分析用控制图。若控制图上数据点同时满足表 7-5 所示的规则,则认为生产过程处于控制状态。

表 7-5 分析用控制图判别规则

规则	具体描述
规则 1:绝大多数数据点在控制界限内	连续 25 点没有一点在控制界限外
	连续 35 点中最多只有一点在控制界限外
	连续 100 点中最多只有两点在控制界限外
规则 2:数据点排列无右边的 1~8 种异常现象	连续 7 点或更多点在中心线同一侧
	连续 7 点或更多点单调上升或下降
	连续 11 点中至少有 10 点在中心线同一侧
	连续 14 点中至少有 12 点在中心线同一侧
	连续 17 点中至少有 14 点在中心线同一侧
	连续 20 点中至少有 16 点在中心线同一侧
	连续 3 点中至少有 2 点落在 2σ 与 3σ 界限之间
	连续 7 点中至少有 3 点落在 2σ 与 3σ 界限之间

(2) 控制用控制图。控制用控制图中的数据点如果同时满足下面的规则,则认为生产过程处于统计控制状态。

规则1:每一个数据点均落在控制界限内;

规则2:控制界限内数据点排列无异常情况(参见分析用控制图规则2)。

4. 控制图的应用程序

下面以均值与极差控制图为例说明控制图的制作与分析方法。均值与极差控制图是 $\bar{x}$ 图(均值控制图)和 R 图(极差控制图)联合使用的一种控制图,前者用于判断生产过程是否处于或保持在所要求的受控状态,后者用于判断生产过程的标准差是否处于或保持在所要求的受控状态。$\bar{x}-R$ 常用于控制产品尺寸、重量、强度、厚度等计量值。

【例7-2】 某公司新引进一台自动裁切设备,该设备可自动裁切出长度为 49.50mm 的产品,对该产品的长度要求为 $49.50\pm0.10(\text{mm})$,为对该设备生产过程实施连续控制,试设计均值—极差控制图。

(1) 数据的选取与分组。

本例中要求统计人员每隔2h,从生产过程中抽取5个成品,测量其长度值,形成一组大小为5的样本,一共收集25组样本。

(2) 计算每组样本均值 $\bar{x}$ 和极差 R。

各组均值计算公式:$\bar{x}=\frac{1}{n}\sum_{i}^{n}x_i$;各组极差计算公式:

$$R=x_{\max}-x_{\min}, \quad i=1,2,\cdots,k$$

具体计算结果如表7-6所示。

表7-6 某产品长度各组均值和极差

组号	1	2	3	4	5	6	7	8	9	10	11	12	13
均值	49.49	49.52	49.50	49.50	49.53	49.51	49.50	49.50	49.51	49.53	49.50	49.51	49.49
极差	0.06	0.07	0.06	0.06	0.11	0.12	0.10	0.06	0.12	0.09	0.11	0.06	0.07
组号	14	15	16	17	18	19	20	21	22	23	24	25	
均值	49.53	49.49	49.50	49.51	49.51	49.51	49.50	49.52	49.50	49.50	49.50	49.52	
极差	0.10	0.09	0.05	0.07	0.06	0.05	0.08	0.10	0.06	0.09	0.05	0.11	

(3) 计算总平均值 $\bar{\bar{x}}$ 和极差平均值 $\bar{R}$。

$$\bar{\bar{x}}=\frac{1}{k}\sum_{i=1}^{k}\bar{x}_i=49.5072; \quad \bar{R}=\frac{1}{k}\sum_{i=1}^{k}R_i=0.0800$$

(4) 计算上下控制界限和中心线。

$\bar{x}$ 图的控制界限计算公式为

$$\text{UCL}=\bar{\bar{x}}+A_2\bar{R}=49.5072+0.58\times0.0800=49.5536$$

$$\text{CL}=\bar{\bar{x}}=49.5072$$

$$\text{LCL}=\bar{\bar{x}}-A_2\bar{R}=49.5072-0.58\times0.0800=49.4608$$

R 图的控制界限计算公式为

$$\text{UCL} = D_4 \bar{R} = 2.11 \times 0.0800 = 0.1688$$
$$\text{CL} = \bar{R} = 0.0800$$
$$\text{LCL} = D_3 \bar{R} < 0$$

以上公式中,A_2、D_4、D_3 均可从相关控制图系数表 7-7 中查出:当 $n=5$ 时,$A_2=0.577$,$D_3<0$,$D_4=2.115$。

表 7-7 系数 A_2、D_4、D_3 表

每组样本数 n	A_2	D_4	D_3	每组样本数 n	A_2	D_4	D_3
2	1.88	3.27	—	7	0.42	1.92	0.08
3	1.02	2.57	—	8	0.37	1.86	0.14
4	0.73	2.28	—	9	0.34	1.82	0.18
5	0.58	2.11	—	10	0.31	1.78	0.22
6	0.48	2.00	—				

(5)制作控制图。

以样本各组编号为横轴坐标,各样本的均值和极差为纵坐标,在控制图上描点。如图 7-5 所示。

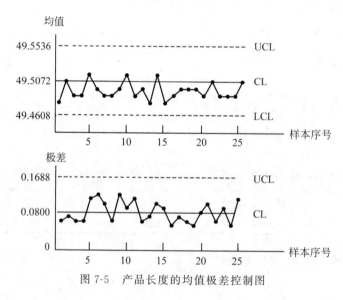

图 7-5 产品长度的均值极差控制图

(三)排列图

帕累托原理是意大利经济学家帕累托(Pareto)在分析意大利社会财富分布状况时得到的"关键的少数和次要的多数"的结论。排列图(又称柏拉图、Pareto 图)基于帕累托原理,其主要功能是帮助人们确定那些相对少数但重要的问题,以使人们把精力集中于这些问题的改进上。在任何过程中大部分缺陷也通常是由相对少数的问题引起的。对于过程

质量控制,排列图常用于不合格品数或缺陷数的分类分析。

【例7-3】 对某厂生产的铸铁件进行抽样检验,得出不合格品共160个,造成不合格的因素中:气孔占50%;夹砂占29%;裂纹占10%;浇铸不足占6%;其他占5%。画出排列图(图7-6),柱状图为不合格数分类统计量,折线图为累积比例。从图7-7中可以看出前两种因素占79%,应作为急需解决的关键因素,若把这两个因素消除,铸铁质量将大大提高。

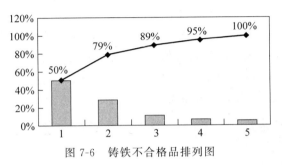

图7-6 铸铁不合格品排列图

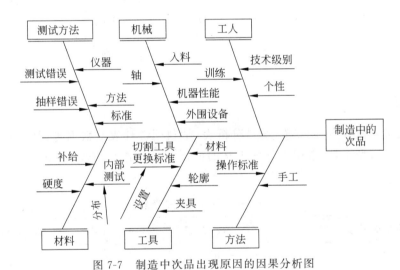

图7-7 制造中次品出现原因的因果分析图

(四)因果图

因果图由日本质量学家石川馨发明,用于寻找造成质量问题的原因、表达质量问题因果关系的一种图形分析工具。一个质量问题的产生,往往不只因为一个因素,而是多种复杂因素综合作用的结果。通常,可以从质量问题出发,首先分析那些影响产品质量的最大的原因,进而从大原因出发寻找中原因、小原因和更小的原因,并检查和确定主要因素。这些原因可归纳成原因类别与子原因,形成类似鱼类骨骼形状的分析图,因此因果图也称为"鱼刺图"。图7-7是在制造中出现次品后,寻找其原因形成的因果图。从图7-7中可以看出,原因被归为工人、机械、测试方法等六类,每一类下面又有不同的子原因。

（五）分层法

分层法是将不同类型的数据按照同一性质或同一条件进行分类，从而找出其内在的统计规律的统计方法。常用分类方式：按操作人员分、按使用设备分、按工作时间分、按使用原材料分、按工艺方法分、按工作环境分等。

（六）散布图

散布图又称散点图、相关图，是表示两个变量之间相互关系的图表法。其横坐标通常表示原因特性值，纵坐标表示结果特性值，交叉点表示变量的相互关系。相关关系可以分为：正相关、负相关、不相关。如图7-8所示表示了某化工厂产品产出率和反应温度之间的相关关系，可以看出，其关系是正相关。

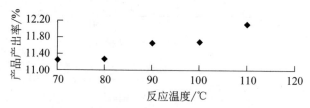

图 7-8　反应温度和产品收率之间相关图

（七）检查表

检查表又名核查表、调查表、统计分析表，是利用统计表对数据进行整体和初步原因分析的一种表格型工具，常用于其他工具的前期统计工作。如表7-8所示为不合格品分项检查表。

表 7-8　不合格项检查表

不合格项目	检 查 记 录	小　　计
表面缺陷	正正正正	20
砂眼	正	5
形状不良	一	1
裂纹	正正正一	16
其他	正正	10

三、最新质量控制技术

质量控制新七种工具（表7-9）是日本质量管理专家于20世纪70年代末提出的，用于全面质量管理PDCA的计划阶段。它们主要运用于生产过程质量控制和预防，与前述的七种质量控制工具相互补充，共同致力于产品和服务质量的提高。

表 7-9　质量控制的新七种工具

概念及其含义	图　　示
关系图用于将关系纷繁复杂的因素按原因—结果或目标—手段等有逻辑地连接起来的一种图形方法。主要用箭头线表示事物之间的因果关系，以群体的方式解决问题	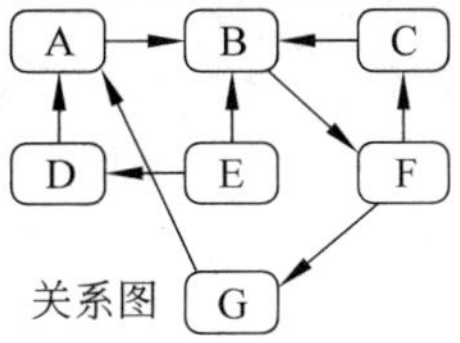 关系图
PDPC 法又称过程决策程序图法，是将运筹学中过程决策程序图应用于质量管理和控制。它通过在制订达到质量目标的实施计划时加以全面分析，对于影响质量的各种障碍进行预测，从而制订相应的处置方案和应变措施，以尽早消除可能引起质量波动的各种因素	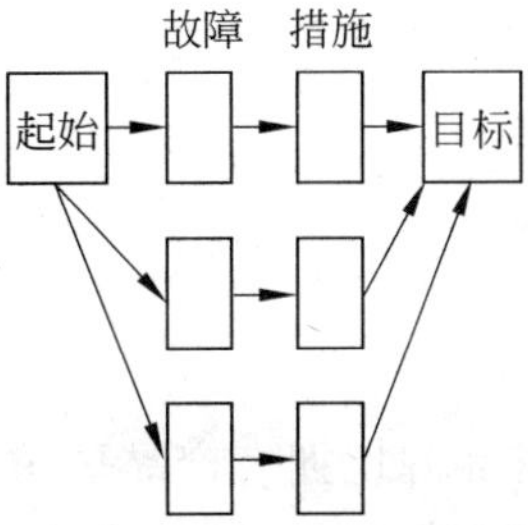
亲和图是用于归纳、整理由"头脑风暴"法产生的意见、想法等语言文字资料，根据它们之间的亲近关系加以归类、汇总的一种图示方法。别名卡片法、KJ法、A 型图解法	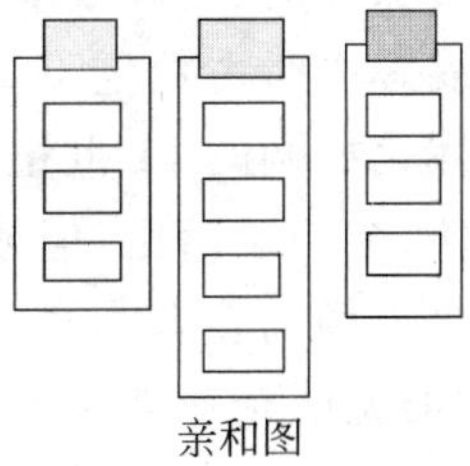 亲和图
树图也叫系统图，是一种通过对目的和手段进行系统的展开，以寻求解决问题、实现目标的最佳手段和措施的分析方法。主要有"构成要素展开型"和"因果展开型"两类	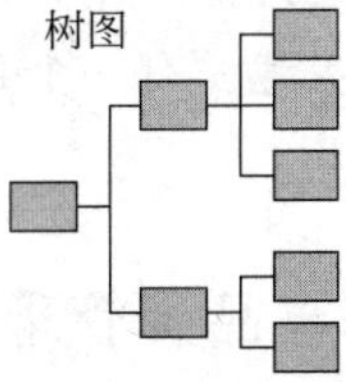 树图
矩阵图是以矩阵的形式展示相关事项中各个子要素之间的相互关系及其强弱的图形。它由对应事项、事项中的具体元素和对应元素交点处表示相关关系的符号构成，主要寻求解决问题的着眼点	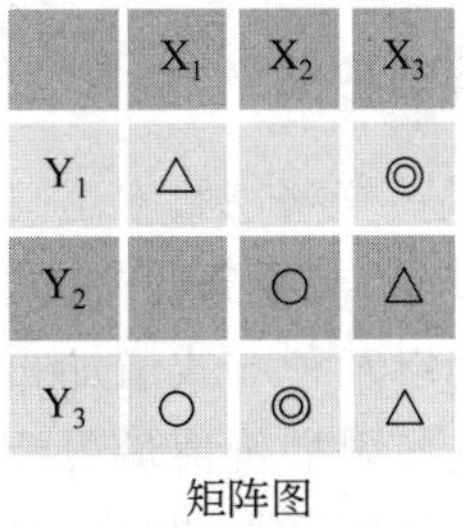 矩阵图
箭线图法，又称矢线图法，是计划评审技术、关键路径法在质量管理中的应用。是制定某项工作的最佳日程计划和有效进行质量进度管理的一种质量控制技术。箭线图主要由圆圈、箭线和虚箭线构成，把所有的作业（或活动）组成一个系统，便于从整体上进行质量控制	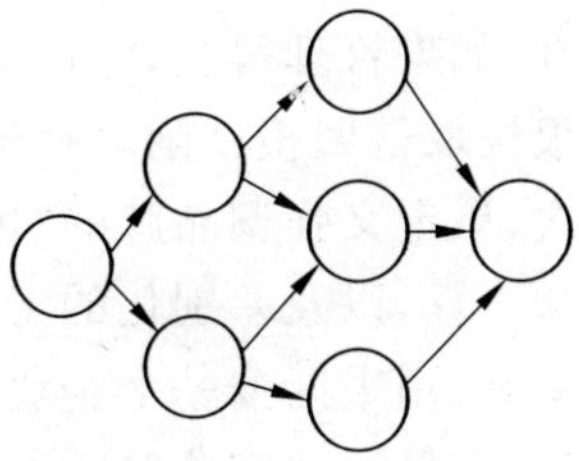

续表

概念及其含义	图 示
头脑风暴法也称集思广益法，它是采用会议的方式，提前设定好准备讨论的质量问题，引导每个人广开言路、激发灵感，畅所欲言地发表独立见解的一种集体创造思维的方法	头脑风暴法

第三节 品牌管理

拥有品牌比拥有产品更重要。品牌是有价值的资产，如果品牌管理得当，那么它们就能够提供有保证的、源源不断的预期收入。联合国工业计划署的一项调查显示，"名牌"在所有产品品牌中所占数量不足 3％，但所占市场份额却在 40％以上，销售额占 50％以上。在经济一体化加剧的 21 世纪，各跨国公司间的竞争也更多地表现为品牌的竞争。产品被竞争者模仿，会迅速落伍，但成功的品牌却能持久不坠，品牌的价值将长期影响企业。

品牌是市场消费者购买的主体。对于很多企业来说，品牌的内涵就是企业文化，所以，对这种类型的企业来说，品牌不仅是对外（分销商、消费者）销售的利器，也是对内（员工、供应商）管理的文化力量。在营销中，品牌是唤起消费者重复消费的最原始动力，是消费市场上的灵魂。有一个企业家说过："没有品牌，企业就没有灵魂；没有品牌，企业就失去了生命力。"

一、品牌与品牌管理

（一）品牌的内涵

品牌是一种名称、术语、标记、符号、图案或它们的结合，用以识别某个消费者或某消费群体的产品或服务，并使之与竞争对手的产品和服务相区别。一个成功的品牌是可辨认的，它能以某种方式增加自身的意义，使卖方或用户察觉到相关的、独特的、可持续的附加价值，这些附加价值最可能满足他们的需要。

首先，该定义强调"成功的品牌"。开发一个成功的品牌需要时间和金钱，这实际上是一项投资，如果管理得当，将产生丰厚的利润。如果对自己的品牌投资采取短视态度，因为没有很快取得回报就削减投资或改变品牌战略，就很难建立起成功的品牌。

其次，该定义强调品牌的"可辨认"。品牌的功能之一就是使人迅速认知。品牌是有效的认知工具，以及差别化的工具。但需要注意，品牌区别于"商标"。商标是一个名称、标识或象征，用来区分一个企业的产品和服务与其他企业的不同。它可以由词语（如"联合利华"）、字母[如"宝洁"(P&G)]、数字（如"No.5"）、象征物（如麦当劳的金色拱门）或形状（如 Toblerone 巧克力的金字塔形状）组成。品牌不同于商标的地方在于它提供了功能性和情感性的价值。

再次,该定义提及"相关价值"。即为了使产品或服务从简单的商品转向品牌商品,需要竭力提高商品的价值,使得核心提供品增值。

最后,该定义中另一个关键词是"持续性"。以产品为基础的品牌需要保持先进的技术,以服务为基础的品牌必须始终保持优秀的交付过程。维持品牌的功能性价值是一项艰巨的任务。

品牌是一个多面性的概念。理解品牌性质的一个很好的工具是"品牌冰山",冰山露出来的15%用来区分公司所提供产品或服务的名称或标语,水下的85%则是不变的质量水平的保证。经常被谈及的是品牌的可见部分(名称或标语),而非组织内部不可见的价值附加过程,但正是该过程使品牌拥有竞争优势。品牌的竞争优势不仅围绕市场营销,而且包括了其他公司内部因素,有公司员工、研发能力、客户服务、物流等。

(二) 品牌管理

企业品牌管理就是建立、维护、巩固品牌的全过程。通过品牌管理有效监管、控制品牌与消费者之间的关系,最终形成品牌的竞争优势,使企业行为更忠于品牌核心价值与精神,从而使品牌保持持续竞争力。

品牌管理的基本步骤包括:

(1) 了解产业环境,确认自己的优势和劣势,确定核心竞争力所在的环节;

(2) 形成企业的长期发展目标及可操作的价值观(企业文化);

(3) 建立完整的企业识别系统,并形成维护管理系统;

(4) 确立品牌与消费者的关系,进行品牌定位;

(5) 确立品牌策略及品牌识别;

(6) 明确品牌责任归属,建立品牌结构,组织运作管理;

(7) 整合营销传播计划并执行,确保品牌与消费者的每一个接触点都能传达有效信息;

(8) 直接接触消费者,持续记录,建立品牌档案,进行品牌跟踪与诊断;

(9) 建立评估系统,跟踪品牌资产,进行品牌评估;

(10) 保持一致地投资某品牌,不轻易改变。

(三) 品牌的发展历程

自1931年宝洁公司的尼尔·麦克尔罗伊(Neil McElroy)提出品牌经理制以来,品牌日益成为提升企业竞争力的主要源泉。实业界的操作需求带来了品牌管理理论研究的繁荣。西方品牌理论研究大致经历了以下五个阶段。

1. 研究阶段

这一阶段主要对品牌的内涵和外延(如品牌定义、品牌命名、品牌标识、商标等)做出了规范,自此品牌研究成为营销理论研究的热点领域。

2. 战略阶段

这一阶段开始将品牌经营提到战略的高度,从品牌塑造的角度提出了许多战略性的品牌理论,如品牌形象论、品牌定位论、品牌延伸研究系列等。

3. 资产阶段

20 世纪 80 年代以来频频发生的品牌并购案、频繁的价格战,使得企业更加重视品牌的市值和增值,从而带动了品牌资产理论研究热潮。

4. 管理阶段

为保证品牌资产的长期发展,品牌必须设有专门的组织和规范的指南进行管理。这一阶段出现了大量有关品牌管理的论著。

5. 关系阶段

从这一阶段开始,品牌与消费者的关系逐渐成为品牌理论研究焦点。

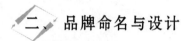
二、品牌命名与设计

通常来说,商业品牌视觉感知固然极为重要,然而品牌命名才是创立品牌的第一步。说到命名,让人不由得想起《论语》中的那句:"名不正则言不顺,言不顺则事不成。"并且根据这句经典延伸出的一个成语:名正言顺。一个好的名字,是一个企业、一种产品拥有的一笔永久性的精神财富。一个企业,只要其名称、商标一经登记注册,就拥有了对该名称的独家使用权。一个好名字能时时唤起人们美好的联想,使其拥有者得到鞭策和鼓励。

(一) 品牌命名的流程

品牌命名的流程具体如下所示。

1. 前期调查

在取名之前,应该先对目前的市场情况、未来国内市场及国际市场的发展趋势、企业的战略思路、产品的构成成分与功效及人们使用后的感觉、竞争者的命名等情况进行调查,并且最好以消费者的身份去使用这种产品,以获得切身感受,这非常有助于灵感的产生。

2. 选择命名策略

前期调查工作结束后,便要针对品牌的具体情况,选择适合自己的命名策略。一般情况下,功效性的命名适合于具体的产品名;情感性的命名适合于包括多个产品的品牌名;无意义的命名适合产品众多的家族式企业名;人名适合于传统行业,有历史感;地名适合于以产地闻名的品牌;动植物名给人以亲切感;新创名则适用于各类品牌尤其是时尚、科技品牌。在未正式定名之前,可以尝试各种策略。

3. 动脑会议(头脑风暴法)

在确定策略后,可以召开动脑会议,交流想法。在动脑会议上,任何怪异的名称都不应得到责难,都应该记下来。一次动脑会议也许得不到一个满意的结果,但可以帮助企业寻找到一些关键的词根,这些词根是命名的大致方向。

4. 名称发散

由1个字联想到100个词语，由1个词语，发展出无数个新的词语，在这个阶段，是名称大爆发的阶段，要发动公司所有的人，甚至向社会征集，名称越多越好。

5. 法律审查

由法律顾问对所有名称从法律的角度进行审查，去掉不合法的名称，对无法确定而又非常好的名称，应先予保留。

6. 语言审查

由文字审核人员对所有名称进行审核，去除有语言障碍的名称。

7. 内部筛选

在公司内部，对剩下的名称进行投票，筛选出较好的10～20个名称。

8. 测试

将筛选出的名称，对目标人群进行测试，根据测试结果，选择出比较受欢迎的2～5个名称。

9. 确定名称

如果命名机构是受委托的，这时就要与客户一起，从最后的几个名称中决定出最终的命名。

（二）品牌命名的原则

品牌命名应遵循以下原则。

1. 合法性

合法性指能够在法律上得到保护，这是品牌命名的前提。再好的名字，如果没有注册，得不到法律保护，就不是真正属于自己的品牌。

米勒公司（Miller）曾推出一种淡啤酒，取名为Lite，即淡字的英文light的变异，其销量很好，其他啤酒厂见状纷纷仿效，也推出以Lite命名的淡啤酒。由于Lite是直接描绘某类特定产品的普通词汇，法院判决不予保护，因此，米勒公司失去了对Lite的商标专用权。由此可见，一个品牌是否合法即能否受到保护是多么重要。

2. 可适应性（文化禁忌）

由于世界各国、各地区的历史文化、风俗习惯、价值观念等存在一定差异，使得消费者对同一品牌的看法也会有所不同。在这一个国家是非常美好的意思，到了另一个国家，其含义可能会完全相反。例如，蝙蝠在我国，因"蝠"与"福"同音，被认为有美好的寓意，因此在我国有"蝙蝠"电扇，而在英语里，蝙蝠的英文bat却是吸血鬼的意思。

我国的绝大多数品牌，由于只以汉字命名，在走出国门时，会让当地人不明所以，有一些品牌采用汉语拼音作为变通方式，被证明也是行不通的，因为外国人并不懂拼音所代表的含义。例如，长虹，以其汉语拼音CHANGHONG作为附注商标，但CHANGHONG在外国人眼里却没有任何含义。而海信，则具备了全球战略眼光，注册了"HiSense"的英文商标，它来自 high sense，是"高灵敏、高清晰"的意思，这非常符合其产品特性。同时，high sense 又可译为"高远的见识"，体现了品牌的远大理想。

可以说，品牌名已成为国内品牌全球化的一道门槛，在中国品牌的国际化命名中，由于对国外文化的不了解，使得一些品牌出了洋相。"芳芳"牌化妆品在国外的商标被翻译为"FangFang"，而 fang 在英文中是指"有毒的蛇牙"，如此一来，还有谁敢把有毒的东西往皮肤上抹，芳芳化妆品在国际上受挫也就是情理之中的事情了。当然，除了国内品牌，国际品牌在进入不同的国家和地区时，也有犯错的时候。Whisky 是世界知名的酒类品牌，最早进入中国内地时被译成"威士忌"，被认为是"威严的绅士忌讳喝它"的意思，所以男士们自然对它有所顾忌。而 Brandy 译成"白兰地"，被认为是"洁白如雪的兰花盛开在大地上"，意境优美之极，自然男士们更愿意喝它。

3. 易记忆

为品牌取名，也要遵循简洁的原则。如今，我们耳熟能详的一些品牌，如青岛、999、燕京、白沙、小天鹅、方太、圣象等，都非常简单好记。IBM 是全球十大品牌之一，身为世界上最大的电脑制造商，它被誉为"蓝色巨人"。它的全称是"国际商用机器公司"（international business machines），这样的名称不但难记忆，而且不易读写，在传播上首先就自己给自己制造了障碍，于是，国际商用机器公司设计出了简单的 IBM 的字体造型，对外传播，终于造就了其高科技领域的领导者形象。

4. 易传播

吉普（Jeep）汽车的车身都带有 GP 标志，并标明是通用型越野车，Jeep 即是通用型的英文 general purpose 首字母缩写 GP 的发音。但有另一种来源之说，称其来源于一部连环画中的一个怪物，这个怪物总是发出"吉——普，吉——普"的声音。

5. 正面联想

金利来原来名为"金狮"，在香港人看来，便是"尽输"，香港人非常讲究吉利，面对如此忌讳的名字自然无人光顾。后来，曾宪梓先生将 Goldlion 分成两部分，前部分 Gold 译为金，后部分 lion 音译为利来，取名"金利来"之后，情形大为改观，吉祥如意的名字立即为金利来带来了"好运"。可以说，"金利来"能够取得今天的成就，其美好的名称功不可没。

6. 产品属性

有一些品牌，人们从见到它名字的第一眼就可以看出它是什么类型的产品，例如脑白金、五粮液、雪碧、高露洁、创可贴等。劲量用于电池，恰当地表达了产品持久强劲的特点；固特异用于轮胎，准确地展现了产品坚固耐用的属性。它们中的一些品牌，甚至已经成为同类产品的代名词。例如，商务通的命名，使得它几乎成为掌上电脑的代名词，消费者去购买掌上电脑时，大多数人会直接指名购买商务通，甚至以为商务通即掌上电脑，掌上电脑即商务通。

需要指出的是，与产品属性联系比较紧密的这类品牌名，大多实施专业化策略。如果一个品牌需要实施多元化战略，则其品牌名与产品属性联系越紧密，对其今后的发展越不利。

7. 可转换性（多元延伸）

品牌在命名时就要考虑到，即使品牌发展到一定阶段时品牌名也要能够适用，对于一个多元化的品牌，如果品牌名称和某类产品联系太紧密，就不利于品牌今后扩展到其他产品领域。通常，一个无具体意义而又不带任何负面效应的品牌名，比较适合于今后的品牌延伸。

例如索尼（SONY），不论是中文名还是英文名，都没有具体的内涵，仅从名称上，不会联想到任何类型的产品，这样，品牌可以扩展到任何产品领域而不致对其造成束缚。

（三）品牌命名的策略

简单的品牌命名策略一般有以企业名称命名（海尔、格力、中粮）、以产品的主要功效命名（泻立停）、以数字命名（999、555）、以产品产地命名（云南白药、贵州百灵）、以人名命名（王守义十三香、王致和）、以动物名称命名（雕牌、大白兔奶糖、三只松鼠）、以植物名称命名（五粮液、露露杏仁露）、以时间命名（茅台1573）、以色彩命名（绿地、女儿红）、以美好形象替代原有名称（好想你、花花公子、奔驰）等。

三、品牌塑造

品牌塑造指给品牌以某种定位，并为此付诸行动的过程或活动。品牌塑造是一个系统的长期的工程，品牌知名度、美誉度和忠诚度是品牌塑造的核心内容。

"好的品牌定位是品牌成功的一半"。品牌定位是为了让消费者清晰地识别和记住品牌的特征及品牌的核心价值。在产品研发、包装设计、广告设计等方面都要围绕品牌定位去做。如舒肤佳的品牌定位就是"除菌"，多年来舒肤佳广告始终以"除菌"为主题，通过一次次加深消费者的记忆，最终达到想"除菌"就选舒肤佳的目的。定位理论指出消费者对过多的信息、品牌倾向于排斥，消费者在购买某类别或特性的商品时，更多地优先选择该类别或特性商品的代表品牌，例如：购买可乐时，选择可口可乐；购买创可贴时，选择邦迪；购买安全的汽车时，选择沃尔沃。因此，企业经营要由市场转向消费者心智，要全力以赴的是让品牌在消费者的心智中占据某个类别或特性的定位，即成为该品类或特性的代表品牌。使其成为消费者产生相关需求时的首选。

品牌塑造三大法宝的第一个法宝是广告语。广告语是品牌、产品、企业在市场营销传播的口号、主张和宣传主题及理念，包括品牌定位。塑造品牌三大法宝的第二个法宝是形象代言人。它是品牌的形象标识（最好自制卡通形象，明星风险大，成本又高）。形象代言人最能代表品牌个性及诠释品牌和消费者之间的感情、关系，许多形象代言人会成为该产品的代名词。形象代言人能拉近品牌与消费者之间的关系，使品牌像朋友、邻居、家人一样毫不陌生、亲切熟悉，品牌个性具象之至，甚为传神。

品牌知名度指潜在购买者认识到或记起某一品牌是某类产品的能力。它涉及产品类别与品牌的联系。品牌知名度的最低层次是品牌识别，但在购买者选购品牌时却是至关重要的，品牌识别可以让消费者找到熟悉的感觉。人们喜欢熟悉的东西，熟悉这一产品就足以让人们做出购买决策。研究表明，无论消费者接触到的是抽象的图画、名称、音乐还是其他东西,接触的次数与喜欢程度之间呈正相关关系。另一个层次是品牌回想。品牌回想往往与较强的品牌定位相关联,品牌回想往往能左右潜在购买者的采购决策。采购程序的第一步常常是选择一组需考虑的品牌作为备选组,能够想到的第一家公司就占有优势,而不具有品牌回想的厂商则没有任何机会。首选这是一个特殊的状态,是品牌知名度的最高层次。确切地说,这意味着该品牌在人们心目中的地位高于其他品牌。如果企业拥有这样的主导品牌,就有了强有力的竞争优势。

品牌忠诚度是衡量品牌诚信的指标,由消费者长期反复地购买使用品牌,并对品牌产生一定的信任、承诺、情感维系,乃至情感依赖而形成。品牌忠诚度高的顾客对价格的敏感度较低,愿意为高质量付出高价格,能够认识到品牌的价值并将其视为朋友与伙伴,也愿意为品牌做出贡献。品牌忠诚度是品牌价值的核心,它由五级构成。

(1) 无品牌忠诚者。这一层消费者会不断更换品牌,对品牌没有认同,对价格非常敏感。哪个价格低就选哪个,许多低值易耗品、同质化行业和习惯性消费品都没有什么忠诚品牌。

(2) 习惯购买者。这一层消费者忠于某一品牌或某几种品牌,有固定的消费习惯和偏好,购买时心中有数,目标明确。如果竞争者使用明显的诱因,如价格优惠、广告宣传、独特包装、销售促进等方式鼓励消费者试用,让其购买或续购某一产品,消费者就会进行品牌转换,购买其他品牌。

(3) 满意购买者。这一层的消费者对原有消费的品牌已经相当满意,而且已经产生了品牌转换风险忧虑,也就是说认为购买另一个新的品牌会有风险:效益上的风险、适应上的风险等。

(4) 情感购买者。这一层的消费者对品牌已经有一种爱和情感,某些品牌是他们情感与心灵的依托,例如,一些消费者天天用中华牙膏、雕牌肥皂,一些小朋友天天喝娃哈哈奶,可口可乐改配方招致了游行大军等。这些品牌能历久不衰,就是已经成了消费者的朋友,生活中不可缺的用品,且不易被取代。

(5) 忠诚购买者。这一层是品牌忠诚的最高境界,消费者不仅对品牌产生情感,甚至引以为傲。如欧米茄手表、宝马汽车、劳斯莱斯汽车、梦特娇服装、鳄鱼服饰、耐克鞋的部分购买者就持有这种心态。

四、品牌战略

1. 单一品牌战略

单一品牌又称统一品牌,它指企业所生产的所有产品都同时使用一个品牌的情形。这样在企业不同的产品之间形成了一种最强的品牌结构协同,使品牌资产在完整意义上得到最充分的共享。单一品牌战略的优势不言而喻,商家可以集中力量塑造一个品牌形象,让一个成功的品牌附带若干种产品,使每一个产品都能够共享品牌的优势。例如,大家熟知的海尔就是单一品牌战略的代表,一个成功的海尔品牌,使得海尔的上万种商品成为名牌商品,单一品牌战略的优势尽显其中。单一品牌的另一个优势就是品牌宣传的成本比较低,这里面的成本不仅仅指市场宣传、广告费用的成本,同时还包括品牌管理的成本,以及消费者认知的清晰程度。单一品牌更能集中体现企业的意志,容易形成市场竞争的核心要素,避免消费者在认识上发生混淆,也不需要在各个品牌之间进行协调。当然,作为单一的品牌战略,也存在着一定的风险,它有"一荣俱荣"的优势,同样也具有"一损俱损"的危险。如果某一品牌名下的某种商品出现了问题,那么在该品牌下附带的其他商品也难免会受到牵连,甚至整个产品体系可能面临重大的灾难。同时,作为单一品牌缺少区分度,差异性小,往往不能区分不同产品独有的特征,这样不利于商家开发不同类型的产品,也不便于消费者们有针对性地选择。因而在单一品牌中往往出现"副品牌"。副品牌能几乎不花钱就让消费者感受到全新一代和改良产品的问世,创造全新的卖点,获得新的心理认同。副品牌策略只要巧加运用,便能在不增加预算的前提下低成本地推动新产品的成功。副品牌还能给主品牌注入新鲜感和兴奋点,提升主品牌的价值。

2. 多品牌战略

一个企业同时经营两个以上相互独立、彼此没有联系的品牌的情形,就是多品牌战略。众所周知,商标的作用是就同一种商品或服务,区分不同的商品生产者或服务提供者。一个企业使用多种品牌,所具有的功能不仅仅是区分其他的商品生产者,也包括区分自己的不同商品。多品牌战略为每一个品牌各自营造了一个独立的成长空间。多品牌的优势在于:它可以根据功能或价格的差异进行产品划分,这样有利于企业占领更多的市场份额,获得更多需求的消费者;彼此之间看似竞争的关系,实际上很有可能壮大了整体的竞争实力,增加了市场的总体占有率;避免产品性能之间的影响。例如,把卫生用品的品牌扩展到食品上,消费者从心理上来说就很难接受。而且,多品牌可以分散风险,如果某种商品出现问题,可以避免殃及其他的商品。然而,多品牌也有缺点。例如,宣传费用的高昂,企业打造一个知名的品牌需要财力、人力等多方面的配合,如果想成功打造多个品牌自然要有高昂的投入作为代价;多个品牌之间的自我竞争;品牌管理成本过高,也容易使消费者产生混淆。

采用多品牌战略的代表非宝洁莫属。宝洁的原则是:如果某一个种类的市场还有空间,最好那些"其他品牌"也是宝洁公司的产品。因此宝洁的多品牌策略让它在各产业中拥有极高的市场占有率。例如,在美国市场上,宝洁有8种洗衣粉品牌、6种肥皂品牌、4种洗发精品牌和3种牙膏品牌,每种品牌的特征描述都不一样。以洗发水为例,我们所熟悉的有"飘柔",以柔顺为特长;"潘婷",以全面营养吸引公众;"海飞丝"则具有良好的去屑功效;"沙宣"强调的是亮泽。不同的消费者在洗发水的货架上可以自由选择,然而都没有脱离宝洁公司的产品范围。宝洁公司的策略是,不仅仅在不同种的商品上使用不同的商标,即使是在相同的商品上,由于功能的不同也使用不同的商标。当然,它为此也付出了高昂的市场成本和管理成本。然而不得不承认,宝洁的这一做法是成功的,近170年的辉煌历史,旗下约300个品牌,在品牌战略中创造了一个奇迹。

在多品牌战略中,有些企业使用的并非功能划分,而是等级划分。也就是说,不同的品牌用于相同的商品,但是品质、级别不尽相同。例如,欧莱雅就选择了一个以档次为标准的区分。兰蔻、碧欧泉是它的高端产品,而羽西、美宝莲则是它相对低端的产品。即使是热衷化妆的女士们也不一定清楚以上所提及的4个品牌竟然都归属于欧莱雅公司,它们都各自占领着自己的市场份额,拥有不同层次的消费人群。有人不禁会问:为什么我们都知道飘柔、潘婷和海飞丝都是宝洁公司的产品,而鲜有人知悉兰蔻、碧欧泉、羽西和美宝莲的关系呢?原因在于宝洁公司使用了"背书品牌"。

宝洁在使用它的品牌的时候,总会指出"飘柔——宝洁公司优质产品"。背书品牌依附于产品,贯穿于整个公司品牌和项目品牌之中,背书品牌的管理通过在价值链的各环节实施,确保开发项目能够成为公司区别于其他品牌的鲜明特征。

为什么宝洁使用背书品牌而欧莱雅却不使用?其实仔细分析,我们可以看到宝洁公司也并非所有的品牌都使用了背书品牌的方式。在美容化妆品领域中,SK-Ⅱ及玉兰油也同样是宝洁的产品,但是却没有使用背书品牌。就是因为宝洁在人们心目中已经成为大众消费品的代表,它大量出现在洗涤、卫生用品的领域,如果再把它使用在高档化妆品上,很可能会影响到这些产品的"身价"。再如"品客"薯片也是宝洁的产品,在这里它也不会使用"宝洁"的背书商标,因为这样会使消费者在购买薯片的时候联想到洗发水、洗衣粉等大家熟知的宝洁产品,而这样很有可能影响到它在公众心目中的形象。巴黎欧莱雅在化妆品领域中只能算是一个中档品牌,如果让它背书在兰蔻等高档产品之上显然是不合适的,所以在这种情况下,商家采用的是淡化总品牌的策略,让这些高端品牌以更优越的良好形象打造自己的领域。通过这样的战略,反而提升了整体的竞争实力,也覆盖了不同档次的消费人群。

五、品牌管理策略

为了在消费者心目中建立起个性鲜明的、清晰的品牌联想的战略目标,品牌管理的职责与工作内容主要为:制定以品牌核心价值为中心的品牌识别系统,然后以品牌识别系统统率和整合企业的一切价值活动(消费者面临的是营销传播活动),同时优选高效的品牌化战略与品牌架构,不断地推进品牌资产的增值并且最大限度地合理利用品牌资产。要高效创建强势大品牌,关键是围绕以下四个步骤做好企业的品牌管理工作。

1. 规划以核心价值为中心的品牌识别系统

进行全面科学的品牌调研与诊断,充分研究市场环境、目标消费群与竞争者,为品牌战略决策提供翔实、准确的信息导向;在品牌调研与诊断的基础上,提炼高度差异化、清晰明确、易感知、有包容性和能触动并感染消费者内心世界的品牌核心价值;规划以核心价值为中心的品牌识别系统,基本识别与扩展识别使核心价值具体化、生动化,使品牌识别与企业营销传播活动的对接具有可操作性;以品牌识别统率企业的营销传播活动,使每一次营销传播活动都演绎并传达出品牌的核心价值、品牌的精神与追求,确保企业的每一份营销广告投入都为品牌做加法,都为提升品牌资产做累积;制定品牌建设的目标,即品牌资产提升的目标体系。

2. 优选品牌化战略与品牌架构

战略规划很重要的一项工作是规划科学合理的品牌化战略与品牌架构。在单一产品的格局下,营销传播活动都是围绕提升同一个品牌的资产而进行的,而产品种类增加后,就面临很多难题:究竟是进行品牌延伸?新产品沿用原有品牌?还是采用一个新品牌?若新产品采用新品牌,那么原有品牌与新品牌之间的关系如何协调,企业总品牌与各产品品牌之间的关系又该如何协调?品牌化战略与品牌架构优选战略就是要解决这些问题。

在熟悉各种品牌化战略模式的规律,并深入研究企业的财力、企业的规模与发展阶段、产品的特点、消费者心理、竞争格局与品牌推广能力等实际情况的基础上,按低成本、有利于企业获得较好的销售业绩、利润与实现培育强势大品牌的战略为目标,优选出科学高效的品牌化战略模式。

3. 进行理性的品牌延伸扩张

创建强势大品牌的最终目的是持续获取较好的销售与利润。由于无形资产的重复利用是不需要成本的,只要有科学的态度与高超的智慧来规划品牌延伸战略,就能通过理性的品牌延伸与扩张充分利用品牌资源这一无形资产,实现企业的跨越式发展。因此,品牌战略管理的重要内容之一,就是对品牌延伸的各个环节进行科学和前瞻性规划,其中包括:如何提炼具有包容力的品牌核心价值;如何抓住时机进行品牌延伸和扩张;如何有效回避品牌延伸的风险;如何延伸产品和强化品牌的核心价值;如何成功推广新产品等。

4. 科学地管理各项品牌资产

创建具有鲜明的核心价值与个性、丰富的品牌联想、高品牌知名度、高溢价能力、高品牌忠诚度和高价值感的强势大品牌,累积丰厚的品牌资产,首先,要完整理解品牌资产的构成,透彻理解品牌资产各项指标,如知名度、品质认可度、品牌联想、溢价能力、品牌忠诚度的内涵及相互之间的关系。在此基础上,结合企业的实际,制定品牌建设所要达到的品牌资产目标,使企业的品牌创建工作有一个明确的方向,做到有的放矢并减少不必要的浪费。其次,在相关法律的约束下,围绕品牌资产目标,创造性地策划低成本提升品牌资产的营销传播策略。同时,要不断检核品牌资产提升目标的完成情况,调整下一步的品牌资产建设目标与策略。

本 章 小 结

本章首先论述了质量和质量管理的概念及其发展历程。而后详细地讨论了全面质量管理的定义、构成及其基本特征,并阐述了全面质量管理的地位和作用。接着讲述了质量控制技术的概念、常用的质量控制工具及最新的质量控制技术。最后,详细阐述品牌管理的相关内容。

本章知识结构如图 7-9 所示。

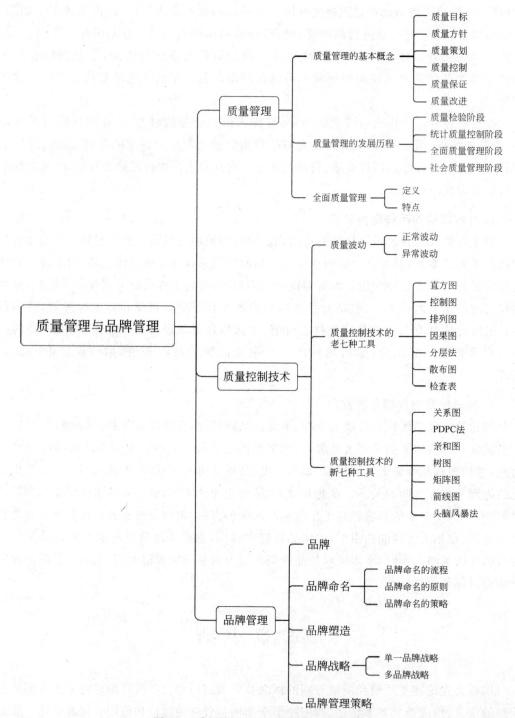

图 7-9 质量管理与品牌管理知识结构图

复习思考题

1. 什么是质量?
2. 什么是质量管理,其包括哪些活动?
3. 简述质量管理的发展历程。
4. 什么是全面质量管理?
5. 什么是质量波动,常用的质量控制工具有哪些?
6. 请阐述品牌管理的重要性。

第八章　运营现场管理

【学习要点及目标】

1. 了解工作地平面布置的内涵、目标、方法和原则。
2. 熟悉定置管理的发展历程、概念、作用和实施步骤。
3. 掌握6S的基本内涵,实施目的和推行要点。
4. 掌握目视管理的概念、内容、工具和基本要求。

核心概念

工作地　定置管理　6S　目视管理

引导案例

"丰田生产方式"创始人大野耐一:如何进行现场管理?

一、重视改善的结果

某个生产厂家邀请大野耐一先生去参观指导。大野先生向随行的陪同人员问道:"这项作业大概需要多长时间?""15分钟左右吧。"职员们一般对现场不太了解,所以只是应付地回答了一下。可是没想到大野先生却停下脚步,站在那里一直观察。15分钟后,作业仍然没有结束。于是他对随行人员说:"好像还没有结束啊。因为工作方法中存在很多浪费才拖延了时间,所以赶快改善吧!"

二、经常深入现场

下属向大野先生汇报"改善已经完成",可是却总是被反问道:"结果能否经得起推敲?"大野先生始终认为,应该把现场当作一张白纸,一切问题都去现场寻找答案。他总是会对周围的人说:"经常去现场观察,才能发现应该做什么,应该改善什么。"观察现场、了解现场说起来很简单,可实际上,真正落实到现场有哪些问题、需要怎样改善就没有那么容易了。只有发现了问题,才能够运用自己的知识和经验去解决。所以,发现问题对于改善来说至关重要。一定要仔细观察,看到问题的本质。在重复这项工作的过程中自然就实现了改善。"观看""观察""审视",随时训练自己透彻了解现场的能力,这才是丰田精益生产方式。避免应急处理,应急只是一种暂时的敷衍。

三、反复提问五次为什么

大野先生要求一名员工调查看板丢失的原因,寻找改善的方法并防止问题的再次发生。员工在调查之后发现,由于零件箱上的油非常多,所以贴在箱子上的看板都被粘到了箱子底下。于是他提出把看板贴在箱子的侧面。从此以后,看板就再没有丢失,看板方式也在那里彻底地贯彻了下来。不要采用补加看板这样的应急处理方式,而是要彻底思考为什么会丢失,再想办法去解决。反复提问五次为什么说起来简单,可在刚才的实际案例中,当事员工最基本的"为什么会丢失"都没有去想,当然不会得到期望的结果。

在丰田的员工之中,被大野先生要求花费几天甚至几个月去寻找问题原因的情况也屡见不鲜。如果提问了五次为什么还没有找到答案,那么就要继续提问第六次、第七次。有时候,可能只问了两三个为什么就会碰壁,不过找到真正答案的情况也非常多。如果没有找到真正的原因,同样的问题就会再次发生,甚至引起更大的麻烦,所以必须彻底落实。

四、修缮与修理

下属被大野先生质问过修缮与修理的区别。在发生故障的时候,如果只是更换了零件,进行应急处理,而没有去寻找问题的根本原因,那么只能算作修缮。修理的意思是找到真正的原因,避免同样的问题再次发生。丰田方式要求从根本上解决问题,杜绝事故再次发生。这种思维方式不仅针对机器,对于所有的问题都是一样的。要做到彻底的修理,只有这样才能够形成强大的竞争力。在丰田,人们会反复地提问为什么,努力寻找问题的真正原因,这一点在工作中必须彻底地执行。换句话说,只有这种打破砂锅问到底的态度才能把工作做好。

五、不要留给自己例外的借口

大野先生经常对下属说:"不要认为千分之三的不合格率很正常,要竭尽全力找出所有的例外。"这种丰田式的质量管理理念其实从丰田佐吉先生的时候就已经开始。丰田佐吉先生发明的自动织机,会在丝线断裂的时候自动停止。这是一种阻止劣质产品出现的方式,也是一种绝对不允许劣质产品出现的"不合格率为零"的思想。

后来,大野先生将这个思想从机器扩展到人的身上。如果出现异常就要将所有的机器停止,把劣质产品放在所有人都能够看见的地方,大家一起去思考解决的方法。这种做法的目的是找到故障发生的真正原因,把问题彻底地解决。这里提到的不合格,是指千分之三、万分之三甚至十万分之三的故障。总之,大野先生不允许任何例外,出现什么问题都要彻底解决。

零不合格率是制造业永恒的课题。不过,如果总是带着"有些例外也没关系"的思想,那么社会恐怕永远也不会进步。在工作中严格执行零不合格率的标准,在现场中努力寻找故障发生的原因。这种要求虽然苛刻,不过这也正是丰田方式所提倡的竭尽全力做到最好的工作态度。

(案例来源:大野耐一. 大野耐一的现场管理. 崔柳等,译. 北京:机械工业出版社,2021.)

案例导学

由上述案例可知:管理中最重要的一个环节不是渠道,不是供应链,不是商业模式,也不是管理者,而是现场。现场是指公司真正产生价值的工作和行为发生的场所,现场是真正给客户创造价值的地方。

第一节　平面布置与定置管理

工作地（work place）管理也经常被称为现场管理，特别是在制造型企业，主要指生产车间、作业场所的管理。随着工业工程应用领域的扩展，工作地不仅仅指生产作业场所，还包括办公、商贸、医疗等场所，其管理从更宽泛的角度讲，可称为运营现场管理。

企业可以看作是一个利用各种资源为社会经济提供有形产品和无形服务的系统，而工作地是企业员工直接生产产品和提供服务的场所，其活动属于企业效益增值的主要活动，因此，现代企业都非常重视运营现场管理。我国现在仍有些企业对运营现场管理认识不足，认为困扰企业的主要是市场、资金等外部环境因素，抓现场是"远水不解近渴"，没有认识到运营现场管理水平的高低会直接影响产品质量的好坏、消耗和效益的高低，以及对市场的作用。

现场管理的目标可以用 Q（quality）、D（delivery）、C（cost）来表示，因此有时也称为 QDC 管理。Q 是产品或服务的质量，优秀的运营现场管理是好的品质的基石和保障。D 是交货期，市场竞争的加剧促使企业采取弹性、快捷的生产和服务以满足客户的多样化需求，运营现场管理可通过预防措施，及时发现异常，减少问题的发生。C 是成本，运营现场管理能减少浪费，提高效率，可有效降低成本。

运营现场管理中主要考虑的管理要素是人（man）、物（material）、设备（machine）、方法（method）四项。人员要贯彻标准作业，促进技能提高及措施的落实，防止工作无计划、操作无标准、职责不清、人浮于事。物是人员操作或服务的对象，重点是保证质量，减少浪费。浪费有很多种，精益生产就归纳了"八大浪费"（muda）。例如，库存积压、不良品率高、物料供应不及时等。设备应全面维护，减少故障，提高使用率，通过增加预警措施，防止出错、保证质量。方法可通过方法研究来改善，形成标准作业。

运营现场管理人员要坚持"三现"原则，即现时、现场、现物。当问题（异常情况）发生时，要立即去现场，观察现象，检查现场有关物件，及时处理。现场问题的处理不能满足于暂时的解决，应追究其本源，消除引发问题的原因，或者通过标准作业、预警措施防止问题的再次发生。随后论述的定置管理、目视管理等都属于这种事前管理的方法。

一、平面布置

在企业中为工厂设计（plant design）或设施规划（facilities planning）的重点是研究企业内物流，包括厂址选择、工厂平面布置、物料搬运、仓库管理等。

平面布置指在工厂建设或改造中，生产系统（或物流系统）全部设施静态的设计布局，包括：车间、厂房、办公室等建筑物的布局，各种生产技术设备的布置，各种作业工位的布置等。平面布置的理论和方法不仅可以应用到工厂的各种设施安排，也可以应用于政府、医院、商业中心、机场及其他各种设施。工作地的大小取决于系统的规模。对于城市输送来说，工作地是整个城市，包括各仓库位置，各发送地点及码头布置等。对于办公室或服务台的工作地来说，它包括各种案卷、设备、电话、抽屉的位置。

(一) 平面布置的目标

工作地平面布置的总体目标是力争将人员、设备和物料所需要的空间做最适当的分配和最有效的组合，以获得最大的经济效益。具体有以下内容。

(1) 符合工作规程要求。保证产品和服务的质量及交货期是第一位的，布置的结果应是在此前提下的优化。

(2) 有效地利用人力和空间。应使建筑物内部设备的占有空间和单位制品的占有空间较小，提高空间利用率。

(3) 减少搬运。物料的运输路线应尽量短捷，减少迂回、停顿，尽量避免运输的往返和交叉。

(4) 保持灵活性。工作地的布置应可随着工作的变化而改变，应尽量适应多种工作或产品，以满足市场需求多样化的要求。

(5) 为员工提供方便、安全、舒适的作业环境。

(二) 平面布置的原则

为达到上述目标，工作地布置必须遵循下列六项原则。

(1) 统一原则。应将"人""物""机""法"四项管理要素有机统一起来，在充分考虑四要素平衡的基础上进行布置。

(2) 最短距离原则。布置时应尽量缩短移动距离，使物料搬运费用和时间最少。这里的移动动距离包括人员移动、物料移动和设备移动，应将三者结合起来考虑。

(3) 流动原则。物料和人员的顺畅流动可以使工作高效、平稳，应尽量避免逆向、交叉、停顿等现象。流动，特别是物料的流动，并不一定要排列成直线或单向移动，可以根据工作环境状况和工作流程采用"S"形、"U"形、"L"形等布置。

(4) 立体空间原则。对于仓库、货架等物料集中的地方，应尽量利用空间，但也要注意安全和取用方便等。

(5) 安全满意原则。确保作业人员的安全和减轻疲劳是非常重要的。良好的布置、舒适的环境将使作业人员轻松，有安全感，从而提高生产率。

(6) 灵活机动原则。工作地的布置应考虑到变更的可能，以便于未来的扩展和调整，如产量增加、产品大型化、产品式样变化等。

工作地布置的形式有以产品为中心的固定式布置、以物流为中心的流程式布置和以设备为中心的功能式布置等。设备是企业的有形资产，是在使用过程中能基本保持原有实物形态，可以继续使用或反复使用的生产资料，如各种机器、车辆等，但不包括土地、建筑物和生产中耗用的工装模具。

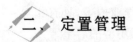

二、定置管理

(一) 定置管理概述

平面布置与定置管理相比较，平面布置更理论化一些，侧重设施内在功能的联系和整体效果优化,对布置的细节考虑较少;定置管理则实践性更强,其方法、手段具有很强的操作性,但整体布局缺乏优化手段。

1. 定置管理的起源与发展

定置管理也称定置工程学,起源于日本的"整理整顿活动",由日本青木能率(工业工程)研究所的艾明生产创导者青木龟男先生始创。他从20世纪50年代开始,根据日本企业运营现场管理实践,经过潜心钻研,提出了定置管理这一新的概念,后来又由日本企业管理专家清水千里在应用的基础上,发展了定置管理,把定置管理总结和提炼成为一种科学的管理方法,并于1982年出版了《定置管理入门》一书。之后,这一科学方法在日本许多公司得到推广应用,都取得了明显的效果。

定置管理是对运营现场中的人、物、场所三者之间的关系进行科学的分析研究,使之达到最佳结合状态的一门科学管理方法。它以物在场所的科学定置为前提,以完整的信息系统为媒介,以实现人和物的有效结合为目的,通过对工作场所的整理、整顿,把生产中不需要的物品清除掉,把需要的物品放在规定位置上,使其随手可得,促进运营现场管理文明化、科学化,达到高效生产、优质生产、安全生产。下面说明主要以运营现场的情况为主,其他工作环境下的定置管理的推广,可用类比的方法实践。

2. 定置管理的作用

定置管理是运营现场管理的重要组成部分,是各项专业管理在现场得到有效落实的保证,其作用主要表现在以下四方面。

(1) 提高工作效率。通过物品的固定存放,减少了寻找时间;合理的人、物关系的考虑,消除了不合理的动作,提高了作业效率。科学的定置还能促使工作过程中物流的合理化,缩短搬运时间。

(2) 提高产品质量,降低成本。定置管理有助于防止混料、碰伤、锈蚀等现象的发生,保证产品质量;有助于减少企业管理费用,避免物品的丢失和长期积压,减少浪费,降低生产成本。

(3) 有利于安全作业,为员工创造良好的工作环境。整洁、舒适的工作环境,会使员工心情舒畅,工作效率提高,并促使员工养成良好的文明生产习惯。

(4) 有助于树立企业的美好形象。企业的生产现场是一个有力的宣传橱窗,同时也是企业管理的综合标志,它全面地反映出企业的素质、产品质量水平和员工的精神面貌。

3. 定置管理的内容

定置管理以现场各类物品的科学合理放置为重点,主要包括划分定置区域、作业场地定置管理、生产要素定置管理和管理部门定置管理。

(1) 划分定置区域。按照不同的作业对象和作业内容划分区域,使各生产要素的定置做到集中、统一、协调。区域划分应尽量做到每个区域都有比较完整的作业内容,具有相对独立的作业场地,有比较明显的地域,以防止因区域划分不明确带来责任不清的后果。

(2) 作业场地定置管理。指在定置区域内,对各个作业场地及各种设施的定置管理要求。如:生产场地和车间、工段卫生责任区的划分,通道的安全设置,工具箱定置摆放,废品、垃圾的回收及存放位置的确定。

(3) 生产要素定置管理。主要包括：设备定置管理，工具、器具、仪表定置管理，原材料、在制品、成品定置管理，库房定置管理，人员定置管理，信息定置管理等。

(4) 管理部门定置管理。主要指办公室、办公桌、文件柜等的定置管理，还包括设计各类文件资料流程、卫生及生活用品摆放、急办文件、信息特殊定置、座椅定置表示主人去向等。

（二）定置管理的推行与实施

定置管理的推行涉及面比较广，具有全员性、实践性，因此首先要帮助管理人员和全体员工掌握定置管理的基本思想和方法。企业可以通过编印学习材料、举办讲座、对员工培训，使他们掌握知识、提高认识。特别是要培养一批骨干，为定置管理的实施奠定思想基础和组织基础。

为加强对推行定置管理的领导，企业应该成立领导小组，可以由负责生产的领导担任组长，企业管理、生产技术部门的负责人担任副组长。各车间、行政科室也相应成立领导小组，具体组织定置管理的实施工作。通常，可以按照以下六个步骤进行。

1. 进行工艺研究

工艺研究是定置管理开展程序的起点，它是对运营现场现有的加工方法、机器设备、工艺流程进行详细研究，确定工艺在技术水平上的先进性和经济上的合理性，分析是否需要和可能用更先进的工艺手段及加工方法，从而确定运营现场产品制造的工艺路线和搬运路线。工艺研究是一个提出问题、分析问题和解决问题的过程，包括以下三个步骤。

(1) 对现场进行调查，详细记录现行方法

查阅资料、现场观察，对现行方法进行详细记录，是为工艺研究提供基础资料。所以，要求记录详尽准确。由于现代工业生产工序繁多、操作复杂，如用文字记录现行方法和工艺流程，势必显得冗长烦琐。在调查过程中运用工业工程中的一些标准符号和图表来记录，则可一目了然。

(2) 分析记录的事实，寻找存在的问题

对经过调查记录下来的事实，运用工业工程中的方法研究和时间研究的方法，对现有的工艺流程及搬运路线等进行分析，找出存在的问题及其影响因素，提出改进方向。例如以下这些问题：人、物是不是结合？现场的物流是不是很通畅？现状的物料、制品、器具的状况是不是很清晰？现场质量能否保障？空间的利用是不是可以增大？

(3) 拟定改进方案

提出改进方向后，定置管理人员要对新的改进方案作具体的技术经济分析，并和旧的工作方法、工艺流程和搬运线路作对比。在确认是比较理想的方案后，才可作为标准化的方法实施。

2. 对人、物、场所结合的状态分析

(1) 人、物结合状态分析

人、物结合状态分析，是开展定置管理中最关键的一个环节。在生产过程中必不可少的是人与物，只有人与物的结合才能进行工作。而工作效果如何，则需要根据人与物的结合状态来定。人与物的结合是定置管理的本质和主体。定置管理要在运营现场实现人、物、场

所三者最佳结合,首先应解决人与物的有效结合问题,这就必须对人、物结合状态进行分析。

在运营现场,人与物的结合有两种形式,即直接结合和间接结合。直接结合指需要的东西能立即拿到手,不存在由于寻找物品而发生时间的耗费。例如,加工的原材料、半成品就在自己岗位周围,工、检、量具,贮存容器就在自己的工作台上或工作地周围,随手可得。间接结合指人与物呈分离状态,为使其结合则需要标识的指引。标识的全面性和准确可靠程度影响着人和物结合的效果。例如,通过档案索引,文员可以找到以前存档的文件。显然,对于经常使用的物品,应使其处于直接结合状态;不常使用的物品,应使用间接结合。

按照人与物有效结合的程度,可将人与物的结合归纳为 A、B、C 三种基本状态。A 状态:表现为人与物处于能够立即结合并发挥效能的状态。例如,操作者使用的各种工具,由于摆放地点合理、固定并且处于完好状态,当操作者需要时能立即拿到或做到得心应手。B 状态:表现为人与物处于寻找状态或尚不能很好发挥效能的状态。例如,一个操作者想加工一个零件,需要使用某种工具,但由于现场杂乱或忘记了这一工具放在何处,结果因寻找而浪费了时间;又如,由于半成品堆放不合理,散放在地上,加工时每次都需弯腰,一个个地捡起来,既影响了工时,又提高了劳动强度。C 状态:指人与物没有联系的状态。这种物品与生产无关,不需要人去同该物结合。例如,生产现场中存在的已报废的设备、工具、模具,生产中产生的垃圾、废品、切屑等。这些物品放在现场,必将占用作业面积,而且影响操作者的工作效率和安全。因此,定置管理就是要通过相应的设计、改进和控制,消除 C 状态,改进 B 状态,使之接近 A 状态,并长期保持下去。

(2) 物与场所的结合

物与场所的结合是根据场所的状态,以及生产工艺的要求,把物品按其具有的特性科学地固定在场所的特定位置上,促进人与物的最佳结合。

场所的状态指场所的基本职业卫生和安全条件及其具备的基本生产功能,它有良好、一般、较差三种。良好状态指场所的作业面积、工艺布局、通风设施、光照、噪声、温湿度、粉尘等都能够满足物品存放与流动要求,符合人的生理及作业安全要求。一般状态只能满足部分方面的要求。较差状态既不能满足生产要求,也不符合卫生和安全要求,需要彻底改造。

场所还可以划分为永久性场所、半永久性场所、流动性场所和临时性场所。永久性场所如生产车间、库房、原材料堆放场等,常用坐标表示;半永久性场所指不经常移动的场所,如货架、工具箱等,常用编号表示;流动性场所如移动性工位器具、运货小车等,一般按顺序编号;临时性场所如临时货场等要用围栏、绳索围起来,必须有明确标示。

实现物与场所的结合,要根据物流的运动规律,科学地确定物品位置,基本定置方法有三种:固定位置、自由位置、半自由位置。

固定位置指物品的场所固定、存放位置固定、标识固定。这种定置形式适用于周期性巡回流动和重复使用的物品,如操作工具、容器、运输器械、图纸等。采用固定位置便于场地合理布局,取放便利,但场地利用率低。

自由位置一般是在几个场所内有多种物品存放,每一种物品的存放场所和位置要根据生产情况和一定规则确定,适用于不回归、不重复使用的物品。如原材料、零部件、产成品等。这些物品的特点就是按工艺流程的顺序规定,不停地从上一道工序供需到与它相连的下一道工序直到最后生产出成品出厂。这些物品的定制标识可以采用可移动的牌价,可更换的插牌标识。

半自由位置指物品存放区域固定,具体的存放位置不固定,适用于品种较多的物品定置。

物品在存放时要重点考虑安全、质量保证、空间利用率、方便取出、搬运等因素。

3. 开展对信息流的分析

标识就是人与物、物与场所合理结合过程中起指导、控制和确认等作用的信息载体。由于生产中使用的物品品种多、规格杂,它们不可能都放置在操作者的手边,如何找到各种物品,需要有一定的信息来指引;许多物品在流动中是不回归的,它们的流向和数量也要有信息来指导和控制;为了便于寻找和避免混放物品,也需要有信息来确认。因此,在定置管理中,完善而准确的标识是很重要的,它影响到人、物、场所的有效结合程度。

人与物的结合,需要有四种标识:第一种标识是位置台账,它表明"该物在何处",通过查看位置台账,可以了解所需物品的存放场所。第二种标识是平面布置图,它表明"该处在哪里"。在平面布置图上可以看到物品存放场所的具体位置。第三种标识是场所标志,它表明"这就是该处"。它指物品存放场所的标志,通常用名称、图示、编号等表示。第四种标识是物品标示,它表明"此物即该物"。它是物品的自我标示,一般用各种标牌表示,标牌上有货物本身的名称及有关事项。

在寻找物品的过程中,人们通过第一种、第二种标识,被引导到目的场所。因此,也称第一种、第二种标识为引导标识。再通过第三种、第四种标识来确认需要结合的物品。因此,称第三种、第四种标识为确认标识。人与物结合的这四种标识缺一不可。

建立人与物之间的连接信息,是定置管理这一管理技术的特色。是否能按照定置管理的要求,认真地建立、健全连接信息系统,并形成通畅的信息流,有效地引导和控制物流,是推行定置管理成败的关键。

4. 定置管理设计

定置管理设计,就是对各种场地(厂区、车间、仓库)及物品(机器、货架、箱柜、工位器具等)科学、合理定置的统筹安排。

定置管理设计可以分为物品定置设计、区域定置设计、人员定置设计。物品定置设计可按物品状态分为 A、B、C 三类进行设计,也可按存放状态,考虑物品形状、重量、安全要求、质量要求,确定物品摆放状态及是否需要容器、支架、垫板等。区域定置设计可分为厂区、车间、工段、班组、库房等定置设计,划分责任区,绘制定置图,明确标示。人员定置主要是要求作业人员现场位置相对稳定,按规定时间工作,按规定道路通行。定置管理设计时应遵循的基本准则有:①整体性与相关性,要按照工艺要求的内在规律,从整体和全局观念来协调各定置内容之间的关系,使定置功能达到最优化程度;②适应性和灵活性,环境是变化的,要研究定置的适应环境变化能力;③最大的操作方便和最小的不愉快,以减轻操作者的疲劳程序、保证其旺盛的精力愉快的工作情绪,提高生产效率。

定置管理设计工作主要包括定置图设计和标识设计。

定置图是对生产现场所在物进行标示,并通过调整物品来改善场所中人与物、人与场所、物与场所相互关系的综合反映图。其种类有:室外区域定置图,车间定置图,各作业区定置图,仓库、资料室、工具室、计量室、办公室等定置图和特殊要求定置图(如工作台面及对安全、质量有特殊要求的物品定置图）。

定置图绘制的原则为：

（1）现场中的所有物均应绘制在图上；

（2）定置图绘制以简明、扼要、完整为原则，物形为大概轮廓，尺寸按比例，相对位置要准确，区域划分清晰鲜明；

（3）运营现场暂时没有，但已定置并决定制作的物品，也应在图上表示出来，准备清理的无用之物不得在图上出现；

（4）定置物可用标准信息符号或自定信息符号进行标注，并均在图上加以说明；

（5）定置图应按定置管理标准的要求绘制，但应随着定置关系的变化而进行修改。

定置图的具体要求有：

（1）各生产车间的定置图应放置在车间入口处，在定置图中应标明生产车间的状态、机床的位置、通道和已定置物品的区域。

（2）定置图内的区域划分要有明确的标志，对于不适合用定置图标明的，可规定若干位置，在定置图中标明，不应该出现死角。

（3）定置图绘制的机器设备一律用虚线，应定置的物品如料架、柜子、工具箱及流动物品，例如，电焊机、运输车辆等一律用实线，定置区域用双点线。

（4）定置图应在说明栏中注明图例的含义，以及工作区、机床、仓库或料架、柜子、工具箱等各类区域的数量。

（5）定置图中应标明设计人、审核人、日期以及批准人的签章。

标识设计包括信息符号设计和看板图、标牌设计。在推行定置管理中，进行工艺研究、各类物品停放布置、场所区域划分等都需要运用各种信息符号表示，以便人们形象地、直观地分析问题和实现目视管理，各个企业应根据实际情况设计和应用有关信息符号，并纳入定置管理标准。在信息符号设计时，如有国家标准的（如安全、环保、搬运、消防、交通等）应直接采用国家标准。其他符号，企业应根据行业特点、产品特点、生产特点进行设计。设计符号应简明、形象、美观。

定置看板图是现场定置情况的综合信息标志，它是定置图的艺术表现和反映。标牌是指示定置物所处状态、标志区域、指示定置类型的标志，包括建筑物标牌，货架、货柜标牌，原材料、在制品、成品标牌等。它们都是实现目视管理的手段。各生产现场、库房、办公室及其他场所都应悬挂看板图和标牌，看板图中内容应与蓝图一致。

看板图和标牌的底色宜选用淡色调，图面应清洁、醒目且不易脱落。各类定置物、区（点）应分类规定颜色标准。

5. 定置实施

定置实施是理论付诸实践的阶段，也是定置管理工作的重点。其包括以下三个步骤。

（1）清除与生产无关之物

生产现场中凡与生产无关的物，都要清除干净。清除与生产无关的物品应本着"双增双节"精神，能转变利用便转变利用，不能转变利用时，可以变卖，转化为资金。

（2）按定置图实施定置

各车间、部门都应按照定置图的要求，将生产现场、器具等物品进行分类、调整并予以定位。定置的物要与图相符,位置要正确,摆放要整齐,贮存要有器具。可移动物品,如推车、电动车等也要定置到适当位置。

(3) 放置标准信息名牌

放置标准信息名牌要做到牌、物、图相符,设专人管理,不得随意挪动。要以醒目和不妨碍生产操作为原则。

总之,定置实施必须做到:有图必有物,有物必有区,有区必挂牌,有牌必分类;按图定置,按类存放,账(图)物一致。

6. 定置检查与考核

定置管理的一条重要原则就是持之以恒。只有这样,才能巩固定置成果,并使之不断发展。因此,必须建立定置管理的检查、考核制度、制订检查与考核办法,并按标准进行奖罚,以实现定置管理的长期化、制度化和标准化。

定置管理的检查与考核一般分为两种情况:一是定置后的验收检查,检查不合格的不予通过,必须重新定置,直到合格为止;二是定期对定置管理进行检查与考核,这是要长期进行的工作,它比定置后的验收检查工作更为复杂,更为重要。

定置考核的基本指标是定置率,它表明生产现场中必须定置的物品已经实现定置的程度。其计算公式是:

$$定置率=[实际定置的物品个数(种数)/定置图规定的定置物品个数(种数)]×100\%$$

例如:检查车间的三个定置区域,其中合格品摆放 15 种零件,有 1 种没有定置;待检区摆放 20 种零件,其中有 2 种没有定置;返修区摆放 3 种零件,其中有 1 种没有定置。则该场所的定置率为

$$定置率=\frac{(15+20+3)-(1+2+1)}{(15+20+3)}×100\%=89\%$$

扩展阅读 8-1　今井正明的现场管理思想

第二节　工作地 6S 管理

一、实施 6S 的重要性

(一) 6S 管理发展历程

"6S"指整理(seiri)、整顿(seiton)、清扫(seiso)、清洁(seikeetsu)、素养(shitsuke)和安全(safety),见表 8-1。最早起源于日本,在 20 世纪七八十年代逐步完善,形成现在的现场管理体系。6S 活动的对象是现场的"环境",它对生产现场环境全局进行综合考虑,并

制定切实可行的计划与措施,从而达到规范化管理。

表 8-1 6S 含义表

中文	日文发音	英文	典型例子
整理	SEIRI	organization	不用东西放回仓库
整顿	SEITON	neatnrss	30s 内找到要找的东西
清扫	SEISO	cleaning	谁使用谁负责清洁
清洁	SEIKEETSU	standaidization	管理的公开化、透明化
素养	SHITSUKE	discipline and training	严守标准,团队精神
安全	SAFETY	safety	劳动卫生,事故预防

6S 活动是现场管理活动的基础。试想如果是在一个办公场所灯光昏暗,办公家具缺乏统一,办公桌上的文件、文具随意摆放的地方办公,员工的效率能高吗?如果工人是在机器设备缺乏保养,原料、成品、待修品、报废品、工具随意放置,物品运送通道拐弯抹角的车间生产,他能安心工作,有高昂的士气吗?通过 6S 活动,造就整洁、清洁、安全的工作人员及工作环境,是减低浪费、提高效率及降低产品不良率的重要基础工程。

(二) 实施 6S 管理意义

6S 活动不仅仅是文明生产或清洁环境,它还可以改善企业品质、降低成本、提高组织活力,具体而言,推行 6S 活动可以最终达到以下目的,如图 8-1 所示。

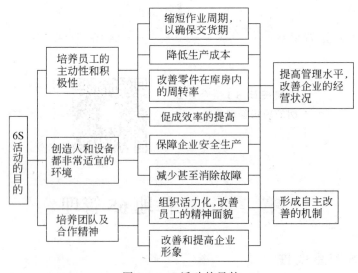

图 8-1 6S 活动的目的

1. 改善和提高企业形象

整齐、清洁的工作环境,容易吸引客户,使顾客有信心,从而提高企业的威望。

2. 改善员工的精神面貌，增强组织活力

推行 6S 可以明显改善员工的精神面貌，增强员工的归宿感和成就感，容易带动员工改善的意愿，使之对工作更尽心、更耐心。

3. 安全有保障

工作场所宽敞、明亮，通道畅通，地上不随意摆放不该放置的物品，工作有条不紊，意外事件的发生概率就会大大降低，安全也就有了保障。

4. 提高效率

良好的工作环境和氛围、摆放有序的物品、高素养的工作伙伴都会促进工作效率的提高。

5. 减少浪费，降低成本

通过推行 6S 活动，可以减少人员、设备、场所、时间的浪费，从而降低成本。

对于生产企业来说，优良的品质来自优良的工作环境。不断地净化环境，才能有效地避免污损产品或损坏机器，维持设备的高效率，提高生产品质。

6S 活动与一般企业的环境改善工作不同，它不热衷于口号、标语、文件宣传及短暂的运动，而是与日常工作相结合，各项活动环环相扣、层层推进，具有很好的操作性，对工作、生产管理具有明显的促进作用。整理、整顿、清扫、清洁、修养、安全这 6 个 S 并不是各自独立、互不相关的。它们之间是一种相辅相成、缺一不可的关系。整理是整顿的基础，整顿又是整理的巩固，清扫是显现整理、整顿的效果，通过清洁和修养，会使企业改善整体氛围，而安全是以上 6S 的基本前提和保障。20 世纪四五十年代以前，日本制造的工业品因品质低劣，在欧美也只能摆在地摊上卖。但他们发明了 6S 管理方法，彻底改变了日本制造业，使其员工养成了"认真对待每一件小事，有规定按规定做"的工作作风，这种作风对生产世界一流品质的产品是不可或缺的。

二、6S 的定义和推行要点

所有已分类的需要品，要能在现场找得出来。经过仔细地调查，每日工作上所需要的数量，其实仅须少许即可。许多物品不是用不着，要不就是在未来才会使用到。现场里充斥着没有使用的机器、夹具、模具及工具、不合格品、在制品、原材料、配料及零件、架子、箱子、桌子、工作台、文件台、台车、栅架、栈板其他东西。

（一）整理

1. 定义

将工作场所的任何物品区分为有必要的与没有必要的，除了有必要的留下来，其他的都清除掉。即将必需物品与非必需品区分开，在岗位上只放置必需物品。整理就是清理废品，把必要物品和不必要的物品区分开来，不要的物品彻底丢弃，而不是简单地收拾后又整齐地放置废品。

2．目的

腾出空间，活用空间，防止误用、误送，塑造清爽的工作场所。

清理"不要"的东西，可使员工不必每天反复整理、整顿、清扫不必要的东西而造成人力成本的浪费。

3．推行要点

（1）指定必要品和非必要品的判别标准。指定必要品和非必要品的标准表，经开会决议实行。判断非必要品时必须把握好的是看物品现在有没有使用价值，而不是原来的购买价值，也就是使用价值大于购买价值。

一旦去除不用之物后，则仅留下必要之物。在此阶段，必须决定零件、物料、在制品等必要物的最大存放量。

（2）全面检查。根据标准表，对工作场所全面检查，所有物品逐一判别。

一个概略的判定原则，是将未来30天内，用不着的任何东西都可移出现场。

（3）决定处理方式。调查物品的使用频率，决定其处理方式，具体如表8-2所示。

表8-2　使用频率及处理方式

使 用 频 率	处 理 方 式
不能用或不再使用	废弃/放入暂存仓库
也许要使用的物品	放在工作场所附近集中摆放
三个月使用一次的物品	放在工作场所附近集中储存
一个星期使用一次的物品	放在作业现场
三天使用一次的物品	放在无须移动就可以取到地方或随身携带

（4）制定废弃物的处理方法。

（5）每日自我检查。

（二）整顿

1．定义

把不用的清理掉，留下的有限物品再加以定点定位放置，明确数量、明确标示。

2．目的

不浪费时间找东西，工作场所一目了然，创造整齐的环境。

3．推行要点

采用使用前能"立即取得"，使用后能"立即还回"原定位置的原则。

（1）定位：规划放置场所及位置

部门或员工首先应对自己的责任范围作一整体规划，一般区域划分为作业区、通道区、存放区。

物品放置位置可考虑最短距离原则、流程化原则、立体原则等，并进行计算机模拟或沙盘推演。经常使用的东西由个人保管或直接挂于机器设备的旁边，高度则应在肩膀与手肘之间(即最常用的东西放在最近的地方,其适当高度即最好在肩膀和膝盖之间),方便拿取及归位。私人的物品应设计柜子或架子统一存放,避免置放于椅背或地上。

物品放置要特别注意安全。堆高一般为120cm,高度超过120cm的物料,应置于易取放的墙边。危险品应在特定的场所保管。不良容器应及时清除,纸类物品不可放在潮湿的场所。

(2)规定放置方法

根据物品的类别和形态来决定物品的放置方法,原则为平行、直角。尽量立体放置,提高收容率。尽可能按先进先出的方法放置。

(3)标识

标识是为了快速找到物品,因此放置场所和物品原则上要一对一标识。标识要活用颜色和容易变更,一般为影印图、颜色、记号、标志。区域也要以不同颜色进行区分,一般黄线表示通道或区域线,代表着警示,不要在通道区工作或置放物品;白色表示工作区域;绿色表示料区、成品区;红色表示不良品区警告、安全管制。

所在标志:棚架和地面放置场所务必编号,以便取用目的物时,方便立即知晓所放位置。

品种标志:决定放在棚架或地面上的物品,务必将品种的名称或号码标明清楚,以便使用后再还回原处。

例如,属于工夹具,即将其对象物的编号写在该工夹具上,这是为确认放置在棚架上的目的物,即是使用者在取用时所需要的东西。

(三)清扫

1. 定义

将工作场所彻底打扫干净,并杜绝污染源。

2. 目的

消除脏污,保持工作场所干净、明亮,保护产品品质。

3. 推行要点

(1)清扫准备工作。主要是进行安全教育和机器设备基本常识教育,对可能发生的事故,包括:触电、剐伤、捅伤,油漆的腐蚀,尘埃附落的扎伤、灼伤等不安全因素进行警示。另外,对于设备的耐用教育,例如,用什么方法可以减少人为的裂化,从而避免过早地因老化而出现故障,减少损失、提高效率等。

(2)划分责任区域,明白标示,每日清扫。作业人员要自己动手清扫而非用清洁工来代替,清除常年堆积的灰尘污垢,不留死角,将地板、墙壁、天花板,甚至灯罩的里边都要打扫得干干净净。机器设备要有专人保管,建立责任保养制度,要定期检查润滑系统、油压系统、空压系统、电气系统等。

(3)调查污染源,予以杜绝。一般而言,造成工作环境的污染物有灰尘、油、碎屑、切削液、纸屑、残余物等,对之能杜绝要杜绝,不能杜绝的要有效收集。对清扫中发现的问题,要及时进行整修。如地板的凹凸不平,搬运的车辆走在上面会让产品摇晃甚至碰撞,导致发生问题,这样的地板就要及时整修。

(4) 建立清扫标准、作业规范。

(四) 清洁

1. 定义

将上面3个S实施的做法制度化、规范化,维持其成果。

2. 目的

通过制度化来维持成果。

3. 推行要点

(1) 进一步落实前3个S工作:整理、整顿、清扫。

(2) 标准化的制订,特别是目视管理。

(3) 制订稽核方法。

(4) 制订奖惩制度,加强执行。

(5) 高阶主管经常带头巡查,带动全员重视6S活动。

(五) 素养

1. 定义

通过整理、整顿、清扫、清洁等合理化的改善活动,培养上下一体的共同管理规则,使全体员工养成守标准、守规定的习惯,进而促成全面管理水平的提升,形成良好的企业文化。所谓思想改变行动,行动改变习惯。

2. 目的

提升员工的品质,使之成为对任何工作都认真的人。

3. 推行要点

(1) 持续推行前4个S至习惯化。

(2) 制订公司有关规则、规定,制订礼仪守则。每个员工衣着要得体,正确地佩戴厂牌或工作证,待人接物诚恳、礼貌。

(3) 教育训练,特别是新进人员要加强。

(4) 推动各种激励活动。

(六) 安全

1. 定义

从人员劳动保护、设备管理、环境等方面入手,解决生产过程中的安全问题,预防伤亡事故和经济损失。

2. 目的

安全生产,劳动保护。

3. 推行要点

(1) 了解事故预防,加强安全意识。生产过程中事故的发生一般可分为直接原因和间接原因。直接原因如违反安全操作规程、未使用个体防护用品、半成品放置、堆垛不当等;间接原因如作业现场照明不良、设备设计有缺陷、缺乏安全知识等。总的来说,可以分成人员、设备、环境三个方面。

(2) 建立安全保障体系。对员工的思想宣传、培训教育、加强劳动纪律是生产安全的基础。在此之上,由安全保卫部门负责安全、警卫、环境保护、劳动保护的预防监督,检查安全规章制度的执行,督促处理安全隐患;由工艺、设备、科技等管理人员负责从设计、施工、生产到维修的全过程的安全技术工作。

(3) 提高安全卫生意识,加强现场劳动保护。我国国家标准对体力劳动强度、安全帽、噪声、有毒物质、粉尘等都做了相关规定,要按规定实施。

(4) 改善现场环境。常见的一些安全规范有:生产区域道路要满足卫生、防火、防爆、防震等要求,门窗开关必须灵活,安全通道畅通无阻;照明、温度、湿度符合工业企业设计标准和卫生标准;生产设备、过道等使用安全标志和安全色等。

(5) 生产设备安全化。设备防护应做到"六有""六必",即有轮必有罩、有轴必有套、有台必有栏、有洞必有盖、有轧点必有挡板、有危险必有连锁。加工过程中如产生过冷或过热现象,必须配置防接触装置。

(6) 对于异常情况或灾害,根据状况可立即采取有效措施。

三、6S 的实施战略

(一) 6S 的实施方法步骤

日本著名的顾问师隋冶芝先生,曾经对 6S 推进做过一个归纳总结,提出了推进 6S 的八大要诀,经过多年的运行实践,证明了这八个要诀是一个非常系统的方法,一直沿袭到今天,所以很多企业在推动 6S 时都要用这八个要诀来教育所有的员工。①全员参与,其乐无穷;②培训 6S 大气候;③领导挂帅;④理解 6S 精神;⑤立竿见影的方法;⑥领导巡视现场;⑦上下一心、彻底推进;⑧6S 为改善的桥梁。

在具体推行、实施时,首先成立推进组织,制订工作计划,然后完善体系文件,进行宣传、教育,在推广过程中,要坚持现场巡查,经常总结,最后形成评鉴制度,全面展开。

扩展阅读 8-2　研发部的 6S 管理

推行 6S 的一般步骤,首先要成立推行委员会,一般由主任委员、执行秘书和委员组成。委员负责拟定活动办法、推行活动计划、进行活动指导,定期检查,完成诊断表、评价表。然后制订出推行计划,列出时间进度表。活动的初期要加强宣传、教育、培训工作,制定推行手册。6S 活动中评鉴是非常重要的,应先制定评分标准表,活动初期频率应较高,一日一次或两次,每月汇总。上级主管要巡回诊断,制定出改善措施。

(二) 6S 实施的注意事项

1. 消除意识障碍

6S容易做,却不易彻底或持久,究其原因,主要是"人"对它的认识,所以要顺利推行6S第一步就得先消除有关人员意识上的障碍。

(1) 不了解的人认为6S太简单,芝麻小事没什么意义。

(2) 虽然工作上问题多多,但与6S无关。

(3) 工作已经够忙的了,哪有时间去做6S。

(4) 现在比以前已经好多了,有必要吗?

(5) 6S既然很简单又要劳师动众,有必要吗?

(6) 就是我想做好,别人呢?另外,做好了有没有好处?

以上这些都是要考虑到的相关方面。

2. 6S 标准化

6S推行经常讲形式化—行事化—习惯化,意思是先通过形式巩固6S推行效果,再持之以恒、持续改善,最终使员工素养得以提高。这中间标准化是重要的一环,通过标准化使活动初期的实施效果制度化,并得以推广,进而约束员工使之习惯化,再不断改进标准,推动活动深入。

第三节 目视管理

一、目视管理的优越性

目视管理是利用形象直观、色彩适宜的各种视觉感知信息来组织现场生产活动,达到提高劳动生产率目的的一种管理方式。它以视觉信号为基本手段,以公开化为基本原则,尽可能地将管理者的要求和意图展示出来,借以推动自主管理、自我控制。所以目视管理是一种以公开化和视觉显示为特征的管理方式,也可称之为"看得见的管理"。在日常活动中,我们是通过"五感"(视觉、嗅觉、听觉、触摸、味觉)来感知事物的。其中,最常用的是视觉。据统计,人的行动60%是从视觉的感知开始的。因此,在企业管理中,强调各种管理状态、管理方法清楚明了,达到"一目了然",从而容易明白、易于遵守,让员工自主性地完全理解、接受、执行各项工作,这将会给管理带来极大的好处。

目视管理的优点可以概括为以下几个方面。

(1) 目视管理形象直观,有利于提高工作效率。现场管理人员组织指挥生产,实质是在发布各种信息。操作工人有秩序地进行生产作业,就是接收信息后采取行动的过程。在机器生产条件下,生产系统高速运转,要求信息传递和处理既快又准。如果与每个操作工人有关的信息都要由管理人员直接传达,那么不难想象,拥有成百上千工人的生产现场,将要配备多少管理人员。目视管理为解决这个问题找到了简捷之路。它告诉我们,操作工人接受信息最常用的感觉器官是眼、耳和神经末梢,其中又以视觉最为普遍。可以发出视觉信号的手段有仪器、电视、信号灯、标识牌、图表等。其特点是形象直观,容易认读和识别,简单方便。在有条件的岗位,充分利用视觉信号显示手段,可以迅速而准确地传递信息,无需管理人员现场指挥即可有效地组织生产。

(2) 目视管理透明度高,便于现场人员互相监督,发挥激励作用。实行目视管理,对生产作业的各种要求可以做到公开化。干什么、怎样干、干多少、什么时间干、在何处干等问题一目了然,这就有利于人们默契配合、互相监督,使违反劳动纪律的现象不容易隐藏。例如,根据不同车间和工种的特点,规定穿戴不同的工作服和工作帽,很容易使那些擅离职守、串岗聊天的人被发现,督促其自我约束,逐渐养成良好习惯。又如,有些地方对企业实行了挂牌制度,单位经过考核,按优秀、良好、较差、劣等四个等级挂上不同颜色的标志牌;个人经过考核,有序与合格者佩戴不同颜色的臂章,不合格者无标志。这样,目视管理就能起到鼓励先进、鞭策后进的激励作用。总之,大机器生产既要求有严格的管理,又需要培养人们自主管理、自我控制的习惯与能力。目视管理为此提供了有效的具体方式。

(3) 目视管理有利于产生良好的生理和心理效应。对于改善生产条件和环境,人们往往比较注意从物质技术方面着手,而忽视现场人员的生理、心理和社会特点。例如,控制机器设备和生产流程的仪器、仪表必须配齐,这是加强现场管理不可缺少的物质条件。然而对于哪种形状的刻度表容易认读,数字和字母的线条粗细的比例多少才最好,白底黑字是否优于黑底白字等问题,人们一般考虑不多。而这些却是降低误读率、减少事故所必须认真考虑的生理和心理需要。又如,谁都承认车间环境必须干净整洁,但是,不同车间(如机加工车间和热处理车间),其墙壁是否应"四白落地",还是采用不同的颜色?什么颜色最适宜?诸如此类的色彩问题也同人们的生理、心理和社会特征有关。目视管理的长处就在于,它十分重视综合运用管理学、生理学、心理学和社会学等多学科的研究成果,能够比较科学地改善同现场人员视觉感知有关的各种环境因素,使之既符合现代技术要求,又适应人们的生理和心理特点,这样,就会产生良好的生理和心理效应,调动并保护工人的生产积极性。

(4) 形象直观地将潜在的问题和浪费现象都显现出来。

(5) 促进企业文化的建立和形成。目视管理通过对员工的合理化建议的展示、优秀事迹和对先进的表彰,公开讨论栏、关怀温情专栏、企业宗旨方向、远景规划等各种健康向上的内容,能使所有员工形成一种非常强烈的凝聚力和向心力,这些都是建立优秀企业文化的一种良好开端。

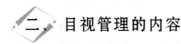目视管理的内容

1. 规章制度与工作标准的公开化

为了维护统一的组织和严格的纪律,保持工业生产所要求的连续性、比例性和节奏性,提高劳动生产率,实现安全生产和文明生产,凡是与现场工人密切相关的规章制度、标准、定额等,都需要公布。与岗位工人直接有关的,应分别展示在岗位上,如岗位责任制、操作程序图、工艺卡片等,并要始终保持完整、正确和洁净。对于现场作业的工人,应编写较为详尽的作业指导书。作业指导书应包括:①该作业工程配置图,标示该作业的基本

配置及部件、设备、器具的摆放位置；②作业顺序及每一项的作业方法、作业内容；③管理重点，按作业顺序逐项指出作业要领和注意事项。

2. 生产作业流程的图表化

现场是协作劳动的场所，因此，凡是需要共同完成的任务都应公布。生产计划指标要定期层层分解，落实到车间、班组和个人，并列表张贴在墙上。生产实际完成情况也要相应地按期公布，并用作图法使大家看出各项计划指标完成中出现的问题和发展的趋势，以促使集体和个人都能按质、按量、按期地完成各自的任务。具体的有生产工艺流程图、标准作业指示图、生产管理板、物流图等。生产管理板包括生产计划情况、完成情况、未完成原因、是否加班等。物流图指在一块板上形象地画出各种零件取送的数量、时间间隔、路线、目的地、工具种类及其存放地点和数量，以及运送车辆类别等。物流图可以用来表示生产现场与有关取、送零件单位之间的整个物流平衡状况，在毛坯、半成品、协作件库房管理中比较常见。还应逐步建立生产现场指挥的目视管理系统，包括在生产线上设置自动指示信号灯和在生产调度室设置电控数字和信号指示屏，以显示生产线的工作运转情况。

3. 与定置管理相结合，实现视觉显示信息的标准化

在定置管理中，为了消除物品混放和误置，必须有完善而准确的信息显示，包括定置图、标志线、标志牌和标志色。因此，目视管理在这里便自然而然地与定置管理融为一体，按定置管理的要求，采用清晰的、标准化的信息显示符号，将各种区域、通道，各种辅助工具(如料架、工具箱、工位器具、生活柜等)均应运用标准颜色，不得任意涂抹。其中比较主要的一些标示包括安全生产标记牌及信号显示装置、标准岗位板、零件箱信息卡、库存对照板、成品库储备显示板等。标准岗位板上标明零件号、零件名称、标准储备定额、工具的零件数、工具的定额存放数、取送零件批量等，以方便生产管理人员根据目视板上标记的项目内容核对实物。库存对照板指将企业库存积压的产品及各种零部件分类做标记，按时间排序，从而防止领错或发错。成品库储备显示板标明了成品库存的所有零部件的零部件号、名称、最低和最高储备额、工具容量、发送单位、实物库存数量等信息。对于物品码放和运送要实行标准化，实行"定容、定位、定量"的三定原则。各类工位器具，包括箱、盒、盘、小车等，均应按规定的标准数量盛装，这样，操作、搬运和检验人员点数时既方便又准确。

4. 生产作业控制手段的形象直观与使用方便化

为了有效地进行生产作业控制，使每个生产环节、每道工序能严格按照期量标准进行生产，杜绝过量生产、过量储备，要采用与现场工作状况相适应的、简便实用的标识传送信号，以便在后道工序发生故障或由于其他原因停止生产，不需要前道工序供应在制品时，操作人员能及时停止投入。"看板"就是一种能起到这种作用的信息传送手段。各生产环节和工种之间的联络，也要设立方便实用的信息传送信号，以尽量减少工时损失，提高生产的连续性。例如，在机器设备上安装红灯，在流水线上配置工位故障显示屏，一旦发生停机，即可发出信号，巡回检修工看到后就会及时前来修理。生产作业控制除了期量控制外，还要有质量和成本控制，也要实行目视管理。例如，质量控制，在各质量管理点(控制)，要有质量控制图，以便清楚地显示质量波动情况，发现异常及时处理。车间要利用板报形式，将"不良品统计日报"公布于众，当天出现的废品要陈列在展示台上，由有关人员会诊分析,确定改进措施,防止再度发生。

5. 现场人员着装的统一化与实行挂牌制度

现场人员的着装不仅起劳动保护的作用,在机器生产条件下,也是正规化、标准化的内容之一。它可以体现职工队伍的优良素养,显示企业内部不同单位、工种和职务之间的区别,还具有一定的心理作用,使人产生归属感、荣誉感、责任心等,对于组织指挥生产,也可创造一定的方便条件。挂牌制度包括单位挂牌和个人佩戴标志。按照企业内部各种检查评比制度,将那些与实现企业战略任务和目标有重要关系的考评项目的结果,以形象、直观的方式给单位挂牌,能够激励先进单位更上一层楼,鞭策后进单位奋起直追。个人佩戴标志,如胸章、胸卡、臂章等,其作用同着装类似。另外,还可同考评相结合,给人以压力和动力,达到催人进取、推动工作的目的。

6. 提醒板和异常信号灯

提醒板用于防止遗漏。遗忘是人的本性,不可能杜绝,只有通过一些自主管理的方法来最大限度地尽量减少遗漏或遗忘。例如,有的车间内的进出口处,有一块板子,今天有多少产品要在何时送到何处,什么产品一定要在何时生产完毕;或者有领导来视察,下午两点钟有一个什么检查,又或是某某领导来视察。这些都统称为提醒板。一般来说,用纵轴表示时间,横轴表示日期,纵轴的时间间隔通常为 1h,一天用 8h 来区分,每一小时就是每一个时间段记录正常、不良或者是次品的情况,让作业者自己记录。提醒板一个月统计一次,在每个月的例会中总结,与上个月进行比较,看是否有进步,并确定下个月的目录,这是提醒板的另一个作用。异常信号灯用于产品质量不良及作业异常等异常发生场合,通常安装在大型工厂的较长的生产、装配流水线上。一般设置红或黄这样两种信号灯,由员工来控制,当发生零部件用完,出现不良产品及机器的故障等异常时,往往会影响到生产指标的完成,这时由员工马上按下红灯的按钮,等红灯一亮,生产管理人员和厂长都要停下手中的工作,马上前往现场,予以调查处理,异常被排除以后,管理人员才可以把这个信号灯关掉,然后继续维持作业和生产。

除以上所列举的内容外,还有样品展示、反面教材警示等内容,在此不再赘述。

三、目视管理的工具

(一)色彩的标准化管理

色彩是现场管理中常用的一种视觉信号,目视管理要求科学、合理、巧妙地运用色彩,并实现统一的标准化管理,不允许随意涂抹。这是因为色彩的运用受多种因素制约。

1. 技术因素

不同色彩有不同的物理指标,如波长、反射系数等。强光照射的设备,多涂成蓝灰色,是因为其反射系数适度,不会过分刺激眼睛。危险信号多用红色,这既是传统习惯,也是因其穿透力强,信号鲜明的缘故。

2. 生理和心理因素

不同色彩会给人以不同的质量感、空间感、冷暖感、软硬感、清洁感等情感效应。例如,高温车间的涂色应以浅蓝、蓝绿、白色等冷色为基调,可给人以清爽舒心之感;低温车间则相反,适宜用红、橙、黄等暖色,使人感觉温暖。热处理设备多用属冷色的铅灰色,能起到降低"心理温度"的作用。家具厂整天看到的是属暖色的木质颜色,木料加工设备则宜涂浅绿色,可缓解操作者被暖色包围所涌起的烦躁之感。从生理上看,长时间受一种或几种杂乱的颜色刺激,会产生视觉疲劳,因此,就要讲究工人休息室的色彩。如纺织工人的休息室宜用暖色;冶炼工人的休息室宜用冷色。这样,有利于消除职业疲劳。

3. 社会因素

不同国家、地区和民族,都有不同的色彩偏好。例如,我国人民普遍喜欢绿色,因为它是生命、青春的象征;而日本人则认为绿色是不吉祥的。

总之,色彩包含着丰富的内涵,现场中凡是需要用到色彩的,都应有标准化的要求。

(二) 看板管理

看板在日语中是卡片、信号的意思,是现场管理的重要工具。全面而有效的使用看板,将在六个方面产生良好的影响:第一,展示改善成绩,让参与者有成就感、自豪感;第二,营造竞争的氛围;第三,营造现场活力的强有力手段;第四,明确管理状况,营造有形及无形的压力,有利于工作的推进;第五,树立良好的企业形象(让客户或其他人员由衷地赞叹公司的管理水平);第六,展示改善的过程,让大家都能学到好的方法及技巧。

1. 管理看板

管理看板通过各种形式,如标语、现况板、图表、电子屏等把文件上、脑子里或现场等隐藏的情报揭示出来,以便任何人都可以及时掌握管理现状和必要的情报,从而能够快速制定并实施应对措施。因此,管理看板是发现问题、解决问题的非常有效且直观的手段,是优秀的现场管理必不可少的工具之一。按照责任主管的不同,一般可以分为公司管理看板、部门车间管理看板、班组管理看板三类。其中比较常见的管理看板有以下五类。

(1) 设备计划保全日历。指设备预防保全计划,包括定期检查、定期加油及大修的日程,以日历的形式预先制订好,并按日程实施。其优点是就像查看日历一样方便,而且日历上已经记载了必须做的事项,等完成后做好标记。

(2) 区域分担图。区域分担图也叫责任看板,是将部门所在的区域(包括设备等)划分给不同的班组,由其负责清扫点检等日常管理工作。这种看板的优点是从全局考虑,不会遗漏某区域或设备,是彻底落实责任制的有效方法。

(3) 安全无灾害板。安全无灾害板的目的是预防安全事故的发生而开展的每日提醒活动,包括安全无灾害持续天数、安全每日一句、安全教育资料与信息。一般设置在大门口员工出入或集中的地方。

(4) 班组管理现况板。班组管理现况板一般集合部门目标、出勤管理、业务联络、通信联络、资料、合理化建议、信箱等内容,是班组的日常管理看板,一般设置在休息室或早会的地方。

(5) 全员生产维护(total productive maintenance,TPM)诊断现况板。全员生产维护诊断现况板是为了持续推进全员生产维护活动而进行的分阶段的企业内部认证用记录板,体现小组活动水平的高低,阶段越高水平越高。

2. 生产看板

看板最初是丰田汽车公司于20世纪50年代从超级市场的运行机制中得到启示，作为一种生产、运送指令的传递工具而被创造出来的。经过60多年的发展和完善，目前已经在很多方面都发挥着重要的机能。生产看板具有以下四个功能。

（1）生产及运送工作指令。生产及运送工作指令是看板最基本的机能。公司总部的生产管理部根据市场预测及订货而制定的生产指令只下达到总装配线，各道前工序的生产都根据看板来进行。看板中记载着生产和运送的数量、时间、目的地、放置场所、搬运工具等信息，从装配工序逐次向前工序追溯。

在装配线将所使用的零部件上所带的看板取下，以此再去前一道工序领取。前工序则只生产被这些看板所领走的量，"后工序领取"及"适时适量生产"就是通过这些看板来实现的。

（2）防止过量生产和过量运送。看板必须按照既定的运用规则来使用。其中的规则之一是："没有看板不能生产，也不能运送。"根据这一规则，各工序如果没有看板，就不进行生产，也不进行运送；看板数量减少，则生产量也相应减少。由于看板所标示的只是必要的量，因此运用看板能够做到自动防止过量生产、过量运送。

（3）进行"目视管理"的工具。看板的另一部分运用规则是"看板必须附在实物上存放""前工序按照看板取下的顺序进行生产"。根据这些规则，作业现场的管理人员对生产的优先顺序能够一目了然，很容易管理。只要通过看板所表示的信息，就可知道后工序的作业进展情况、本工序的生产能力利用情况、库存情况及人员的配置情况等。

（4）改善的工具。看板的改善功能主要通过减少看板的数量来实现。看板数量的减少意味着工序间在制品库存量的减少。如果在制品存量较高，即使设备出现故障、不良产品数目增加，也不会影响到后工序的生产，所以容易掩盖问题。在准时生产制生产方式中，通过不断减少数量来减少在制品库存，就使得上述问题不可能被无视。这样通过改善活动不仅解决了问题，还使生产线的"体质"得到了加强。

生产管理看板是准时生产制生产方式中独具特色的管理工具，看板的操作必须严格符合规范，否则就会陷入形式主义的泥潭，起不到应有的效果。概括地讲，看板操作过程中应该注意以下六个使用原则：没有看板不能生产也不能搬运；看板只能来自后工序；前工序只能生产取走的部分；前工序按收到看板的顺序进行生产；看板必须和实物一起；以及不把不良品交给后工序。

生产管理看板的本质是在需要的时间，按需要的量对所需零部件发出生产指令的一种标识体，而实现这一功能的形式可以是多种多样的。看板总体上分为三大类：传送看板、生产看板和临时看板。传送看板用于工序间传递生产信息；生产看板用于在本工序内标示生产信息；临时看板主要是为了完成非计划内的生产或设备维护等任务，因而灵活性比较大。

四、推行目视管理的基本要求

目视管理的效果可以从三方面来判断：①无论是谁都能判明是好是坏（异常）；②能

迅速判断,精度高;③判断结果不会因人而异。

推行目视管理,要防止搞"形式主义",一定要从企业实际出发,有重点、有计划地逐步展开。在这个过程中,应做到的基本要求是:统一、简约、鲜明、实用、严格。

(1) 统一,即目视管理要实行标准化,消除五花八门的杂乱现象。

(2) 简约,即各种视觉显示信号应易懂,一目了然。

(3) 鲜明,即各种视觉显示信号要清晰,位置适宜,现场人员都能看得见、看得清。

(4) 实用,即不摆"花架子",少花钱、多办事,讲究实效。

(5) 严格,即现场所有人员都必须严格遵守和执行有关规定,有错必纠、赏罚分明。

本章小结

现代企业非常重视运营现场管理。本章首先阐述了工作地的内涵、工作地平面布置的目标与要求及布置原则,并指明了运营现场管理的目标、影响因素和管理原则,即现时、现场、现物;其次,分析了定置管理的概念、发展历程,以现场各类物品的科学合理放置为重点,说明了定置管理的基本思想、方法和步骤;再次,详细介绍了实施工作地6S管理的具体内容、目的和步骤;最后,在探讨目视管理概念的基础上,强调目视管理是以视觉信号为基本手段,以公开化为基本原则,开展的自主管理、自我控制,并全面介绍了目视管理的主要内容、工具和推行要求。

本章知识结构如图8-2所示。

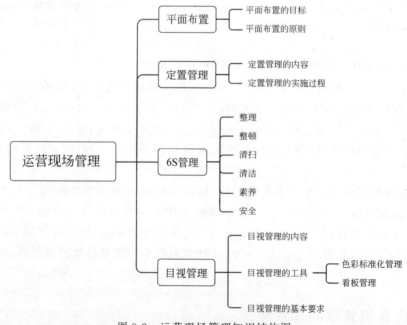

图8-2 运营现场管理知识结构图

复习思考题

1. 如何看待现场管理？其目标、原则有哪些？
2. 叙述平面布置的内涵。平面布置的目标和原则有哪些？
3. 如何认识定置管理的内涵？
4. 简述定置管理的作用。
5. 简要说明定置管理的实施步骤。
6. 如何进行人、物、场所的结合状态分析？
7. 简要说明基本定置方法的基本形式。
8. 如何进行定置图设计和标识设计？
9. 如何理解定置实施要做到"有图必有物,有物必有区,有区必挂牌,有牌必分类；按图定置,按类存放,账（图）物一致"？
10. 简述 6S 的发展历程。
11. 实施 6S 的意义何在？
12. 分析实施 6S 应注意的事项。
13. 何谓目视管理,其优点有哪些？
14. 作业指导书一般应包括哪些内容？
15. 色彩标准化管理通常有哪些制约因素？
16. 简述推行目视管理的基本要求。

第九章 准时生产制与大规模定制

【学习要点及目标】

1. 了解准时生产制的起源、实质和基本思想。
2. 掌握看板管理的方法。
3. 描述精益生产的概念和特点。
4. 了解敏捷制造的内涵及关键技术。
5. 了解大规模定制的产生背景、基本内涵、特点与类型。
6. 掌握实现大规模定制的方法、条件及基本策略。

核心概念

准时生产制　看板管理　精益生产　敏捷制造　大规模定制

引导案例

海尔空调胶州互联工厂：实现用户需求驱动的大规模定制

进入互联网时代,企业原有的生产方式被颠覆。面对巨大的挑战,中国家电业巨擘海尔集团首创人单合一模式,探索建立用户需求驱动的大规模定制模式,打造全球首家引入用户全流程参与体验的工业互联网平台COSMOPlat,转型成为无边界的平台型企业。海尔空调胶州互联工厂就是一个大规模定制创新升级的成功样板。

海尔集团作为全球家电行业的探索者和引领者,自1984年成立以来专注深耕制造业并取得了非凡的成绩。2017年海尔集团收入2419亿元人民币,连续9年位居大型白色家电全球市场第一。海尔在多年智能制造探索的基础上,推出了以用户体验为中心的工业互联网平台COSMOPlat,加快智能制造转型升级。2014年,首个海尔互联工厂——沈阳冰箱互联工厂建成投产,目前海尔已在全球建立了11个互联工厂,覆盖冰箱、洗衣机、空调、热水器、厨电等五大产业。其中,基于COSMOPlat打造的海尔空调胶州互联工厂(以下简称"胶州互联工厂")是海尔第7个互联工厂。

一、海尔互联工厂实施背景与探索路径

如果说海尔用30多年时间为中国成功贡献了一个全球品牌,那么现在海尔正在构建新的工业模式——海尔大规模定制模式,致力于为全球制造业转型升级输出"中国模式"。而互联工厂就是海尔探索新一代制造的重要实践。

海尔的大规模定制模式是用户深度参与企业全周期全流程,零距离互联互通,以创造用户终身价值的智能制造模式。这种模式的能力支撑主要是互联工厂的三联三化,三联

即联工厂全要素、联网器、联全流程;三化即柔性化、数字化、智能化。

海尔建设互联工厂是全球工业革命发展趋势以及海尔自身创新基因双重作用的结果。近年来,世界上主要制造强国都在积极探索新一轮的工业革命。例如,德国基于制造上的优势,选择了"自下而上"的工业革命路径,提出"工业4.0",强调提升制造业的智能化水平,建立智能工厂;美国在软件上更具优势,推行的是"自上而下"的模式,即"工业互联网",强调以互联网激活生产,以信息化助力智能生产;中国提出了《中国制造2025》,提倡的是信息化与工业化"两化"融合,以信息化为支撑,走新型工业化道路,大力推进智能制造下的制造业转型升级。

海尔一直走在深耕制造业的路上,骨子里流淌着主动探索创新的基因。海尔认为,智能制造的方向不是简单的机器换人,而是用户全流程参与的大规模定制,用户可以参与到企业制造的全周期、全流程、全生态中,新型技术都是服务于用户体验的工具。

二、海尔互联工厂的特点

1. 从传统大规模制造到以用户为中心的大规模定制

海尔追求的不是单纯的用户个性化,而是通过社群交互、众创等形式,通过互联网将用户个性化的需求整合在一起,并通过交互、设计、体验、预售、制造、迭代,最终实现从需求到产品的变现,形成一种大规模定制模式。

实际上,以用户为中心还体现在用户可以参与整个生产过程。例如,用户下单之后,在海尔工厂的工位上能够直接看到用户的信息和需求,用户的使用体验也会直接反馈到工位,从而有助于海尔实时满足用户需求。此外,用户需要的产品处于哪个工作环节,在物流的哪个阶段,以及具体的生产过程,都可以实时查看。这种信息透明化管理,就是为了更好地满足用户需求,给用户最好的体验。

2. 高精度下的高效率

"海尔不是简单地追求机器换人,而是高精度驱动下的高效率。"牟堂峰表示,用户需求是本质,只有真正解决用户需求的高效率才是真正的高效率;单纯由"机器换人"可以带来生产效率提升,但是如果生产出来的产品没有市场,那就是库存。"没有用户的产品,海尔宁愿不生产。"他说。

高精度下的高效率实际上也是海尔互联工厂的"两维战略"构建思路,其中,纵轴是用户价值,体现的是高精度;横轴是企业价值,端到端的信息融合,体现的是高效率。两个维度相互融合、促进,共同满足用户的最佳体验。

3. 大数据基础上的小数据

牟堂峰解释道,"大数据基础上的小数据"和"高精度下的高效率"是一脉相承的。高精度和小数据是一致的,指的是首先要准确地捕捉到用户的需求,然后通过整个生产的大数据来管控,并且不断地去满足用户的小数据。

三、胶州互联工厂主要作业流程

胶州互联工厂从用户下单、物料进厂到生产、发货,整个过程通常仅需数天。

1. 订单信息导入系统

订单产生后,ERP系统一方面与MES系统进行交互,把订单信息传递给MES系统,

MES系统将物料需求传递给WMS系统,同时将生产计划传到产线工位上。另一方面,ERP系统生成采购订单,供应商根据采购订单进行送料,WMS系统确认收货之后再根据MES系统的需求进行发料。

2. 模块生产及物料上线

两器模块由一楼车间生产,生产下线后MES系统对物料进行缓存,同时把下线数据传递给WMS系统由其管控,之后根据送料需求和生产节拍生成发货订单并下达上料指令,模块生产所需物料通过提升机送上空中输送线(积放链)后运送至二楼装配车间。其他部件则由供应商按需按时供货,部分模块(如电控等)在供应商车间完成组装,部分则以VMI的模式,在海尔车间内完成模块生产后送至装配线,同样根据WMS系统的指令进行拣货和物料搬运。同时,MES系统触发ERP系统进行库存管理。

3. 模块装配

在二楼装配车间共有两种不同类型的生产线,一种是传统流水线,一种则是单元台(CELL)生产线,每个单元台"独立完成"一台产品的装配。其中,流水线生产完成后在生产线末端对产品进行检测、打包下线;单元台作业线装配完成后进行扫描、检测等,之后操作人员按下操作台前的绿色按钮,AGV接受指令前来进行搬运,之后打包下线。同时,另外的AGV将该单元台负责装配的下一个产品模块搬运过来,完成一个作业循环。

4. 成品下线

产品单元装配完之后会模拟用户进行噪声检测,合格后由自动封箱机封箱,随后进行拍照识别、贴码。装配好的成品由提升机输送至一楼成品缓存仓库或直接装车。

值得一提的是,胶州互联工厂在二楼单元装配线末端设置了实验室云数据中心,将原来相互孤立的各工厂实验室数据进行关联,使海尔各工厂的研发中心数据实现共享,并整理分析出精确的实验室数据供其他工厂使用。

5. 成品暂存与出库

当成品通过提升机下到一楼作业区后,由4台码垛机器人完成托盘码垛。整托码盘完成后,信息通过RFID上传WMS系统,WMS系统驱动RGV小车取货,之后按照系统指令完成自动入库或装车。

实际上,胶州互联工厂从前端两器生产到后端总装,再到成品下线,基本实现了零库存。成品缓存仓主要功能为周转,绝大部分产品组盘后由RGV直接搬运至出库口,通过日日顺车小微运送至客户仓库。只有极少部分成品由于车辆安排等因素留在库内暂存。

四、实施效果与优化方向

胶州互联工厂正式运营以来,在生产能力上实现了大幅提升,已达成投入产出的平衡。胶州互联工厂模式的变革,也推动了海尔空调科技水平和管理水平的行业引领,该案例还被写入《IEC未来工厂白皮书》和《制造强国研究》等,收获众多荣誉。概括来讲,胶州互联工厂的先进性体现在以下方面:

1. 产品定制比例大幅提升

胶州互联工厂具备高柔性、高品质满足用户定制需求的能力。胶州互联工厂的订单主要有两类,一类是大卖场等客户的定制订单,占比52%;一类是消费者的用户定制订单,占比19%,这也意味着胶州互联工厂不入库率高达71%,既提高了周转率,又减少了对资金的占用。

2. 效率大幅提升

在生产过程中,胶州互联工厂不断引入新的技术和管理模式,整体效率得到大幅提升。例如,在模块生产过程中,通过12项行业首创的工序,将生产效率提升了60%。此外,产品开发周期缩短50%以上,交货周期缩短50%以上,全流程运营成本下降20%,产品不良率降低10%,能源利用率提升5%。

3. 高效柔性化生产

为了实现"以用户为中心的大规模定制",实现"高精度下的高效率",海尔互联工厂做了很多基础工作,比如建立"三化"标准体系,即柔性化、数字化、智能化。对于胶州互联工厂而言,不仅要满足企业必须追求的高效率,同时还要精准地满足用户定制需求。因此,海尔在产线布置上采用了"柔性化"的模式,即通过单元线实现柔性化定制,通过传统流水线实现大规模生产。胶州互联工厂是在柔性化的基础上来实现智能化的。

4. 选择先进适用的物流系统

智能制造离不开智能物流。海尔互联工厂并不追求无人化作业,而是以先进适用为原则选择物流设备。例如,在考虑车间物料输送解决方案时,经过多次比较,最终采用了避免与工厂产线相互干扰,同时又能与各工序顺畅连接的空中输送系统。同时,在空中积放链中采用 RFID 技术,一方面实现上线物料信息的实时写入;另一方面将上线产品订单的用户信息进行存储;同时,进行物料出入库信息的识读校准。

此外,胶州互联工厂每年都会不间断地推行生产线与物流系统改善项目,持续提升工厂能力。例如,在后道包装环节,对自动套箱/袋设备进行结构优化,使之能够适应各种型号的产品;对封箱机进行改造,实现了不停机自动供料、封箱作业。

(案例来源:https://www.sohu.com)

案例导学

随着人工智能、大数据、云计算等新一代信息技术产业的快速发展,全球制造业都在积极探索转型之路。这也正是实现我国产业和标准换道超越的良机。从胶州互联工厂,可以看到海尔作为先行者,通过创新商业模式与管理模式,最终实现了以用户体验为中心的大规模定制模式转型,创立了登上未来制造业竞争高地的发展模式。在2018年举办的汉诺威工业博览会上,COSMOPlat 被德国国家科学与工程院院长、"工业4.0之父"孔翰宁称为"最好的工业互联网平台"。在2018年世界经济论坛公布的全球首批先进"灯塔工厂"名单中,海尔是唯一一家入选的中国本土企业。如今,COSMOPlat 已经上升为海尔的重要发展战略之一,海尔将以新工业模式支持更多企业实现智能化转型,打造制造业新生态体系。

第一节 准时生产制的内涵与基本原理

库存是生产活动中的万恶之源,因为库存会掩盖许多生产中的问题,还会滋长工人的惰性,更糟糕的是要占用大量的资金,使企业承受因市场变化而导致的库存跌价的风险。

如果企业能够实现"零库存",只生产有市场订单的产品,而且当市场有需求时,能够及时地供给,那么对于企业的经营效益和规避风险有着不言而喻的意义。

为了追求一种使库存达到最小的生产系统,日本丰田汽车公司率先提出并完善了准时生产制(just in time,JIT),其实质是保持物质流和信息流在生产中的同步,实现以恰当数量的物料,在恰当的时候进入恰当的地方,生产出恰当质量的产品。这种方法可以减少库存、缩短工时、降低成本、提高生产效率。

一、准时生产制的起源

1950年,日本的丰田英二抱着学习美国先进经验的想法,考察了美国底特律福特公司的轿车生产厂。当时这个厂每天能生产7000辆轿车,比日本丰田公司一年的产量还要多。

丰田英二在思考:怎样建立日本的汽车工业?照搬美国的大批量生产方式,显然是不可能的。一是战后的日本经济萧条,缺少资金和外汇,没有能力全面引进美国成套设备来生产汽车。二是战后日本的经济和技术基础也与美国相距甚远,日本当时的生产量仅为美国的几十分之一。三是日本的社会文化背景与美国大不相同,完全照搬美国模式肯定行不通。显然应该按照日本的国情,发挥日本人的家族观念和团队精神,探索一条不同于福特公司的流水线生产模式的道路。

丰田英二和他的伙伴大野耐一进行了一系列的实验,经过30多年的努力,终于形成了完整的丰田生产方式(Toyota production system,TPS)。在丰田生产方式中,很重要的一种生产管理方法即是准时生产方式。20世纪50年代初,看板管理积极推行者丰田汽车公司机械工厂工作的大野耐一,从美国超市的管理和工作程序中受到启发,从而找到了通过看板来实现"非常准时"的思想方法。超市是作业线上的前道工序,顾客为后道工序。顾客(后道)在作业线上(前道)在必要的时间就可以购到必要数量的必要商品(零附件);超市不仅可以"非常及时"地满足顾客对商品的要求,而且可以"非常及时"地把顾客买走的商品补上(当计价器将顾客买走的商品计价后,载有购走商品数量、种类的卡片就立即送达采购部门,使商品及时得到补充)。流通领域与生产领域毕竟是两个不同的领域,1953年丰田在机械工厂试行看板管理,经多年摸索和试验,1962年丰田公司全面实行看板管理。

准时生产方式在最初引起人们的注意时曾被称为"丰田生产方式",后来随着这种生产方式被人们越来越广泛地认识、研究和应用,特别是引起西方国家的广泛注意以后,人们开始把它称为JIT生产方式。

二、准时生产制的实质

准时生产制能够灵活地适应市场需求变化,从经济性和适应性两个方面保证公司整体利润的不断提高。其包括以下内容。

(1) 均衡生产:数量均衡、品种均衡、混合装配。

(2) 一个流生产：也叫一个流制造的生产方法。

(3) 标准作业：指每一位多技能作业人员所操作的多种不同机床的作业顺序，进行高效的作业组合，即在标准周期内，把每一位多技能作业人员所承担的一系列的多种作业标准划，标准作业是生产现场有效提高劳动生产率的手段，是管理生产现场的依据，也是改善生产现场的基础。

(4) 拉动式生产：以客户订单为龙头，生产且只生产订单需要的产品的生产方法。按发货安排品种、顺序、数量的生产，是一个拉动式系统。

(5) 看板管理：看板管理是准时化生产的工具，可以自动发出"生产什么""何时生产""生产多少""何时取料"等指令信息。是一种能够调节和控制生产过程、实现"在必要的时候、生产必要数量的必要产品"的信息工具，能使问题迅速表面化并实施完善。

三、准时生产制目标与基本思想

准时生产制的基本思想可用现在已广为流传的一句话来概括，即"只在需要的时候，按需要的量生产所需的产品"，这也就是 just in time 所要表达的本来含义。这种生产方式的核心是追求一种无库存的生产系统，或使库存达到最小的生产系统。在这个系统中，首先按供应链最终端的要求"拉动"产品进入市场，然后由这些产品的需求决定零部件的需求和生产流程，从而形成一个"拉动"生产系统。准时制的目标是彻底消除无效劳动和浪费，具体要达到以下目标。

(1) 废品量最低（零废品）。JIT 要求消除各种引起不合理的原因，在加工过程中每一工序都要求达到最好水平。

(2) 库存量最低（零库存），JIT 认为，库存是生产系统设计不合理、生产过程不协调、生产操作不良的证明。

(3) 准备时间最短（零准备时间）。准备时间长短与批量选择相联系，如果准备时间趋于零，准备成本也趋于零，就有可能采用极小批量。

(4) 生产提前期最短。短的生产提前期与小批量相结合的系统，应变能力强，柔性好。

(5) 减少零件搬运。零件搬运是非增值操作，如果能使零件和装配件运送量减小，搬运次数减少，可以节约装配时间，减少装配中可能出现的问题。

(6) 机器损坏低。

(7) 批量小。

为了达到上述目标，JIT 对产品和生产系统设计考虑的主要原则有以下三个方面。

(1) 当今产品寿命周期已大大缩短，产品设计应与市场需求相一致，在产品设计方面，应考虑到产品设计完后要便于生产。

(2) 尽量采用成组技术与流程式生产。

(3) 与原材料或外购件的供应者建立联系，以达到 JIT 供应原材料及采购零部件的目的。

四、准时生产制的实施方法

JIT 有三种手段来达到其目标,如图 9-1 所示。该图说明了 JIT 生产方式的基本目标及实现这些目标的三个手段和方法,也包括这些目标与各种方法之间的内在联系。

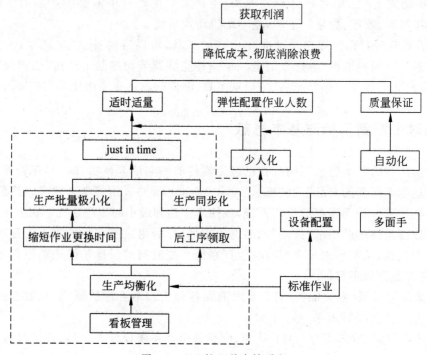

图 9-1　JIT 的三种支持手段

1. 适时适量生产

适时适量生产即"just in time"一词的主要含义:"在需要的时候,按需要的量生产所需的产品。"对于企业来说,各种产品的产量必须能够灵活地适应市场需求量的变化。否则的话,由于生产过剩会引起人员、设备、库存费用等一系列的浪费。适时适量生产的方法,一是生产同步化,二是生产均衡化。

2. 弹性配置作业人数

在劳动力成本越来越高的今天,降低劳动力成本是降低成本的一个重要方法。达到这一目的的方法是"少人化"。所谓少人化,指根据生产量的变动,弹性地增减各生产线的作业人数,以及尽量用较少的人力完成较多的生产。实现这种少人化的具体方法是对设备进行特别的布置,以便能够当需求减少,作业减少时,人数更少的操作人员就可以完成任务。从作业人员的角度来看,就意味着标准作业中的作业内容、范围、作业组合以及作业顺序等的一系列变更。因此为了适应这种变更,作业人员必须是具有多种技能的"多面手",才能弹性地适应不同的工作岗位。

3. 质量保证

许多人都认为，质量与成本之间是一种负相关关系，即要提高质量，就得花人力、物力来加以保证。但在 JIT 生产方式中，却不是通过检验来保证质量，而是通过将质量管理贯穿于每一工序之中来实现提高质量与降低成本的一致性，具体方法是"自动化"。这里所讲的自动化指融入生产组织中的两种机制：第一种，使设备或生产线能够自动检测不良产品，一旦发现异常或不良产品，可以自动停止设备运行的机制，为此企业在设备上开发、安装了各种自动停止装置和加工状态检测装置；第二种，生产第一线的设备操作工人发现产品或设备的问题时，有权自行停止生产的管理机制。依靠这样的机制，不良产品一出现马上就会被发现，防止了废品的重复出现或累积出现，从而避免了由此可能造成的大量浪费。

五、实施准时生产制的管理工具——看板

（一）看板管理的概念和机能

看板管理是指为了达到准时生产制，只对最后一道工序下达生产指令，并通过看板在各工序之间进行物流或信息流的传递的一种拉动式的管理方法。看板最初是丰田汽车公司于 20 世纪 50 年代从超级市场的运行机制中得到启示，作为一种生产、运送指令的传递工具而被创造出来的。经过近 70 年的发展和完善，目前已经在很多方面都发挥着重要的功能。

1. 传递生产及运送工作指令

生产及运送工作指令是看板最基本的机能。公司总部的生产管理部根据市场预测及订货而制定的生产指令只下达到总装配线，各道前工序的生产都根据看板来进行。看板中记载着生产和运送的数量、时间、目的地、放置场所、搬运工具等信息，从装配工序逐次向前工序追溯。在装配线将所使用的零部件上所带的看板取下，之后再去前一道工序领取。前工序则只生产被这些看板所领走的量，"后工序领取"及"适时适量生产"就是通过这些看板来实现的。

2. 防止过量生产和过量运送

看板必须按照既定的运用规则来使用。其中的规则之一是："没有看板不能生产，也不能运送。"根据这一规则，各工序如果没有看板，就既不进行生产，也不进行运送；看板数量减少，则生产量也相应减少。由于看板所标示的只是必要的量，因此运用看板能够做到自动防止过量生产、过量运送。

3. 进行"目视管理"的工具

看板的另一条运用规则是："看板必须附在实物上存放，前工序按照看板取下的顺序进行生产。"根据这一规则，作业现场的管理人员对生产的优先顺序能够一目了然，很容易管理。只要通过看板所表示的信息，就可知道后工序的作业进展情况、本工序的生产能力利用情况、库存情况以及人员的配置情况等。

4. 改善的工具

看板的改善功能主要通过减少看板的数量来实现。看板数量的减少意味着工序间在制品库存量的减少。如果在制品存量较高，即使设备出现故障、不良产品数目增加，也不会影响到后工序的生产，所以容易掩盖问题。在准时生产制生产方式中，通过不断减少数量来减少在制品库存，就使得上述问题不可能被无视。这样通过改善活动不仅解决了问题，还使生产线的"体质"得到了加强。

（二）看板操作的六个使用规则

看板是准时生产制生产方式中独具特色的管理工具，看板的操作必须严格符合规范，否则就会陷入"形式主义"的泥潭，起不到应有的效果。概括地讲，看板操作过程中应该注意以下六个使用原则：没有看板不能生产也不能搬运；看板只能来自后工序；前工序只能生产取走的部分；前工序按收到看板的顺序进行生产；看板必须和实物在一起；不能把不良品交给后工序。

（三）看板的种类

看板的本质是在需要的时间，按需要的量对所需零部件发出生产指令的一种信息媒介体，而实现这一功能的形式可以是多种多样的。看板总体上分为三大类：生产看板、传送看板和临时看板，如图9-2所示。

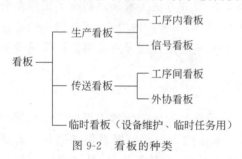

图9-2 看板的种类

1. 工序内看板

工序内看板指某工序进行加工时所用的看板。这种看板用于装配线，以及既生产多种产品，又不需要实质性的作业更换时间（作业更换时间接近于零）的工序，如机加工工序等。典型的工序内看板如表9-1所示。

表9-1 典型的工序内看板

（零部件示意图）		工序	前工序——本工序	
			热处理	机加1号
		名称	A233-3670B（联接机芯辅助芯）	
管理号	M-3	箱内数	20	发行张数	2/5

2. 信号看板

信号看板是在不得不进行成批生产的工序之间所使用的看板。如树脂成形工序、模锻工序等。信号看板挂在成批制作出的产品上，当该批产品的数量减少到基准数时摘下看板，送回到生产工序，然后生产工序按该看板的指示开始生产。另外，从零部件出库到生产工序，也可利用信号看板来进行指示配送。

3. 工序间看板

工序间看板是指工厂内部后工序到前工序领取所需的零部件时所使用的看板。如表 9-2 所示为典型的工序间看板,前工序为部件 1 号线,本工序总装 2 号线所需要的是号码为 A232－60857 的零部件,根据看板就可到前一道工序领取。

表 9-2　典型的工序间看板

前工序 部件 1 号线	零部件号：A232－60857（上盖板） 箱型：3 型(绿色)	使用工序总装 2 号
出口位置号 （POSTNO.12-2）	标准箱内数：12 个/箱 看板编号：2 号/5 张	入口位置号（POSTNO.4-2）

4. 外协看板

外协看板是针对外部的协作厂家所使用的看板。对外订货看板上必须记载进货单位的名称和进货时间、每次进货的数量等信息。外协看板与工序间看板类似,只是"前工序",通过外协看板的方式,从最后一道工序慢慢往前拉动,直至供应商。因此,有时候企业会要求供应商也推行 JIT 生产方式。

5. 临时看板

临时看板是在进行设备保全、设备修理、临时任务或需要加班生产的时候所使用的看板。与其他种类的看板不同的是,临时看板主要是为了完成非计划内的生产或设备维护等任务,因而灵活性比较大。

（四）用看板组织生产的过程

JIT 是拉动式的生产,通过看板来传递信息,从最后一道工序一步一步往前工序拉动。如图 9-3 所示的生产过程共有三道工序,从第三道工序的入口存放处向第二道工序的出口存放处传递信息,第二道工序从其入口存放处向第一道工序出口存放处传递信息,而第一道工序则从其入口存放处向原料库领取原料。这样,通过看板就将整个生产过程有机地组织起来。

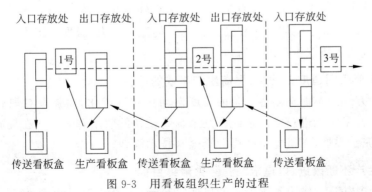

图 9-3　用看板组织生产的过程

看板的形式并不局限于记载有各种信息的某种卡片形式,在实际的 JIT 生产方式中,还有很多种代替看板发出生产请求的目视化方法，如彩色乒乓球、空容器、地面空格标识和信号标志等。

JIT生产方式的目标是要最终实现无储存生产系统，而看板提供了一个朝着这个方向迈进的工具。

第二节　精益生产与敏捷制造

一、精益生产

（一）精益生产及其特点

精益生产（lean production，LP），又称精良生产，其中"精"表示精良、精确、精美；"益"表示利益、效益等。精益生产就是及时制造，消灭故障，消除一切浪费，向零缺陷、零库存目标迈进。它是美国麻省理工学院在一项名为"国际汽车计划"的研究项目中提出来的。它们在做了大量的调查和对比后，认为日本丰田汽车公司的生产方式是最适用于现代制造企业的一种生产组织管理方式，称之为精益生产，以针砭美国大量生产方式过于臃肿的弊病。精益生产综合了大量生产与单件生产方式的优点，力求在大量生产中实现多品种和高质量产品的低成本生产。

1. 精益生产以简化为手段，消除生产中一切不增值的活动

精益生产方式把生产中一切不能增加价值的活动都视为浪费。为杜绝这些浪费，它会毫不留情地撤掉不直接为产品增值的环节和工作岗位。在物料的生产和供应中严格实行准时生产制。

2. 精益生产强调人的作用，充分发挥人的潜力

精益生产方式把工作任务和责任最大限度地转移到直接为产品增值的工人身上。而且任务分到小组，由小组内的工人协作承担。为此，要求工人精通多种工作，减少不直接增值的工人，并加大工人对生产的自主权。当生产线发生故障，工人有权自主决定停机，查找原因，做出决策。小组协同工作使工人工作的范围扩大，激发了工人对工作的兴趣和创新精神，更有利于精益生产的推行。

3. 精益生产采用适度自动化，提高生产系统的柔性

精益生产方式并不追求制造设备的高度自动化和现代化，而强调对现有设备的改造和根据实际需要采用先进技术。按此原则来提高设备的效率和柔性。在提高生产柔性的同时，并不拘泥于柔性，以避免不必要的资金和技术浪费。

4. 精益生产不断改进，以追求"完美"为最终目标

精益生产把"完美"作为不懈追求的目标，即持续不断地改进生产、消除废品、降低库存、降低成本和使产品品种多样化。富有凝聚力、善于发挥主观能动性的团队，高度灵活的生产柔性，六西格玛管理原则等一系列措施，都是追求完美的有力保证。完美就是精益求精,这就要求企业永远致力于改进和不断进步。

从以上的特点可以看出,精益生产是一种适应现代竞争环境的生产组织管理方法。它有着极强的生命力,受到各国企业的极大重视。

(二) 传统生产与精益生产的区别

精益生产吸收了传统生产方式的大量优点,并且克服了传统生产方式的缺点。如表 9-3 所示列举了传统生产和精益生产的某些重要特征。

表 9-3　传统生产与精益生产的比较

比较内容	传统生产	精益生产
安排生产进度的依据	预测	顾客的订单(看板拉动计划)
产成品的流向	入库待顾客来了再卖	及时满足顾客需求,及时发货
生产周期	以周或月计算	以小时或天计算
批量生产规模	大,批量生产,排队供应	小,连续生产流程,单件生产
生产布局	工艺专业化/对象专业化	按生产流程确定设备布局,安排资源,节约空间和运输费用
质量保证措施	通过人员的抽检检验	质量贯穿生产过程,六西格玛管理保证质量
员工工作配置	一人一机	一人多机
员工权利	低,没有责任心,无权处置生产中处置的问题	富有高度的责任心,有权自主处理生产中的异常问题
库存水平	高,产成品积压,在制品库存多	低,交货频繁
存货周转率	低,每年 6~9 次,甚至于更少	高,每年超过 20 次
生产柔性	低,难以处理和调整	高,容易调整和实施
制造成本	成本增加且难以控制	稳定,或者降低,易于控制

上述 12 个指标分别从不同的侧面反映了传统的批量生产和精益生产的特征差异。精益生产显示了比传统生产方式更为优秀的特点。精益生产集准时生产制和柔性制造的优点于一体,在质量管理上贯彻六西格玛管理原则,不是依靠检查,而是从产品的设计开始就把质量问题考虑进去,确保每一个产品只能严格地按照唯一正确的方式生产和安装。在库存管理上,体现了节约成本的要求,在满足顾客的需求和保持生产线流动的同时,做到了产成品库存和在制品库存最低。在员工激励上,精益企业的员工被赋予了极大的权利,真正体现了当家做主的精神,并且人事组织结构趋于扁平化,消除了上级与下级之间相互沟通的隔阂,做到全厂上下一条心。所有这一切都体现了降低成本、提高产品竞争力的要求。

精益生产为企业带来了种种好处,如劳动利用率大幅度上升、产品市场竞争力的提高、库存降低、生产周期缩短、成本下降等。

二、敏捷制造

(一) 敏捷制造的产生

敏捷制造是美国针对20世纪90年代各项技术迅速发展、渗透、国际市场竞争日趋激烈的形势而提出的一种组织模式和战略计划。1991年,美国里海大学的几位教授首次提出了敏捷制造的概念,他们认为影响企业生存、发展的共性问题是:目前竞争环境的变化太快,而企业自我调整、适应的速度跟不上,依靠对现有大规模生产模式和系统的逐步改进和完善是不能解决根本问题的。美国国防部为了加快21世纪制造业发展提出了一项研究计划。该计划始于1991年,有100多家公司参加,由通用汽车公司、波音公司、IBM、德州仪器公司、AT&T、摩托罗拉等15家著名大公司和国防部代表共20人组成了核心研究队伍。此项研究历时三年,于1994年底提出了《21世纪制造企业战略》。在这份报告中,提出了既能体现国防部与工业界各自的特殊利益,又能获取其共同利益的一种新的生产方式,即敏捷制造。

(二) 敏捷制造的内涵

敏捷制造是在具有创新精神的组织和管理结构、先进制造技术、高素质的管理人员三大类资源支撑下实施的,也就是将柔性生产技术、有技术有知识的劳动力与能够促进企业内部和企业之间合作的灵活管理集中在一起,通过所建立的共同基础结构,对迅速改变的市场需求做出快速响应。敏捷制造的内涵可归纳为如下几点。

(1) 敏捷制造是一种组织模式和战略计划,是一种制造系统工程方法和制造系统模式。

(2) 敏捷制造思想的出发点基于对未来产品和市场发展的分析,认为未来产品市场总的发展趋势是多元化和个人化;因此对制造技术的要求应是尽可能做到产品成本及产品类型与产品数量无关。

(3) 敏捷制造思想的另一个出发点是建立在对未来产品利润的分析上。认为未来产品利润的主要成分是开发、生产该产品所需的知识的价值,而不是材料、设备或劳动力。

(4) 敏捷制造是一种能力,使企业能在无法预测、持续变化的市场环境中保持并不断提高其竞争能力。实现敏捷制造的三大要素是集成、快速和具有高素质的员工。

(5) 敏捷制造提出了动态联盟的概念。动态联盟是具有开发某种新产品所需的不同知识和技术的不同组织(企业)组成的一个阶段性的组织(企业)联盟,这个联盟中的各个组织(企业)以联盟体的整体优势共同应付市场挑战,联合参与市场竞争。

(6) 实现敏捷制造的一种手段和工具是虚拟制造(virtual manufacturing,VM)。虚拟制造是一种新产品实现方法,指在计算机上完成该产品从概念设计到最终实现的整个过程。虚拟制造是适应未来产品多样化、个人化的关键技术,它充分利用先进的计算机技术和专业知识结合,能在计算机上完成产品从设计图到成品的全方位的分析、仿真和模拟。

综上所述,敏捷制造是 21 世纪企业生存、竞争的关键。它表示的是一种在不可预见、持续变化前提下的适应和驾驭市场变化的能力,它要求整个社会的协同努力。时间(time)、成本(cost)、稳定性(robustness)和范围(scope)是敏捷性(agility)的四个测量指标。集成、高速和各层工作人员的自信心和责任心是实现敏捷性的三大要素。虚拟制造代表了新一代先进制造技术的发展趋势,是实现敏捷性的手段。

敏捷制造指导思想是:充分利用信息时代的通信工具和通信环境,为某一产品的快速开发,在一些制造企业之间建立一个动态联盟,各联盟企业之间加强合作和知识、信息、技术资源共享,充分发挥各自的优势和创造能力,在最短的时间内以最小的投资完成产品的设计制造过程,并快速把产品推向市场;各企业间严格履行企业合约,利益同享、风险共担。

敏捷制造解决的主要问题是:竞争使得一个产品生命周期越来越短,制造技术越来越复杂,生产批量越来越少;过去大批量生产的刚性生产线,显得越来越不适应。竞争要求企业能将原有的刚性生产模式改成敏捷化的;要求企业能迅速进行重组,以对市场机遇做出敏捷反应,生产出用户所需要的产品。当发现单独不能做出敏捷反应时,能通过高速信息公路的工厂子网和其他企业进行联盟,从组织跨企业的多功能开发组到动态联盟,来对机遇做出快速响应。这就是敏捷制造企业和动态联盟的基本概念。

(三) 敏捷制造的关键技术

敏捷制造是继 CIMS 后的制造模式,它吸收了 CIMS 的优点。敏捷制造的关键技术在某种意义上继承了 CIMS 的大部分内容,主要包括以下内容。

1. 现代设计方法

并行工程和虚拟制造是现代设计方法的主要发展方向。制造技术的发展速度较快,然而设计的发展速度相对较慢,在这种背景下,设计与制造应并行发展,否则两者脱节将延长产品开发和制造周期。并行工程是将产品的市场分析、设计、工艺设计、生产计划与加工、质量保证、检测等环节同步规划、并行开展,以缩短产品的开发周期。虚拟制造技术是利用计算机虚拟现实技术和多媒体技术,通过对设计—分析—制造—装配—测试全过程的计算机建模和仿真来模拟产品开发、制造过程的实际运行,来确定实际产品开发,特别是制造过程可能出现的各种问题和解决方案。免去样机的生产过程,达到降低产品开发成本,减少产品开发周期的目的。

2. 先进制造工艺

先进制造工艺主要包括:少(无)余量精密成型技术;精密、超精密加工技术;新型材料的成型和加工技术;构件或材料间的联接技术;表面新技术。先进制造工艺是任何一种制造模式实现产品的基础,开展先进生产工艺方面的研究一直是企业界最为关心的课题。

3. 自动控制技术

自动控制技术主要包括传感及控制技术、测量检测技术、机器人技术。自动控制技术是 20 世纪 50 年代至今发展最好的技术之一,它的发展也是源于计算机技术的发展。

4. 信息技术和综合自动化

信息技术和综合自动化主要包括管理技术和培养高素质的人员。信息技术和综合自动化是近几年提出来的。在早些年,研究者们更强调设备的自动化,尤其是 CIMS,想把所有的工作都交给系统去自动完成,实际上这是一种理想化的模式,现在大部分企业更为注重发挥人的作用,尤其是我国工业界。

第三节 大规模定制生产

一、大规模定制的产生背景

1913 年,福特公司建立了汽车装配流水线,使作坊式的单件生产模式演变成以高效的自动化专用设备和流水线生产为特征的大规模生产方式。大规模生产方式缩短了生产周期、提高了生产效率、降低了成本、保证了质量。为了不断提高生产效率和产品质量,制造企业采用各种专用的机器设备,对员工进行专业化的劳动分工。

大规模生产方式的最大缺陷在于产品单一、定制化程度低、忽视了顾客的差异化需求。为了克服大规模生产的缺陷,制造业开始追求多品种的生产方式。由于新产品不断涌现及产品的复杂程度不断提高,大规模制造系统面临严峻的挑战。在大规模制造系统中,柔性和生产率是一对相对矛盾的因素。另外,多品种虽然给顾客以更多的选择,但仍然没有体现顾客的定制要求。

随着现代信息技术和数控技术的迅速发展及其在制造领域的广泛应用,一种以大幅度提高劳动生产率为前提,最大限度地满足顾客需求为目标的全新生产模式——大规模定制,正在迅速发展。这种生产模式充分体现了定制生产和大规模生产的优势,以顾客能够接受的成本,几乎为每一位顾客提供符合其要求的定制化产品。大规模定制模式以其独特的竞争优势,将成为 21 世纪的主流生产模式。

二、大规模定制的基本内涵

大规模定制是一种集企业、客户、供应商和环境等于一体,在系统思想指导下,用整体优化的观点,充分利用企业已有的各种资源,在标准化技术、现代设计方法学、信息技术和先进制造等的支持下,根据客户的个性化需求,以大规模生产的低成本、高质量和高效率提供定制产品和服务的生产方式。其基本思想是通过产品重组和过程重组,运用现代信息技术、新材料技术、柔性制造技术等一系列高新技术,把定制产品的生产问题转化为或部分转化为规模生产问题,以大规模生产的成本和速度,为单个用户或小规模多品种市场定制任意数量的产品。

大规模定制生产模式是根据每个用户的特殊要求,用大规模生产的效益完成定制产品的生产,加上有效的销售服务,从而实现用户个性化和大规模生产的有机结合。

三、大规模定制的特点与类型

(一) 大规模定制的主要特点

(1) 大规模定制以顾客需求为导向,是一种需求拉动型的生产模式。在传统的大规模生产方式中,先生产,后销售,因而大规模生产是一种生产推动型的生产模式;而在大规模定制中,企业以客户提出的个性化需求为生产的起点,因而大规模定制是一种需求拉动型的生产模式。

(2) 大规模定制的基础是产品的模块化设计、零部件的标准化和通用化。大规模定制的基本思想在于通过产品结构和制造过程的重组将定制产品的生产转化为批量生产。通过产品结构的模块化设计、零部件的标准化,可以批量生产模块和零部件,减少定制产品中的定制部分,从而大大缩短产品的交货提前期,减少产品的定制成本,同时拥有定制和大规模生产的优势。

(3) 大规模定制的实现依赖于现代信息技术和先进制造系统。大规模定制经济必须对客户的需求做出快速反应,这就要求现代信息技术能够在各制造单元中快速传递需求信息,柔性制造系统及时对定制信息做出反应,高质量地完成产品的定制生产。

(4) 大规模定制是以竞争的供应链管理为手段的。在定制经济中,竞争不是企业与企业之间,而是供应链与供应链之间。大规模定制企业必须与供应商建立起既竞争又合作的关系,才能整合企业内外部资源,通过优势互补,更好地满足顾客的需求。

(二) 大规模定制的类型

企业的生产过程一般可分为设计、制造、装配和销售,根据定制活动在这个过程中开始的阶段,可以把大规模定制划分为以下四种类型。

(1) 设计定制化。设计定制化指根据客户的具体要求,设计能够满足客户特殊要求的产品。在这种定制方式中,开发设计及其下游的活动完全是由客户订单所驱动的。这种定制方式适用于大型机电设备和船舶等产品的制造。

(2) 制造定制化。制造定制化是指接到客户订单后,在已有的零部件、模块的基础上进行变形设计、制造和装配,最终向客户提供定制产品的生产方式。在这种定制生产中,产品的结构设计是固定的,变形设计及其下游的活动由客户订单所驱动。大部分机械产品属于此类定制方式,一些软件系统如 MRPⅡ、ERP 等也属于这类定制化方式,软件商根据客户的具体要求,在标准化的模块上进行二次开发。

(3) 装配定制化。装配定制化指接到客户订单后,通过对现有的标准化的零部件和模块进行组合装配,向客户提供定制产品的生产方式。在这种定制方式中,产品的设计和制造都是固定的,装配活动及其下游的活动是由客户订单驱动的。个人计算机是典型的装配定制化的例子。

(4) 自定制化。自定制化是指产品完全是标准化的产品,但产品是可客户化的,客户可从产品所提供的众多选项中,选择当前最符合其需要的一个选项。因此,在自定制方式中，产品的设计、制造和装配都是固定的，不受客户订单的影响。常见的自定制化产品是计算机应用程序，客户可通过工具条、优选菜单、功能模块对软件进行自定制化。

四、实现大规模定制的方法

根据顾客需求的差异，将定制分成四类，据此提出了大规模定制的四种方法，即合作定制、适应定制、外观定制和透明定制。合作定制通过与顾客对话，帮助他们分析需求，适合于顾客了解并清楚自身需求的情况；适应定制是提供标准的可客户化的产品，以便顾客可以根据不同的需要和应用场合自己改变产品；外观定制通过向顾客提供外观不同的标准产品实现定制；透明定制是给顾客提供独一无二的产品和服务。

总之，企业应根据对产品大规模定制的合理化分析，对产品的设计、制造、装配、供应及销售服务等环节进行总体规划，决定在哪些环节上应采取何种措施满足顾客的个性化需求，在哪些环节上又可沿用大规模生产方式。只有这样，才能满足客户个性化需求和一定规模下低成本这二者的统一。

在产品设计阶段，企业可用三种策略满足用户定制需求：一是参数化产品设计，企业采用这种方法设计产品，使产品本身具有许多可供顾客选择的参数；二是模块化产品设计，企业通过零部件和产品模块的组合来满足顾客对产品的个性化需要；三是顾客参与式产品设计，具体实现的方法可以采用虚拟现实（virtual reality，VR）技术或面向顾客的计算机辅助订货系统。而且这些系统可以安放在分销商的店铺里，也可以通过因特网让顾客参与设计。

在零部件制造阶段，可采取两种策略。一是延迟制造（postponed manufacturing），它指只有到最接近顾客需求的时间和地点才进行产品多样性生产，通过延迟"客户订单分离点"，可以降低制造过程的复杂程度，减少供应链的不确定性，以及降低成品库存，缩短定制时间。二是模块化、参数化生产系统，建立模块化、可插接、可重构的生产线及快速换模技术等，都是实现大规模定制生产的重要手段。在装配阶段，使用模块化、参数化的装配工具和生产线是装配阶段实现大规模定制生产的重要方法。

在销售服务阶段，定制有时是在产品的销售服务阶段完成的，即将某些工序放在顾客购买时，根据顾客的需要来完成。

在原材料供应阶段，需要与供应商建立大规模定制的协同模式，实现采购阶段的零部件的定制。

五、实施大规模定制的条件

通过对国外实施大规模定制生产的企业进行分析，可以归纳出成功实施大规模定制的条件。

（一）生产者必须具有迅速获取消费者定制需求的能力

迅速获取消费者定制需求的能力是大规模定制实施的前提。传统的获取消费者定制信息的方式是生产者和消费者面对面地交流、电话或文字订货。这种方式具有效率极低、信息非结构化、面向的顾客群体窄等缺点而不适合大规模定制。为了让产品做到"完全适合你""为你定制",用户和企业之间必须有不间断的、迅速的、"一对一"的信息交换,在网络没有出现之前,这是不可能的。但是现在,网络提供了一种低成本、快速的信息交换渠道,电子商务支持公司直接面向顾客的战略,它的发展使大批量定制成为可能。电子商务通过在公司网站上提供面向顾客需求的辅助顾客订货系统来获取用户定制产品的信息。

(二) 企业的产品可大规模定制化

企业的产品适合大规模定制,这是企业实施大规模定制的基本条件。首先,要求产品有相当规模的市场容量,否则大规模定制就变成了小规模定制;其次,消费者对产品功能的需求既有个性也有共性,即既非完全个性化也非完全共性化,因为完全个性的产品就是完全不同的产品,而完全共性的产品可以使用大规模方式生产,因而均不适合大规模定制。大量产品介于两个极端之间,因为相似性是自然界的普遍现象。构成产品的零部件或产品本身,归属于一个广义的相似性,即:

(1) 有相同的工作原理;
(2) 有相同的关键部件;
(3) 它们需要使用同一类加工设备;
(4) 可以采用相同的加工工艺;
(5) 可以应用相同的递送工具(如叉车等);
(6) 可以应用相同的辅助加工设备(如夹具等);
(7) 可以一同采购。

而消费者的个性化需求,一般主要表现为功能差异和外观差异。为此,企业应当对产品进行面向大规模定制的合理化分析,在零部件的标准化和个性化之间寻求合理的界线。

(三) 企业具有敏捷的产品开发和柔性的制造技术

其是大规模定制实施的技术支撑,是大规模定制所要求的核心能力和资源。大规模定制是目前最为复杂的生产方式,其面临的关键问题是产品种类的急剧增加和用户需求的不断变化导致的产品开发延期、成本增加等问题。解决这一问题的办法是企业在进行产品大规模定制的合理化分析基础上,还需要具备低成本快速开发和制造零部件的能力。而采用柔性的、模块化可重构的、多代产品共用的制造设备或生产线是实现这一目标的关键制造技术。

(四) 供应链适合大规模定制

大规模定制建立在供应链概念基础上,它的成功取决于企业的供应商、分销商和零售商组成的供应链满足大规模定制战略的意愿和准备情况。大规模定制的目标是要接近大规模生产的成本,快速提供满足顾客需要的个性化产品或服务,不仅要求产品按标准化设计,制造过程按模块化重组,而且供应网络必须达到两种基本能力:

(1) 供应商能够快速交付需要的原材料和零部件;

(2)分销商和零售商具有柔性响应顾客并快速交付产品的能力。最重要的是,制造商、零售商和其他价值链中的实体必须是有效连接的信息网络中的一部分。

(五)企业具有与大规模定制生产方式匹配的组织系统

相匹配的组织系统是大规模定制的决定条件。要具有与大规模定制匹配的组织系统,首先要求企业确立以低成本和差异性有机结合为特征的大规模定制战略;其次,能充分利用信息技术,具有将各种技术系统集成起来的管理系统;最后,企业要转变观念,构建适合大规模定制的企业文化。

六、大规模定制的基本策略

大规模定制生产模式有效运作的前提是对产品和过程进行重新设计。其基本思路在于:将定制产品的生产问题通过产品重组和过程重组,全部或部分转化为批量生产,尽量减少定制零部件数和定制环节数。因此,其基本策略有以下内容。

(一)采用面向大规模定制的设计方法(DFMC)

在产品设计中融入模块化设计思想,采用标准化模块、零部件,减少定制模块和定制零部件的数量;DFMC针对一个产品类构建产品模型,该模型是一个可覆盖产品类中既定型号和规格变化的动态模型,而不是某个具体的产品模型。面向大规模定制的产品模型,可根据客户订单的需要进行变形,快速形成定制产品的具体参数。DFMC需要现代信息技术和设计技术的支持,其基本的设计原理为模块化设计。该设计指把产品的结构设计成许多相互独立的模块,各模块可以容易地装配成不同形式的产品。因此,模块化设计有效地结合了产品的多变性与零部件的标准化,充分利用规模经济和范围经济的效应。在产品设计中,模块化水平越高,定制产品中模块和零部件的标准化程度也越高,大规模定制生产利用批量生产优势的可能性也越大。

(二)延迟(postponement)策略

在制造过程中,把产品的定制活动推移到供应链的下游进行,制造商事先只生产通用化或可模块化的部件,尽量使产品保持中间状态,以实现规模化生产,并且通过集中库存减少库存成本,从而缩短提前期,使定制活动更接近顾客,增强了应对个性化需求的灵活性。其目标是使恰当的产品在恰当的时间到达恰当的位置。生产过程中定制活动开始的点,称为顾客需求切入点(customer order postponement decoupling point,CODP)。通过延迟CODP,可以降低制造过程的复杂程度,减少供应链的不确定性,以及降低成品库存,缩短定制时间。例如,惠普公司原来由温哥华制造厂完成台式打印机的最后包装,后来经过供应链重组,改为由温哥华生产通用打印机,运到欧洲和亚洲,再由当地分销中心或代理商加上与当地需求一致的变压器、电源插头和用当地语言书写的说明书,完成整机包装后,由当地经销商送到客户手中,从而实现了根据不同用户需求生产不同型号产品的目的。这一方法使其库存总投资减少18%,每年节省了3000万美元的存储费用,同时减少了供应链生产的波动性和提高了服务水平。所以延迟化策略的基本思想就是：表面上的延迟实质上是为了更快速地对市场需求做出反应,即通过定制需求或个性化需求在时间和空间上的延迟,实现供应链的低生产成本、高反应速度和高顾客价值。

模块化设计是面向产品结构的设计,它体现大规模定制企业充分利用了规模经济的效应;延迟策略则是面向过程的设计,是面向大规模定制的过程重组思想。模块化设计为延迟策略提供了基础,没有标准化的模块和零部件,定制企业很难把客户的定制要求延迟到供应链的下游,因此也难以对客户需求做出快速反应。模块化设计与延迟策略是大规模定制生产的两大策略,而这两大策略只有相互结合,才能充分体现出大规模定制生产的优势。

本章小结

准时生产制是一种先进的生产与运作方式及管理模式,其中蕴含着独特的管理思想和完整的管理技术体系。虽然产生于日本的汽车制造业,但对各类企业的运营管理都具有很重要的影响,欧美及我国企业正积极展开对它的学习与应用。

本章首先论述了准时制生产的起源、实质和基本思想,以及准时制生产的实施方法和管理工具——看板。在此基础上进一步论述了精益生产和敏捷制造的含义及特点及实现敏捷制造的关键技术。最后介绍了大规模定制生产模式,分析了大规模定制生产的基本概念、特点与类型,及实现大规模定制的条件和方法。

本章知识结构如图 9-4 所示。

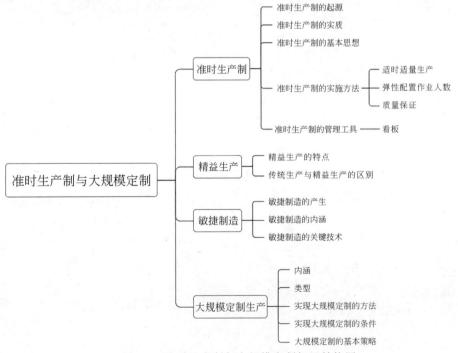

图 9-4　准时生产制与大规模定制知识结构图

复习思考题

1. 简述准时生产制的目标。
2. 试分析准时生产制将库存降低到最低的优缺点。
3. 简述看板的使用方法。
4. 简述看板组织生产的工作过程。
5. 精益生产的基本特点是什么。
6. 简述传统生产方式与精益生产方式的区别。
7. 什么是敏捷制造？实现敏捷制造的关键技术有哪些？
8. 什么是大规模定制？大规模定制的特点及类型是什么？实现大规模定制的方法有哪些？

第十章　绿色制造

【学习要点及目标】

1. 了解绿色技术的产生与内涵、绿色产品的概念与阶段特点和每阶段的工作内容。
2. 认识绿色制造的研究现状、内涵及其要求。
3. 熟悉绿色设计的概念与特点、分类。
4. 掌握绿色工艺实现途径、规划技术、选择原则。
5. 认识 ISO 14000 国际环境管理标准特点、内容与实施意义。
6. 认识再造工程的发展现状、概念与基本内容。
7. 了解绿色包装的材料与技术,改进产品结构与包装。

核心概念

绿色制造　绿色技术　绿色设计　绿色包装　再制造工程　ISO 14000

引导案例

海信集团：突破革新，激发绿色制造新动能

海信集团多年来以绿色智能为引擎,积极探索绿色发展新路径,通过构建绿色经营体系和绿色制造组织保障,将节能减碳贯穿技术创新管理、质量管理、供应链管理、智能制造管理全过程,在国家绿色制造体系建设相关政策指导下,打造绿色产品设计、绿色工厂、绿色公益、生产者责任延伸试点等先进典型,引领行业和产业发展,实现经济效益和社会效益双提升。

在此过程中,海探索出了一条技术突破激活绿色创新动能的独特路径。通过持续强化绿色技术创新对绿色低碳发展的支撑能力,确保在产品全生命周期内满足绿色设计的四大基本原则：产品使用时能源消耗低、生产资源需求低、原材料的消耗低、回收成本低。

海信自主研发的激光电视是电视类产品中最环保的技术解决方案,100 英寸激光电视的功耗在 250 瓦左右。2022 年,海信激光电视作为中国代表性绿色创新技术,参与联合国环境规划署生态司主办的"世界环境日"活动。

海信冰箱公司与联合国开发计划署在中国联合开展"海信 HFC-245fa 削减示范项目",通过对家用冰箱发泡技术进行升级换代,减少消耗 HFC-245fa 共 251.85 吨,相当于每年减少 256 570 吨 CO_2 排放。联合国开发计划署积极评价该项目带来显著的环境效益以及行业引领和示范带动作用。

近年来,海信集团主导参与 100 余项绿色低碳国家/行业/团体技术标准的制修订,推

动家电行业绿色产业技术进步、提升国际竞争力。截至目前,海信集团共创建 11 家国家级"绿色工厂"、1 家国家级"绿色供应链管理示范企业"以及 4 家省级"绿色工厂",绿色制造阵营持续扩容,拥有的国家级绿色工厂数量及覆盖率领跑行业。

(案例来源:https://baijiahao.baidu.com.)

案例导学

绿色制造是一个综合考虑环境影响和资源消耗的现代制造模式,其目标是使产品从设计、制造、包装、运输、使用到报废处理的整个生命周期中,对环境负面影响最小,资源利用率最高,并使企业经济效益和社会效益协调优化。绿色制造是解决制造业环境污染问题的根本方法之一,是实施环境污染源头控制的关键途径之一。绿色制造实质上是人类社会可持续发展战略在现代制造业中的体现。海信集团因自主研发激光电视等绿色创新技术,以技术引领产品全生命周期绿色发展。

本书把绿色制造单独作为一章,特别强调了绿色技术在先进制造系统中的重要性。面对资源、环境和人口的世界性难题,根据我国人口众多、资源较少和环境较差的国情,我们既要努力建设绿色制造文化,又要切实掌握和运用绿色技术。只有尽早付诸实施,才能避免经济发展走弯路。因此,本章比较详细地介绍了绿色技术、绿色产品、ISO 14000、绿色设计、绿色工艺、绿色包装和再制造工程技术。

第一节 绿色技术的产生与内涵

一、绿色技术的产生背景

环境和资源问题不仅是确保社会经济可持续发展的基本条件,而且直接涉及人类的生存质量。20 世纪 60 年代以来,全球经济得到了前所未有的高速发展,但因忽略了环境污染问题,结果带来了全球变暖、臭氧层破坏、酸雨、空气污染、水源污染、土地沙化等一系列环境问题。与此同时,大量消费品因生命周期的缩短,造成了废旧产品数量猛增。据统计,造成环境污染的排放物的 70% 以上来自制造业,它们每年产生出大约 55 亿吨无害废物和大约 7 亿吨有害废物。在美国,近 15 年来其垃圾填埋场近 70% 以上已失去功效。在我国,采用的垃圾掩埋法占地面积大,堆放垃圾的土地面积超过 5 亿平方米,不但侵占了大量土地资源,而且处理费用很大,形成了潜在的二次污染。

面对上述问题,如何最大限度地节约、合理利用资源,最低限度地产生有害废物,保护生态环境,已成为各国政府、企业和学术界普遍关注的热点。因此,一种集资源优化利用与环境保护于一体的清洁化生产思想或绿色技术概念应运而生,它是人们绿色消费浪潮的产物,是实现人类社会可持续发展的有效途径。

可持续发展意指在生态允许的限度内,不断改善或提高人们的生活质量。它包括两个方面的含义:一是要在生态允许的限度内求生存;二是要兼顾或平衡社会发展、经济增长和生态环境等诸多因素。

二、绿色技术的内涵

绿色是一种令人感到清洁、轻松和欢快的颜色。人们所说的"绿色"实质上指绿色消费,人们的绿色消费导致了绿色浪潮的兴起,进而引申出绿色技术、绿色设计、绿色制造等理念。所谓绿色技术(green technology,GT)或西方称之为的"环境友善技术"(environmental sound technology,EST),是能够最大限度地节约资源和能源、减少环境污染,有利于人类生存而使用的各种现代技术、工艺和方法的总称。

绿色技术的内涵主要表现在以下方面:

(1)虽然人类蒙昧时代、野蛮时代、农业文明时代的原始技术具有一定的绿色性,但不像今天所说的绿色技术那样具有现代意义;作为一种现代技术体系,绿色技术并非专指某一种技术或产业部门的技术;

(2)绿色技术是一种无害于人类赖以生存的自然环境的"无公害或少公害"技术;

(3)绿色技术生产出来的产品有利于人类健康和福利,有利于人类文明的进步。

要彻底解决环境污染问题,必须从源头上治理,具体到制造业,要求考虑产品整个生命周期对环境的影响,最大限度地利用原材料、能源,减少有害废物和固体、液体、气体的排放,提高操作安全性,减轻对环境的污染。从绿色技术角度看,要解决环境污染问题,必须进行三个层次的创新,即末端治理技术创新、绿色工艺创新和绿色产品创新。末端治理技术是针对环境污染问题的传统环境治理法,它包括垃圾掩埋法、垃圾焚烧法等,现有的技术无法从根本上实现对环境的保护,因此,需要进行末端治理技术创新,这种创新不需要改变现有生产工艺,而只需直接附加于现有生产过程,方法相对简单但绿色程度有限。

三、绿色产品的概念与特点

绿色产品(又叫环境协调产品)的概念源于德国,指那些在不增加成本、不牺牲产品质量并满足设计方案的约束条件下,在产品生命周期全过程中符合特定的环境保护要求,对生态环境无害或危害极小、资源利用率最高、能源消耗最低的产品。相对于传统产品而言,绿色产品能在产品的生命周期内,保护蓝天碧水,创建一个无烟、无尘、无毒、少噪声及无污染的清新世界。

目前,世界上公认的绿色标准主要有三个方面:

(1)产品的生产周期全过程中资源和能源利用少,依据特定的环境保护要求而提出不污染或少污染环境,对生态环境无害或危害极少。

(2)产品在使用过程中低能耗,不会对使用者造成污染性危害,也不会产生新的污染物。

(3)产品使用后可以分解拆卸,尽量减少零部件,使原材料合理使用。当产品生命完结后,其零部件经过翻新处理后可以重新使用或安全废置。

按照这些绿色标准,绿色产品可定义为:在产品生命周期全过程中,能符合特定环境的要求,对生态环境无害或危害很少,而生产中资源利用率最高,能源消耗最低的产品。

绿色产品是采用绿色材料,通过绿色设计、绿色制造、绿色包装而生产的一种节能、降耗、减污的环境友好性产品。绿色产品的显著特征是其环境友好性,这种友好性是其区别于一般产品的重要特征,而环境友好性通常用"绿色程度"来度量。绿色产品的"绿色程度"体现在产品的生命周期全过程,而不是产品的某一局部或某一个阶段。

绿色产品的生命周期呈闭环性,而普通产品的生命周期呈开环性。普通产品的生命周期指产品"从摇篮到坟墓"的过程,产品废弃后的一系列问题很少被考虑,这导致废弃后的产品难以回收再用或作为低级材料加以回收,呈现开环特征。绿色产品的生命周期是指产品"从摇篮到再现"的过程,它在普通产品所具有的设计、制造、使用环节基础上,扩展了废弃或淘汰产品的回收、再用、处理环节,呈现闭环特征。

绿色产品的生命周期包括四个阶段:
(1) 确定绿色产品的概念和指标,并按此完成规划及设计开发过程;
(2) 产品制造或生产过程;
(3) 产品使用过程以及使用中的维修、服务过程;
(4) 废弃淘汰产品的回收、再用、处理或处置过程。

第二节 绿色制造

一、绿色制造的研究现状

绿色生产(green production)即绿色制造(green manufacturing),又称环境意识制造(environmental conscious manufacturing)、面向环境的制造(MFE)等,近年来的相关研究非常多。关于绿色制造的研究始于 20 世纪 80 年代。1996 年,美国制造工程师学会(SME)发表了关于绿色生产的蓝皮书——《绿色制造》(Green Manufacturing),提出绿色生产的概念,并对其内涵和作用等问题进行了较为系统的介绍;1998 年,美国制造工程师学会又在国际互联网上发表了题为"绿色生产的发展趋势"的网上主题报告;美国加州大学伯克利分校不仅设立了关于环境意识设计和制造的研究机构,还在国际互联网上建立了可系统查询的绿色生产专门网页;国际生产工程学会(The Internatiemal Academy for Production Engineering,CIRP)近年来发表了不少关于环境意识制造和多生命周期工程的研究论文;美国电报电话公司和许多企业也以企业行为投入大量研究。特别是近年来,国际标准化组织提出了关于环境管理的 ISO 14000 系列标准后,推动着绿色生产研究的发展。可以毫不夸张地说,绿色生产研究的强大绿色浪潮,正在全球兴起。

二、绿色制造概述

制造业必须尽可能减少资源消耗和尽可能解决由资源消耗所带来的环境问题。可以肯定地说，未来的制造业应该是环保型的产业，其产品应该是绿色产品。谁掌握了绿色制造技术，谁的产品符合绿色商品的标准，谁就能赢得竞争。

由于绿色生产的提出和研究历史很短，其概念和内涵尚处于探索阶段，至今还没有统一的定义。综合现有文献，特别是借鉴美国制造工程师学会的蓝皮书的观点和我们所作的研究，绿色生产的基本内涵可描述如下：在不牺牲产品功能、质量和成本的前提下，系统考虑产品开发制造及其活动对环境的影响，使产品在整个生命周期中对环境的负面影响最小、资源利用率最高，并使企业经济效益和社会效益协调优化。

绿色制造实质上是人类社会可持续发展战略在现代制造业中的体现。绿色制造的"制造"涉及产品整个生命周期，是一个"大制造"的概念，并且涉及多学科的交叉和集成，因此体现了现代制造科学的"大制造、大过程、学科交叉"的特点。

三、绿色制造的要求

绿色制造要求生产绿色产品。目前，世界各国特别是工业发达国家投入了大量的人力、物力，并以一定的经济基础做后盾，对绿色工业产品及其相关技术开展了广泛研究。绿色产品的"绿色程度"贯穿产品生命周期全过程，绿色产品评价也应面向产品的整个生命周期。绿色产品评价指标体系由产品的基本属性、环境属性、资源属性、能源属性、经济属性及社会属性组成。绿色制造在生产绿色产品的过程中，要求做到以下几个方面。

1. 宜人性

尽量减少和消除产品在制造和使用过程中对人体的危害，如电磁辐射、噪声等；采用人机工程学的原理，在产品制造和使用过程中让人感到舒适。

2. 节省资源

资源包括三个方面：能源、材料和人力。所谓节能，就是要求产品的制造和使用较以前能显著地节省能量，能高效率地利用能源，或者以安全、可靠和取之不尽的能源为基础，如太阳能、风能及地热能等；所谓节材，就是要求尽量减少使用稀少的矿物材料和与生态环境密切相关的动植物资源；另外还要利用高度发达的信息技术、通信技术和计算机网络技术，最大限度地利用包括人力资源在内的各种资源。

3. 延长产品的使用周期

延长产品使用周期的目的是减少浪费，这不仅是技术上的问题，还是人们的观念问题。延长产品的使用周期显然与现代社会追求时髦、追求与众不同的个性相悖。延长产品的使用周期有三种方法：一是提高产品的质量，使产品本身具有较长的生命周期；二是在产品设计时就考虑到以后由于技术的发展或其他原因而对产品进行升级换代的需要；三是将产品的易磨损部分设计成可拆卸、可更换的部件，以减少损失，使产品可重复使用。

4. 可回收性

产品的可回收性是将产品的整个生命周期扩展为包括设计、制造、销售、使用、维护和回收各环节。例如，德国奔驰汽车的可回收性已经作为主要目标被列入开发计划，其目标是汽车的金属部件、塑料部件和其他材料,包括各种使用液的回收率要在95%以上。产品的可回收性设计要求主要体现在三个方面:一是产品所用的材料在报废后的分离工作;二是强调产品的可拆卸设计;三是材料的可重复使用性,如选用可回收的塑料等。

5. 清洁性

清洁性主要指产品制造和使用过程中对环境的少污染和无污染。因此,要研究和采用少污染、无污染的制造技术,减少甚至消除制造过程中"三废"的排放。在产品设计选材时,对那些还无法回收的零件要尽量采用在自然环境中容易降解的材料,即在产品设计时就要尽量减少产品报废所需的费用,要想到产品失效后的出路问题,污染将被视为设计上的漏洞。

第三节 绿色设计

一、绿色设计的概念及其特点

(一)绿色设计的概述

产品设计是一个将人的某种目的或需要转变为一个具体的物理形式或工具的过程。传统的产品设计理论与方法是以人为中心,以满足人的需求和解决问题为出发点,而无视后续的产品生产及使用过程中的资源和能源的消耗及对生态环境的影响。

绿色设计是针对传统设计的这种不足而提出的一种全新的设计理念。由于它是将防止污染、保护资源的战略集成到生态学和经济学都能承受得起的产品开发中的主动方法,因此从它诞生之日起就受到学术界和工业界的普遍认同,并且日益受到重视。

绿色设计,通常也称为生态设计、环境设计、生命周期设计或环境意识设计等,指在产品全生命周期内,着重考虑产品环境属性(可拆卸性、可回收性、可维护性、可重复利用性等),并将其作为设计目标,在满足环境目标要求的同时,保证产品应有的功能、使用寿命、质量等。绿色设计源于传统设计,但又高于传统设计,它包含产品从概念设计到生产制造、使用乃至废弃后的回收、重用及处理的生命周期全过程,是从可持续发展的高度审视产品的整个生命周期,强调在产品开发阶段按照生命周期的观点进行系统地分析与评价,消除潜在的、对环境的负面影响,将"3R"(reduce、reuse、recycling)直接引入产品开发阶段,并提倡无废物设计。但是,"完全"的绿色设计是不可能的,因为绿色设计涉及产品生命周期的每一阶段,即使设计时考虑得非常全面,但由于所处时代技术水平的限制,在有些环节或多或少还会产生非绿色的现象,些材料目前尚无理想的替代品,在制造工艺过程中还无法完全取代切削液等,但通过绿色可以将产品的非绿色现象降到尽可能低的程度。

(二)绿色设计的主要特点

(1)绿色设计拓展了产品的生命周期。绿色设计将产品的生命周期延伸到了"产品使用结束后的回收重用及处理处置",即"从摇篮到再现"的过程。这种拓展了的生命周期便于在设计过程中从总体的角度理解和掌握与产品相关的环境问题,及原材料的循环管理、重复利用、废弃物的管理和堆放等,便于绿色设计的优化。

(2) 绿色设计是并行闭环设计。传统设计是串行开环设计过程,而绿色设计要求产品生命周期的各个阶段必须被并行考虑,建立有效的反馈机制,即实现各个阶段的闭路循环。

(3) 绿色设计有利于保护环境、维护生态系统平衡。设计过程中分析和考虑了产品环境需求,这是绿色设计区别于传统设计的主要特征之一,绿色设计可从源头上减少废弃物的产生。

(4) 绿色设计是可以在不同层次上进行的动态设计过程。

二、绿色设计的种类

1. 面向可维护性的设计

尽量延长产品的生命周期是绿色产品设计中应重视的问题。显而易见,延长产品生命周可以最终减少产品报废后的各种处置工作,从而提高资源利用率,减少对环境的负面影响。延长产品的生命周期,增加产品的可维护性是一个重要的方法。因此,必须在设计阶段就考品的拆卸性,尤其是易损件的拆卸和维修。这正是面向可维护性的设计(design for maintenance,DFM)所研究的内容。

2. 面向节能的设计

现在,越来越多的人都在关注产品在使用过程中所消耗的资源及其给环境带来的负担。对其使用造成的能源消耗问题应给予足够的重视,这正是面向节省能源的设计(design for energy saving,DFES)所研究的内容。为了减少各类产品,特别是家电类产品的功耗问题,人们也进行了许多研究。飞利浦公司研制的 SMPS 多芯片电源模块,被称为"绿色芯片"(green chip),它以绿色设计为目标,可以使电源在转入闲置待机方式时功耗大大减少。面向节省能源的设计也关系到产品的储存和运输环节,减轻产品的质量、减小产品的体积,可以减轻产品在运输中给环境带来的负担。

3. 面向可回收的设计

产品的回收在其生命周期中占有重要的位置。寿命终了的产品最终通过回收又进入下一个生命周期的循环之中,回收是实现生态工业的先决条件。面向可回收的设计(design for recycling,DFR)正在引起人们的高度重视。

4. 面向可拆卸的设计

拆卸被定义为系统地从装配体上拆除其组成零部件的过程,并保证不对目标零部件造成损害。拆卸分为破坏性拆卸和非破坏性拆卸两种。目前对面向可拆卸的设计(design for disassembly,DFD)的研究主要集中于非破坏性拆卸。只有在产品设计的初始阶段就考虑报废后的拆卸问题,才能实现产品最终的高效回收。

在考虑可拆卸时,还要考虑拆卸的成本。拆卸成本与拆卸的深度有关,即拆卸成本与所用的时间和拆下的零部件的多少成正比。

第四节 绿色工艺

在金属成型工业中各种润滑剂的使用、能量和资源消耗、电物理加工(激光、电火花加工)和电化学加工(电离、沉降)等工艺都存在对环境的污染和对人身安全与健康的危害。采用绿色工艺是实现绿色制造的重要一环,绿色工艺与清洁生产密不可分。清洁生产要求对产品及其工艺不断实施综合性的预防措施,其实现途径包括清洁材料、清洁工艺和清洁产品。清洁工艺即绿色工艺,指既能提高经济效益,又能减少环境影响的工艺技术。它要求在提高生产效率的同时必须兼顾削减或消除危险废物及其他有毒化学品的用量,改善劳动条件,减少对操作者的健康威胁,并能生产出安全的与环境兼容的产品。

一、绿色工艺的实现途径

1. 改变原材料投入

增加对副产品的利用、回收产品的再利用及对原材料的就地再利用,特别是工艺过程中的循环利用。

2. 改变生产工艺或制造技术

改善工艺控制,改造原有设备,将原材料消耗量、废物产生量、能源消耗、健康与安全风险及生态的损坏减少到最低程度。

3. 加强对自然资源使用及空气、土壤、水体和废弃物排放的环境评价

根据环境负荷的相对尺度,确定其对生物多样性、人体健康、自然资源的影响评价。

二、绿色工艺的主要问题

在工艺编制的过程中加入环境意识,存在着两个重要问题,即不同废弃物的环境影响评价和对各种不同工艺方案的复杂性做出评估。可以从不同的层次加入环境意识,制定分层结构零件工艺策略,如从微观工艺(零件特征基础上的工艺优化)和宏观工艺(通过对几何形态和加工过程的分析决定特征加工顺序)两方面来分析零件各特征的加工工艺,包括加工顺序、加工参数、切削工具、切削液、加工质量及环境评估,实现从最基本的特征单元评估工艺设计和决策对环境的影响。应从生命周期的全过程对绿色工艺进行研究。推行绿色工艺既要从技术入手,又要重视管理和宣传问题。

三、绿色工艺规划技术

大量的研究和实践表明,产品制造过程的工艺方案不一样,物料和能源的消耗将不一样,对环境的影响也不一样。绿色工艺规划就是要根据制造系统的实际情况,尽量研究和

采用物料、能源消耗少，废弃物少，对环境污染小的工艺方案和工艺路线。针对制造系统的绿色性要求，在进行零件制造、产品装配、产品包装等方面的工艺种类选择时，应遵循以下原则。

1. **适应性原则**

制造工艺种类应与加工对象所需的各特征属性要求相匹配。这里所指的特征属性主要包括加工对象的材料特征、形状特征、质量要求特征、生产批量特征、交货时间特征等。适应性原则也要求在选择工艺种类时，应与制造资源相适应。

2. **最优化原则**

制造工艺种类应是在满足其加工对象各特征属性要求下的最优工艺种类。

3. **发展性原则**

既要注意对传统工艺方法的合理利用，更应注意选择有利于优质、高效、清洁、低耗的新工艺、新方法，应有利于生产和社会的可持续发展。

4. **综合平衡原则**

由于诸多实际因素的影响和限制，使加工过程同时达到优质、高效、清洁、低耗的最优化目标往往是比较困难的。因此要综合平衡，力求加工过程的整体优化。

5. **系统化原则**

应考虑到该工艺种类的纵横联系。从纵向来看，加工过程由若干满足加工对象特征属性要求的工艺种类构成。因此，针对某一属性要求的可行工艺种类应构成一个可行的备选方案集，以利于工艺规程设计时的整体优化。从横向来看，某工艺种类绿色性的优劣，除本身使用的情况外，还应考虑到形成这一工艺种类的前期生产环节的绿色性问题。另外，任何一个工艺种类的实现都是靠人的直接或间接参与来实现的，因此在考虑工艺种类的选择时，高素质的人员也是不可忽视的问题。

第五节 绿色包装

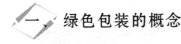

一、绿色包装的概念

（一）绿色包装的来源

1987 年联合国环境与发展委员会发表了《我们共同的未来》宣言，1992 年 6 月，联合国环境与发展大会又通过《里约环境与发展宣言》《21 世纪议程》，在世界范围内掀起了一场以保护环境和节约资源为中心的绿色浪潮。绿色，表示天然生长植物，喻义植被茂盛、生机勃勃，代表着生命与生机；绿色浪潮（或绿色革命）指向环境污染和资源破坏宣战，呼吁为人类创造一个洁净、清新、回归大自然生态环境的群体行为。一时间，崇尚自然、保护环境的"绿色食品""绿色冰箱""绿色汽车""绿色建材""绿色服饰"甚至"绿色市场""绿色工业""绿色城市"等相继涌现，形成了一股势不可当的潮流。包装多属一次性消费品，寿命周期短,废弃物排放量大。据统计,包装废弃物年排放量在重量上约占城市固定废弃物的 1/3,而在体积上则占 1/2,且排放量以每年 10% 的速度递增,这使包装废弃物对环境的污染问题日益突出,引起了世界公众及环保界的高度重视。美国等国的环保界对减少包装废弃物的污染提出了三方面的意见:一是应尽量不用或少用包装;二是应尽量回收包装;三是凡不能回收利用的可以生物分解,不危害公共环境。为此,德、法、美等国先后制定了严格的包装废弃物限制法。"绿色包装"作为有效解决包装与环境的一个新理念,在 20 世纪 80 年代末 90 年代出也涌现出来。国外把这个新概念称为"无公害包装"或"环境之友包装",我国包装界引入这个新概念则始于 1993 年,采用环保的喻义,统称为"绿色包装"。

(二)绿色包装的内涵

从绿色包装的起源分析,可看出绿色包装最重要的含义是保护环境,同时兼具资源再生的意义。具体言之,它应具备以下的含义。

(1) 实行包装减量化(reduce)。包装在满足保护、方便、销售等功能的条件下,应是用量最少。

(2) 包装应易于重复利用(reuse)或易于回收再生(recycle)。通过生产再生制品、焚烧利用热能、堆肥化改善土壤等措施,达到再利用的目的。

(3) 包装废弃物可以降解腐化(degradable)。不形成永久垃圾,进而达到改善土壤的目的。reduce、reuse、recycle 和 degradable 即当今世界公认的发展绿色包装的"3R1D"原则。

(4) 包装材料对人体和生物应无毒无害。包装材料中不应含有有毒性的元素、卤素、重金属,或含有量应控制在有关标准以下。

(5) 包装制品从原材料采集、材料加工、产品制造、产品使月、废弃物回收再生,直至最终处理的生命周期全过程均不应对人体及环境造成公害。

前面四点是绿色包装必须具备的要求。最后一点是依据生命周期分析法(life cycle assessment,LCA),用系统工程的观点,对绿色包装提出的理想的最高要求。

(三)绿色包装的定义及分级目标

通过上述分析,我们对绿色包装可做出如下定义:能够循环复用、再生利用或降解腐化,且在产品的整个生命周期中对人体及环境不造成公害的适度包装,称为绿色包装。绿色包装是一种理想包装,完全达到它的要求需要一个过程,为了既有追求方向,又有可供操作分阶段达到的目标,我们可以按照绿色食品分级标准的办法制定绿色包装的分级标准。

A 级绿色包装:指废弃物能够循环复用、再生利用或降解腐化,含有毒物质在规定限量范围内的适度包装。

AA 级绿色包装:指废弃物能够循环复用、再生利用或降解腐化,且在产品整个生命周期中对人体及环境不造成公害,含有毒物质在规定限量范围内的适度包装。

上述分级,主要考虑的是首先要解决包装使用后的废弃物问题,这是当前世界各国保护环境关注的热点,也是提出发展绿色包装的主要内容;在此基础上再进而解决包装生产过程中的污染,这是一个已经提出多年,现在仍需继续解决的问题。生命周期分析法固然是全面评价包装环境性能的方法,也是比较包装材料环境性能优劣的方法,但在解决问题时应有轻重缓急之分。采用两级分级目标,可使我们在发展绿色包装中突出解决问题的重点,重视发展包装后期产业,而不会求全责备,搅乱发展思路。在我国现阶段,凡是有利于解决包装废弃物的措施,能解决包装废弃物处理的材料都应给予积极地扶持和促进。

二、绿色包装的内容

(一) 绿色包装设计

传统的包装设计理论方法是以人为中心,以保护商品为目的,以满足人的需求和解决包装问题为出发点,而无视后续的包装产品的生产和使用过程中的资源和能源消耗以及对环境的影响,特别是忽略包装废弃物对环绕的影响。而绿色包装设计(green packaging design)就是针对传统设计理论中的不足,提出的一种全新的设计理念。它是将保护资源和环境的战略集成到生态学和经济性都能承受的新产品设计中。绿色包装设计就是在包装产品的生命周期内,着重考虑产品的环境属性(可回收性、可自然降解性、可重复利用性等),并将其作为设计目标,在满足环境目标要求的同时,保证包装的应有功能(包装质量、成本、保质期等)。绿色包装设计包含了生态设计、环境设计等新的现代设计理念。绿色包装设计面向商品全生命周期,从设计到产品的使用及包装材料的废弃回收的全过程。从根本上防止环境污染,节约资源与能源,保护环境及人类的健康,实现可持续发展。绿色设计源于传统设计方法,又高于传统设计方法。强调在包装产品的开发阶段按照全生命周期的观点,对包装材料、包装方法及技术、包装工艺及生产过程、产品储存、运输及使用,特别是使用后的包装废弃物进行系统的分析与评价,消除潜在的对环境的负面影响。将"3R"(reduce、reuse、recycling)引入包装产品的开发阶段,提出实现无废弃物设计。

(二) 选择绿色包装材料

各种包装材料占据了废弃物的很大一部分。据报道,城市固体废弃物的1/3为产品包装,这些包装材料的使用和废弃后的处置给环境带来了极大的负担。尤其是一些塑料和复合化工产品,很多是难以回收和再利用的,只能焚烧或掩埋处理,有的降解周期可达上百年,给环境带来了极大的危害。因此,产品的包装应摒弃求新、求异的消费理念,要简化包装,这样既可减少资源的浪费,又可减少环境的污染和废弃物的处置费用。另外,产品包装应尽量选择无毒、无公害、可回收或易于降解的材料。

(三) 改进产品结构和包装

通过改进产品结构、减少质量,也可改善包装、降低成本并减小对环境的不利影响。

有研究表明,增加产品的内部结构强度,可以减少54%的包装材料需求,并可降低62%的包装费用。

第六节 国际环境管理标准

一、ISO 14000 环境管理体系标准产生的背景

许多发达国家,包括美国、日本,特别是西欧国家把改善环境状况和走可持续发展道路,当成21世纪国际竞争能否成功的关键。为适应世界潮流,迎接新世纪的挑战,普及环保知识、推行"绿色制造"和"绿色消费"受到世界各国的广泛重视。西方国家已相继采取了许多行之有效的措施促进企业环境管理工作的发展。例如:英国于1992年公布和实施的 SS 7750 环境管理体系规范;原欧共体已在52个工业行业中推行了生态管理工作。这些活动为建立规范化的环境管理制度积累了丰富的实践经验。进入20世纪90年代以后,环境问题变得越来越严峻,国际标准化组织对此作了非常积极的反应。1993年6月,ISO 成立了第207技术委员会(TC207),专门负责环境管理工作,主要工作目的就是要支持环境保护工作,改善并维持生态环境的质量,减少人类各项活动所造成的环境污染,使之与社会经济发展达到平衡,促进经济的持续发展。其职责是在理解和制定管理工具和体系方面的国际标准和服务上为全球提供一个先导,主要工作范围就是环境管理体系(EMS)的标准化。为此,ISO 中央秘书处为 TC207 预留了100个标准号,标准标号为 ISO 14001～ISO 14100,统称为 ISO 14000 系列标准。

环境管理体系这个概念产生以后,经过了3年的发展与完善,达到了可以用标准来衡量的程度。于是 ISO 考虑将其标准化,于1996年9月出台了两个国际标准——ISO 14001 和 ISO 14004 标准,这是环境管理体系标准化发展史上的一个非常重要的里程碑。

目前 ISO/TC 207 共有25个机构,美国承担了其中五个机构的秘书处,加拿大承担了四个,英国、法国和挪威各承担了三个,德国承担了两个,澳大利亚、荷兰、瑞典和日本等国各承担了一个。

二、ISO 14000 环境管理体系标准的内容

ISO 14000 环境管理系列标准是一个完整的标准体系,它是总结了国际间的环境管理经验,结合环境科学、环境管理科学的理论和方法而提出的环境管理工具,丰富了传统的环境管理的手段,把环境管理的强制性和保护、改善生活环境和生态环境的自愿性有机地结合在一起,使企业找到一条经济与环境协调发展的正确途径,使人类沿着可持续发展道路进入21世纪有了保障。

根据 ISO 14000 的分工,各分技术委员会负责相应的标准制定工作,其标准号的分配如表10-1所示。

表 10-1　ISO 14000 环境管理体系标准号的分配

分技术委员会	标 准 代 码	标 准 含 义
SC1	ISO 14001～ISO 14009	环境管理标准体系
SC2	ISO 14010～ISO 14019	环境审核与环境监测标准
SC3	ISO 14020～ISO 14029	环境标志标准
SC4	ISO 14030～ISO 14039	环境行为评价标准
SC5	ISO 14040～ISO 14049	产品生命周期评价标准
SC6	ISO 14050～ISO 14059	术语和定义
WG1	ISO 14060	产品标准中的环境指标
	ISO 14061～ISO 14100	（备用）

从表 10-1 可以看出，ISO 14000 系列标准是个庞大的标准系统，它由 6 个子系统构成，这些系统可以按标准的性质和功能来区分。

（一）按标准的性质区分

（1）基础标准子系统。其中包含 SC6 分技术委员会制定的环境管理方面的术语与定义。

（2）基本标准子系统。包含由 SC1 分技术委员会制定的 ISO 14001～ISO 14009 环境管理体系标准。这也是 ISO 14000 系列标准中最为重要的部分。它要求组织在其内部建立并保持一个符合标准的环境管理体系，体系由环境方针、规划、实施与运行、检查与纠正、管理评审 5 个基本要素构成，通过有计划的评审和持续改进的循环，保持组织内部环境管理体系的不断完善和提高。实施环境管理体系标准可以帮助组织建立对自身环境行为的约束机制。同时，也是系列标准中其他标准得以有效实施，先进环保思想与技术得以发挥最大作用的基础，从而促进组织环境管理能力和水平不断提高，最终实现组织以及社会的经济效益与环境效益的统一。

（3）技术支持子系统：包含以下内容。

① SC2 分技术委员会制定的环境审核与环境监测标准。作为体系思想的体现，环境审核与环境监测标准（ISO 14010～ISO 14019）着重于"检查"，为组织自身和第三方认证机构提供一套标准化的方法和程序，对组织的环境管理活动进行监测和审计，使得组织可以了解掌握自身环境管理现状，为保障体系有效运转，改进环境管理活动提供客观依据，更是组织向外界展示其环境管理活动对标准符合程度的证明。

② SC3 分技术委员会制定的环境标志标准。为了促进组织建立环境管理体系的自觉性，ISO 14000 系列标准中包含了环境标志标准（ISO 14020～ISO 14029）。通过环境标志对组织的环境表现加以确认，通过标志图形、说明标签等形式，向市场展示标志产品与非标志产品环境表现的差别，向消费者推荐有利于保护环境的产品，提高消费者的环境意识，形成强大的市场压力和社会压力，以达到影响组织环境决策的目的。

③ SC4 分技术委员会制定的环境行为评价标准。在环境管理体系建立和运行过程中，建立一套对组织的环境行为进行评价的系统管理手段，通过连续的数据对组织环境行为和影响进行评估是 ISO 14000 系列标准的另一重要组成部分，即环境行为评价标准

（ISO 14030～ISO 14039）。这一标准不是污染物排放标准，而是通过组织的"环境行为指数"表达对组织现场环境特性、某项具体排放指标、某个等级的活动、某产品生命周期综合环境影响的评价结果。这套标准不仅可以评价组织在某一时间、地点的环境行为，而且可以对环境行为的长期发展趋势进行评价，指导组织选择更为"绿色"的产品及预防污染、节约资源和能源的管理方案。

④ SC5 分技术委员会制定的产品生命周期评价标准。为了从根本上解决环境污染和资源能源浪费问题，ISO 14000 还要求实施从产品开发设计、加工制造、流通、使用、报废处理到再生利用的全过程的产品生命周期评定标准（ISO 14040～ISO 14049），以对这个过程中每一个环节的活动进行资源、能源消耗和环境影响评价，这使得对组织环境行为的评价超出了组织的地理边界，包括了组织产品在社会上流通的全过程。

（二）按标准的功能区分

按功能可将标准分为如下类型。

1．评价组织的标准

① 环境管理体系的标准。

② 环境审核的标准。

③ 环境行为评价的标准。

2．评价产品的标准

① 环境标志的标准。

② 产品生命周期评价的标准。

③ 产品标准中的环境指标的标准。

三、ISO 14000 的主要特点

ISO 14000 的主要特点可归纳为以下七个方面。

（1）它不以政府行为作为动力，而是以消费者的消费行为作为根本动力。

（2）它是一个自愿性标准，不带任何强制性，因而不具有法律约束力。

（3）它没有绝对量的设置，只要求企业或组织依据自己的实际情况，对法律和法规的要求做出承诺，并提出自己的环境目标指标。

（4）它潜意识地要求企业或组织全面考察其环境行为，有计划地实施持续改进措施。

（5）它要求管理过程程序化、文件化，管理行为和环境问题具有可追溯性。

（6）它要求贯彻产品全生命周期的思想。它不仅强调企业或组织本身达到标准的要求，还对其原材料供应商提出环境要求，从而促进整个行业的环境状况的改善，尤其是那些污染较严重的原材料生产行业。

（7）它具有广泛的适用性。由于它并不解决技术和产品标准，仅仅解决产品生产企业是否符合环境保护法规、是否与承诺一致的问题，任何性质的企业或单位、发达国家

及发展中国家都可以实施这一标准,因而它适合于所有工矿企业、机构、部门的环境管理。

四、实施 ISO 14000 的意义

实施 ISO 14000 的意义有以下五点。

(1) 有利于实现环境与经济的协调发展,有利于加强政府对企业环境管理的宏观指导,有利于对污染物、排放物的总量控制。

(2) 有利于推动可持续发展战略。过去的企业环境管理工作多数靠政府部门利用行政力量来推动,而 ISO 14000 的实施可以将企业的环境保护转变成企业为了自身利益,而在经济上采用绿色制造及工艺技术。

(3) 可加速产业结构调整,促进经济增长从粗放型转向集约型,可鼓励企业在整个生产过程中控制污染,积极开发无毒无污染的产品,积极采用节约原材料和能源的新工艺。

(4) 有利于提高企业的整体管理水平,不仅节约能源和资源,而且降低生产成本,还可提高产品的环境价值,减少因污染或违反环境法律、法规所造成的环境风险、费用开支。

(5) 可提高企业的环境效益和经济效益,改善环境,提高员工的环境意识,提高企业形象,增强消费者的信心。

第七节 再制造工程

一、再制造工程的发展

(一) 国外再制造业的情况

再制造工程(remanufacturing engineering, RE)是一个发展迅速的新兴产业,是实现绿色制造的重要技术途径。国外对再制造工程的研究日趋广泛,对再制造产业的管理制度日趋完善。

1996 年,美国波士顿大学制造工程学教授劳顿(Robert T. Lund)在美国阿贡国家实验室的资助下,领导了一个研究小组对美国的再制造业进行了深入调查,调查范围涉及汽车、压缩机、电器、机械制造、办公设备、轮胎、墨盒、阀门等八个工业领域,他们撰写了题为"再制造业:潜在的巨人"的研究报告,建立了一个有 9903 个再制造公司的数据库。研究结论表明,再制造业在美国经济中已占有重要地位。汽车再制造业是美国最大的再制造行业,2001 年汽车再制造零部件的年销售额为 365 亿美元。再制造零部件包括内燃式发动机、传动装置、离合器、转向器、起动机、化油器、闸瓦、水泵、空调压缩机、刮水器电动机、油泵、制动动作筒、动力控制泵和缓冲器等。美国还制定了再制造中长期规划:2005 年再制造产品的年销售额达 1000 亿美元;2010 年保证所有再制造产品性能达到或超过原

产品;2020年再制造业基本实现零浪费,并确保产品的质量和服务。

2000年日本提出了"循环型社会"的构想,内容包括三个方面:资源的再利用、废旧产品或零部件的再使用、减少垃圾的产生。目标是实现全面资源节约和环境保护。日本拥有占世界总量1/10的汽车,每年都有500万辆以上的车报废。实际上,许多汽车通过再制造恢复了原有功能,延长了汽车的使用寿命。欧盟委员会于2000年2月通过了一项有利于环境保护的新规定,未来欧盟所有的汽车用户将享受免费旧车回收。

(二) 国内再制造业的情况

我国的再制造工程虽然起步较晚,但已受到政府部门、学术界、工程界和一些企业的重视。我国政府对废旧物资的再生利用非常重视,并在国民经济发展的各个时期都制定了相应的规划:20世纪80年代提出了废弃物处理的"资源化、减量化、无害化"政策;90年代提出了可持续发展战略。

再制造工程是21世纪AMS发展的一个重要组成部分和发展方向,并已成为一种极具潜力的新型产业。事实上,再制造是一种系统创新(模式加技术),涉及全球行业及时间范围,要求多学科(机械、电子、冶金、材料、物理、化学等)的系统研究,它体现了AMS"大制造、全过程、高技术"的特点。

二、再制造工程的概念与内容

(一) 再制造工程的内涵

1. 再制造工程的定义

定义一:再制造工程是以产品全生命周期设计和管理为指导,以优质、高效、节能、节材、环保为目标,以先进技术和产业化生产为手段,来修复或改造废旧产品的一系列技术措施或工程活动的总称。

定义二:再制造工程是在工厂里通过一系列的工业过程,将已经服役的产品进行拆卸,不能使用的零部件通过再制造技术进行修复,使得修复以后的零部件的性能与寿命期望值具有或高于原来的零部件。

定义一强调统筹考虑产品全生命周期内的再制造策略,以资源和环境为核心概念,在优先考虑产品的环境属性的同时,保证产品的基本目标(优质、高效、节能、节材和环保),从而实现企业经济效益和社会效益的协调优化。定义二严格地将再制造的维修技术与传统的修复操作和回收利用划分开来,充分考虑了能源、材料、环境等诸多因素。

再制造与再循环有很大的区别。如果将产品的形成价值划分为材料价值与附加值,材料本身的价值远小于产品的附加值(包括加工费用、劳动力等)。再制造能够充分利用并提取产品的附加值,而再循环只是提取了材料本身的价值。

2. 再制造的过程

一个完整的再制造过程可以划分为三个阶段:
(1) 拆卸阶段,将装置的单元机构拆散为单一的零部件;

(2) 将已拆卸的零部件进行检查,将不能继续使用的零部件进行再制造维修,并进行相关的测试、升级,使得其性能能够满足使用要求的阶段;

(3) 将维修好的零部件进行重新组装的阶段,一旦发现装配过程中出现不匹配等现象,还需进行二次优化。

这三个阶段中的每一个阶段与其他两个阶段紧密相连、互相制约。这些都表明了再制造过程与传统的制造过程有着明显的区别,表现出很大的灵活性,传统的制造方法已不适用于再制造系统。

3. 再制造工程的活动

(1) 产品修复(repair),即通过测试、拆修、换件、局部加工等,恢复产品的规定状态或完成规定功能的能力;

(2) 产品改装(refitting),即通过局部修改产品设计或连接、局部制造等,使产品适合于不同的使用环境或条件;

(3) 产品改进或改型(modification or improvement),即通过局部修改和制造,特别是引进新技术等,使产品使用与技术性能得到提高,适应使用或技术发展的需要,延长使用寿命;

(4) 回收利用(recycling),即通过对废旧产品进行测试、分类、拆卸、加工等,使产品或其零部件、原材料得到再利用。

4. 再制造产品的标准

1998年,伦德(Lund)等提出了可进行再制造产品的七条标准:

(1) 耐用产品;

(2) 功能失效的产品;

(3) 标准化的产品与可互换性的零件;

(4) 剩余附加值较高的产品;

(5) 获得失效产品的费用低于产品的残余增值;

(6) 生产技术稳定产品;

(7) 再制造产品生成后,满足消费者的要求。

5. 再制造工程的作用

再制造工程能够大量恢复设备及其零部件的性能,延长使用寿命,降低全生命周期成本,节能节材,减少环境污染,形成新的产业,创造更大价值,符合国策(人口、资源、环境)的要求。美国曾对钢铁材料的废旧产品进行再生产的环境效益分析,研究发现再生产能够节约能源47%~74%,减少大气污染86%,减少水污染76%,减少固体废弃物污染97%,节约用水量40%。日本某汽车再制造生产企业对每辆汽车进行6~8周的再制造,其价格约为新车的1/2。我国海军对051型导弹驱逐舰实施再制造,得出延寿10年比更换新舰使用10年的费效比高0.42倍。

再制造的生态效益非常显著。以节省材料为例,相当于减少了对金属矿石、煤、石油及其他材料的开采。如通过再制造重新利用1t的铜金属,至少可以避免200t铜矿的开采。而所有这些矿石的开采,需要大约1t的硝酸铵炸药,需要0.5t化学药品用于矿石的筛选,还需要大约1t的焦炭或其他有机燃料用于矿石的熔炼。此外,在矿石的开采、熔炼、精炼过程中,还会产生大量的固体废弃物。最后,在熔炼和精炼过程中还会产生大约3t的二氧化碳和二氧化硫气体,这还不包括产生的大量灰尘和烟雾。

(二) 再制造工程的基本内容

1. 再制造策略

再制造产品开发的步骤包括:改善材料质量、减少材料消耗、优化工艺流程、优化流通渠道、延长生命周期、减少环境负担、优化废物处理及优化系统功能等。预测和响应多变的消费市场,在环境影响和资源消耗方面,要更多关注消费者的意愿,不断发展核心竞争能力、组织结构和再制造业务的优势,改善质量,降低成本,为用户提供优质服务。

2. 再制造经济性

产品生命周期成本分析研究显示,产品使用和维修所消耗的费用往往数倍于前期(开发、设计、制造)费用。建立产品成本评价模型,主要考虑以下问题:对于产品的不同生命周期的选择,确定其成本和利益;确定哪种产品进行再制造;分析不完善的市场,考虑较快的产品降价;以合理的价格获得核心部件;确定哪种零件需进行翻新;从毛坯再制造开始,根据产品整个预期生命周期所承担的费用,确定产品的价格以获利最大等。

3. 再制造模式中的产品回收途径

现有产品的分销系统可以转化为"双行道",同时进行产品的回收,提高消费者的回购率,使再制造商从中获利。产品回收存在不确定性、随机性及动态性等特点,为此必须建立回收产品的途径,建立再售产品的渠道,同时要消除消费者对再制造产品可能存有的偏见。解决这一问题需要采用面向回收的设计技术。

4. 再制造的设计技术

在产品全生命周期内,对满足产品的环境设计目标的零部件要能够回收再造和循环再用,一些材料能够再生或安全地处理掉。所以影响再制造设计的因素很多,要改善再制造设计方法,考虑产品毛坯材料的选择、零部件可拆卸性和可再制造性等要求。再制造产品零件拆卸方法的设计是特别重要的,因为拆卸对于再制造的可行性和成本是重要的决定因素。再制造的设计强调无损拆卸,而有损拆卸一般适用于简单的材料回收。因此,选择有损或无损过程将导致不同的产品设计。

5. 再制造的生产技术

表面工程技术和快速成形技术是再制造工程的关键技术,而这些与失效分析、故障诊断检测和寿命评估等技术的发展和应用是分不开的。再制造过程中的质量控制是其核心问题,要确保再制造产品质量达到或超过新品。便于装配和回收的产品设计,不阻碍再制造生产。从影响环境的角度来看,许多消费品在使用阶段比制造阶段对环境影响更严重。因此,再制造产品不能使用会带来污染的技术。

6. 再制造系统结构的创新

从系统角度看,再制造系统一般包含再制造设计系统、再制造过程系统、管理信息系统、质量控制系统、物资能源系统、环境影响评估系统等。产业生态学为产业转型、企业重组、产品再制造提供了一个集成系统的方法。例如:地毯制造商的产品废料可以被轿车公司用来制造隔音材料;从轿车座椅上回收的聚氨酯泡沫,被处理用于地毯的衬底材料。这样如同在生物生态系统中一样,地毯公司、轿车公司和回收公司存在一个共生的关系。

再制造工程的内容存在于产品生命周期中的每一个阶段,如表 10-2 所示。

表 10-2 再制造工程在产品全生命周期各阶段的内容

阶　段	再制造工程内容
产品计划	确定产品的再制造性。再制造性是指对技术、经济和环境等因素综合分析后,废旧产品所具有的通过维修或改造,恢复或超过原产品性能的能力
产品设计	将产品的再制造性考虑进产品设计中,以使产品有利于再制造。产品再制造性的 2/3 是由产品设计阶段决定的
产品生产	①保证产品再制造性的实现;②对产品加工和装配过程中出现的超差或损坏零件通过表面工程等再制造技术,恢复到零件的设计标准后使用;③利用产品末端再制造获得的零部件参与新产品的装配
产品销售	建立销售、维修与回收一体化的循环管理系统,确保再制造工程的连续性
产品使用	①落后产品的再制造升级,以恢复或提高产品的性能;②再制造的零件用于产品维修
产品报废	①对产品整体再制造,直接投入使用;②对零部件再制造,生产出再制造零部件用于新产品或产品维修

本章小结

本章介绍了绿色技术的产生和内涵、绿色产品的概念与阶段特点和每阶段的工作内容;介绍绿色制造的研究现状、内涵及宜人性、节省资源、延长产品的使用周期、可回收性、清洁性的要求;介绍了绿色设计的概念及其特点,绿色设计的面向可维护性的设计、面向节能的设计、面向可回收的设计、面向可拆卸的设计的分类;介绍了绿色工艺的实现途径、主要问题、规划未来以及适应性、最优化、发展性、综合平衡、系统化的选择原则;介绍了绿色包装材料、技术、改进产品结构与包装;介绍了 ISO 14000 国际环境管理标准的内容、七个主要特点与五项实施意义;介绍了国外、国内再制造工程的发展现状、概念与基本内容和在产品全生命周期各阶段的内容。

本章知识结构如图 10-1 所示。

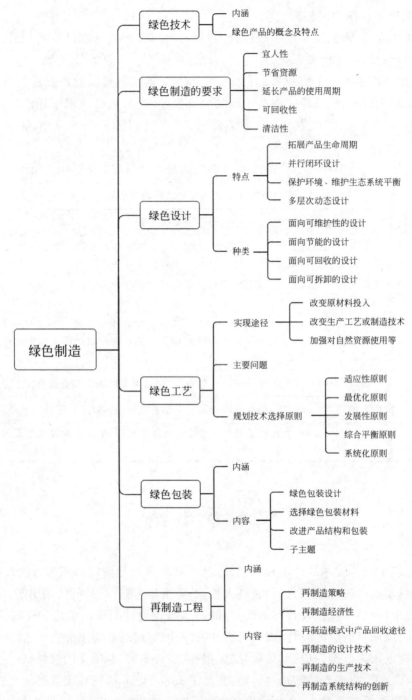

图 10-1 绿色制造知识结构图

复习思考题

1. 请说出绿色生产的基本概念及其重要性。
2. 何谓绿色消费、绿色技术?
3. 绿色生产的意义是什么?
4. 何谓绿色包装?绿色包装的内容有哪些?
5. 再制造工程是如何定义的?
6. 再制造工程的基本内容与产品生命周期有何关系?

第十一章 企业社会责任

【学习要点及目标】
1. 了解企业社会责任理论发展历程。
2. 熟悉"利益相关者"理论、"三重底线"理论、"四层金字塔"理论。
3. 掌握企业社会责任的定义、意义,了解企业社会责任与企业绩效的关系。
4. 了解企业社会责任报告的定义、必要性。
5. 了解企业社会责任报告的编制框架和编制流程。

核心概念

企业社会责任　利益相关者理论　"三重底线"理论　"四层金字塔"理论

引导案例

鸿星尔克出圈 48 小时,年轻人为什么"野性消费"?

2021 年 7 月 21 日,随着河南特大暴雨引起全社会广泛关注,企业和明星捐款的消息陆续登上微博热搜。17 时 45 分,鸿星尔克也在自己的官方微博发布了向河南灾区捐赠 5000 万元物资的消息。一个小时后,鸿星尔克总裁吴荣照的个人微博像往常一样进行了转发。但直到当晚 23 时,这条官微下也只有一百多条评论。大概是捐赠物资金额之大与评论区的冷清对比过于强烈,渐渐开始有路过的网友忍不住发言:"感觉你都要倒闭了还捐这么多""明星 50 万直接冲热搜,良心企业 5000 万评论一百多,点赞才两千,我真的有点意难平""怎么不宣传下啊,我都替你着急"。

这成为爆红的起点。越来越多热心网友激情转发鸿星尔克这条微博,也会在其他捐款热门微博与话题下面做宣传。22 日晚,"鸿星尔克的微博评论好心酸"登上微博热搜首位。一小时后,"鸿星尔克捐 5000 万驰援河南"登上抖音热榜第 2 位。

48 小时内,鸿星尔克登上了微博、抖音、头条、知乎、百度、B 站等各个平台的热搜/热门。

1. 情绪逻辑:令人"心酸"的人设

鸿星尔克近年来经营状况不太好,2020 年直接亏损了 2.2 亿元。但就是这样一个官方微博"会员"都舍不得买的企业,在河南暴雨受灾时还要捐赠 5000 万元物资。捐这么多就算了,明星捐款 50 万都能上热搜,鸿星尔克却"默默"无闻。像极了老一辈,自己忙忙碌碌勤俭了一辈子,一块五块的都小心存在铁盒子里,但只要国家需要,就立刻把盒子砸开,将一切都献给国家。上面的比喻把鸿星尔克的人设变得更加可知可感,顺理成章地令广大网友为它感到"心酸",直呼"破防"。

2. 共同情绪的力量:野性消费超 1.9 亿

情绪转化为流量,流量直接指向成交。从销售结果来看,网友的行动力十分强悍。大批消费者第一时间涌向了鸿星尔克的直播间。在抖音,"鸿星尔克品牌官方旗舰店"和"鸿星尔克官方旗舰店"两个账号 22 日直播销售额总和达到 1.37 亿元,"鸿星尔克鞋服"23 日直播销售额也超过了 5 千万元。在淘宝,平时只有几千人围观的鸿星尔克官方旗舰店直播间,22 日的人数达到 201.7 万,23 日更是达到了 882.6 万。在鸿星尔克的几场直播中,"野性消费""缝纫机冒烟"的梗脱颖而出。这些梗快速传播开来,引起更广泛的共鸣与认同,进一步引爆了鸿星尔克的热度,情绪共同体增长迅速,流量延伸至线下。7 月 24 日,"男子在鸿星尔克买 500 付 1000 拔腿就跑"登上微博热搜。接下来两天,"鸿星尔克门店货品几乎被扫空""鸿星尔克门店深夜 12 点挤满顾客"等话题都成为热门。26 日早晨,距离登上热搜不过短短 4 天,鸿星尔克就库存告急。

3. 企业社会责任:品牌内在价值与文化

这个事件的中心与其说是鸿星尔克,倒不如说是面对河南灾情爆发真情实感的网友们,而鸿星尔克做的,只是脚踏实地做事,配合消费者写完这个以德报德、传递善意的故事。一个因为低调和良心而获得舆论心疼的品牌,在硬生生被巨大的流量托上顶峰之后,用不断强调理性消费、为消费者配送退货险、总裁随时在线接收反馈、及时澄清破产传闻等动作,来证明了它的价值观——这是说服更广泛人群愿意为它野性消费的根本原因。

(案例来源:https://baijiahao.baidu.com)

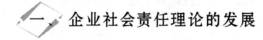
案例导学

鸿星尔克在面对河南灾情时,履行了企业的慈善责任,获得了网友们的支持,引爆野性消费,使企业营业额得到了爆发式的增长。随着经济全球化、社会多元化及信息技术的发展,企业社会责任对企业的可持续发展起到越来越重要的作用。

第一节 企业社会责任概述

一、企业社会责任理论的发展

19 世纪中叶,社会达尔文理论盛行,企业的一切活动均以逐利为唯一目的,企业对利润过度追求的行为已经严重地影响了社会的稳定和人们的生活,劳资纠纷和两极分化愈发严重。1923 年,英国学者奥利弗·谢尔顿(Oliver Sheldon)首次提出企业社会责任(corporate social responsibility,CSR)这一概念,他认为企业社会责任是公司经营者为了满足与产业内部和外部各方面人员息息相关的需求需要履行的责任,且企业社会责任应包含道德责任。企业在生产经营过程中,尤其是进行重大决策时,不仅要考虑股东和员工的利益,还应对与企业行为密切相关的其他利益群体及社会利益等予以重视。在思考企业行为如何对自身发展有利的同时,也应该避免对其他群体产生不利的影响。

该理念一经提出,引发了学界和企业界的热烈反响与讨论。一些学者认为企业履行社会责任,不仅是社会对于企业的需求,也是企业自身发展的需求,良好的社会责任感能够为企业带来强劲的市场竞争力和提升在社会问题上的抗风险能力。另一些学者认为这一理念与当时经济学家亚当·斯密的自由放任观点相悖,一定程度上撼动了当时的实现企业利润最大化即可实现社会福利最大化的思想。与此同时,一些企业家已经开始认识到企业作为社会的重要组成部分,需要社会其他团体和消费者的支持。他们开始积极改善企业与社会的关系,采取了资助社区、主动捐款、设立正式工会组织、成立慈善基金以及帮助当地政府完善公共健康及义务教育制度等行动。例如,伍德(Wood)公司于1924年详细阐述应如何向其主要支持者,包括股东、雇员、供应商、顾客及公众履行责任。但从整体来看,企业社会责任没有得到全体社会的广泛关注,企业谋求经济利益最大化的思想仍普遍存在。

20世纪30年代以后,关于企业社会责任的两次学术论战,极大地推动了学术界在企业社会责任领域的研究与思考,修正了古典经济学的企业社会责任观,也使企业社会责任得到广泛关注。20世纪70年代,跨国公司的经济活动引发了一系列社会问题,如严重环境污染、危害员工权益、损害消费者利益、社会贫富悬殊等。环境保护运动、国际劳工运动和消费者运动此起彼伏,人们要求跨国公司在追求经济利益的同时,必须履行相应的社会责任。20世纪80—90年代,企业将企业社会责任从公司内部守则转为向社会和公众的承诺,表明企业不仅承担企业责任,还对企业利益相关者,如股东和员工等行使社会责任,即对股东承担物质财富的社会责任,为员工提供良好的劳动保护、良好的职业发展平台,提供社会保障等福利。随后企业社会责任扩展到道德和环境层面,如遵守商业道德、保护环境、发展慈善事业、捐助公益事业、保护弱势群体等。20世纪90年代,世界企业可持续发展委员会(WBCSD)界定了企业社会责任,它的主要内容包括职业操守、关爱员工、促进社会生活水平等方面。2001年,世界企业可持续发展委员会将企业对整个社会所实施的道德范围内的行动纳入社会责任范畴。

进入21世纪,企业社会责任随经济全球化进程的加快而引起国际社会的广泛关注。2000年,联合国正式启动"全球契约"计划;2004年,国际标准化组织着手企业社会责任国际标准ISO 26000的制定工作。跨国公司成为履行和推广企业社会责任的主力军,开始制定企业生产守则,发布企业社会责任报告,出台相关要求、倡议和标准。企业社会责任正逐渐成为世界关注的重点研究领域及实践活动。

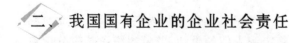

二、我国国有企业的企业社会责任

我国国有企业从中华人民共和国成立以来,对于我国经济发展建设起到了至关重要的作用,尤其是在计划经济时期,是国有企业撑起了国民经济的发展。在我国现行的社会主义市场经济体制下,国有企业不仅要在经济发展上做出重要贡献,还要承担起一定的政治任务,即国有企业社会责任承担不仅有企业自身发展需求的考量,更有政府组织的干预和影响。国有企业在履行社会责任和义务上的要求和标准要比私有企业要高得多,前者将其看作一种特定的、强制的、法定的企业目标和责任,而私有企业社会责任一般处于自身经营发展需求考虑,像国有企业这样的带有任务性的社会责任,私有企业一般只有在重大自然灾害或国家安全面临危机时才予以承担。我国国有企业所承担的社会责任主要集中在就业人口解决及社会公益事业方面。同时国有企业本质上还是企业,其主要经营目标为盈利,所以在承担社会责任后,也必须使其保证一定的利润空间。

我国企业社会责任意识在学界、政府部门、社会公众、新闻媒体等力量的推动和帮助下不断提升,从国有企业到私营企业,企业社会责任已经成为企业实现社会价值及对利益相关者承诺的重要手段。

第二节 企业社会责任的基本理论

20世纪50年代以来,许多学者从不同角度对社会责任理论进行了深入研究,产生许多重要的理论。本节将详细阐述企业社会责任的内涵及重要的理论。

一、利益相关者理论

随着经济全球化的推进,信息技术优势的日益凸显,政府管理的放松,企业营商环境发生了巨大变化。企业是上市公司股东的财产,仅对其所影响的他人承担有限责任的观点会导致公司价值创造和交易问题、资本主义伦理问题和管理者思维方式问题。即在商业关系发生巨大变化,且这些变化在不同国家、产业和社会情境下,该如何理解商业?在这样的情境下,价值创造和交易问题如何才能成为可能?如何确保商业经理人能考虑全面做出正确的决策?在日常工作中,管理者采用何种思维方式才能将伦理和商业放在一起决策?

1984年,R.爱德华·弗里曼(R.Edward Freeman)的著作《战略管理:一种利益相关者的方法》明确提出了一种公司治理新理论——利益相关者管理理论,并将"利益相关者"界定为"任何能影响组织目标实现或被该目标影响的群体或个人",该理论认为任何一个公司的发展都离不开各利益相关者的投入或参与,企业追求的是利益相关者的整体利益,而不仅仅是某些主体的利益。利益相关者包括企业的股东、债权人、雇员、消费者、供应商等交易伙伴,也包括政府部门、本地居民、本地社区、媒体、环保主义者,甚至包括自然环境、人类后代等受到企业经营活动直接或间接影响的客体。这些利益相关者与企业的生存和发展密切相关,他们有的分担了企业的经营风险,有的为企业的经营活动付出了代价,有的对企业进行监督和制约,企业的经营决策必须要考虑他们的利益或接受他们的约束。从这个意义讲,企业是一种管理专业化投资的制度安排,企业的生存和发展依赖于企业对各利益相关者利益要求的回应质量,而不仅仅取决于股东。这一企业管理思想从理论上阐述了企业绩效评价和管理的中心,为其后的绩效评价理论奠定了基础。一个简单的企业利益相关者模型如图11-1所示。

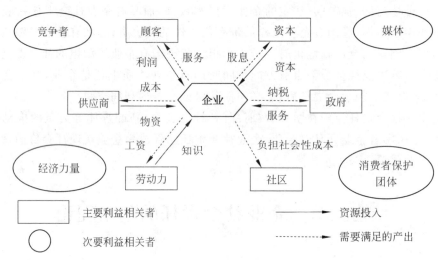

图 11-1　企业利益相关者模型

二、"三重底线"理论

"三重底线"（triple bottom line）理论于 1997 年由英国学者约翰·艾灵顿（John Ellington）首次提出。该理论认为企业在追求利润最大化、对股东负责的过程中会受到社会和环境因素的制约，会面临经济、环境和社会的"三重底线"。这三条底线互相作用，对企业产生影响。企业在经营发展的过程中，如果只追求经济利益而对社会、环境、公众等主体产生不良损害，产生的负外部影响会导致企业在未来的经营发展中遭受巨大的阻力，从而导致企业损失，如果任由恶性循环下去，企业就有破产的可能。

1. 经济底线

企业社会责任中最重要的就是确保企业健康发展，为社会创造更多价值。成功的企业可以解决就业问题，并按照法律法规按时纳税。不能盈利的企业会给国家和社会增加负担。因此，企业最重要的社会责任就是找到一种可持续的盈利方式，制定适合自身发展的发展战略和管理制度。

例如，在新冠疫情面前，企业的首要责任是企业存活，按时发薪，降低裁员率。2020 年春节期间，盒马的人员配备为平日的 70%，但受疫情影响，对盒马人员的需求猛增三倍。阿里巴巴牵头"共享员工"策略，将大量闲置的西贝员工调度到了用人紧张的盒马生鲜。据西贝餐饮董事长贾国龙表示："将有 1000 多名上海员工支援盒马工作，站上他们临时的工作岗位。"继西贝之后，盒马与餐饮品牌云海肴、青年餐厅（北京）共同宣布达成用工合作，餐饮行业中有意愿继续工作的员工经过相应培训后可在盒马各地门店上岗，参与打包、分拣、上架、餐饮等工作。之后，57 度湘、茶颜悦色、蜀大侠、望湘园等餐饮企业也与盒马达成合作，将共计支援盒马 500 多名员工。微信小程序官方数据显示，2020 年除夕到初七，小程序生鲜果蔬业态交易笔数增长 149%，社区电商业态交易笔数增长 322%。继盒马牵手西贝之后，沃尔玛、京东、阿里、苏宁、联想等巨头相继跟进，电商巨头急需用人,而闲置的餐饮业正好为此提供了人力资源,同时又解决了现金流短缺的餐厅老板们的燃眉之急。

2. 环境底线

全球经济的高速发展带来了全球变暖、臭氧层破坏、酸雨、空气污染、水源污染、土地沙化等恶果,环境污染、生态退化问题日益严峻。在此背景下,企业对环境和社会责任的履行逐渐受到社会各界的关注。1999年,时任联合国秘书长安南(Annan)在瑞士达沃斯世界经济论坛提出关于企业社会责任的相关需求,包括劳工、人权和环境等九项。即企业在运营发展过程中,除了需要创造利润对股东负责之外,应预先考虑到环境问题的产生,主动承担更多的环境责任,并积极推广和发展不会破坏环境的生产技术。企业应该对环境和资源的可持续发展和利用方面承担重要责任,应积极进行技术创新,减少生产和经营过程中所有环节对环境造成的伤害,在节约资源、降低能耗及企业成本的同时,增强企业竞争力。

以杜邦公司为例,成立于1802年的杜邦公司是一家科学企业,致力于利用科学创造可持续的解决方案,让全球各地的人们生活得更美好、更安全和更健康。杜邦公司以制造火药起家,在世界大战结束以后,杜邦做了一些科技研发,先后发明了尼龙、橡胶、有机物等,包括很多至今还在广泛使用的材料。到20世纪七八十年代,随着环保日益加强,石油危机的到来,面对资源环境的新问题,杜邦提出了可持续发展的理念。杜邦在发展的过程中,设定了很多要求,例如,提出一个目标为零的战略,追求零事故,追求零排放,如何做到循环使用,在保护自然资源方面怎么提供多样性,这些指标在全球各地都有统一标准。例如:杜邦在1990年提出,到2010年要将温室气体排放减少到65%以上;在2010年到2011年间,在不增加能源使用的前提下提高营业收入6%以上;在2010年,杜邦致力于其用于生产的能源的10%和原材料的25%是来自可再生能源。在接下来时间中,通过采用改进过程控制、节能新技术及使用替代能源和改进制造工艺,杜邦降低了能源使用并将产量水平提高了30%。在全球范围内,杜邦的温室气体排放量下降了72%,能源的使用较1990年的水平降低了6%。根据杜邦公司的估计,这些措施帮助公司节省了约30亿美元。

3. 社会底线

社会底线指企业应重视企业内外部人文环境的建立。在企业内部,要考虑到员工福利、企业文化的建设和传播,并在管理过程中做到以人为本,采用人性化的管理模式;在企业外部,要关注消费者、供应商、政府等社会大众的利益,与他们建立良好的互动关系。积极进行社会公益既可以履行企业的社会责任,又可以帮助企业建立良好的企业形象。

例如:2020年4月,腾讯集团成立了"可持续社会价值事业部",投资500亿;同年8月,增加500亿元资金,启动"共同富裕专项计划",在乡村振兴、低收入人群增收、基层医疗体系完善、教育均衡发展等民生领域提供持续帮助;2020年9月,阿里巴巴启动"助力共同富裕十大行动",将在2025年前累计投入1000亿元,助力共同富裕;2022年2月,京东创办人刘强东向一家慈善机构捐赠价值23亿美元的股票,投向教育和环保。这些行动的开展,不仅是着眼布局未来,同样也是回馈社会、造福人民、助力国家的可持续发展。

三、"四层金字塔"理论

"四层金字塔"理论于1979年由阿奇·卡罗尔率先提出,该理论构建层层递进的"四层金字塔"模型,即经济责任、法律责任、伦理责任和自觉责任。这四个责任不冲突,也不能相互叠加,而是保持了从底部到顶部的顺序。即企业社会责任在历史的发展中,社会首先关注的是企业对股东应承担的经济责任,而后是法律责任,最后才是伦理和自觉责任,企业承担的所有责任都可以归纳于这四类当中。该模型于1991年被修订为"经济—法律—伦理—慈善",如图11-2所示。

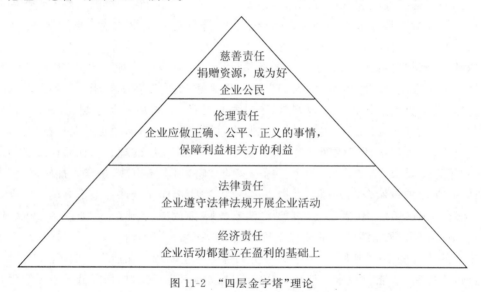

图11-2 "四层金字塔"理论

1. 经济责任

企业通过提供产品和服务获取利润,最主要目的就是实现利润最大化,这是企业生存和发展的根本动力。因此,经济责任是企业社会责任中最基础、最重要的责任。如果企业没有良好的经济基础,其他社会责任都无法开展。

2. 法律责任

企业作为社会的组成部分,应自觉遵守相应的法律、法规,在法律、法规允许的范围内实现经济增长。法律责任是企业必须承担的责任之一。

3. 伦理责任

伦理责任指企业应在伦理道德方面承担的责任,其内涵为企业行为及观念应有利于社会进步,包括人本伦理责任、公共伦理责任和生态伦理责任。

人本伦理责任指企业要不断提升员工的工资水平、福利水平,保障就业稳定;要尽力为员工创造良好的工作环境,保障员工的身心健康;要形成良好的企业文化,关注员工的职业发展和自身成长,促进员工和企业的共同发展。

公共伦理责任指企业在处理与外部利益相关者的关系时,应遵循公开、公平、合理、诚信、尊重的原则。在消费者层面,提供物优价廉的产品和服务;在竞争者和利益相关者层面,形成良好的竞争关系和交易秩序;在纳税层面,应依法纳税;在社会慈善和公益活动层面,应为营造良好的社会环境贡献一分力量。

生态伦理责任指企业应积极进行环境保护、降低能耗、减少资源浪费,积极进行技术创新,促进企业和社会的可持续发展。

4. 慈善责任

慈善责任指企业为成为一个好企业应进行的一系列慈善活动,例如,对教育和共同富裕的发展进行的捐助。慈善责任并不在伦理责任范围之内,即使企业不进行慈善活动也不会被认为没有遵守伦理规范。值得注意的是,慈善责任在某种程度上并没有前三个责任那么重要,企业应在承担好经济责任的前提下,再考虑承担慈善责任。

经济、法律、伦理和慈善处于企业社会责任的不同层面,其中最重要的是经济责任,它是企业履行其他社会责任的基础;法律责任重要性次之,但是企业必须履行;伦理和慈善责任的重要性比前两者要低,属于对企业的柔性激励。

第三节 企业社会责任与企业绩效

一、企业社会责任的定义

基于企业社会责任理论的完善与发展,结合国内外学者对企业社会责任的定义,本书给出企业社会责任(corporate social responsibility,CSR)的定义,企业社会责任是为实现可持续发展,企业在创造自身经济利润时对特定利益相关者所承担的责任总和。

二、企业履行企业社会责任的意义

企业是否履行企业社会责任,会对企业发展产生影响。曾经的三鹿集团为节省成本,在奶粉中非法添加化工原料三聚氰胺,以满足奶粉中蛋白质的检测中对氮含量的要求。该事件曝光后,三鹿这个曾经享誉全国的品牌顷刻间土崩瓦解。2017年11月,长春长生和武汉生物生产的共计65万余支百白破疫苗不符合标准规定;2018年7月,长春长生违法违规生产冻干人用狂犬病疫苗案件被国家药品监督管理局通报。事件发生后,公众愤怒情绪暴增,引发社会对疫苗行业的质疑。2018年11月,深交所启动对长春长生重大违法强制退市机制。2019年11月,长春长生宣告破产。无论是三鹿事件还是长生假疫苗事件,都反映出企业若一味追求经济效益而泯灭道德观和社会责任,最终不仅会使企业产生巨大损失,甚至可能给企业带来灭顶之灾。企业一旦失去公信力,要想再赢得消费者的信任,则需要付出更多的时间和精力,企业最终要为自身道德和责任缺失产生的恶果买单。

总结来看，企业履行社会责任对企业有如下重要意义。

1. 提高企业利润和投资回报率

企业履行社会责任可以使企业在公众心中树立良好的企业形象，这是企业独特的无形资源，是企业获得持续竞争力的有力支撑。调查研究发现，我国经济市场的一个重要组成因素就是企业社会责任，企业承担社会责任会提高企业绩效。企业越是履行企业社会责任，越能得到市场的积极反馈，其投资回报率和企业价值越能得到显著提高。

企业履行社会责任在帮助企业树立良好的企业形象的同时，还能吸引到更为丰富的人才、资金等优质资源，提高企业的投资回报率，同时，也能营造更好的经营环境，获得更多的资源支持。

2. 加强企业品牌建设，赢得消费者信任

研究表明，消费者对企业品牌的认同能赢得消费者信任，提高消费者的忠诚度，助力企业的长期发展。企业通过履行社会责任提升企业品牌声誉，良好的品牌声誉能帮助企业树立正面形象，传递出企业的价值观。同时，企业还可以通过履行企业社会责任与利益相关者建立良好关系并实现业务收益。

3. 提升员工使命感及幸福满意度

为员工提供良好的薪资福利水平，并搭建员工成长路径是企业履行社会责任的一部分。研究表明，企业通过自身特有的企业价值观、企业文化和人文关怀等途径尊重、爱护员工，企业的绩效能够得到显著提升。企业通过给予员工较好的工作环境，可以激发员工的职业理想和使命感，提高员工的满意度和幸福指数，大大降低企业员工的跳槽概率，不断优化企业的人力资源结构，降低人力成本。

三、企业社会责任与企业绩效

企业履行企业社会责任是否一定会促进企业的绩效呢？在现行的理论研究中，一般将企业社会责任与企业绩效间的关系分成三种：正相关、负相关、U形关系或不相关，其中认为两者关系正相关的学者最多，即当企业履行企业社会责任时能一定程度上促进企业绩效。

1. 企业社会责任与企业绩效表现为正相关

总结秉持企业社会责任与企业绩效正相关学者的研究，从利益相关者理论出发，其内部原理可以总结为：当企业履行社会责任时，会增强企业员工的敬业度，进而提供更好的产品与服务。更好的产品与服务体验能提高产品或服务的市场占有率，进而促进企业的财务业绩，提升企业价值。

2. 企业社会责任与企业绩效表现为负相关

国内外有些学者在研究的过程中发现，企业在履行社会责任时需要投入经营活动之外的额外费用，因此在对企业社会责任与资本回报率进行回归分析时，得到了负相关关系。

3. 企业社会责任与企业绩效表现为 U 形关系或不相关

国内外有些学者还发现,企业社会责任与企业价值呈现 U 形非线性关系;还有些学者在分析中,并未发现企业社会责任与企业绩效之间的显著关系。

第四节 企业社会责任报告

一、企业社会责任报告的定义

企业社会责任报告是企业将履行社会责任的理念、目标、内容、方法等有效结合并对外披露的媒介,是企业是否履行企业社会责任的一种声明和方法,是企业利益相关者与企业之间进行有效沟通的重要媒介。

从时间和频率上看,可分为定期声明、适时声明和紧急声明三种。

1. 定期声明

定期声明是企业按照预先策划的安排,采用建立行为守则、原则、宣言、价值观的方法,通过发布企业社会责任报告等手段来定期声明企业的社会责任履责情况。一般来说,以年度为单位定期编制。

2. 适时声明

在正常经营中,企业可能会发生经营活动、产品或服务等方面的变化,这样的变化通常会对企业的利益等相关方面带来影响。在这种情况下,企业可以通过适时声明的形式,来发布企业在履行社会责任中的宗旨、担责等。

3. 紧急声明

在某些特殊情况下,如紧急事件、突发事故的发生,企业的经营活动受到了严峻的考验时,事件的影响(往往是负面影响)可能会造成企业与利益相关者及社会责任之间的利益冲突。因此,企业会发布紧急声明来表明愿意担责及补救的态度。

二、发布企业社会责任报告的必要性

随着信息化技术的发展及社会全球化、多元化的发展,人们越来越关注企业对社会的影响。企业在利益相关者的压力下,以利益相关者的利益为核心,履行社会责任,重视企业的社会行为,以获得更多的支持,从而实现企业的可持续发展。企业社会责任报告成为企业与利益相关者及社会交流的窗口,对外提供企业社会责任报告也成了企业向社会公众披露自己取得的成绩与对利益相关者的贡献的必由之路。其必要性主要体现在以下六点。

1. 发布企业社会责任报告已成为国际重要的商业准则

定期对外提供社会责任报告,主动与利益相关者进行信息的交流与沟通,已经成为国

际重要的商业准则。在全球范围内,G250 企业和 N100 企业中绝大多数企业已经发布 CSR 报告,报告数量大幅增长;截至 2021 年 10 月 31 日,通过网络查询、企业主动寄送、企业官方网站下载等渠道,共搜集到我国各类社会责任报告 1940 份。

2. 政府政策的持续推动

中国政府从 21 世纪初开始鼓励并要求企业对外提供社会责任报告,持续推动企业社会责任在中国的发展,为构建中国特色企业社会责任报告体系打下基础。以深圳市政府为例。2003 年,深圳市劳动保障局正式着手调研,企业社会责任对深圳经济社会发展及深圳劳动关系的影响与作用。2005 年,深圳市劳动保障局联合深圳市委政研室、中央党校社会发展研究中心向深圳市政府提交了《深圳应力促企业履行社会责任》的研究报告。2006 年初的深圳两会期间,企业社会责任(CSR)成了人大代表、政协委员们热议的话题。2007 年深圳市政府发布了《中共深圳市委深圳市人民政府关于进一步推进企业履行社会责任的意见》,推动当地企业对外提供社会责任报告。2015 年,深圳市政府正式公布企业社会责任的"深圳标准",解读了《关于进一步促进企业社会责任建设的意见》与"深圳市企业社会责任要求"等一系列文件。2017 年,深圳市国资委出台《深圳市国资委关于市属国资国企更好履行社会责任的指导意见》。2019 年,深圳市首次实现直管企业发布社会责任报告全覆盖目标。

3. 资本市场的引导

上海证券交易所和深圳证券交易所先后发布了关于上市公司履行企业责任的文件,旨在引导上市公司编制并发布企业社会责任报告。

4. 行业协会的推动

各个行业协会及行业组织也对企业社会责任的发展起到了积极推动作用。如中国银行协会、中国房地产业协会、中国汽车工业协会、中国医药卫生行业协会、体育用品业联合会、中国工业经济联合会与中国纺织工业协会均先后发布了行业可持续发展报告或相关的调查报告。

5. 帮助利益相关方做出正确的决策

我国一些具有前瞻眼光的企业,将企业社会责任报告作为企业核心的商业价值与战略,作为建设、维持和不断完善利益相关方参与的工具,以此向利益相关方传递重要的信息,帮助利益相关方做出正确的决策。对于投资者而言,企业社会责任报告可以丰富投资者的信息,做出正确的决策;对于资本市场而言,企业社会责任报告可以帮助资本获取更优的回报;对于消费者而言,获得了更多的产品和服务信息,以做出正确的选择。

6. 促进企业合法性要求

我国为了促进企业社会责任的发展,满足企业社会责任的社会需求,许多政府部门和研究机构均提出了企业社会责任披露的标准和要求,监管部门可以依据相关标准对企业的社会责任报告进行科学、有效的评价。越来越多的企业开始发布高质量的社会责任报告,对企业自身情况、标准的符合程度及期望做出规范和声明。

三、企业社会责任报告的编写框架

目前,社会责任报告模式的国际主流为 GRI 报告框架、SA 8000 标准和 AA 1000 认证标准。这三个框架相互补充、各有利弊,为我国企业社会责任报告模式的选择奠定了良好的基础。

1. GRI 报告框架

全球报告行动(global reporting initiative,GRI)是由美国非政府组织"对环境负责的经济体联盟"和联合国环境规划署共同发起的,其目标是在全球范围内,建立使用的可持续发展报告框架指南,利用一套完整的制度推动可持续发展信息的披露,最终帮助企业有效地、标准地披露企业在经济、环境和社会三方面所取得的成绩以及努力,从而提高可持续发展报告的完整性、有效性和实用性。

2. SA 8000 标准

SA 8000 标准(social accountability 8000 international standard)由社会责任国际组织(SAI)于 1997 年起草颁布,是可供第三方认证的社会责任标准,也是全球首个道德规范国际标准。其主要关注狭义的社会责任,例如,如何保护员工的利益,以及如何改善全球不同地域、产业和规模的企业中工人的工作环境。

3. AA 1000 认证标准

AA 1000 认证标准由社会和伦理责任协会(Institute for Social and Ethical Accountability)研发。该标准在实践中经常被用来评价社会责任报告的质量水平,为利益相关者提供一套公开的、有效的鉴定标准,从而使企业提高自身的业绩表现。

四、企业社会责任报告的编写流程

企业社会责任报告的编制可以分为准备、沟通、界定、监控和发布五个阶段。

1. 准备阶段

准备阶段的关键是要制定好报告编制的流程。这一阶段要求完成三项主要任务:构想报告的最终成果、制订行动计划和召开启动会议。通常情况下,报告编制由一个部门主导,其他部门协助。因此,报告编制团队的成员包括编制负责人、决策者和支持者。在完成构建项目时间表和编制团队后,召开启动会议传递公司高层对编制报告的要求、让团队成员了解报告的内容与实质、对实施方案的具体内容做出说明。

2. 沟通阶段

沟通阶段的核心是与利益相关方进行对话。利益相关方是能影响公司活动或受公司活动影响的个体或群体,通过与利益相关方的交流对话,企业能事先识别其关注的议题,从而使报告更有针对性,同时帮助公司建立积极的外部形象。

3. 界定阶段

界定阶段的核心是确定在报告中披露的指标,一般包括"该指标是否已被利益相关方定为重要指标""该指标是否能为公司带来机遇""该指标是否有可能促使公司出现重大风险"等八个问题。编制团队界定的问题不仅是报告需要重点披露的内容,更为优化管理开启了思路,有助于提高企业社会责任水平。

4. 监控阶段

监控阶段应着重收集报告信息和数据。编制团队在公司日常活动中及时掌握报告期内公司绩效的发展与变动,这是编制过程中最长的一个阶段。在监控阶段,公司需要建立相应的管理制度和信息收集机制,持续关注绩效的变化情况。

5. 发布阶段

发布阶段的关键是做好审查与宣传。在报告发布以前,编制团队需要仔细审查报告的信息。报告可以以纸质报告、电子版等形式发布。报告发布后,需要与利益相关方互动,以便为下次收集反馈信息做准备,也避免报告发布之后被"束之高阁"。

企业社会责任报告在编制过程中需要不断地探讨、识别、衡量和沟通。这个过程不应随着报告的发布而结束,它需要通过后续的跟踪和评估等来验证报告的实际影响和效果。

本 章 小 结

本章阐述了企业社会责任理论的国内外发展历程与"利益相关者"理论、"三重底线"理论、"四层金字塔"理论。在此基础上,给出企业社会责任的内涵、意义及与企业绩效之间的关系,最后,总结了企业社会责任报告的撰写过程与编写框架。

本章知识结构如图 11-3 所示。

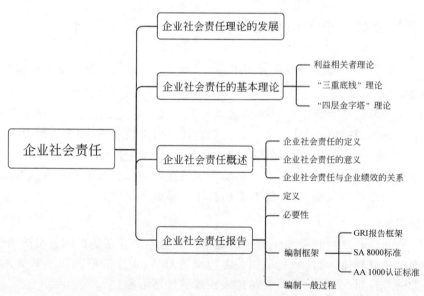

图 11-3　企业社会责任知识结构图

复习思考题

1. 什么是企业社会责任？
2. 请简述"三重底线"理论。
3. 请简述"四层金字塔"理论。
4. 请简述企业社会责任报告的必要性。
5. 请给出企业社会责任报告的编制过程。

教师服务

感谢您选用清华大学出版社的教材！为了更好地服务教学，我们为授课教师提供本书的教学辅助资源，以及本学科重点教材信息。请您扫码获取。

❯❯ 教辅获取

本书教辅资源，授课教师扫码获取

❯❯ 样书赠送

管理科学与工程类重点教材，教师扫码获取样书

 清华大学出版社

E-mail: tupfuwu@163.com
电话：010-83470332 / 83470142
地址：北京市海淀区双清路学研大厦 B 座 509

网址：https://www.tup.com.cn/
传真：8610-83470107
邮编：100084